Manfred Spitzer
Digitale Demenz

MANFRED SPITZER

Digitale Demenz

Wie wir uns und unsere Kinder
um den Verstand bringen

DROEMER

Besuchen Sie uns im Internet:
www.droemer.de

© 2012 Manfred Spitzer
© 2012 Droemer Verlag
Ein Unternehmen der Droemerschen Verlagsanstalt
Th. Knaur Nachf. GmbH & Co. KG, München
Alle Rechte vorbehalten. Das Werk darf – auch teilweise –
nur mit Genehmigung des Verlags wiedergegeben werden.
Umschlaggestaltung: Tobias Wüstefeld, Hamburg
Umschlagabbildung: Tobias Wüstefeld, Hamburg
Satz: Adobe InDesign im Verlag
Druck und Bindung: CPI – Ebner und Spiegel, Ulm
Printed in Germany
ISBN 978-3-426-27603-7

5 4 3

Inhalt

Vorwort	7
Einführung: Macht Google uns dumm?	11
1. Taxi in London	27
2. Wo bin ich?	38
3. Schule: Copy and Paste – statt Lesen und Schreiben?	62
4. Im Gehirn speichern oder auslagern in die Wolke?	96
5. Soziale Netzwerke: Facebook – statt face to face	109
6. Baby-TV und Baby-Einstein-DVDs	129
7. Laptops im Kindergarten?	155
8. Digitale Spiele: schlechte Noten	185
9. Digital Natives: Mythos und Realität	204
10. Multitasking: gestörte Aufmerksamkeit	222
11. Selbstkontrolle versus Stress	236
12. Schlaflosigkeit, Depression, Sucht & körperliche Folgen	258
13. Kopf in den Sand? – Warum geschieht nichts?	274
14. Was tun?	296
Dank	327
Anmerkungen	329
Literatur	342
Register	362
Bildnachweis	368

Vorwort

»Herr Spitzer, Sie kämpfen gegen Windmühlen – nein, gegen ganze Windfarmen. Machen Sie bitte weiter!«
Eine E-Mail schreibt man weit eher als einen konventionellen Brief per Schneckenpost. Und so bekomme ich sehr viele E-Mails, freundliche und weniger freundliche.
»Herr Spitzer, ich ballere hier gerade mit einer virtuellen Kalaschnikow. Wenn ich eine reale hätte, wären Sie der Erste, den ich umnieten würde. PS: Was Sie über den Zusammenhang zwischen virtueller Gewalt und realer Gewalt sagen, ist vollkommener Unsinn.«
Mehrere Bürgermeister haben mich in Stadthallen anlässlich von Vorträgen folgendermaßen begrüßt:
»Guten Abend, Herr Spitzer, mein Sohn hasst Sie, und ich hätte ihn gerne mitgebracht.« Die Wahrheit ist zuweilen auch für Fünfzehnjährige unbequem!
Auch die folgende: »Etwa 250 000 der Vierzehn- bis Vierundzwanzigjährigen gelten als internetabhängig, 1,4 Millionen als problematische Internetnutzer.« So steht es im Jahresbericht der Suchtbeauftragten der Bundesregierung Mechthild Dyckmans, der am 22. Mai 2012 publiziert wurde. Während der Konsum von Alkohol, Nikotin sowie weichen und harten illegalen Rauschdrogen rückläufig ist, steigen Computer- und Internetsucht dramatisch an. Die Regierung ist ratlos. Das Einzige, was ihr bislang eingefallen ist, sind höhere Strafen für Gastwirte, wenn sie Minderjährige an Glücksspielautomaten lassen.
Keine vier Wochen vor Erscheinen des Berichts der Suchtbeauftragten hatte Kulturstaatsminister Bernd Neumann die Laudatio auf ein Killerspiel gehalten, dessen Produzenten 50 000 Euro Steuergelder als Preis erhielten. Zugleich wird eine Verdreifachung der Spielsucht innerhalb von nur fünf Jahren festgestellt, die vor allem arbeitslose junge Männer betrifft. Ich

selbst habe Computerspielsüchtige und Internetabhängige als Patienten an der von mir geleiteten Psychiatrischen Universitätsklinik Ulm behandelt. Das Leben dieser Patienten wurde durch digitale Medien völlig ruiniert. Vor fünf Jahren verzeichneten Ärzte in Südkorea, einem hochmodernen Industriestaat mit weltweit führender Informationstechnik, bei jungen Erwachsenen immer häufiger Gedächtnis-, Aufmerksamkeits- und Konzentrationsstörungen sowie emotionale Verflachung und allgemeine Abstumpfung. Sie nannten das Krankheitsbild digitale Demenz.

Wenn ich in diesem Buch versuche, diese besorgniserregenden Entwicklungen zusammenfassend darzustellen, muss ich zwangsläufig auf Gedanken zurückgreifen, die ich schon vor Jahren aufgeschrieben und publiziert habe. Denn mit den durch Lernen bedingten Veränderungen des Gehirns und mit dem, was dies für unsere Kindertagesstätten, Schulen und Universitäten bedeutet, beschäftige ich mich seit über zwanzig Jahren. Wie man an der Aktualität der hier verwendeten Literatur sehen kann, habe ich mich darum bemüht, vor allem neue und neueste Erkenntnisse in die Diskussion einzubinden.

Zuweilen wurde mir in der Vergangenheit bei verschiedenen Gelegenheiten vorgeworfen, ich hätte keine Ahnung, worüber ich schreibe. Nur wer selbst ein passionierter Spieler von Gewaltspielen sei, könne deren Faszination und die Effekte auf seine Psyche beurteilen. Dies ist nach meiner Erfahrung als Psychiater falsch. Der Alkoholiker kann die Auswirkungen von Alkohol auf seinen Körper und Geist deutlich schlechter einschätzen als der ihn behandelnde Psychiater, und nicht anders ist es bei anderen Suchterkrankungen und seelischen Leiden: Abstand und eine relativ unbeteiligte Sicht von außen sind nicht selten die besten Voraussetzungen dafür, einen Sachverhalt auch nur halbwegs objektiv zu beurteilen. Warum sollte dies im Hinblick auf digitale Medien anders sein?

Ich habe mich bemüht, den wissenschaftlichen Anforderungen nach Genauigkeit und Dokumentation der Quellen zu genügen, ohne dabei die Lesbarkeit des Textes zu beeinträchtigen. So habe ich auf die Angabe von Signifikanzen (p-Werte) verzichtet, kann aber versichern, dass ich im Text nur auf Unterschiede eingehe, die statistisch signifikant sind. Wer dies im Einzelfall überprüfen möchte, sei auf die Originalliteratur verwiesen. Weiterhin sind sämtliche englischen Zitate von mir übersetzt, so dass ich mir einige hundert Hinweise »Übersetzung durch den Autor« gespart habe.

Dieses Buch ist meinen Kindern gewidmet. Ihnen eine Welt zu hinterlassen, die wertvoll, erhaltenswert und so lebenswert ist, dass man sich – trotz Erderwärmung, Weltwirtschaftskrise und den vielen bekannten großen Herausforderungen der Gegenwart – gerne dazu entschließt, selbst Kinder zu bekommen, ist mir ein hohes Ziel. Es ist mir ein Bedürfnis, an dieser Welt zu arbeiten: Gemeinschaft, Zukunft, Freiheit, das Sich-Kümmern um die Menschen und ihre tatsächlichen Probleme, das selbstbestimmte Handeln aufgeklärter kritikfähiger Menschen zu fördern und sich für diejenigen einzusetzen, die das noch nicht können – unsere Kinder – oder nicht mehr können – Kranke und Ältere. Das sind meine Werte, die ich als Kind von meinen Eltern vorgelebt, wie eine Impfung aufgenommen und fürs Leben mitbekommen habe.

Ulm, an Pfingsten 2012
Manfred Spitzer

Einführung
Macht Google uns dumm?

»Macht Google uns dumm?« – so lautet der Titel eines medienkritischen Essays des amerikanischen Publizisten und Internetexperten Nicholas Carr.[1] Wenn man sich mit den digitalen Medien und den von ihnen ausgehenden möglichen Gefahren befasst, dann sollte sich die Aufmerksamkeit allerdings nicht nur auf Google richten – und es kann auch nicht allein um Dummheit gehen. Die moderne Gehirnforschung legt nämlich nahe, dass wir bei der Nutzung der digitalen Medien in einem größeren Rahmen allen Grund zur Sorge haben. Denn unser Gehirn befindet sich in einem fortwährenden Veränderungsprozess, und daraus folgt zwingend, dass der tägliche Umgang mit digitalen Medien eines nicht haben kann: keine Auswirkungen auf uns, die Nutzer.

Digitale Medien – Computer, Smartphones, Spielkonsolen und nicht zuletzt das Fernsehen – verändern unser Leben. In den USA verbringen Jugendliche mittlerweile mehr Zeit mit digitalen Medien – gut siebeneinhalb Stunden täglich – als mit Schlafen, wie eine repräsentative Studie mit mehr als zweitausend Kindern und Jugendlichen im Alter von acht bis achtzehn Jahren ergab.

In Deutschland liegt die Mediennutzungszeit von Neuntklässlern bei knapp 7,5 Stunden täglich, wie eine große Befragung von 43 500 Schülern ergab. Das Nutzen von Handys und MP3-Playern ist dabei noch nicht mitberücksichtigt. Die folgende Tabelle liefert eine Übersicht nach Medien und Geschlecht aufgeschlüsselt.

Mediennutzung in den USA in den Jahren 1999, 2004 und 2009 in Stunden und Minuten pro Tag[2]

	1999	2004	2009
Fernsehen	3:47	3:51	4:29
Musik	1:48	1:44	2:31
Computer	0:27	1:02	1:29
Videospiele	0:26	0:49	1:13
Bücher, Zeitschriften	0:43	0:43	0:38
Kino	0:18	0:18	0:25
Gesamtzeit Mediennutzung	7:29	8:33	10:45
Anteil des Multitaskings	16 %	26 %	29 %
Zeit	6:19	6:21	7:38

Mediennutzung von Neuntklässlern in Deutschland im Jahr 2009[3]

	Jungen	Mädchen	Mittel
TV, Video, DVD	3:33	3:21	3:27
Im Internet chatten	1:43	1:53	1:48
Computerspiele	2:21	0:56	1:39
Gesamt	7:37	6:50	7:14

Auch hierzulande wird mit Medienkonsum mehr Zeit zugebracht als in der Schule (knapp vier Stunden).[4] Eine ganze Reihe von Studien zum Medienkonsum zeigt mittlerweile überdeutlich, dass dies im höchsten Maße Anlass zur Besorgnis geben sollte. Darum habe ich dieses Buch geschrieben. Es wird in den Augen vieler Menschen ein unbequemes Buch sein, ein *sehr* unbequemes. Als Psychiater und Gehirnforscher kann ich aber nicht anders. Ich habe Kinder und möchte nicht, dass sie mir in zwanzig Jahren vorhalten: »Papa, du wusstest das alles – und warum hast du dann nichts getan?«

Weil ich mich seit Jahrzehnten mit Menschen, dem Gehirn,

Lernprozessen und den Medien beschäftige und weil ich Entwicklungen – sicherlich durch die Brille des Vaters und auch durch die des Gehirnforschers – anders sehe als die meisten Menschen, möchte ich die Fakten, Daten und Argumente so klar wie möglich auf den Tisch legen. Ich beziehe mich dabei in der Hauptsache auf wissenschaftliche Studien aus guten, bekannten und für jedermann zugänglichen wissenschaftlichen Fachblättern.»Ach, Sie mit Ihrer Wissenschaft«, höre ich Kritiker schon entgegnen.

Hierzu nur ganz kurz: Wissenschaft ist das Beste, was wir haben! Sie ist die gemeinschaftliche Suche nach wahren, verlässlichen Erkenntnissen über die Welt einschließlich unserer selbst. Wer in die Apotheke geht und eine Kopfschmerztablette kauft, ein Auto oder Flugzeug besteigt, den Herd oder auch nur das Licht einschaltet (von Fernseher oder Computer gar nicht zu reden!), der hat im Grunde jedes Mal schon unterschrieben, wie sehr er sich auf die Erkenntnisse der Wissenschaft verlassen kann und auch tatsächlich verlässt. Wer die Verlässlichkeit der Ergebnisse von Wissenschaft in Bausch und Bogen einfach ablehnt, der weiß entweder nicht, was er sagt, oder sagt bewusst die Unwahrheit.

Wo ist das Problem?

Im Jahre 1913 schrieb Thomas Edison – der Erfinder der Glühbirne, des Plattenspielers und des Kinos – in einer New Yorker Zeitung: »Bücher werden in Schulen bald obsolet sein ... Es ist möglich, jeden Zweig des Wissens der Menschheit mit Hilfe von Filmen zu lehren. Unser Schulsystem wird innerhalb von zehn Jahren vollkommen verändert sein.«[5] Als knapp fünfzig Jahre später das Fernsehen aufkam, gab es ähnlich optimistische Stimmen, die meinten, man könne nun endlich Kultur, Werte und Wissen bis in die letzten Winkel der Welt bringen und so den

Bildungsstand der Menschheit insgesamt deutlich verbessern. Noch einmal fünfzig Jahre später bringt der Computer die Leute dazu, wieder von völlig neuen Möglichkeiten zu sprechen, die das Lernen in der Schule revolutionieren werden. Dieses Mal ist allerdings alles anders, werden Scharen von Medienpädagogen nicht müde zu betonen. Dabei sind wir schon Zeuge des Aufstiegs und Falls des *E-Learning* geworden, so wie wir in den siebziger Jahren das Scheitern von Sprachlaboren und Programmiertem Unterricht erlebt haben. Das Lernen allein am Computer funktioniert nicht – darüber sind sich mittlerweile sogar die größten Fürsprecher der Computernutzung einig. Warum ist das so? Und was bedeutet das für diejenigen, die dauernd mit Computer und Internet umgehen?

Der Publizist Nicholas Carr beschreibt die von ihm erlebten Folgen seiner Internetnutzung wie folgt: »Das Netz scheint mir meine Fähigkeit zur Konzentration und Kontemplation zu zerstören. Mein Geist erwartet nun, Informationen in genau der Weise aufzunehmen, wie sie durch das Netz geliefert werden: In Form eines rasch bewegten Stroms kleiner Teilchen [...] Meine Freunde sagen dasselbe: Je mehr sie das Netz benutzen, desto mehr müssen sie kämpfen, um sich auf das Schreiben längerer Abschnitte zu konzentrieren.«[6]

Zur Beantwortung der Frage, was das Internet und die neuen digitalen Medien mit uns machen, gibt es weit mehr als nur Erlebnisberichte und empirische Studien aus der Medienwirkungsforschung. Auch die Grundlagenforschung zur Funktion des Gehirns kann hier einiges beitragen. In ähnlicher Weise, wie die Biochemie unseren Blick für Stoffwechselerkrankungen schärft, ermöglicht uns heute das Verständnis der Mechanismen von Lernen, Gedächtnis, Aufmerksamkeit und Entwicklung eine klarere Sicht auf die Gefahren digitaler Medien.

Zu den wichtigsten Erkenntnissen im Bereich der Neurobiologie gehört, dass sich das Gehirn *durch seinen Gebrauch* permanent ändert. Wahrnehmen, Denken, Erleben, Fühlen und Handeln –

all dies hinterlässt so genannte *Gedächtnisspuren*. Waren diese bis in die achtziger Jahre des letzten Jahrhunderts noch hypothetische Gebilde, so kann man sie heute sichtbar machen. Die Synapsen – jene plastischen, sich verändernden Verbindungsstellen zwischen Nervenzellen, über welche die elektrischen Signale laufen, mit denen das Gehirn arbeitet – können heute fotografiert und sogar gefilmt werden. Man kann zusehen, wie sie sich bei Lernprozessen verändern. Auch die Größe und die Aktivität ganzer Bereiche des Gehirns lassen sich mittels bildgebender Verfahren sichtbar machen, und so lassen sich die neuronalen Auswirkungen von Lernprozessen im großen Stil nachweisen.

Wenn nun aber das Gehirn *immer* lernt (es kann eines nicht: *nicht* lernen!), dann hinterlässt auch die mit digitalen Medien verbrachte Zeit ihre Spuren. Hierbei ist auch noch Folgendes zu beachten: Unser Gehirn ist das Produkt der Evolution; es entstand also über einen langen Zeitraum durch Anpassung an bestimmte Umweltbedingungen, zu denen digitale Medien definitiv nicht gehörten. Und ebenso wie man heute sehr viele Zivilisationskrankheiten als Ausdruck eines Missverhältnisses der früheren Lebensweise (Jagen und Sammeln, also viel Bewegung und ballaststoffreiche Nahrung) und des modernen Lebensstils (wenig Bewegung, ballaststoffarme Nahrung) versteht, lassen sich die negativen Auswirkungen der digitalen Medien auf geistig-seelische Prozesse im evolutions- und neurobiologischen Rahmen besser begreifen. Es können hierbei ganz unterschiedliche Mechanismen und Prozesse beschrieben werden, die kognitive Leistungen wie Aufmerksamkeit, Sprach- oder Intelligenzentwicklung betreffen, sich also letztlich auf die Funktion des menschlichen Geistes beziehen. Wie in der Folge anhand von Beispielen gezeigt werden wird, hat dies erhebliche Auswirkungen auf emotionale und soziale psychische Prozesse, bis hin zu ethisch-moralischen Einstellungen sowie unsere Eigenperspektive, also unsere personale Identität.

»Digitale Demenz – so ein Unfug!«, höre ich meine Kritiker

schon laut rufen. Dabei bräuchten sie nur selbst ins weltumspannende digitale Datennetz zu gehen, um sich vom Gegenteil zu überzeugen. Googelt man die Stichwörter »digitale Demenz« bzw. »digital dementia«, dann erhält man in etwas weniger als einer Fünftelsekunde etwa 8000 und auf Englisch 38 000 Einträge.

Wer denken lässt, wird kein Experte

Wer jetzt noch zweifelt, der überlege einmal kurz: Die Telefonnummern der Verwandten, Freunde und Bekannten sind im Handy gespeichert. Den Weg zum verabredeten Treffen mit ihnen zeigt das Navigationssystem. Die beruflichen und privaten Termine hat man ebenfalls im Handy oder im PDA (dem Personal Digital Assistant). Wer etwas wissen will, der googelt; seine Fotos, Briefe, Mails, Bücher und Musik hat man in der Wolke. Selbst denken, speichern, überlegen – Fehlanzeige.

Jeden Tag bekomme ich von Schülern und Studenten E-Mails etwa der folgenden Art:

Lieber Herr Professor,
ich / wir arbeite / n gerade an einem Referat [einer Hausarbeit / einer Bachelor- / Magisterarbeit / einer Dissertation] zum Thema Gehirn und x [setzen Sie für die Variable x jeden beliebigen Sachverhalt ein]. Können Sie mir / uns bitte die folgenden Fragen beantworten: (1) Wie funktioniert das Gehirn? (2) ...
[Und wenn es sich beim Absender um Schüler handelt, findet sich nicht selten der folgende Schlusssatz.] Bitte beachten Sie noch, dass wir morgen abgeben müssen; es wäre also gut, wir hätten Ihre Antworten gleich ...

Wenn ich überhaupt antworte (das hängt von meiner Tagesform, Zeit und der Nettigkeit des Schreibens ab), dann schicke ich Artikel, die von den Betreffenden *selbst* gelesen werden müssen. Und das sage ich ihnen auch. Denn wer im Netz einfach jemanden fragt, statt *sich selbst* mit einem Thema zu beschäftigen, der hat gar nicht begriffen, warum er diese Arbeit überhaupt macht: Die Schüler sollen ja lernen, *selbst* zu denken! So lässt sich vermeiden, was drei Schülern passiert ist: Sie sollten ein Referat über Georgien halten und lieferten eine sehr schöne PowerPoint-Präsentation ab – über Georgia!

Was mir sehr zu denken gibt, ist die Tatsache, dass sogar manche Lehrer und Professoren nicht begriffen zu haben scheinen, was Lernen eigentlich bedeutet. Denn Studenten schreiben mir nach meiner Verweigerung eines Interviews oder einer Fragenbeantwortung: »Ich bekomme eine schlechtere Note, wenn ich nicht Experten zum Thema befrage.« Den Lehrkräften würde ich dann gerne antworten (und zuweilen sende ich dem Schüler / Studenten einen entsprechenden Text): So wenig, wie man das Bergsteigen dadurch erlernt, wenn jemand einen auf den Gipfel trägt, wird ein junger Mensch zum Experten (für welches Sachgebiet auch immer), wenn er einen Experten fragt. Sich Wissen aus Quellen selbst anzueignen, es kritisch zu hinterfragen, abzuwägen, die Quellen selbst zu hinterfragen, die Details eines Puzzles zu einer sinnvollen Einheit zusammenzufügen – all das muss man selbst tun, um es irgendwann zu können. Dieses Können wird, wie jedes Expertentum, auch in der Kenntnis mancher Sachverhalte bestehen, aber es wird vor allem auf einer sicheren Kenntnis von Quellen und deren Zuverlässigkeit und vielem mehr beruhen. Kurzum: Ein Sachverhalt will durchdrungen sein.

Es geht hier nicht um »Auswendiglernen«. Niemand wird Bergsteiger, wenn er die Namen von Bergen oder die Wegmarken von Routen auswendig lernt! (Wohlgemerkt: Bergsteiger verfügen über dieses Wissen; aber es ist offensichtlich, dass dies nicht alles ist und dass es darum auch gar nicht geht. Man lernt das nebenbei.) Oft werde ich gefragt, ob es schlecht sei, dass man heute in der Schule weniger Gedichte auswendig lernt. Ich bin mir da nicht sicher, aber ich weiß, dass man dadurch lernen kann, seinen Geist als Speicher zu gebrauchen, und dies ist nicht unwichtig, wenn man etwas lernt. Wer schon weiß, dass er den Sachverhalt, mit dem er sich gerade beschäftigt, gar nicht lernen kann oder will, der lernt ihn auch *tatsächlich* deutlich schlechter. Wer also nicht darauf aus ist, dass etwas hängenbleibt, bei dem bleibt auch deutlich weniger hängen.

Demenz ist mehr als nur Vergesslichkeit. Und so geht es mir bei der digitalen Demenz auch um mehr als nur darum, dass besonders junge Menschen immer vergesslicher zu werden scheinen, worauf erstmals koreanische Wissenschaftler im Jahre 2007 hingewiesen haben. Es geht vielmehr um geistige Leistungsfähigkeit, Denken, Kritikfähigkeit, um die Übersicht im »Dickicht der Informationsflut«. Wenn die Kassiererin »2 plus 2« mit der Maschine berechnet und nicht merkt, dass das Ergebnis »400« falsch sein *muss,* wenn die NASA einen Satelliten in den Sand (bzw. ins endlose All) setzt, weil niemandem aufgefallen ist, dass Inches und Meilen nicht dasselbe sind wie Zentimeter und Kilometer, oder wenn Banker sich mal eben um 55 Milliarden Euro verrechnen, dann heißt dies letztlich alles nur, dass keiner mehr mitdenkt. Offenbar hat in diesen Fällen niemand grob *im Kopf* überschlagen, was größenordnungsmäßig herauskommen müsste, sondern sich stattdessen auf irgendeinen digitalen Assistenten verlassen. Wer hingegen mit Rechenschieber oder Abakus rechnet, der muss die Größenordnung im Geist mitbedenken und kann kein völlig unwahrscheinliches Ergebnis liefern.

Ewig gestrig, romantisch, technikfeindlich?

»Sie sind ja völlig altmodisch! Wollen Sie nicht gleich zurück in die Höhle?«, werden Kritiker mir wieder entgegnen. Nein, das will ich nicht. Im Gegenteil: Wenn wir nicht aufpassen und nicht endlich damit aufhören, die nächste Generation systematisch zu verdummen, dann werden spätestens deren Kinder zwar nicht in der Höhle, aber jedenfalls in ungünstigeren Umständen leben. Denn unser Wohlstand und unsere Gesellschaft hängen wesentlich davon ab, dass viele von uns Experten sind und irgendetwas richtig gut können.

Ich bin auch kein »Medienhasser«, wie immer wieder behauptet wird. Jede Woche am Freitag um 22.45 läuft meine Sendung *Geist und Gehirn,* und wenn Sie sich diese 15 Minuten Fernsehen wöchentlich gönnen, dann gebe ich Ihnen hiermit schriftlich, dass dies Ihrem Gehirn nicht schadet. Seit mehr als einem Vierteljahrhundert arbeite ich auch nahezu täglich am Computer. Der ist aus meinem Leben ebenso wenig wegzudenken wie aus dem Leben der meisten Menschen. Warum arbeiten Millionen Menschen am Computer? Weil er Arbeitsabläufe beschleunigt, indem er uns geistige Arbeit *abnimmt.* Warum fahren Menschen mit dem Auto? Weil dies unsere Fortbewegung beschleunigt, indem es uns die körperlichen Mühen der Fortbewegung abnimmt. Und genauso, wie ich täglich einen Computer benutze, fahre ich täglich Auto.

Wie die meisten Autofahrer weiß ich aber auch, dass ich mich zu wenig bewege. Stellen Sie sich nun vor, es käme jemand auf die Idee, ein Gaspedal ohne Auto zu bauen, um es in Schulen zum Training der wegen Bewegungsmangel verkümmernden Wadenmuskulatur der Schüler einzusetzen. »Wir sind eine der größten Autonationen der Welt. Unsere Schüler brauchen mehr Training; also müssen wir ihnen das Autofahren frühzeitig nahebringen. Was könnte besser sein als ein Gaspedal für jeden Schüler, unter dem Tisch rechts vor dem Stuhl. Dann bleiben die Waden fit, und wir gewöhnen sie auch gleich ans Autofahren.« So hätten sich Heerscharen von Verkehrspädagogen vor dreißig Jahren schon äußern können, wäre das Argument nicht für jeden nachvollziehbar lächerlich. Bei digitalen Medien ist das ebenso, und viele Menschen merken auch, dass das Marktgeschrei von der digitalen Revolution im Klassenzimmer nicht stimmt. Es heißt, dass die neuen Medien heute eben zum Alltag gehören und wir die Kinder an sie gewöhnen müssen. Dem muss entgegnet werden: Neue Medien haben wie Alkohol, Nikotin und andere Drogen ein Suchtpotenzial. Computer- und Internetsucht sind hierzulande mittlerweile häufig auftretende Phänomene mit verheerenden Folgen für die Betroffenen. Man könnte also auch behaupten: »Bier und Wein sind Bestandteil unserer Gesellschaft und Kultur. Wir müssen den Kindern schon im Kindergarten den kritischen Umgang damit beibringen. Daher gehören sie dorthin.« Eine ganze Industrie würde sich über solche Empfehlungen sehr freuen, viele Menschen und die Gesellschaft insgesamt würden jedoch großen Schaden davontragen.

»Herr Spitzer, Sie sind technikfeindlich!«, mögen mir einige vorwerfen. Nein das bin ich nicht. Ich bin jedoch sehr dafür, dass wir vorsichtig sind, was neue Technik anbelangt. Anhand eines Beispiels sollten wir aus der Geschichte lernen: Als vor gut hundert Jahren die Röntgenstrahlen erfunden wurden, waren Röntgengeräte bald danach auf Partys der Oberschicht der Renner, und man fotografierte sich gegenseitig die Knochen.[7] Allein in den USA hielten Mitte der zwanziger bis Mitte der fünfziger Jahre des vergangenen Jahrhunderts mehr als 10 000 Pedoskope Einzug in Schuhgeschäfte, mit denen man seine Fußknochen betrachten konnte.[8] Den Verkauf der Geräte beförderte interessanterweise die *Angst* der Kunden vor nicht gut passenden Schuhen – vor allem auch bei *ihren Kindern:* »Ihre Füße haben Sie lebenslänglich«[9], erinnerte man die Kunden durch entsprechende Werbung, und daher sollten die Schuhe genau passen – insbesondere natürlich den Kindern. Vor dem Hintergrund der wirtschaftlichen Depression in den dreißiger Jahren des letzten Jahrhunderts wurde zudem argumentiert, dass gut passende Schuhe länger halten – dass man also durch das Gerät Geld spare. Man machte sich zudem die Tatsache zunutze, dass in den Jahren zuvor das Stromnetz in nahezu alle Haushalte Einzug gehalten hatte, wodurch der Siegeszug der Technisierung allen Beteiligten sehr deutlich vor Augen geführt worden war: Niemand konnte dem Argument widerstehen, dass jetzt endlich alles besser werden würde, auch wenn es keinerlei wissenschaftliche Daten gab, welche die Einführung und breite Verwendung der Apparate rechtfertigte. »Das dornige Problem der Wahrheit in der Werbung wurde auf diese Weise fein säuberlich umgangen«, bemerken die kanadischen Medizinhistoriker Jacalyn Duffin and Charles Hayter[10] in einer Übersicht zu diesen Geräten lakonisch. In Wahrheit war das Ganze ein Trick, um die Menschen in die Schuhgeschäfte zu locken. Vor allem Kinder, die für alles Neue einfach zu begeistern sind, hatten einen Riesenspaß daran, ihre eigenen Fußknochen zu betrachten, weswegen die Maschinen »für Kinder so aufregend waren wie geschenkte Luftballons

Durchleuchtungsgerät für die Füße, genannt **Pedoskop**, wie es hierzulande in Schuhgeschäften noch bis Anfang der siebziger Jahre zu finden war

und Dauerlutscher«.[11] Man stellte die Geräte daher auch entsprechend im Schuhgeschäft auf: »Wir empfehlen Ihnen, die Maschine in der Mitte des Ladens aufzustellen, so dass man von allen Seiten gut an sie herankommt. Natürlich sollten sie in der Nähe der Damen- und Kinderabteilung aufgestellt werden, weil dort mehr Umsatz gemacht wird«[12], hieß es in der Anweisung zur Aufstellung der Geräte. Dass dies auch tatsächlich geschah, zeigt die folgende Abbildung.

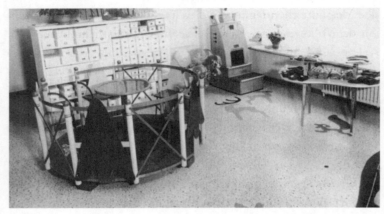

Pedoskop in der Kinderabteilung des Schuhhauses Bally in Basel im Jahr 1953. Zwischen dem in den Fünfzigern unvermeidlichen Nierentisch und dem Kinderkarussell steht hinten das Pedoskop als *die* Attraktion für die neugierigen Kleinen.

Erst als man nach dem Abwurf der Atombomben auf Hiroschima und Nagasaki im Jahre 1945 die massiven Strahlenschäden bei den Überlebenden zur Kenntnis nahm, wurde den Menschen weltweit die Gefahr durch elektromagnetische Strahlen bewusst. Im Jahr 1950 publizierte Messungen[13] an Pedoskopen ergaben eine aus heutiger Sicht unverantwortlich hohe Strahlenbelastung mit – gerade bei Kindern – kaum abschätzbaren gesundheitlichen Folgen. Dennoch dauerte es noch mehr als zwanzig Jahre, bis auch die letzten Geräte aus den Läden verschwanden. Über das Ausmaß an Krankheit und Tod durch ihren weltweiten Einsatz über vier Jahrzehnte hinweg können heute nur noch Vermutungen angestellt werden. Aber eines sollte klar sein: *Werbung* zur Verkaufsförderung, gemischt mit *Angst* und zunehmenden *wirtschaftlichen Schwierigkeiten* bei eher *armen* Schichten der Bevölkerung vor dem Hintergrund der gerade erfolgten flächendeckenden Einführung eines neuen *Netzanschlusses,* waren schon damals die treibenden Kräfte für die Verbreitung neuer Maschinen, deren Funktion durch eine einfache Messlatte ebenso gut erfüllt wurde und deren Gefährlichkeit für die Volksgesundheit erst Jahrzehnte später erkannt wurde.

Die Ähnlichkeiten mit der Vermarktung von Computern im Bildungsbereich sind verblüffend: Nach den vorliegenden wissenschaftlichen Erkenntnissen braucht man einen Computer zum Lernen genauso dringend wie ein Fahrrad zum Schwimmen oder ein Röntgengerät, um Schuhe anzuprobieren. Weil jedoch gerade sozial schwache Familien permanent erzählt bekommen, wie wichtig ein Computer für das Lernen sei, kaufen vor allem diese von ihren ohnehin geringen Ersparnissen ein Gerät – letztlich aus Sorge um die Zukunft der Kinder – und bewirken damit genau das Gegenteil dessen, was sie für ihre Kinder wollen: bessere Bildungschancen. Denn Computer fördern nicht die Bildung der jungen Menschen, sondern verhindern sie eher oder haben bestenfalls gar keinen Effekt, wie in den folgenden Kapiteln detailliert gezeigt wird. Die Industrie operiert also geschickt mit der Angst der Eltern aus sozial schwachen Schichten, um ihnen auch noch das letzte Geld aus den Taschen zu ziehen.

Es geht um unsere Kinder

Um es noch einmal mit aller Deutlichkeit zu sagen: Das Gemeine am Marktgeschrei für Computer in den Schulen ist, dass das, was die Eltern tun – sie kaufen ihrem Fünftklässler einen Computer –, genau das bewirkt, was sie *nicht* wollen und wovor sie sich ängstigen. Dies hat beispielsweise die Auswertung von Daten der PISA-Studie zum Einfluss der Verfügbarkeit von Computern auf die Leistungen in der Schule durch Thomas Fuchs und Ludger Wößmann gezeigt: Ein Computer zu Hause führt zu schlechteren Schulleistungen.[14] Dies zeigt sich beim Rechnen wie beim Lesen. Die Autoren kommentieren ihre Ergebnisse wie folgt: »Das bloße Vorhandensein von Computern zu Hause führt zunächst einmal dazu, dass die Kinder Computerspiele spielen. Dies hält sie vom Lernen ab und wirkt sich negativ auf den Schulerfolg aus. [...] Im Hinblick auf den Gebrauch von Computern in der Schule zeigte sich einerseits, dass diejenigen Schülerinnen und Schüler, die nie einen Computer gebrauchen, geringfügig schlechtere Leistungen aufweisen als diejenigen, die den Computer *einige Male pro Jahr bis einige Male pro Monat* benutzen. [...] Auf der anderen Seite sind die Leistungen im Lesen und Rechnen von denjenigen, die den Computer mehrmals wöchentlich einsetzen, deutlich schlechter. Und das Gleiche zeigt sich auch für den Internetgebrauch in der Schule.«[15] Vom heute üblichen täglich mehrstündigen Gebrauch ist hier gar nicht die Rede!

Beim Vergleich der Vermarktungsstrategien digitaler Medien mit denen für Röntgengeräte in Schuhgeschäften ist zudem interessant, dass man den ganz großen Markt für Computer und Bildung *bei den Kindern* sieht. Sie seien, wie es heißt, immer so neugierig und würden so gern mit dem Computer arbeiten. Ja, Kinder stürzen sich auf alles, was neu ist. Das liegt nicht daran, dass sie der Computer ganz besonders interessiert, und schon gar nicht daran, dass er ihnen besonders guttut (das interessiert Kinder gar nicht!), sondern ist einfach darauf zurückzuführen, dass der Computer mit all seinen Möglichkeiten und Angeboten neu ist. Zudem liefert er bunte Bildchen, spielt Musik ab und ermöglicht in Sekundenschnelle den Zugang zu vielen Inhalten aus dem weltumspannenden Datennetz – vor allem zu solchen Inhalten, die für Kinder und Jugendliche verboten sind. Das wissen Kinder und Jugendliche, und deswegen wollen sie vor dem Computer sitzen.

Die Computernutzung im frühen Kindergartenalter kann zu Aufmerksamkeitsstörungen[16] und im späteren Kindergartenalter zu Lesestörungen führen[17]. Im Schulalter wird vermehrt soziale Isolation beobachtet, wie amerikanische[18] und mittlerweile auch deutsche[19] Studien zeigen. Dem wird seit einigen Jahren entgegengehalten, dass die per Computer, Handy oder Tablet-PC mittlerweile zugänglichen sozialen Medien diesen Trend umgekehrt haben; die jungen Menschen seien heute im Netz überwiegend im sozialen Bereich unterwegs.[20] Hierzu ist jedoch anzumerken, dass gerade die digitalen sozialen Netzwerke keineswegs zu mehr und besseren Kontakten, sondern zu sozialer Isolation und oberflächlichen Kontakten führen. Nur für wenige Mädchen sind Online-Freunde mit positiven Gefühlen verknüpft. Diese erleben sie vielmehr vor allem mit persönlichen Freunden. In den folgenden Kapiteln werde ich deshalb ausführlich darstellen, wie und in welchem Maß digitale soziale Netzwerke unsere Kinder und Jugendlichen einsam und unglücklich machen.

Man fragt sich natürlich, warum nichts geschieht, wenn das alles so ist. Warum wehrt sich niemand gegen die tägliche Verdummung? Als Psychiater halte ich nichts von Verschwörungstheorien, die einer bösen Macht die Absicht zuschreiben, durch die Verbreitung der digitalen Medien eine schleichende Demenz der Bevölkerung herbeiführen zu wollen, weil sie dann leichter zu beherrschen sei. Nein, ich glaube, die Sache ist viel einfacher. Es gibt viele Leute, die mit den digitalen Produkten sehr viel Geld verdienen und denen das Schicksal von Menschen, insbesondere von Kindern, egal ist. Man kann zum Vergleich durchaus die Waffenproduzenten und -händler anführen, deren Geschäft bekanntermaßen der Tod anderer Menschen ist. Auch die Tabakbranche – die nachweislich tödliche Produkte herstellt und verkauft –, manche Lebensmittelhersteller – die vor allem unsere Kinder mit ihren Produkten krank machen – oder die Werbebranche – die unter anderem der Tabak- und Lebensmittelbranche zu ihren tödlichen Absätzen verhilft – sind hier zu nennen. Und eben auch die Großkonzerne, die den Markt der digitalen Medien beherrschen. Intel, Apple, Google, Facebook und andere sehr große Firmen wollen Geld verdienen und leisten Lobbyarbeit. Sie streuen geschickt falsche Informationen, wie die Raucherlobby in den siebziger Jahren (Rauchen sei nicht gefährlich, die Wissenschaft sei sich uneins etc.). Sie verdrehen die Fakten, vernebeln und verdunkeln. Und solange sich niemand aufregt, geschieht eben nichts.

»Aber Herr Spitzer, jetzt übertreiben Sie wirklich maßlos!«, höre ich Medienpädagogen (die von den Medien ja leben und sich aus genau diesem Grund nicht kritisch äußern), Vertreter der freiwilligen Selbstkontrolle und der Medien selbst schon sagen. Das ist zu erwarten. Traurig und aus meiner Sicht viel gefährlicher ist, dass sogar Kirchenvertreter, Politiker, das Gesundheitsministerium, das Bildungs- und Forschungsministerium, die Bundeszentrale für politische Bildung und die Enquete-Kommission »Internet und digitale Gesellschaft« des Bundestags in das Hohelied auf die digitalen Medien völlig kritiklos einstimmen. Sie nehmen die Erkenntnisse der Wissenschaft nicht nur nicht zur Kenntnis, sondern verbreiten bewusst falsche Aussagen und machen sich so letztlich selbst zu Lobbyisten, wie ich anhand entsprechender Quellen nachweisen werde.

Was ist also zu tun? Zunächst wäre ein Anfang gemacht, wenn mehr Menschen das Problem überhaupt zur Kenntnis nehmen würden. Darüber hinaus werde ich hier konkrete Vorschläge unterbreiten, was jeder für sich und was man als Teil der Gesellschaft für alle tun könnte, um der digitalen Demenz Einhalt zu gebieten. Deshalb habe ich dieses Buch geschrieben.

1. Taxi in London

Sind Sie schon einmal in den USA mit dem Taxi gefahren? Dann hatten Sie vielleicht auch schon Erlebnisse wie ich vor einigen Jahren in San Francisco. Nach meiner Ankunft am San Francisco International Airport wollte ich zunächst Freunde besuchen, die nördlich von Berkeley wohnen. Ich nahm mir ein Taxi, denn nach knapp zwölf Stunden Flug wollte ich mich einfach nicht mehr auf das Gedrängel in U-Bahnen und Bussen einlassen. In den folgenden zwei Stunden musste ich jedoch erfahren, dass der Taxifahrer weder Englisch konnte noch die Stadt kannte; zu allem Überfluss war er auch gerade erst dabei, das Autofahren zu lernen. Ein zweiter Taxifahrer auf dem Beifahrersitz, der ebenfalls weder Ortskenntnisse besaß noch Englisch sprach, brachte es ihm gerade bei. In London kann Ihnen das nicht passieren. Dort können die Taxifahrer nicht nur Englisch und Auto fahren – nein, sie kennen sich auch sehr gut in der Stadt aus. Aber dazu später ...

Navigieren – im Kopf und außerhalb

Anfang der neunziger Jahre wurde hierzulande immer deutlicher, dass viele Unfälle im Straßenverkehr durch Verkehrsteilnehmer verursacht wurden, die sich nicht zurechtfanden: Sie fuhren zu langsam, hielten den Verkehrsfluss auf, bremsten unerwartet plötzlich und provozierten so Auffahrunfälle. Ganz offensichtlich hatte der Unterricht in Erdkunde versagt, denn viele Menschen konnten keine Karten mehr lesen; sie fuhren in fremden Städten sehr unsicher und wurden daher für sich und andere zu einer Gefahr. Deswegen diskutierten Vertreter des Verkehrsministeriums, der Kultusministerien und der Autoindustrie mögliche Lösungswege. Technische Verbesserungen des globalen Satellitennavigationssystems GPS durch das amerikanische Verteidigungsministerium im Jahr 2000 machten dann endgültig den Weg frei für die flächendeckende Einführung von digitalen Navigationssystemen in sämtlichen neuen Automobilen. Genau wie Sicherheitsgurt und Airbag war ein Navi ab dem Jahr 2001 Pflicht. Die Logik war ganz einfach: Wenn jeder erst einmal einen Bildschirm mit Kartenmaterial im Auto hat, dann werden die Menschen wieder lernen, sich zu orientieren, denn sie haben einen optimalen digitalen Lehrmeister zur Verfügung: das Navi im Auto. Es sollte nicht mehr vorkommen, dass sich jemand nicht zurechtfindet.

Nun, Sie haben es natürlich bemerkt, dass die Geschichte nicht ganz stimmt: Zwar gab es tatsächlich immer mehr Auffahrunfälle in Städten durch suchende Autofahrer, und auch die Freigabe genauer Positionssignale der GPS-Satelliten durch das Pentagon im Jahr 2000 ist tatsächlich erfolgt. Eine Pflicht von digitalen Navigationssystemen in Autos gab es hingegen nie; sie wurden dennoch eingeführt – freiwillig –, und viele Menschen verfügen heute über ein solches Gerät im Auto. Völlig falsch ist jedoch die Annahme, dass die Menschen damit gelernt hätten, besser zu navigieren. Im Gegenteil! Wer ein Satellitennavigationssystem in seinem Auto hat, der *lässt navigieren* und navigiert nicht mehr *selbst*. Seine Fähigkeit, sich örtlich zu orientieren, nimmt ab.

Diese Fähigkeit beruht auf einem ganz bestimmten Teil des Gehirns, dem Hippocampus. In ihm befinden sich Zellen, die für bestimmte Orte zuständig sind, weil sie diese Orte *gelernt* haben. Man kann solchen Lernprozessen zuschauen, d. h., man kann zusehen, wie aus Zellen, die noch keinen Ort kodieren, sogenannte *Ortszellen* werden. Anhand der Aktivität dieser Zellen lässt sich sogar angeben, wo sich ein Versuchstier gerade befindet. Man muss nur die Information aus dem Gehirn des Tieres mittels feiner Drähte auslesen, also letztlich das tun, was das

Tier selbst auch tut. Durch solche Studien wissen wir mittlerweile eine ganze Menge darüber, wie räumliche Orientierung durch unser Gehirn bewerkstelligt wird.[1]

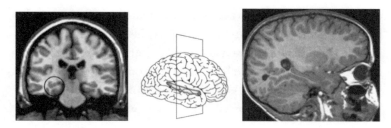

1.1 Der Hippocampus liegt beiderseits tief im Temporalhirn. Links ein Schnittbild, etwa in der Orientierung, wie in der Mitte durch die Ebene angezeigt, rechts ein Schnittbild, das ihn längs geschnitten zeigt.

Seit Ende des letzten Jahrhunderts wissen wir, dass Menschen, die sich in unbekanntem Terrain zurechtfinden müssen, dies mit Hilfe des Hippocampus bewerkstelligen; im Experiment konnte man bei Versuchspersonen, die den Ausgang aus einem Labyrinth finden mussten, seine Aktivierung nachweisen.[2] Zwei Jahre später fanden Wissenschaftler dann heraus, dass Londoner

1.2 Ein Ausschnitt dessen, was Londoner Taxifahrer wissen müssen, um ihren Beruf ausüben zu dürfen.[3]

Taxifahrer einen größeren Hippocampus haben als eine im Experiment hinzugezogene Kontrollgruppe.[4] Bedenkt man, dass sie ein Gewirr von etwa 25 000 Straßen sowie Tausende von Plätzen und interessanten Orten kennen *müssen,* um in London überhaupt als Taxifahrer zugelassen zu werden, so wundert dies nicht. Es dauert etwa drei bis vier Jahre, bis jemand dieses Wissen erworben hat. Erst danach durchläuft er eine Reihe von Prüfungen, und wenn er alle bestanden hat, erhält er seine Lizenz. Das Vorgehen ist in der Welt einmalig und hat für den Nutzer natürlich einen Riesenvorteil: Der Fahrer weiß, wo es langgeht.

Lernen im Gehirn

Gerade *weil* Londoner Taxifahrer lernen, sich in ihrer Stadt richtig auszukennen, lassen sich bei ihnen die Gedächtnisprozesse im Gehirn, die dies bewerkstelligen, besonders gut untersuchen.[5] Es wird offensichtlich, was im Gehirn beim Lernen passiert, und man konnte zeigen, dass die Anzahl der Jahre, die ein Taxifahrer in London unterwegs ist, sich auf das Volumen seines Hippocampus auswirkt: Dieser für das Navigieren zuständige Gehirnteil ist umso größer, je mehr Jahre der Taxifahrer in den Straßen von London auf dem Buckel hat. Wer sich also Orte einprägt, bringt seinen Ortsspeicher zum Wachsen.

Dieses Prinzip gilt nicht nur für spezielle Orte oder gar nur den individuellen Personentransport in der britischen Hauptstadt, sondern ganz allgemein. Wer das Jonglieren erlernt, bei dem nimmt das Volumen von Bereichen im Gehirn, die für das Verarbeiten von visueller Bewegung zuständig sind, messbar zu (Abb. 1.3). Musiker eignen sich ebenfalls hervorragend als Versuchspersonen, wenn es um Lernprozesse geht.[6] Wer Geige oder Gitarre spielen lernt, vergrößert das für die Finger der linken Hand zuständige Areal im Gehirn (Abb. 1.4). Orchestermusiker

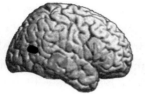 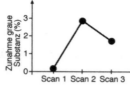

1.3 Gehirnwachstum durch Gehirnbenutzung beim Jonglieren[7]

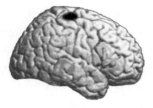

1.4 Gehirnwachstum durch Gehirnbenutzung beim Musizieren im Bereich der sensomotorischen Kontrolle der linken Hand bei sechs Geigern, einem Bratschenspieler und zwei Gitarristen[8]

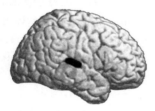

1.5 Gehirnwachstum beim Musizieren im Bereich der akustischen Verarbeitung bei Orchestermusikern

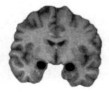 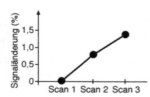

1.6 Gehirnwachstum bei Medizinstudenten beim Auswendiglernen von sehr vielen Fakten[9]

haben ganz allgemein ein größeres Areal für das Hören, und dies hängt sogar von ihrem Platz im Orchester ab (siehe Abb. 1.5). Medizinstudenten müssen sich gerade für die Vorprüfung, das sogenannte Physikum, sehr viele Fakten merken: Selten wird das Gedächtnis derart auf die Probe gestellt, und auch dieses intensive Memorieren von vielen Fakten wirkt sich, wie in Experimenten nachgewiesen werden konnte, auf das Volumen des Hippocampus aus, und es zeigte sich auch, dass das vergrößerte Volumen nach dem Lernprozess erhalten blieb (Abb. 1.6).

Wenn man über Ursache und Wirkung langfristiger Prozesse Aussagen machen will, kommt man um Längsschnittstudien nicht herum: Man muss hierzu eine bestimmte Größe wie beispielsweise das Volumen des Hippocampus *vor* und *nach* einem bestimmten längeren Erfahrungszeitraum messen. Findet man bei denjenigen, die beispielsweise ein bestimmtes Training durchlaufen, dann im Vergleich zu anderen, die dieses Training nicht durchlaufen, entsprechende Veränderungen, dann ist es sehr wahrscheinlich, dass diese Veränderungen durch das Training verursacht wurden. Solche Studien gibt es bereits, und neben den gerade erwähnten Medizinstudenten ist eine neue Studie mit – wie könnte es anders sein? – Londoner Taxifahrern besonders zu erwähnen.

Londoner Neurowissenschaftler untersuchten das Wachstum des Hippocampus bei 79 männlichen Taxifahrern vor deren Ausbildung und drei bis vier Jahre später nach der Ausbildung. Ebenfalls untersucht wurde eine Kontrollgruppe von 31 männlichen Probanden. 39 der 79 Anfänger bestanden am Ende der Fortbildungsperiode ihre Prüfungen und konnten sich dadurch zum lizenzierten Taxifahrer qualifizieren. Man konnte daher das Wachstum des Hippocampus bei insgesamt drei Gruppen vergleichen: eine Gruppe, die gelernt hatte, eine, die das Lernen versucht hatte, aber gescheitert war, und eine dritte Gruppe als Kontrollgruppe, die den Lernprozess nicht durchlaufen hatte. Die Gruppen unterschieden sich nicht signifikant im Hinblick

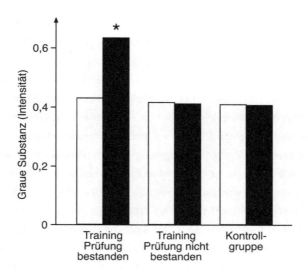

1.7 Intensität der grauen Substanz des Hippocampus bei Londoner Taxifahrern vor der Ausbildung **(weiße Säulen)** und drei bis vier Jahre später **(schwarze Säulen)** bei 39 erfolgreichen Absolventen **(links)**, bei 20 der 40 durchgefallenen Prüflinge (20 waren zum zweiten Messzeitpunkt nicht erschienen) und bei 31 Kontrollpersonen ohne durchgemachte Ausbildung[10]

auf Alter, Schulbildung, Intelligenz sowie Gesamttrainingszeitraum in Monaten, wohl aber im Hinblick auf die Trainingszeit pro Woche. Bei denen, die die Prüfung bestanden hatten, betrug sie im Mittel 34,5 Stunden, bei denen, die die Prüfung nicht bestanden hatten, jedoch nur 16,7 Stunden. Wie die Abbildung oben deutlich zeigt, kam es bei den Taxifahrern, die die Zulassungsprüfung bestanden hatten – und nur bei ihnen! – zu einem signifikanten Anstieg der grauen Substanz (d. h. der Nervenzellen) im Hippocampus.

Nun könnte man dahingehend argumentieren, dass man sich als Fahrer fortbewegt und dass es dieser dauernde Bewegungseindruck ist, der zum Wachstum des Hippocampus führt. Weil in der Tat durch eine Reihe neurowissenschaftlicher Befunde die Eigenbewegung mit der Aktivität des Hippocampus in Verbindung gebracht wurde, ist diese Erklärung nicht von vorneherein auszuschließen. Zum Nachweis, dass die Größenzunahme des Hippocampus von Londoner Taxifahrern tatsächlich mit deren über Jahre erworbenen extremen Fähigkeit zum Navigieren in der britischen Metropole zu tun hat, müsste man ihre Gehirne nicht mit normalen Kontrollpersonen vergleichen, sondern mit einer ganz speziellen Kontrollgruppe: Londoner Busfahrer. Diese bewegen sich im Verkehr ebenso wie Taxifahrer, andererseits fahren sie jedoch nur bestimmte Routen ab und brauchen hierfür keine besonderen Ortskenntnisse. Das jahrelange Navigationstraining entfällt also, ansonsten gleichen sich die Voraussetzungen. Die Londoner Gehirnforscher untersuchten daher achtzehn lizenzierte Londoner Taxifahrer und siebzehn Londoner Busfahrer, die im Hinblick auf Alter, Schulbildung, Fahrerfahrung und Intelligenz keine Gruppenunterschiede aufwiesen. Die Zunahme des Hippocampus zeigte sich nur bei den Taxifahrern.[11]

Obwohl es sich beim Hippocampus um eine vergleichsweise kleine Struktur des Gehirns handelt, ist er dennoch für das Funktionieren des gesamten Gehirns sehr wesentlich (siehe Grafik 1.8). Er speichert nicht nur vernetzte (reale) Ortskenntnisse, sondern auch Orte (»Adressen«) in der Großhirnrinde, wo bestimmte Eigenschaften oder Merkmale kodiert sind. Ihre Verknüpfung macht das aus, was man ein Ereignis nennt (»Gestern um halb drei fiel mir in der Küche die grüne Tasse auf den Fußboden und zerbrach in tausend Stücke.«). Im Gegensatz zur Gehirnrinde, die in ihren vielen Modulen geordnete Karten von Merkmalen durch langsames Lernen produziert hat, ist der Hippocampus permanent damit beschäftigt, die Dinge zusammenzubinden und aus den vielfachen Erregungen in unserer Großhirnrinde Ereignisse, Erlebnisse und langfristige Gedächtnisinhalte zu formen.

Seit längerer Zeit wird vermutet, dass die fortwährend stark beanspruchten Nervenzellen im Hippocampus bei *zusätzlicher*

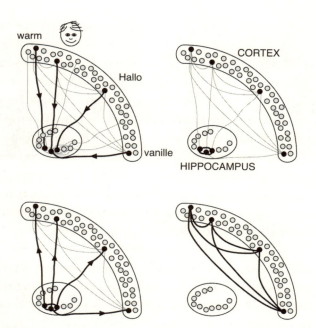

1.8 Meine frisch gebadete kleine Tochter Anna kommt zu mir, lächelt mich an, ist kuschelig warm, riecht nach Vanille-Schaumbad und sagt »Hallo«. Mein Cortex verarbeitet die Eindrücke durch Aktivierungen in den entsprechenden Arealen **(oben links)**. Die begleitenden positiven Emotionen aktivieren zugleich den Hippocampus, dessen Zellen den Zusammenhang der Aktivierungen dadurch lernen, dass sie selbst ganz rasch entsprechende Zusammenhänge untereinander aufbauen **(oben rechts)**. Dadurch können sie das Erlebnis kortikal wieder aktivieren **(unten links)**, was langfristig zur Verstärkung der Verbindungen zwischen den kortikalen Repräsentationen des Erlebnisses führt. Sind diese etabliert, ist die Erinnerung cortikal abgespeichert und der Hippocampus kann sie vergessen **(rechts unten)**.

Belastung, beispielsweise durch *Stress,* vom Absterben bedroht sind.[12] Stress erhöht also nicht nur das Risiko von Bluthochdruck, Herzinfarkt, Magengeschwüren, Hormonproblemen (mit Wachstums- und Sexualstörungen), Muskelschwund (durch Eiweißabbau zur Bereitstellung von Energie) und einer Drosse-

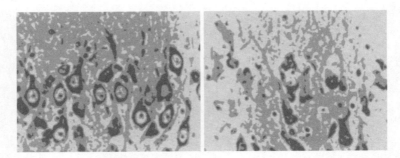

1.9 Nervenzellen im Hippocampus eines Tieres ohne **(links)** und mit Stresssymptomen **(rechts)**. Auch als Laie erkennt man deutlich die normalen Nervenzellen links und den nach dem Absterben der Zellen übrig gebliebenen »Zellmüll« rechts.[13]

lung des Immunsystems (mit vermehrtem Auftreten von Infektionskrankheiten und Krebserkrankungen); er führt auch, wie die Grafik 1.9 verdeutlicht, zum Absterben von Nervenzellen im Gehirn.

Durch die Untersuchungen des Frankfurter Anatomen Heiko Braak ist zudem seit längerer Zeit nachgewiesen, dass die

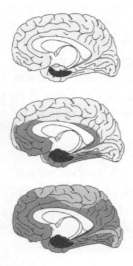

1.10 Ausbreitung der Alzheimerschen Krankheit. In frühen Stadien **(oben)** ist lediglich der Bereich des Hippocampus betroffen, in mittleren Stadien **(Mitte)** diejenigen Bereiche der Großhirnrinde, die mit dem Hippocampus verbunden sind, und im Spätstadium **(unten)** praktisch das gesamte Gehirn.[14]

Alzheimersche Krankheit (siehe dazu das folgende Kapitel) im Bereich des Hippocampus ihren Ursprung hat und sich dann entlang der zahlreichen Verbindungen mit anderen Arealen der Großhirnrinde ausbreitet (siehe Grafik 1.10).

Fazit

Gehirnnutzung führt, wie hier anhand unterschiedlicher Beispiele gezeigt wurde, zum Wachstum der Gehirnareale, die für die spezielle Fähigkeit gebraucht werden. Unser Gehirn funktioniert also in einer wichtigen Hinsicht so ähnlich wie ein Muskel: Wird er gebraucht, wächst er; wird er nicht benutzt, verkümmert er.

Lange Zeit dachte man, dass sich das Gehirn bei geistiger Arbeit nicht verändert. Die Veränderungen vollziehen sich an winzigen Strukturen, den sogenannten Synapsen, deren genaue Untersuchung bis vor wenigen Jahren noch gar nicht möglich war. Auch die Auswirkungen auf das Gehirn und dessen Strukturen im Großen, wie sie in diesem Kapitel beschrieben wurden, konnten bis vor wenigen Jahren nicht untersucht werden, denn hierfür mussten erst eine aufwendige Technik der Gehirnbildgebung und komplizierte mathematische Verfahren zur Auswertung der Daten entwickelt werden. Heute wissen wir, dass unser Gehirn nicht nur das komplizierteste, sondern auch das dynamischste Organ in unserem Körper ist. Es verändert sich mit seinem Gebrauch. Wird es nicht gebraucht, dann wird neuronale Hardware abgebaut. Was das bedeutet, wird im nächsten Kapitel näher betrachtet.

2. Wo bin ich?

Sind Sie auch öfter mit dem Auto unterwegs und verlassen sich auf Ihr Navigationsgerät? Dann wird es Ihnen vielleicht irgendwann so ergehen wie mir neulich, nachdem man mir dieses Wunder der Informationstechnik aus dem Wagen gestohlen hatte: Ich hatte Mühe, mich zurechtzufinden. Auch vom Fahrweg zu Orten, wo ich schon mehrfach gewesen war, hatte ich nur noch eine vage Ahnung. Völlig frustriert über meine Unfähigkeit zur örtlichen Orientierung, verfuhr ich mich immer wieder.

Früher war das nicht so: Wenn ich einmal irgendwo gewesen war, fand ich auch wieder dorthin. Man hatte ohnehin eine Karte im Auto und wusste zumindest so einigermaßen, wo man sich gerade befand und in welche Himmelsrichtung man sich gerade bewegte. Man achtete darauf, denn nur *wenn man weiß, wo man ist, kann man sein, wo man will,* wie mein Fluglehrer immer zu sagen pflegte. Steuert man ein kleines Flugzeug, dann kann man nicht mal eben rasch rechts ranfahren und auf die Karte schauen. Man muss vielmehr zu jedem Zeitpunkt wissen, wo man ist, sonst geht es einem nicht nur wie einem Piloten, der von Mannheim nach Nürnberg unterwegs war und irgendwann von tschechischen Abfangjägern zur Landung gezwungen wurde. Nein, man lebt auch gefährlich, denn es gibt verbotene Lufträume, und der Kraftstoff sollte vor dem Zielflughafen nicht ausgehen: Mal eben zur Tankstelle fahren geht in der Luft auch nicht. Daher ist Navigieren mit das Wichtigste, was ein Pilot lernt und tut.

Demenz

Warum also fand ich mich ohne mein Navi plötzlich nicht mehr zurecht? Als Psychiater weiß ich nur zu gut, dass man auch mit 53 Jahren an Demenz erkranken kann. Die erste vom Neuropathologen Alois Alzheimer (1864–1915) beschriebene Patientin war zu Beginn ihrer Erkrankung 51 Jahre alt. Ging es also bei mir jetzt auch langsam los? Schließlich kann ich mir auch nicht mehr so gut die Namen von Menschen merken, deren Gesichter ich sofort wiedererkenne, und meinen Haustürschlüssel habe ich auch schon ab und zu morgens gesucht.

2.1 Auguste Deter aus Frankfurt am Main, die erste von Alois Alzheimer beschriebene Patientin mit der heute nach ihm benannten Form der Demenz

Nun kann ich glücklicherweise aufgrund meiner Kenntnis der wissenschaftlichen Literatur mit einiger Sicherheit sagen, dass es um mich nicht allzu schlecht bestellt ist, denn was ich erlebte und erlebe, ist völlig normal: Wer seinen Haustürschlüssel nach einem langen Arbeitstag erschöpft nach Hause kommend irgendwohin wirft und dabei in Gedanken noch bei der Arbeit oder mit etwas ganz anderem beschäftigt ist, der hat die Stelle, wo der Schlüssel liegt, keineswegs vergessen, sondern *gar nicht eingespeichert*.[1] Und wer auf einer Party ein paar Leute vorgestellt bekommt und einen davon wenig später beim kalten Buffet ansprechen will, sich aber einfach nicht mehr erinnert, wie die Person heißt, ist ebenfalls völlig normal.

Amerikanische Wissenschaftler haben das Erinnerungsvermögen für die Namen von Menschen bei dreißig einseitig gehirngeschädigten Patienten (jeweils die Hälfte hatte die Schädigung auf der linken bzw. rechten Seite) und fünfzehn ganz normalen Kontrollpersonen untersucht, indem sie am Computer nacheinander zehn Gesichter und jeweils einen Namen zwei Sekunden lang zeigten. Danach wurden nur die Gesichter nacheinander gezeigt, und die Probanden sollten den Namen nennen. Nach einem Durchgang konnten die Patienten mit Hirnschädigung auf der linken Seite sich an keinen Namen erinnern, die mit der Hirnschädigung auf der rechten Seite auch nicht. Die Kontrollpersonen allerdings auch nicht! Bei der Wiederholung der Prozedur wurden alle Probanden langsam besser, aber auch nach sieben Durchgängen erreichte selbst die Kontrollgruppe keine

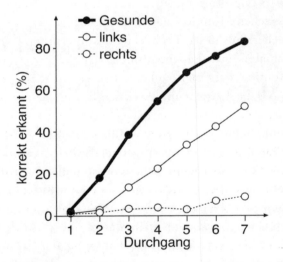

2.2 Prozentsatz der korrekt erinnerten Namen von Personen, deren Gesicht zusammen mit dem Namen am Computerbildschirm präsentiert wurde in Abhängigkeit von der Anzahl der Präsentationen aller Gesichter / Namen bei gesunden Kontrollpersonen und Patienten mit Gehirnschädigung im Bereich des linken oder rechten Gehirns[2]

hundertprozentige Erinnerungsleistung, wie aus der Abbildung 2.2 zu ersehen ist. Wenn Sie also wieder einmal am kalten Buffet stehen und einen Namen nicht wissen, dann sprechen Sie die Person einfach ganz ehrlich an: »Verzeihen Sie, aber wenn wir sieben Mal vorgestellt worden wären, hätte ich jetzt eine etwa achtzigprozentige Chance zu wissen, wie Sie heißen ...«

Orientierung im Raum

Das Suchen des Schlüsselbunds und Vergessen von Namen können Sie also getrost als normal verbuchen: kein Grund zur Beunruhigung und vor allem kein Anlass zur Sorge in Hinblick auf eine mögliche beginnende Demenz. Aber wie verhält es sich mit dem Navigieren? Nicht zu wissen, wo man ist, gehört zu den klassischen Symptomen in meinem Fachgebiet, etwa so, wie ein schneller Puls in das Fachgebiet des Internisten fällt. Wenn ein Psychiater einen Patienten untersucht, gehört es zur klinischen Routine, dass man einfache Fragen stellt, wie beispielsweise »Welche Uhrzeit und welches Datum haben wir jetzt gerade?«, »Wo sind Sie?« oder sogar »Wer sind Sie?«.

Jeder Medizinstudent lernt: Wer die letzte Frage nicht beantworten kann, ist geistig ziemlich schlecht dran. Wenn jemand weiß, wer er ist, aber nicht weiß, wo er gerade ist, dem geht es auch nicht wirklich gut. Wer dagegen nur nicht weiß, welches Datum wir gerade haben, könnte zwar geistig gerade nicht ganz auf der Höhe sein – oder aber einfach nur im Urlaub! Denn im Urlaub ist vielen Menschen die Zeit völlig egal, und das ist auch gut so. Wem die Zeit im Urlaub nicht egal ist, der befindet sich vielleicht sogar während seines Urlaubs – zumindest im Kopf – in der Firma bei der Arbeit.

Die *zeitliche, örtliche und personale Orientierung* gehörten zu unseren geistigen Grundfähigkeiten; bei Patienten mit Demenz nimmt sie in genau dieser Reihenfolge ab – Zeit, Ort, Person. Natürlich kann auch jemand, der schon stark geistig beeinträchtigt ist, auf seine Uhr schauen (sofern die Person eine hat und weiß, wo sie sich befindet) und mir die Uhrzeit sagen. Aber das ist nicht entscheidend: Es geht vielmehr darum, dass bei zunehmendem geistigem Verfall das Bemühen, die Kontrolle über sich und sein Leben zu haben, und das Bewusstsein dafür, in welchen Zusammenhang die Situation *hier und jetzt* eingebettet ist, nachlässt: Wer dement ist, *kümmert* sich weniger um Datum und Uhrzeit. Diese Person geht seltener aus dem Haus, versteht ihre Umwelt immer schlechter – die unmittelbare Umgebung und die große weite Welt sowieso – und begreift irgendwann auch sich selbst nicht mehr so gut, weil sie sich immer weniger merken kann. Am Ende bleibt nur noch eine Hülle, das Äußere des Menschen; sein Geist jedoch, seine unverwechselbare Persönlichkeit, seine Besonderheiten und Eigenarten, seine Geschichte sind verloren.

Nicht nur die Person geht »verloren«, die mit ihr verbundenen Sachverhalte auch. Wer an Demenz leidet, der weiß auch nicht mehr, worum es geht; er vergisst, was er gerade tun wollte, macht vieles mehrfach und merkt nichts davon. Auch der Bezug zu anderen Menschen löst sich langsam auf, zuerst zu den Bekannten aus der jüngeren Vergangenheit, bis am Schluss auch der Ehepartner oder die eigenen Kinder nicht mehr erkannt werden. Gleichzeitig erlischt das Bewusstsein für Vergangenheit und Zukunft: Demenzpatienten leiden nicht einfach nur unter zeitlicher Desorientiertheit (ein Frühsymptom), sondern unter der völligen Auflösung jeglicher Zeitlichkeit mit der Folge, dass sie nur noch von Augenblick zu Augenblick leben, wobei die wachen Momente nicht durch ein permanentes Bewusstsein verbunden sind, sondern disparat nacheinander ablaufen. Es ist übrigens müßig, sich zu fragen, was zuerst kommt, das Sich-nicht-Kümmern oder das Nicht-daran-Denken oder das Verschwinden der Menschen und Dinge – es bedingt sich alles wechselseitig.

Wie stark gerade die Leistung der räumlichen Orientierung vom Lernen abhängig ist, zeigen nicht nur die Londoner Taxifahrer. Auch bei ganz normalen Kindern unterschiedlicher Herkunft lässt sich sehr schön zeigen, dass die Orientierung im Raum mehr oder weniger gut beherrscht wird – je nachdem, welches Training man hatte. Kinder und Jugendliche, die in indischen Sanskrit-Schulen aufwuchsen, schneiden in Tests über die Orientierung im Raum besonders gut ab. Warum ist das so? Wie Latein ist Sanskrit eine tote Sprache aus der indogermanischen Sprachfamilie, doch ist sie nach wie vor eine von insgesamt 22 anerkannten Nationalsprachen in Indien und wird in den meisten indischen Schulen der Sekundarstufe nach Hindi und Englisch als dritte Sprache gelehrt. Sanskrit ist mehr als 3000 Jahre alt, wurde in verschiedenen Schriften geschrieben und mehrere Jahrhunderte vor Christi Geburt bereits systematisiert. Bei den Hindus gilt sie als heilige Sprache und wird im Rahmen religiöser Rituale bis in die Gegenwart verwendet, denn alle wichtigen religiösen Schriften (die Veden und die Upanishaden) sind in Sanskrit verfasst. Die älteste der vier Veden ist die Rig-Veda, eine religiöse Schrift über Götter, Mächte, Kräfte und die Natur, in der – wie in der übrigen Sanskrit-Literatur auch – der Raum in zehn Raumrichtungen aufgeteilt ist: Neben oben und unten gibt es *acht Himmelsrichtungen,* also nicht nur Nord, Süd, Ost und West, sondern auch Nordost, Nordwest, Südost und Südwest. Die geistige Kodierung des Raumes ist daher bei Menschen, die eine gründliche Ausbildung in Sanskrit erfahren haben, durch dieses Schema der acht Himmelsrichtungen geprägt. Es bestimmt gewissermaßen die Güte der kognitiven Landkarte, spielt also eine wichtige Rolle in der Bestimmung des eigenen Ortes in der Welt. Menschen, die in dieser »Weltsicht« sozialisiert sind, betrachten den Raum, ihre Welt, in einer ganz bestimmten Weise – etwa so, wie Schachspieler die Figuren auf dem Brett auf ganz besondere Weise betrachten oder wie Musiker ihre Instrumente in besonderer Weise erleben. Es geht in diesem Zusammenhang keineswegs nur um ein paar Namen für Raumrichtungen: Vielmehr durchzieht das geozentrische Sanskrit-Raumverständnis viele *Aktivitäten des täglichen Lebens,* sowohl in der Schule als auch im familiären Umfeld, die durch religiöse und kulturelle Praktiken gemeinschaftlich eingeübt und damit intensiv gelernt werden.

2.3 Lotosblüten **(links)** haben keineswegs immer acht Blätter. Werden sie jedoch stilisiert als Mandala dargestellt, dann geschieht dies meist in Form von acht Blütenblättern, mit denen die acht Himmelsrichtungen symbolisiert werden **(Beispiele Mitte und rechts)**.

Bei Kindern in Sanskrit-Schulen ist die Vermittlung von Wissen über die acht Himmelsrichtungen ein sehr aktiver Prozess. Ihnen werden nicht nur die Richtungen im Raum und ihre kulturelle Bedeutung vermittelt; sie werden vielmehr auch angehalten, sie in ihren *alltäglichen Übungen* wie beispielsweise beim Morgen- und Abendgebet *anzuwenden,* und sie werden entweder vom Lehrer oder von älteren Schülern hierbei genauestens angeleitet. Bei Fehlern werden die Schüler korrigiert und dahingehend unterwiesen, wie sie Fehleinschätzungen der Himmelsrichtung künftig vermeiden können.[3]

Fragt man zehn- bis vierzehnjährige Schüler aus Sanskrit-Schulen nach den Himmelsrichtungen im Freien oder sogar in einem geschlossenen Raum, so können 87 Prozent von ihnen richtige Angaben machen, Hindi-Mittelschüler hingegen nur in 43 Prozent der Fälle.[4] Eine weitere Studie bestätigte dies auf noch eindrucksvollere Weise: Zunächst wurden 51 indische Schulkinder im Alter von elf bis fünfzehn Jahren nach den Himmelsrichtungen gefragt – erst im Freien und dann im Raum –, und *alle* machten sie richtige Angaben. In einer ähnlichen, in Genf durchgeführten Studie konnte im Testraum *kein einziges Kind* die Himmelsrichtungen angeben.[5] Daraufhin wurde das Experiment gesteigert: Man verband den Kindern die Augen und drehte sie dreieinviertel Drehungen im Kreis. Auch danach waren noch 80 Prozent der Sanskrit-Schüler in der Lage, die Himmelsrichtungen korrekt anzugeben. Dann wurden sie – immer noch mit verbundenen Augen – um ein paar Ecken in einen anderen Raum geführt und nochmals dreieinviertel Mal gedreht und wieder nach den Himmelsrichtungen befragt. (Man achtete in allen Fällen darauf, dass die Kinder nach den Drehungen nicht in der gleichen Richtung standen wie vorher und dass der Versuchsleiter, der die Kinder drehte und mit ihnen sprach sowie sie über die Richtungen befragte, nicht am gleichen Ort stehen blieb.) Auch danach konnten noch 56 Prozent der Kinder die Aufgabe lösen – also nach Verblindung, einer Dreivierteldrehung, dem Wechsel in einen zweiten Raum um einige Ecken und nach einer weiteren Dreieinvierteldrehung um die eigene Achse und noch immer mit verbundenen Augen! Wer seine Schulzeit in einer Sanskrit-Schule verbracht hat, der nimmt die Himmelsrichtungen gleichsam immer mit sich mit, und zwar in 45-Grad-Feineinteilung, und er verfügt daher über ein sehr verfeinertes Orientierungsvermögen. Diese Experimente zeigen, was mittlerweile in der gesamten Neurowissenschaft die Spatzen von den Dächern pfeifen: »Auf die Dauer nimmt die Seele die Farben deiner Gedanken an«, wie schon der römische Kaiser Marc Aurel bemerkte. Er wusste zwar nichts von Neuroplastizität – aber recht hatte er!

Training: Neuronen wie Muskeln

Zurück zu meinem gestohlenen Navigationsgerät. Ich erlebte unfreiwillig, was es bedeutet, sich als Autofahrer längere Zeit nicht darum gekümmert zu haben, wo man eigentlich ist. Ich hatte diese Aufgabe einer Maschine übertragen, die mir mit einer angenehm sanften – um nicht zu sagen: »einlullenden« – Frauenstimme mitteilte, wo es langgeht. Ich hatte diese früher von mir selbst vollbrachte geistige Leistung der Orientierung und Navigation also ausgelagert, etwa so, wie man das Treppensteigen mittels Rolltreppe oder Fahrstuhl auslagern kann. Wer das häufig tut, der kommt bequem und ohne Schnaufen in den dritten Stock, braucht sich aber nicht darüber zu wundern, dass er beim Ausfall von Rolltreppe oder Fahrstuhl erheblich ins Schwitzen kommt und – wohnt er im neunzehnten Stockwerk – bei einem Stromausfall schlimmstenfalls bei seinem Nachbarn im Parterre um Unterschlupf bitten muss.

Dass nur trainierte Muskeln wachsen, ist bekannt. Ebenso verhält es sich mit dem Gehirn. Nun nimmt zwar nicht das gesamte Gehirn bei intensiver Nutzung an Größe zu, aber es geschieht dennoch etwas ganz Ähnliches: Die grauen Zellen (Neuronen) in unserem Gehirn verarbeiten Informationen in

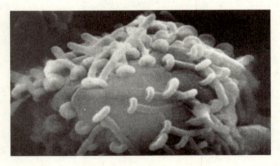

2.4 Eine Nervenzelle unter dem Elektronenmikroskop (aus Spitzer 2002). Die andockenden Fasern, die in kleinen Auftreibungen enden, liefern elektrische Impulse, die an den Enden auf chemischem Wege übertragen werden.

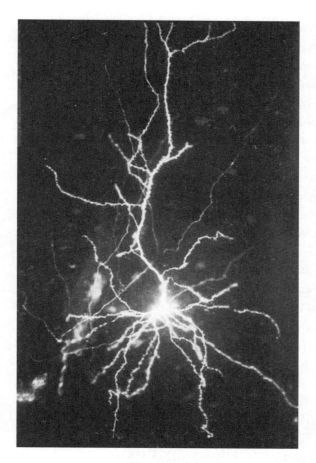

2.5 Fotografie eines Neurons unterm Lichtmikroskop. Diese Aufnahme ist ein Kunstprodukt und zeigt nicht, wie es »in Wirklichkeit« ist! Warum? Wenn man ein Neuron fotografieren will, ergeht es einem so, als wolle man im dichtesten Urwald einen Baum fotografieren. Man tritt ein paar Schritte zurück, um ihn ins Bild zu bekommen ... und vor einem schlagen Blätter und Zweige zusammen. Der Baum ist weg, verdeckt von den wuchernden Nachbarpflanzen. Genauso verhält es sich im Gehirn. Dort gibt es keine einzelnen Neuronen, wie auf diesem Bild. Hier wurde leuchtender Farbstoff in ein Neuron hineingespritzt, und es wurde dann mit einer Lampe angestrahlt. Alles andere, benachbarte Neuronen und vor allem die 10 000 einlaufenden Fasern, sieht man deshalb auf dieser Aufnahme nicht.

Form von elektrischen Impulsen. Diese werden über Nervenfasern von Nervenzelle zu Nervenzelle übertragen, an deren Enden sich die sogenannten Synapsen befinden (Grafik 2.6).

Jeder Gymnasiast lernt heute, wie an einer Synapse ein elektrischer Impuls (Aktionspotenzial) durch chemische Stoffe (Neurotransmitter) fortgeleitet wird, für die es spezielle Rezeptoren gibt, die ihrerseits Kanäle für bestimmte geladene Teilchen (Ionenkanäle) öffnen. Interessant ist, was man in der Schule *nicht* lernt: Was das Ganze soll! Denn der Impuls könnte ja auch ohne chemische Übertragung direkt von Neuron zu Neuron übertragen werden. Das ginge schneller, würde weniger kostbare Energie verbrauchen und wäre damit viel effizienter. Warum also gibt es Synapsen? – Diese Frage hat es in sich, denn das Gehirn des Menschen – *Ihr Gehirn* – enthält etwa 100 Milliarden Nervenzellen, von denen jede bis zu 10 000 Verbindungen mit anderen Nervenzellen hat. Die Anzahl dieser Verbindungen – der Synapsen in Ihrem Gehirn – beträgt damit etwa eine Million Milliarden (10^{15})! Vielleicht merken Sie sich ganz einfach: richtig viel!

Gedächtnisspuren

Warum also gibt es diese Synapsen? Auf diese Frage hat die Neurowissenschaft heute eine klare Antwort: weil sich die Synapsen dauernd ändern, je nachdem, ob sie gebraucht werden oder nicht (Grafik 2.7). Man kann zwar nicht wie bei einem Muskel, der sich nach intensivem Training verdickt, das Wachstum des Gehirns nach längerem geistigem Training sehen, aber es vollzieht sich eine markante Veränderung. Die Synapsen werden dicker, wenn sie beansprucht werden; und sie verkümmern und sterben schließlich ab, wenn sie nicht genutzt werden.

Wie sehr Synapsen dauernd angebaut, umgebaut, abgebaut, weggeräumt und wieder ganz neu gebildet werden, zeigen ge-

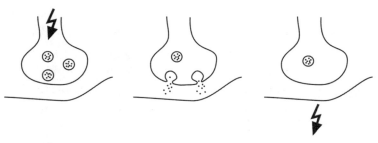

2.6 Die Übertragung von Nervenimpulsen an einer Synapse geschieht dadurch, dass beim Eintreffen des Impulses **(links)** kleine Bläschen in der Auftreibung am Ende der Nervenfaser, die einen Überträgerstoff (Neurotransmitter) enthalten, mit der Wand der Faser verschmelzen **(Mitte)**, wodurch der Neurotransmitter freigesetzt wird und seinerseits an Rezeptoren der Zelle, die den Impuls erhält, andockt. Dadurch wird die nachfolgende Zelle erregt **(rechts)**.

rade Studien aus der Gehirnforschung der vergangenen Jahre sehr deutlich (Grafik 2.8). Das Gehirn ist also nicht statisch, sondern eine Art Dauerbaustelle: Dauernd wird nach Kräften versucht, die Struktur des *Informationsverarbeitungssystems Gehirn* den wechselnden Anforderungen anzupassen.

Aufgrund von geistiger Aktivität ändert sich Ihr Gehirn dauernd. Daher *haben* Sie nicht ein Gehirn, so wie Sie ein Herz oder

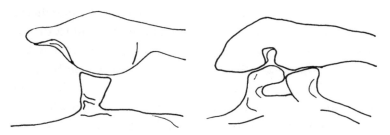

2.7 Synapsen ändern ihre Größe, wenn sie beansprucht werden.[6] Links ist eine Synapse dargestellt, an der zuvor nur wenig Aktionspotenziale übertragen worden waren. Entsprechend ist sie eher klein. Über die rechte Synapse liefen zuvor recht viele Impulse, daher ist sie sichtlich gewachsen.

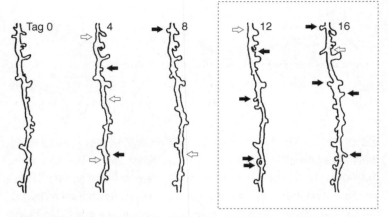

2.8 Entstehung neuer Synapsen durch neue Erfahrungen im Zeitraum von Tagen.[7] Man sieht zunächst den permanenten Umbau auf der Dauerbaustelle Gehirn. Im Laufe weniger Tage werden neue Synapsen gebildet (**schwarze Pfeile**) und bereits vorhandene wieder abgebaut (**weiße Pfeile**). Wenn wir lernen (ab Tag 9), werden mehr neue Synapsen gebildet (Auswirkungen im gestrichelten Kasten am Tag 12 und 16, also vier und acht Tage, nachdem im Bereich des dargestellten Ausschnitts des Gehirns etwas gelernt wurde).

zwei Nieren haben. Nein, Sie *sind* Ihr Gehirn! Insofern ist Ihr Gehirn auch Ihr wichtigstes Organ. (Ich weiß, Ihr Kardiologe sagt Ihnen, dass Ihr Herz Ihr wichtigstes Organ ist, und was Ihnen Ihr Urologe sagt, will ich gar nicht weiter thematisieren …) Jeder Facharzt hat sein Organ, und für ihn ist es das wichtigste. Wer hat nun recht? Ich habe recht, denn Ihr Gehirn ist das einzige Organ, bei dessen Transplantation (nehmen wir an, das wäre machbar) Sie lieber Spender als Empfänger wären. Wenn man Ihnen ein neues Herz oder eine neue Niere implantiert, sind Sie danach noch derselbe. Würde man Ihnen jedoch ein Spendergehirn implantieren, würde der Spender nach der Operation aufwachen, in den Spiegel schauen und sich wundern, dass er so aussieht wie Sie. Sie selbst wären nicht mehr existent! Denn was Sie ausmacht, ist nicht die körperliche Hülle, sondern Ihr Leben, Ihre Erfahrungen, und all dies ist in Ihrem Gehirn angesiedelt.

Der Mathematiker und Philosoph Gottfried Wilhelm Leibniz wusste dies auch schon – vor über dreihundert Jahren. Er ersann (etwa zeitgleich mit und unabhängig von Newton) die Integralrechnung, also ein mathematisches Verfahren, bei dem man unendlich viel unendlich Kleines addiert und – dennoch, möchte man sagen – ein klares Ergebnis bekommt: 17,3 zum Beispiel oder 29,7. Er wusste gerade mal, dass es im Kopf ein Gehirn gibt; die Entdeckung der Neuronen und Synapsen hingegen ließ noch zweihundert Jahre auf sich warten. Leibniz stellte fest, dass im Gehirn eine Menge geschieht, von dem wir einerseits nichts mitbekommen, das andererseits aber einen deutlichen Effekt hat. Nichts anderes haben wir gerade dargestellt. Und Leibniz schlussfolgerte, dass die Summe all dieser Summen letztlich nichts weiter ist als unsere Person. Er entdeckte damit auf einen Streich unbewusste Prozesse, die Natur des Lernens und die Natur unserer Individualität, ohne das Gehirn auch nur im Geringsten zu kennen; durch pures Nachdenken und Rechnen. Er war der erste Neuroinformatiker!

2.9 Gottfried Wilhelm Leibniz, der erste Neuroinformatiker, und das Titelblatt der Schrift, in der seine Überlegungen erstmals publiziert wurden

Ihr Erleben, Fühlen, Denken und Handeln hinterlassen Spuren in Ihrem Gehirn, *Gedächtnisspuren,* wie man sie seit mehr als hundert Jahren nennt. Wie gut diese Bezeichnung passt, wurde erst durch die moderne Neurowissenschaft so richtig deutlich: dadurch, dass elektrische Impulse über Nervenverbindungen (Synapsen) laufen, verändern sich diese Synapsen und leiten besser. Dies bewirkt langfristig, dass die Impulse sich *Trampelpfade* durch Ihr Gehirn bahnen. Diese Trampelpfade sind *strukturelle Spuren,* also keine theoretischen Gebilde. Das Ausbilden der Spuren wird gehirnbiologisch seit Jahrzehnten genauestens untersucht und als Neuroplastizität bezeichnet. Es gibt aber auch einen ganz einfachen Namen dafür: *Lernen.*

Wer in seinem Leben viel gelernt (nicht »gepaukt«, sondern wirklich erlebt und verarbeitet) hat, der hat viele Spuren in seinem Gehirn, die es ihm ermöglichen, sich in der Welt zurechtzufinden und effektiv zu handeln. Man sagt auch: Er ist geistig »auf der Höhe«.

Geistiger Abstieg

Das Wort Demenz leitet sich vom lateinischen *de* (herab) und *mens* (Geist) ab. Wörtlich übersetzt, hat es damit die Bedeutung *geistiger Abstieg.* Dies ist nicht unwichtig, denn wie bei jedem Abstieg hängen dessen Länge und Verlauf davon ab, von wo man absteigt. Wer sich auf einer Sanddüne am Meer befindet und einen Abstieg bis auf Meereshöhe beginnt, der wird nicht sehr lange brauchen. Wer jedoch auf der Spitze des Mount Everest anfängt, wird sich – obwohl er dauernd absteigt – lange Zeit in großer Höhe befinden.

Ähnlich verhält es sich bei der Demenz. Hier nimmt die geistige Leistungsfähigkeit letztendlich deswegen ab, weil Nervenzellen absterben. Nun wissen wir aus einer ganzen Reihe von

Studien zu den verschiedensten Formen von Nervenzelluntergang, dass man den Prozess des Absterbens subjektiv in aller Regel zunächst gar nicht bemerkt. Die Funktion von neuronalen (d. h. aus Nervenzellen bestehenden) Netzwerken lässt sich digital simulieren. Solche Simulationen zeigen objektiv, dass neuronale Netzwerke beim Absterben einzelner Neuronen sich ganz anders verhalten als beispielsweise Computer beim Ausfall einzelner Bauteile. Wenn der Computer nicht mehr funktioniert, sprechen wir davon, dass er *abstürzt*. Mit anderen Worten, er geht nicht langsam kaputt wie beispielsweise Ihre Wohnzimmercouch (niemand sagt »meine Couch ist gerade abgestürzt«), sondern er stellt von einer Sekunde auf die andere die Funktion ein. Bei digital simulierten neuronalen Netzwerken ist das anders. Sie funktionieren meistens selbst dann noch völlig unauffällig, wenn bereits 70 Prozent der Nervenzellen ausgefallen sind. Ab dem Punkt nimmt dann die Funktion merklich ab, ist aber bei 85 Prozent defekter Nervenzellen noch immer einigermaßen vorhanden. Erst wenn mehr als 90 Prozent der Nervenzellen zerstört sind, funktioniert das Netzwerk nur noch ein bisschen und irgendwann gar nicht mehr.

Nicht anders ist das auch bei realen Neuronen im Gehirn. Wir wissen heute, dass bei Gehirnerkrankungen, bei denen Nervenzellen zugrunde gehen, schon längst deutliche Schädigungen vorliegen, wenn sich die ersten Symptome zeigen. Beim Morbus Parkinson, einer Erkrankung bestimmter Nervenzellen, die für die Kontrolle von Körperbewegungen zuständig sind, zeigen sich die ersten Symptome wie Zittern, Bewegungsstarre und Muskelsteifigkeit in der Regel erst dann, wenn bereits weitaus mehr als die Hälfte der für die Krankheit spezifischen Nervenzellen abgestorben sind.

Bereits im vorangehenden Kapitel hatten wir gesehen, dass bei der Alzheimer'schen Krankheit – der häufigsten Ursache einer Demenz – zunächst nur ein kleiner Teil des Gehirns betroffen ist und erst später die Erkrankung auf das gesamte Gehirn übergreift. Man kann sich daher gut vorstellen (und hat auch entsprechende Hinweise darauf), dass der Nervenzellenuntergang sehr viel früher beginnt als die subjektiv bemerkbaren und objektiv nachweisbaren Symptome der Krankheit. Man spricht auch von der *kognitiven Reservekapazität,* die ein Mensch hat und auf die er zurückgreifen kann, wenn seine Verarbeitungsressourcen knapp werden. Je höher diese Reservekapazität ist, desto später wird ein geistiger Abstieg bemerkt. Sie hängt entscheidend davon ab, wie gut das Gehirn vor dem Abstieg gebildet wurde.

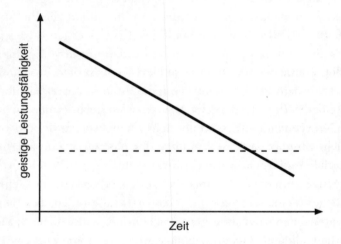

2.10 Geistiger Abstieg und Symptomatik von Demenz

Dieses Bild bedarf insofern der Ergänzung, als in unserem Gehirn nicht alles überall verarbeitet wird, sondern bestimmte Bereiche auf bestimmte Funktionen spezialisiert sind. Wie bereits erwähnt, hat der Hippocampus eine Schlüsselfunktion bei der Bildung neuer Gedächtnisinhalte, und er ist von der Alzheimer'schen Krankheit sehr früh betroffen. Nimmt seine Funktion ab, werden neue Inhalte nicht mehr so gut eingespeichert. Jeder kennt die Beobachtung, dass ein älterer Mensch noch genau weiß, was es bei seiner Hochzeitsfeier zum Essen gab, sich jedoch nicht mehr erinnern kann, was er gestern zu Mittag gegessen hat. Dies ist eine typische Erscheinung einer beginnenden Demenz; das Gedächtnis für zeitlich weiter zurückliegende Sachverhalte ist noch erhalten, neue Fakten und Ereignisse hingegen können nicht mehr so gut eingespeichert werden. Eine weitere Besonderheit des Hippocampus besteht darin, das in ihm, anders als in fast allen Gehirnregionen, zeitlebens Nervenzellen nachwachsen.

Neue Zellen in alten Gehirnen

Über lange Zeit galt in der Neurowissenschaft das Dogma, dass die menschlichen Nervenzellen bereits bei der Geburt voll ausgebildet sind. Danach, so die feste Meinung, würden keine neuen Nervenzellen mehr gebildet, aber täglich sterben welche ab. Mich selbst hat das so sehr beunruhigt, dass ich schon vor Jahren einmal der im Volksmund weitverbreiteten Auffassung nachgegangen bin, täglich würden etwa 10 000 Nervenzellen absterben.[8] In wissenschaftlichen Untersuchungen findet sich hierzu zwar keinerlei Begründung, aber beunruhigend war der Sachverhalt allemal. Geht man von 100 Milliarden Nervenzellen aus sowie von 10 000 absterbenden Nervenzellen täglich, zeigt eine einfache Rechnung, dass man unter diesen Annahmen mit 70 Jahren 1,3 Prozent seiner Nervenzellen verloren hätte. Da war ich dann doch wieder beruhigt.

Seit einigen Jahren können wir noch viel, viel beruhigter sein, denn im Laufe der neunziger Jahre wurde immer klarer, dass bei Mäusen und Ratten tatsächlich Nervenzellen nachwachsen; zuvor war dies bereits bei Singvögeln nachgewiesen worden. Mitte der neunziger Jahre entbrannte dann ein heftiger Streit in der neurowissenschaftlichen Gemeinschaft darüber, ob es nachwachsende Nervenzellen auch bei erwachsenen Menschen gäbe. Dieser Streit war fruchtbar, denn er hat zu einer ganzen Reihe von Studien geführt, die den Sachverhalt klären konnten: In der Großhirnrinde, also dem, was man im Wesentlichen sieht, wenn man das Gehirn von außen betrachtet, wachsen bei erwachsenen Menschen mit an Sicherheit grenzender Wahrscheinlichkeit keine Nervenzellen nach.[9] Im Hippocampus hingegen sterben, wie bereits dargestellt, Nervenzellen sehr leicht ab, andererseits wachsen genau hier auch Nervenzellen nach, also jetzt gerade beispielsweise auch bei Ihnen!

Warum aber findet dann Gehirnwachstum an ganz unterschiedlichen Orten im Gehirn statt, wenn doch neue Neuronen nur im Hippocampus nachwachsen? Weil Gehirnwachstum und das Nachwachsen von Neuronen nicht das Gleiche sind. Wenn Bereiche der Gehirnrinde durch entsprechendes Training wachsen, dann werden keine zusätzlichen Neuronen gebildet. Die vorhandenen Neuronen werden vielmehr größer, denn ihre Verbindungsstellen werden dicker, und es gibt mehr baumartige Fortsätze, deren Verzweigung ebenfalls zunimmt. Das Wachstum eines Bereichs der Gehirnrinde bedeutet also nicht, dass dort neue Neuronen entstanden sind, sondern dass die bereits vorhandenen Strukturen sich verändert haben.

Ganz anders verhält es sich beim Hippocampus. Dort arbeiten die Nervenzellen permanent auf Volllast und sterben daher auch am leichtesten ab, wenn noch eine zusätzliche Belastung, wie beispielsweise Stress, hinzukommt. Allerdings werden sie durch neu heranwachsende Nervenzellen ersetzt. In Studien an Ratten konnte man beispielsweise zeigen, dass im Hippocampus jeden Tag etwa 5000 bis 10 000 Nervenzellen neu gebildet werden. Im Hinblick auf den Hippocampus des Menschen kennen wir leider bis heute keine Werte, es ist aber nicht zu vermuten, dass diese geringer ausfallen als bei der Ratte.

Vor kurzem konnte nachgewiesen werden, dass diese neu gebildeten Nervenzellen besonders lernfähig sind. Man möchte nun kommentieren: »Kunststück, sie haben ja auch noch nichts gelernt, sind also jung und frisch.« So einfach ist die Sache jedoch nicht. Es ist nämlich keineswegs trivial, dass neu gebildete Nervenzellen auch funktionieren, denn zur Ausübung ihrer Funktion müssen sie ja in vorhandene Netzwerke eingebaut sein. Mein Computer auf dem Schreibtisch wird ja auch nicht einfach schneller, wenn ich ein paar Chips irgendwo einbaue. Nur durch die entsprechenden Verbindungen mit den bereits vorhandenen Chips können zusätzliche Komponenten der Informationsverarbeitung genutzt werden. Bei nachwachsenden Nervenzellen ist das nicht anders. Deren Vorhandensein im Gehirn allein bringt noch gar nichts, denn sie müssen mit den bereits vorhandenen Strukturen vernetzt sein. Nur dann können sie ihren Beitrag zur Funktion des Gesamtsystems leisten.

Wie weitere Studien zeigen konnten, ist dieser Einbau in die vorhandenen neuronalen Netze sogar Voraussetzung dafür, dass die neu gebildeten Neuronen überleben. Werden sie nicht eingebaut, dann sterben sie nach wenigen Wochen wieder ab. Wie geschieht nun dieser Einbau? Mit sehr geschickt durchgeführten Experimenten konnte nachgewiesen werden, dass die Vernetzung neu gebildeter Nervenzellen durch genau diejenige Tätigkeit erfolgt, für die sie ohnehin geschaffen sind: durch Lernen.[10] Entscheidend ist, dass nicht einfach nur irgendetwas Einfaches gelernt wird, sondern dass die neu gebildeten Nervenzellen mit schwierigen Aufgaben richtig gefordert werden. In Studien mit Ratten konnte man tatsächlich zeigen, dass einfache Lernaufgaben das Absterben neu gebildeter Nervenzellen im Hippocampus nicht verhindern, kompliziertere Lernaufgaben jedoch sehr wohl. Die neuen Nervenzellen müssen also nach ihrer »Geburt« richtig herausgefordert werden, um am Leben zu bleiben.

Seit einigen Jahren ist bekannt, dass bei Ratten Nervenzellen vor allem dann in großer Zahl nachwachsen, wenn sie – beispielsweise durch ein Laufrad im Käfig – die Möglichkeit haben, sich zu bewegen. Diese Erkenntnis ist auch in Bezug auf den

Menschen wichtig. Ich werde oft von Patienten gefragt, was man denn tun könne, um sich im Alter geistig fit zu halten. Meine Antwort lautet, für die Patienten oft überraschend: »Vergessen Sie Kreuzworträtsel und Sudoku; gehen Sie joggen!« Denn die moderne Gehirnforschung zeigt: Das beste Gehirnjogging ist schlicht und einfach Jogging. Wenn dann allerdings die neuen Nervenzellen gebildet wurden, dann reicht das Wiederkäuen von vorhandenem Wissen nicht aus, um sie am Leben zu erhalten. Man muss vielmehr etwas richtig Schwieriges lernen.

Was sind das für »schwierige Aufgaben«, die offenbar für das Überleben neuer Nervenzellen ermöglichen? Im Wesentlichen geht es bei diesen Aufgaben nicht darum, auswendig Gelerntes wiederzugeben. Das ist viel zu leicht. Auch das Erlernen eines einfachen Zusammenhangs – beispielsweise: Immer wenn die Glocke läutet, gibt es etwas zu essen – reicht nicht. Wenn ein Tier (oder auch ein Mensch) dies gelernt hat, dann läuft ihm die Spucke schon im Mund zusammen, wenn die Glocke klingelt und noch gar kein Essen da ist. Solche einfachen Lernvorgänge – man spricht von einem bedingten, d. h. gelernten, Reflex – halten neue Nervenzellen nicht am Leben. Hierfür sind Aufgaben erforderlich, bei denen man sich in einem bestimmten Kontext aufgrund von aktuell vorliegenden Signalen und in Kombination mit Wissen, das in der Vergangenheit erworben wurde, entsprechend verhalten muss. So planen wir (und Ratten auch) die Zukunft sinnvoll aufgrund von Vorerfahrungen, der Kenntnis der Umgebung, und dem, was aktuell wahrgenommen wird – etwa Futter oder ein Feind. Nur wer hier richtig plant, wird entsprechend sinnvolles Verhalten an den Tag legen.

Das klingt ziemlich kompliziert und ist es teilweise auch. Wenn man allerdings ein bisschen darüber nachdenkt, ist es genau das, was wir Menschen täglich tun: Wir haben unsere Erfahrungen, kennen uns in unserer Umgebung aus und bewältigen die Anforderungen und Wechselfälle unseres Alltags. Insbesondere haben wir dauernd mit anderen Menschen zu tun; wir müssen bewerten, entscheiden und handeln und uns dabei permanent mit anderen abstimmen. Wir müssen planen und Pläne auch wieder verwerfen, Vereinbarungen treffen, uns daran halten und vieles mehr. Genau das – also das Leben in seiner vollen Breite und Tiefe – ist es, was unsere Nervenzellen, die gerade nachgewachsen sind, am Leben hält. Kurz gesagt: Beschäftigen Sie sich statt mit Kreuzworträtsel und Sudoku öfter mit einem Ihrer Enkel. Und wenn Sie keinen haben, dann leihen Sie sich einfach einen aus.

Man konnte diese Zusammenhänge – wiederum in Studien mit Ratten – dadurch noch genauer aufklären, indem mittels radioaktiver Bestrahlung die Neubildung von Nervenzellen im Hippocampus verhindert wurde. Die so behandelten Tiere konnten einfache Lernprozesse durchaus bewältigen, bei schwierigen jedoch versagten sie. In einer entsprechenden Übersicht schreibt die amerikanische Neurowissenschaftlerin Tracey Shors, die zusammen mit Elizabeth Gould wesentlich an den hier beschriebenen Entdeckungen beteiligt war: »Alles in allem waren die basalen Lernfähigkeiten von Ratten mit wenigen oder keinen neuen Neuronen relativ unbehindert. Die Tiere hatten jedoch Schwierigkeiten, neue Verbindungen zu lernen, also beispielsweise, dass ein bestimmter Ton immer eine halbe Sekunde vor der Berührung ihres Augenlids erklingt. Wir denken daher, dass die neuen Neuronen nur dann für Lernprozesse notwendig sind, wenn sie in ganz bestimmten Situationen gebraucht werden, die eine gewisse geistige Anstrengung erfordern. In biologischer Hinsicht macht diese Art der Spezialisierung sehr viel Sinn: Ein Tier würde eigentlich keine neuen Neuronen produzieren wollen, nur um die basalen Funktionen des Überlebens zu sichern. Sofern neu gebildete Zellen ausgereift sind, werden sie vielmehr eher dazu verwendet, bereits vorhandene Fähigkeiten zu stärken und zu perfektionieren. In der Sprache der Psychologie nennt man dies das *Lernen lernen*.«[11]

Was heißt das nun für den Menschen? Was geschieht, wenn

man beim Menschen die Bildung neuer Nervenzellen unterbricht? Wir haben es den »Segnungen« der modernen Medizin zu verdanken, dass wir die Antwort darauf kennen: Krebspatienten, bei denen eine Chemotherapie durchgeführt wird, erhalten hochwirksame Medikamente, welche die Neubildung von Zellen unterdrücken. Hierdurch wird das Tumorwachstum gehemmt, aber leider eben auch die ganz normale Neubildung von Zellen. Dies geschieht nicht nur im Hinblick auf die Haare (die bei der Chemotherapie ausfallen) oder den Magen-Darm-Trakt (der bei der Chemotherapie oft in Mitleidenschaft gezogen wird), sondern auch im Hippocampus. Es ist daher kein Zufall, dass Patienten, die sich einer Chemotherapie unterziehen müssen, unter kognitiven Defiziten leiden. Sie haben Mühe, Neues zu lernen und zu erinnern. Klinisch spricht man mittlerweile von einem *Chemogehirn* und meint damit Gedächtnisstörungen, Konzentrationsschwäche, Wortfindungsstörungen, Schwierigkeiten beim Lernen und Problemen beim Umgang mit komplexeren Situationen. Die Patienten können dabei nach wie vor ganz gewöhnliche Fähigkeiten einsetzen, sie können also weiter leben und überleben. Wenn es jedoch um bislang unbekannte, schwierige Aufgaben geht, werden die *kognitiven Defizite* deutlich. Genau dies würde man nach den oben angeführten Studien an Versuchstieren erwarten.

Fazit

Demenz ist geistiger Abstieg. Wie jeder Abstieg dauert auch dieser länger, wenn man sich aus größerer Höhe hinabbegibt. Diese Höhe wiederum, die geistige Leistungsfähigkeit, ist wie die Leistungsfähigkeit eines Muskels abhängig vom Training. Geistiges Training – Lernen – vollzieht sich wie beim Muskel automatisch bei geistiger und körperlicher Anstrengung. Geistig strengen wir uns an, wenn wir uns *aktiv mit der Welt auseinandersetzen*.

Beim Lernen verändern sich die Synapsen, also die Verbindungen zwischen den Nervenzellen. Die Leistungsfähigkeit des Gehirns wird gesteigert. Hinzu kommt, dass im Hippocampus, der für die Speicherung neuer Sachverhalte zuständig ist, neue Nervenzellen nachwachsen, die nur dann am Leben bleiben, wenn sie richtig gefordert werden. Lernen nutzt nicht nur die vorhandene neuronale Hardware, sondern benutzt auch neu nachgewachsene und hält sie am Leben. Damit ist eines klar: Wie leistungsfähig wir geistig sind, hängt davon ab, wie viel wir geistig leisten.

Aus diesem Grund geht es in den nächsten Kapiteln um junge Menschen und deren Bildung. Je höher man steigt, desto länger wird einmal der Abstieg sein. Aber nicht nur das. Bildung ist nach einhelliger Meinung der Mediziner der wichtigste Faktor für die Gesundheit eines Menschen. Dies gilt für die geistige wie für die körperliche Gesundheit. Und weil die geistige Gesundheit auch von der körperlichen abhängt, hat Bildung gleich einen doppelten Effekt. Und mehr noch: Bildung macht frei – frei von vielen Zwängen, denn wer gebildet ist, kann sich kritisch gegenüber sich selbst und seiner Umwelt verhalten; er ist nicht allem ausgeliefert, sondern kann sich von der Unmittelbarkeit lösen. Dies alles reduziert Stress, und der wiederum macht Nervenzellen kaputt.

Heute wird viel vom lebenslangen Lernen geredet. Übersehen wird dabei meistens, dass die Grundlagen hierfür mit einer guten Bildung in Kindheit und Jugend gelegt werden. Auch dies wird in den folgenden Kapiteln deutlich.

3. Schule: Copy and Paste statt Lesen und Schreiben?

Als ich vor dreißig Jahren meine ersten Versuche mit Textverarbeitung am Computer machte, war ich begeistert von der Möglichkeit, eine Textpassage, einen ganzen Satz, einen Absatz oder auch nur ein langes Wort einfach von einer Stelle an eine andere zu versetzen. Das Arbeiten an einem Text wurde dadurch deutlich beschleunigt, denn ich brauchte nicht etwas noch einmal schreiben, wenn sich herausstellte, dass der Inhalt an einer anderen Stelle des Textes besser aufgehoben war. Ich verschob einfach die Passage woandershin. Oft musste ich dann zwar noch etwas am Text herumfeilen, weil nicht mehr alle Bezüge, Anschlüsse etc. stimmten, aber die betreffende Passage war schon mal an der richtigen Stelle – in einem Bruchteil der Zeit, die nochmaliges Scheiben benötigt hätte.

Heute sind *Copy and Paste,* das Kopieren und Einfügen eines Textes, so selbstverständliche Tätigkeiten in allen Büros dieser Welt, dass man sich gar nicht mehr vorstellen kann, wie man früher Briefe oder gar Bücher geschrieben hatte, ohne diese Möglichkeiten des Editierens zur Verfügung zu haben. Genau deswegen arbeiten ja auch Millionen von Menschen, die Texte erstellen und bearbeiten müssen, am Computer: Er nimmt uns Arbeit ab!

Damit hat der Computer im geistigen Bereich das bewirkt, was früher zunächst stärkere Tiere, dann die Wasser- und Windmühlen, später die Dampfmaschinen und noch später Verbrennungs- und Elektromotoren bewirkt haben: Sie haben uns *körperliche* Arbeit abgenommen. Das war zunächst meist ohne jegliche Folgen für uns selbst, denn wer hinter seinem Ochsen, der den Pflug zieht, hinterherläuft, der *läuft* zumindest noch immer selbst; zugleich hält und steuert er den Pflug und hat daher auch körperlich richtig zu tun. Der Unterschied zum Umgraben des Ackers mit dem Spaten besteht im Wesentlichen in der Geschwindigkeit. Anstrengend ist das Pflügen mit dem Ochsen schon, aber man schafft einfach mehr Fläche in der gleichen Zeit. Mit einem großen Traktor schafft man noch viel mehr Fläche, aber es kommt ein wesentlicher Nachteil hinzu: Man sitzt nur noch und strengt sich körperlich nicht mehr an. Man bekommt Rückenschmerzen auf dem Traktor vom vielen Sitzen, weil die Rückenmuskeln unbeschäftigt sind und verkümmern.

Wir hatten bereits gesehen, dass es mit geistiger Arbeit nicht anders ist: Wer navigieren lässt, trainiert seine Ortskenntnis nicht, weiß oft nicht, wo er ist, und weist daher zuweilen ein Krankheitssymptom auf, das normalerweise erst bei weit fortgeschrittenem Alter auftritt: Ihm fehlt die räumliche Orientierung.

Nun könnte man dahingehend argumentieren, dass es sich beim Navigieren um einen Spezialfall handelt. Der Computer hingegen sei für die geistige Arbeit eigentlich eher so zu betrachten wie der Ochse für das Pflügen: Man erledigt einfach mehr Arbeit in einem gegebenen Zeitraum, muss sich aber dennoch anstrengen. Wenn dem tatsächlich so wäre, dann würde der Gebrauch des Computers bei geistiger Arbeit ebenso wenig schaden wie der Gebrauch eines Ochsen beim Pflügen. Es gibt jedoch eine Reihe von Hinweisen, welche die Vermutung nahelegen, dass es sich nicht so verhält. Hiervon handelt dieses Kapitel – und davon, was diese Einsichten für den Gebrauch von Computern als vermeintliches Lernwerkzeug in Schulen bedeuten können.

Verarbeitungstiefe

Seit mehr als vierzig Jahren wird in der Lern- und Gedächtnispsychologie die *Tiefe* der Verarbeitung eines Sachverhalts erforscht. Je tiefer er verarbeitet wird, desto besser wird er im

Gedächtnis gespeichert. Damit ist nicht etwa gemeint, dass man nur in einem Bergwerk oder beim Tauchen richtig lernen kann; es geht vielmehr um die *geistige* Tiefe. Was soll das sein?

Über lange Zeit nahm man an, dass es beim Lernen darauf ankommt, Inhalte in »Speicher« zu füllen. Man sprach von Ultrakurzzeitspeicher, Kurzzeitspeicher und Langzeitspeicher und tat damit so, als handele es sich bei diesen Speichern um so etwas wie Schuhkartons, die man mit Dingen füllen kann. Daraufhin wurde untersucht, wie man einen Sachverhalt vom Kurzzeitspeicher in den Langzeitspeicher transferieren kann. Dies ist keineswegs unwichtig, wie wir bereits an den unterschiedlichen Funktionen des Hippocampus und der Gehirnrinde gesehen haben. Beide müssen zusammenarbeiten, um langfristiges Erinnern zu ermöglichen.

Aber neben dieser Betrachtungsweise gibt es noch eine ganz andere Art, sich über das Gedächtnis Gedanken zu machen. Wir haben bereits festgestellt, dass im Gehirn die Verarbeitung und das Speichern eines Sachverhalts letztlich ein und dasselbe sind. Dadurch, dass ein Sachverhalt verarbeitet wird, also in unserem Gehirn Impulse über Synapsen von Neuron zu Neuron gesendet werden, ändern sich diese Synapsen, und der Inhalt wird damit auch gelernt. Wie viele Neuronen und Synapsen mit einem Sachverhalt beschäftigt sind, hängt allerdings von der Verarbeitungstiefe ab.

Betrachten wir hierzu ein ganz einfaches Beispiel: Lesen Sie doch bitte mal die folgenden Wörter und geben Sie an, ob das Wort mit kleinen oder großen Buchstaben geschrieben ist:

werfen – HAMMER – leuchten – Auge – RIESELN – laufen – BLUT – STEIN – denken – AUTO – zecke – LIEBEN – wolke – TRINKEN – sehen – buch – FEUER – KNOCHEN – essen – GRAS – meer – rollen – Eisen – ATMEN

Eine sehr leichte Aufgabe! Sie können die Wörter auch lesen und jeweils entscheiden, ob es sich bei dem Wort um ein Substantiv oder ein Verb handelt. Das ist schon etwas schwieriger. Schließlich könnten Sie sich beim Betrachten jedes der Wörter beispielsweise überlegen, ob das Wort etwas Belebtes oder etwas Unbelebtes bezeichnet. Jetzt müssen Sie noch mehr nachdenken!

Schon in den siebziger Jahren des vergangenen Jahrhunderts sind viele Experimente durchgeführt worden, die etwa folgendermaßen abliefen. Man lässt Versuchspersonen Wörter einzeln am Computer betrachten, jedes Wort genau zwei Sekunden lang. Nach einer kurzen Pause folgt das nächste Wort. Die Versuchspersonen werden zuvor nach dem Zufallsprinzip in drei Gruppen aufgeteilt. Gruppe I soll jeweils entscheiden, ob die Wörter in Klein- oder Großbuchstaben geschrieben sind, Gruppe II soll angeben, ob es sich bei den Wörtern um Substantive oder Verben handelt, und Gruppe III soll sagen, ob die Wörter etwas Belebtes oder etwas Unbelebtes bezeichnen.

Die Gruppen unterscheiden sich also nicht darin, was sie sehen und wie lange sie etwas sehen. Der einzige Unterschied besteht vielmehr darin, wie die Versuchspersonen die jeweiligen Wörter verarbeiten. Zum Abschluss des Experiments fragt man dann nach ein paar Tagen die Probanden, an welche Wörter sie sich erinnern können. Es zeigte sich, dass die Gedächtnisleistung davon abhing, was man zuvor mit den Wörtern »im Kopf« gemacht hatte. Je intensiver man über sie nachdenken musste – kaum bei »Groß- oder Kleinschreibung?«, ein bisschen bei »Substantiv oder Verb?« und so richtig bei »belebt oder unbelebt?« –, desto mehr blieb hängen.[1]

Warum ist das so? Wir haben bereits gesehen, dass Informationen im Gehirn verarbeitet werden, indem sie als elektrische Signale über Synapsen von Neuron zu Neuron geleitet werden. Hierdurch verändern die Synapsen ihre Stärke, und dieses Wachstum ist letztlich darauf zurückzuführen, was man

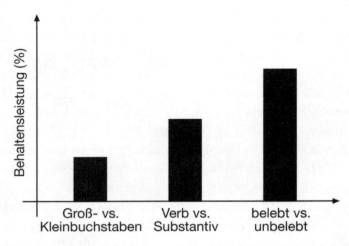

3.1 Schematische Darstellung des Einflusses der Verarbeitungstiefe auf die Behaltensleistung in einem Gedächtnistest. Je tiefer die Verarbeitung, desto mehr bleibt im Gedächtnis.

gemeinhin *Lernen* nennt. Nun wird nicht alles im Gehirn überall erledigt; es gibt vielmehr Zentren für das Sehen, Hören, Tasten, Sprechen, Planen und vieles mehr. Genau genommen, beruht sogar jede einzelne dieser Funktionen auf dem Zusammenspiel von wenigen bis zu mehreren Dutzend solcher Zentren. Beim Sehen beispielsweise sind mehrere Dutzend Zentren aktiv, nicht etwa nur das »Sehzentrum«. Zwei Zentren sind zuständig für das Farbempfinden, eines für die Bewegungswahrnehmung, ein anderes für das Betrachten von Gesichtern und wieder ein anderes für das Lesen von Buchstaben.

Nun wissen wir seit längerer Zeit, dass diese Zentren einerseits durch entsprechende äußere Reize aktiviert werden, also beispielsweise die Farbzentren durch das Sehen von Farben und das Bewegungszentrum durch das Sehen von Bewegungen. Bekannt ist zudem, dass es auch von unserer Aufmerksamkeit abhängt, wie aktiv diese Zentren sind.[2] Achten wir bei einem Sachverhalt beispielsweise ganz genau auf die Farbe, dann akti-

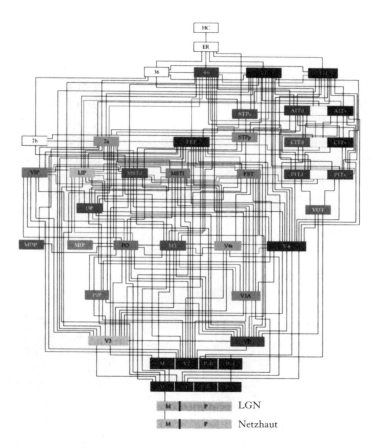

3.2 Das visuelle System des Menschen setzt sich – ähnlich wie beim Affen – aus mehreren Dutzend Zentren zusammen.[3] Jedes Rechteck bezeichnet ein spezialisiertes Zentrum, jeder Strich eine bekannte Verbindung. Ganz unten in diesem Schaltplan des Sehens befindet sich die Netzhaut, auf der das Licht in elektrische Impulse verwandelt wird. Von dort geht es über eine Zwischenstation (Lateral Geniculate Nucleus; LGN) in die Gehirnrinde, wo die Informationen praktisch grundsätzlich in beide Richtungen fließen, im Schaltplan also nicht nur von unten nach oben (von einfachen Zentren für Ecken und Kanten zu höheren Zentren für Gesichter oder Sachen), sondern auch zurück. Die in der unteren Hälfte des Bildes gelegenen Zentren lassen sich mittlerweile beim einzelnen Menschen genau orten und sogar in Quadratmillimetern vermessen.

vieren wir unsere Farbzentren und sehen deswegen die Farben präziser. Genauso ist das bei der Bewegung: Wenn wir auf Bewegungen achten, fallen sie uns besser und schneller auf. Und so ist es mit allem: Wenn wir auf etwas Bestimmtes achten – man spricht auch von *selektiver Aufmerksamkeit* –, werden die jeweils zuständigen Zentren aktiviert; sie funktionieren dann besser und liefern auch bessere Ergebnisse. Wenn wir beispielsweise bei der folgenden Abbildung auf das Gesicht achten, dann wird unser Gesichterzentrum aktiver, und wir sehen vor allem das Gesicht; achten wir hingegen auf das Haus, dann sind andere Zentren besonders aktiv, und wir sehen eher das Haus.

3.3 Gesicht oder Haus? Zwei überlagerte Bilder zur Darstellung der Auswirkung von selektiver Aufmerksamkeit

Es wundert nicht, dass eine solche besondere Aufmerksamkeit auf einen Sachverhalt dazu führt, dass man ihn optimal abspeichert. Intensivere Aktivierung bedeutet schließlich nicht nur stärkere Verarbeitung (mehr Impulse laufen über mehr Synapsen), sondern auch besseres Lernen (es ändern sich mehr Synapsen, oder die gleiche Zahl von Synapsen ändert sich stärker oder beides). Wer in den Alpen nach einem Edelweiß Ausschau hält und irgendwann tatsächlich eines sieht, wird nicht so leicht vergessen, wann und wo genau das war. Unser Gehirn ist also selbst bei einem vermeintlich so passiv erscheinenden Vorgang wie der Wahrnehmung tatsächlich sehr aktiv. Es verwendet vorhandenes Wissen, um eingehende Informationen zu verarbeiten, d. h. zu erkennen, was vorliegt, was es für einen bedeutet, was einem nützt oder schadet und was man als Nächstes aufgrund all dessen tun sollte.

Wir bestimmen also, was mit eingehender Information in unserem Gehirn geschieht, ob wir sie nur oberflächlich bearbeiten und uns gleich der nächsten Sache zuwenden oder ob wir uns eingehend mit ihr beschäftigen. Dies macht den Effekt der Verarbeitungstiefe auf das Speichern nur zu verständlich: Wenn ich mich mit einem Sachverhalt eingehend beschäftige, dann werden alle seine Aspekte und Eigenschaften von verschiedenen Gehirnarealen erfasst. Diese intensive Bearbeitung nach allen möglichen Aspekten bewirkt die Veränderung sehr vieler Synapsen und damit das bessere Speichern dieses Inhalts.

Oberflächlich: Digitale Medien verringern die Verarbeitungstiefe

Die Umkehrung dieses Gedankens gilt natürlich auch: Je oberflächlicher ich einen Sachverhalt behandle, desto weniger Synapsen werden im Gehirn aktiviert, mit der Folge, dass weniger gelernt wird. Diese Einsicht ist deswegen so wichtig, weil sich digitale Medien und das Internet aus genau diesem Grund negativ auf das Lernen auswirken müssen. Zum einen führen sie – das ist mittlerweile ein Allgemeinplatz – zu mehr Oberflächlichkeit, was man schon rein sprachlich an den Begriffen der Nutzung ablesen kann: Früher wurden Texte *gelesen,* heute werden sie geskimt, d. h. *oberflächlich abgeschöpft.* Früher wurde in die Materie *eingedrungen,* heute wird stattdessen im Netz *gesurft* (also über Inhalte gegleitet). Der bekannte Sprachwissenschaftler Noam Chomsky sagte kürzlich in einem Interview: »In einem Tweet oder Internetbeitrag kann man nicht viel sagen. Das führt mit Notwendigkeit zu mehr Oberflächlichkeit.«[4] Und mit Bedacht nannte der Publizist Nicholas Carr sein Buch über die Auswirkungen der Internetnutzung *The Shallows* (dt. Das Seichte).[5]

Dies ist keine graue Theorie, wie die in der Folge diskutierten Erfahrungen mit der digitalen Technik in Kindergärten und Schulen zeigen werden. Wenn ich auf einem berührungsempfindlichen Smartboard ein Wort mit der Hand von A nach B ziehe (es also nur an einen anderen Ort des Bildschirms bewege), dann ist dies so ziemlich das Oberflächlichste, was ich mit einem Wort machen kann – noch oberflächlicher, weil mit noch weniger Bewegung verbunden, wäre nur noch Copy and Paste per Mausklick. Das Wort zu lesen oder gar abzuschreiben, um mich dabei gedanklich mit ihm zu befassen (ohne währenddessen irgendein Schaltfeld anzuklicken), wären tiefe Verarbeitungsschritte, die durch elektronische Medien be- oder sogar gänzlich verhindert werden.

Ein Laptop für jeden Schüler?

Auf Deutschlands größter Bildungsmesse, der *Didacta,* werden zahlreiche digitale Medien für Schulen angeboten. Eine ganze Reihe von Firmen produzieren mittlerweile Laptops speziell für

Schüler, deren Ausstattung sich durchaus mit üblichen Laptops vergleichen lässt.

3.4 Laptops für Schüler. Rechts der bekannte OLPX XO-1 (Serienmodell mit deutscher Tastatur), links ein kommerziell produziertes Modell

Der OLPC XO-1 wurde eigens für Kinder in Entwicklungs- und Schwellenländern entwickelt. Gründer und Vorsitzender der gemeinnützigen Initiative *One Laptop per Child* (OLPC) war Nicholas Negroponte, Professor am weltbekannten Massachusetts Institute of Technology (MIT) in Cambridge, USA. Mit robustem Gehäuse, einem Bildschirm, der nicht viel Strom verbraucht, lustigen »Ohren« (WLAN-Antennen für das Internet) und einem sehr günstigen Preis (man bezeichnete ihn auch als 100-Dollar-Laptop, obgleich er zunächst fast das Doppelte kostete) wurde er mittlerweile in Stückzahlen von etwa zwei Millionen gebaut und vor allem in Südamerika verbreitet. In Peru und Uruguay jeweils etwa eine halbe Million, 60 000 in Argentinien und 100 000 im afrikanischen Ruanda. Auch in Mexiko, der

Mongolei, Nepal, Nicaragua, Paraguay und Venezuela fanden OLPC XO-1 eine gewisse Verbreitung, wenn auch in geringeren Stückzahlen.[6]

Das ganze Projekt wurde zunächst sehr enthusiastisch aufgenommen und als Meilenstein auf dem Weg zu weltweiter Bildung vor allem in den armen Ländern betrachtet. Worum es jedoch in Wahrheit ging, zeigen die Kritiker des Projekts – jeder auf seine Weise. Der Chef der Chip-Firma Intel stand dem Projekt von Anfang an sehr kritisch gegenüber. Dies wundert einen kaum, denn der Chip im OLPC XO-1 wurde von der Konkurrenz geliefert. Auch Bill Gates gefiel der Schülerlaptop nicht, denn dessen Betriebssystem wurde nicht von Microsoft (Windows) entwickelt, sondern ist eine Version des Systems Linux.

Indien stand ursprünglich auf der Liste der Länder, die den OLPC XO-1 ordern wollten, entschied sich im Jahr 2006 aber gegen eine Beteiligung an dem Projekt, denn in Indien – so die Begründung – fehle es zunächst einmal an Lehrern und Schulgebäuden. In einer Pressemitteilung vom 25. Juli 2006 wurde die Befürchtung geäußert, der Schülerlaptop könne dem Ziel entgegenstehen, die kreativen und analytischen Fähigkeiten der Kinder zu entwickeln. Zunächst würden Klassenräume und Lehrer dringender benötigt als originelles Werkzeug.

Auch hierzulande denken manche mittlerweile ähnlich: »Bevor wir die Kinder der Dritten Welt mit Laptops und Internet beglücken, sollten wir uns fragen, ob nicht dringendere Hilfe benötigt wird. Oft genug fehlt es an grundlegenden Dingen, wie etwa gut ausgebildeten Lehrern oder Strom in den Klassenzimmern«, schreibt nicht etwa ein Vertreter anthroposophischer Lehren, sondern der Mathematiker und Elektrotechniker Uwe Afemann, ehemaliges Vorstandsmitglied der Fachgruppe Informatik und Dritte Welt der Gesellschaft für Informatik.[7] Er war von 1987 bis 1989 Professor für Informatik an einer Universität in Lima und sollte aus eigener Erfahrung ziemlich gut wissen, was man in Südamerika braucht und was nicht.

Aber auch wer nicht viel über die Zustände in Lateinamerika, Afrika oder in anderen Entwicklungs- und Schwellenregionen weiß, wird einsehen, dass die dortige Bildungsmisere nicht auf das Fehlen von Computern und digitalen Medien zurückzuführen ist, sondern auf die mangelnde Versorgung der Schulen mit Lehrern, die außerdem schlecht oder gar nicht ausgebildet und meist auch sehr schlecht bezahlt werden. Auch im Hinblick auf die Infrastruktur mangelt es an vielen Schulen oft am Nötigsten: ein Dach, Fenster, Stühle, Tische, sauberes Trinkwasser, elektrischer Strom, saubere Luft (nicht vorhanden, weil unmittelbar neben dem Schulgebäude Plastikabfälle verbrannt werden). Diese Dinge sind sicherlich wichtiger als ein Laptop und Internetanschluss, von einem ordentlichen Frühstück einmal gar nicht zu reden.

Darüber hinaus fehlt es auch weitgehend an geeignetem digitalem Inhalt zur Wissensvermittlung. Wenn man Computer in Schulen sinnvoll einsetzen will, braucht man nämlich vor allem ein pädagogisches Konzept und entsprechend ausgebildetes Lehrpersonal. Doch beides fehlt. Bestenfalls gibt es eine kurze technische Einführung. »Seht zu, was ihr damit anstellt«, scheinen die Verantwortlichen den Lehrern damit zu sagen, wenn der Handel mit den Geräten erst einmal über die Bühne gegangen ist. Es kam sogar vor, dass die beschafften Laptops zum größten Teil gar nicht ausgeliefert wurden. So berichtet Uwe Afemann davon, dass 2009 in Peru von den 290 000 angeschafften Laptops nur knapp 115 000 an die Schulen geliefert worden waren und der Rest in Lagerräumen liegen blieb. Und mangels Elektrizität funktionieren die ausgelieferten Computer oft nicht. In Ruanda haben beispielsweise nur fünf Prozent der Schulen einen elektrischen Anschluss. Das Land ist Projektteilnehmer von *One Laptop per Child,* aber wie sollen die Schüler davon profitieren?

Die vorliegenden Evaluationen der Projekte in Peru und Uruguay und anderswo sprechen eine deutliche Sprache[8]: Schulkinder mit Laptop schnitten in vergleichenden Prüfungen nicht besser ab als Schüler ohne Laptop, und sie erledigten ihre Hausaufgaben weniger gern. Viele der Laptops waren zudem nach kurzer Zeit kaputt, und nur etwa ein Fünftel der Schüler, die einen Laptop erhalten hatten, benutzten ihn zwei Jahre später noch.

Aufgrund der vorliegenden Erfahrungen muss man zudem befürchten, dass die Kinder – trotz aller Werbung und Propaganda für die computerisierten digitalen Segnungen im Bildungsbereich – möglicherweise eher Schaden nehmen. So mussten die Organisatoren von *One Laptop per Child* im Jahr 2007 ihre XO-Laptops, die an Kinder in der Dritten Welt geliefert werden sollten, mit Pornographiefiltern ausstatten. Medienberichten zufolge hatten nigerianische Schüler mit ihren XO-Laptops auf pornographischen Seiten gesurft. »Die Bemühungen, den Grundschulunterricht in Abuja mit Laptops zu unterstützen, sind gescheitert, nachdem die Schüler auf Webseiten mit pornographischen Inhalten surften«, verlautbarte die staatliche Presseagentur *News Agency of Nigeria* und erklärte das Projekt daraufhin zunächst für beendet.[9] Nur durch die rasch entwickelten und auf allen Rechnern installierten Filter konnte das Projekt weitergeführt werden. Wer glaubt, dies sei ein Einzelfall, der irrt. In Thailand soll durch die XO-Laptops verstärkt Kinderpornographie aufgetreten sein. Auch Gewaltvideospiele wurden mittlerweile an die knuffig kleinen XO-Laptops adaptiert, so dass dank deren Möglichkeit zur Vernetzung dem Edutainment kaum noch technische Grenzen im Wege stehen. Was dann aus der Bildung der Ungebildeten wird, bleibt der Phantasie des Lesers überlassen.

Nicht nur bei direktem Missbrauch hat die Verwendung von digitalen Medien in Bildungseinrichtungen Nebenwirkungen, die selten oder meist gar nicht bedacht werden: Im Internet wird mehr gelogen und betrogen als in der realen Welt, und man benimmt sich dort auch öfter daneben.[10] Wer sich die virtuelle Welt per Mausklick erschließt, kann deutlich schlechter (weil deutlich langsamer) über sie nachdenken als derjenige, der die reale Welt be*greift*. Und wer gelerntes Material in einer realen Dreiergruppe diskutiert, behält es besser als der, der mit zwei anderen darüber per Bildschirm und Tastatur chattet. Wie wir in den nächsten Kapiteln noch sehen werden, führt Internetgebrauch zudem zu einer Verschlechterung des Gedächtnisses, und trotz vielfacher gegenteiliger Behauptungen über die Fähigkeiten der »Digital Natives« auch zu einer verminderten Fähigkeit zur Informationssuche sowie langfristig nicht selten zur Internetsucht. Bei digitalen Medien im Kindergarten und in der Grundschule handelt es sich daher in Wahrheit um nichts weiter als eine Art von Anfixen. In Südkorea beispielsweise, dem Land mit der höchsten Dichte von digitalen Medien in Schulen, waren nach Angaben des dortigen zuständigen Ministeriums bereits im Jahr 2010 *zwölf Prozent* aller Schüler internetsüchtig.[11] Nicht umsonst kommt der Ausdruck *digitale Demenz* von dort! Aber auch hierzulande breitet sich Computer- und Internetsucht immer weiter aus (vgl. Kapitel 12); deswegen gibt es auch entsprechende Kliniken zur Behandlung. Ich selbst habe in den vergangenen Jahren immer wieder computer- und internetsüchtige Patienten kennengelernt und war jedes Mal erstaunt darüber, wie gravierend die Auswirkungen dieses abweichenden Verhaltens sein können.

Laptops und Smartboards im Klassenzimmer: die Wirklichkeit

Ich hatte auf der *Didacta* im Februar 2011 einen Vortrag über die Probleme digitaler Medien im Unterricht gehalten, in dessen Nachgang ich aufgefordert wurde, mir doch einmal anzusehen, wie wunderbar das Ganze klappt, wenn man es nur richtig macht. Mit einem früheren Lehrer und Grundschulleiter (seit acht Jahren mein Kollege am Transferzentrum für Neurowissenschaften und Lernen) besuchte ich im Mai 2011 eine Schule, an der die denkbar besten Voraussetzungen herrschen. Man arbeitet mit der Medieninformatik einer unmittelbar benachbarten Universität zusammen. Von dort wird die Arbeit der Lehrkräfte nicht nur wissenschaftlich begleitet, sondern auch unterstützt: Ein Systemadministrator kümmert sich darum, dass die Hardware und Software rundlaufen, und schult bei Bedarf die Lehrkräfte. Diese sind hochmotiviert; eine der von uns besuchten Lehrerinnen beispielsweise kommt aus Schottland, wo man bereits vor etwa einem Jahrzehnt in großem Stil Tafeln durch Smartboards ersetzt hatte. Die Geräte selbst waren vom Feinsten.

Ein Smartboard ist eine Art überdimensionierter Flachbildschirm (oder Beamer mit Leinwand – es gibt unterschiedliche Systeme) mit angeschlossenem Computer, der im Klassenzimmer an die Stelle der Tafel tritt und auch etwa so groß ist wie diese. Bei berührungsempfindlichen Boards lässt sich durch Anklicken ein Schreibwerkzeug aktivieren.

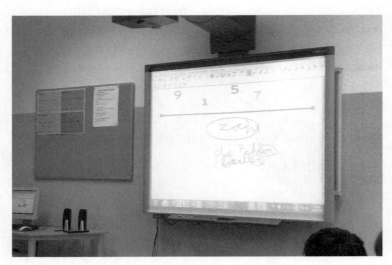

3.5 Smartboard statt Tafel in einem Klassenzimmer

3.6 Ein Schüler »schreibt« mit einem Schreibwerkzeug auf der weißen Projektionsfläche. Das Smartboard registriert die Position des Schreibwerkzeugs und projiziert die Spur seiner Bewegung als Schrift auf die Fläche.

3.7 Häufig werden in Schulen Smartboards und Laptops kombiniert eingesetzt.

Nicht selten werden Smartboards zusammen mit Laptops eingesetzt. Es lassen sich dann die gleichen Inhalte auf beiden Geräten darstellen, so dass die Notwendigkeit entfällt, einen Inhalt beispielsweise von der Tafel ins Heft zu übertragen.

Ein Smartboard kann im Nu auch ein vorbereitetes Tafelbild zeigen, dessen Inhalt sich dann von den Schülern bearbeiten lässt, sofern diese Inhalte als »Objekte« programmiert sind, die sich beispielsweise anklicken und am Bildschirm verschieben lassen. Das folgende Foto wurde während einer Deutschstunde in einer dritten Klasse aufgenommen. Es geht um Wortstämme sowie Vor- und Nachsilben, durch deren Kombination die unterschiedlichsten Wörter gebildet werden können. Die Schüler liefen nach Meldung und Aufruf einzeln zum Smartboard und zogen mit der Hand jeweils eine Vor- oder Nachsilbe zu einem passenden Wortstamm: »glück« und »lich« wurden zu »glücklich« zusammengesetzt, und aus »freund« und »schaft« könnte man auf gleiche Weise das Wort »Freundschaft« bilden.

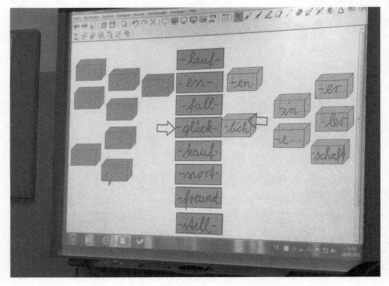

3.8 Objekte auf dem Smartboard, die sich verschieben lassen

3.9 Hier ist die Übung nun auch auf den Schülerlaptops zu sehen, denn sie wird automatisch auf diese übertragen. Das Wort »Freundschaft« war zuvor noch nicht gebildet worden, hier ist es nun schon sichtbar.

Nie mehr von der Tafel abschreiben müssen – das jedenfalls erlaubt die neue Technik. Darüber hinaus schwärmen ihre Befürworter davon, dass sie unglaublich viel Zeit für Spontaneität und Kreativität freisetzen würde. Wirklich? Betrachten wir vor dem Hintergrund des eingangs zur Verarbeitungstiefe Gesagten einmal genauer, welche Konsequenzen die digitale Aufrüstung unserer Klassenzimmer für das Lernen hat. Mit einem Wort kann man kaum etwas Oberflächlicheres anstellen, als es mit der Hand zu berühren und an einen anderen Ort der elektronischen Tafel zu ziehen. Man braucht es dazu nicht einmal lesen oder sich damit gedanklich beschäftigen. Die Tiefe der Verarbeitung ist also sehr gering, deutlich geringer als bei der linken Säule in Abbildung 3.1. Dort war das Wort ja immerhin zu lesen und zu entscheiden, ob es mit kleinen oder großen Buchstaben geschrieben war. Das Bewegen eines Inhalts mit einer Zeigebewegung, die für jeden Inhalt dieselbe ist, festigt diesen Inhalt nicht. *Abschreiben* wäre da schon viel besser, denn hierbei müsste das Wort memoriert und selbst erneut geschaffen werden – durch sinnvolle, d. h. die Bedeutung aus einzelnen Zeichen zusammensetzende, Bewegungen.

Gerade *weil* der Computer den Schülern geistige Arbeit wie z. B. das Abschreiben abnimmt, muss er zwangsläufig einen negativen Effekt auf das Lernen haben. Diesen klaren *Nachteil* müssen alle elektronischen Hilfsmittel im Unterricht erst einmal ausgleichen, und ich sehe nicht, dass sie dies tun. Vielmehr kommen weitere Nachteile hinzu. Häufig treten Störungen auf: Plötzlich piepst es irgendwo, weil bei einem der Laptops der Akku leer ist und die Notwendigkeit der Stromversorgung signalisiert wird. Das ist nicht weiter schlimm, aber irgendjemand – im Fall der von uns beobachteten Klasse ein anwesender Systemadministrator – muss sich darum kümmern, denn solange es piepst, kann kein sinnvoller Unterricht geführt werden. Auch in der Schule kann, wie wir erlebt haben, ein Computer

3.10 Wenn der Computer beim Ausfüllen eines Lückentexts plötzlich abstürzt, kann man seine Arbeit nicht beenden und muss eine Zwangspause einlegen.

abstürzen – dann geht nichts mehr. Die anwesende Lehrerin hat hierauf sehr professionell reagiert, gar nicht lange gefackelt und dem Schüler einfach gesagt: »Jetzt hat er keine Lust mehr.« Das war es dann für den betreffenden Schüler mit der Arbeit am Computer.

Bei genauem Hinsehen zeigte sich ein weiteres Phänomen, das wir nicht erwartet hatten. Die Kinder hatten nicht selten ihren Kampf mit der Technik, d. h., sie erfüllten ihre Aufgabe nicht etwa besonders gut oder schnell, weil sie am Laptop oder Smartboard arbeiteten, sondern *obwohl* sie dies taten. Immer wieder hatten sie Mühe, mit der digitalen »Unterstützung«. In der folgenden Abbildung kann man erkennen, wie sich ein Schüler ganz offensichtlich beim Schreiben mittels eines digitalen Mediums regelrecht quält hat. Wie man sieht, kann er

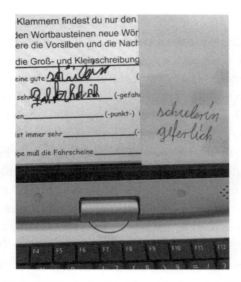

3.11 Ein Schüler hat Mühe beim Schreiben mit dem elektronischen Griffel **(links oben auf dem Bildschirm)**. Ich habe ihn daher aufgefordert, das Gleiche mit Kugelschreiber auf einen Zettel zu schreiben. Zum Vergleich habe ich diesen Zettel auf den Bildschirm danebengelegt.

eigentlich schreiben (wenn auch nicht ganz fehlerfrei), aber mit digitalem »Hilfsmittel« kann er es nicht.

Das Gleiche kann man übrigens auch bei digitalisiertem Musikunterricht erleben. Schüler, die eigentlich Klavier spielen können, tun sich beim Musizieren auf elektronischen Keyboards schwer. Man kann den Ton nicht richtig kontrollieren, das Gerät spielt auch allein – was auf den Schüler demotivierend wirkt –, und das Endergebnis (der Klang) ist oft jämmerlich im Vergleich zu einem richtigen Klavier.

Sehr störend wurde von den Lehrern wie von den universitären Betreuern der von uns besuchten Schule auch die Tatsache empfunden, dass der Hersteller des verwendeten Betriebssystems nahezu täglich Updates versendet, die auf allen Rechnern »von Hand« installiert werden müssen. Wie es heißt, handelt es sich hierbei meist um Sicherheitslücken, die geschlossen werden müssen, also nicht um Verbesserungen am System. Man muss diese lästigen Wartungsarbeiten aber dennoch ausführen, denn wenn beispielsweise ein Hacker in das System der Schule eindringt und Klassenarbeiten entwendet, trägt man dafür die Verantwortung. Hätte man nicht das Glück, einen Spezialisten (den Systemadministrator von der Universität) hierfür zur Verfügung zu haben, dann würde täglich die erste Stunde damit vergehen, dass die Computer einzeln vom Lehrer auf den neuesten Stand gebracht werden müssten. Und schließlich werden immer wieder Defekte beklagt. Ein Klassenzimmer ist eben kein Büro, in dem sich alle zivilisiert benehmen, arbeiten und die Dinge pfleglich behandeln, sondern ein Raum mit 25 bis 30 Kindern, in dem es schon hin und wieder mal hoch hergeht.

Schließlich haben sich die Mitarbeiter am Projekt noch darüber beklagt, dass die Umstellung von Tafel auf Smartboard nicht selten während der Ferien erfolge und die Lehrer dies dann am ersten Schultag erfahren würden. Das würde dann regelmäßig zu »Notfällen« führen; es müssten Mitarbeiter des Instituts in die entsprechenden Schulen entsendet werden, um den Lehrern einen Crashkurs zur Handhabung des Smartboards zu geben. »Nach drei Tagen Kurs können die Lehrkräfte das Smartboard dann so benutzen wie früher die Tafel, d.h., sie können ein Schreibwerkzeug anklicken und dann mit dem Finger oder einem Stift etwas schreiben und das Geschriebene wieder mit einem virtuellen Schwamm wegwischen«, meinte hierzu der Kollege, der uns eingeladen hatte, schmunzelnd. Ja, das sei eben schlechte Organisation. Und vor allem sei ein solches Vorgehen für die beteiligten Lehrkräfte nicht gerade motivierend.

Computer und Internet in der Schule? – Die Datenlage

Wenn behauptet wird, man lerne durch digitale Medien in Schulen besser, dann muss zunächst einmal festgehalten werden, dass der Beweis dieser Behauptung nach wie vor aussteht. »Fast alle Studien zum Lernerfolg beim Computereinsatz in der Schule wurden nicht von ungefähr von der Computerindustrie und den Telefongesellschaften angestoßen und gesponsert«, stellt der Insider Uwe Afemann fest[12]. Tatsächlich gibt es bis heute keine unabhängige Studie, die zweifelsfrei nachgewiesen hätte, dass Lernen allein durch die Einführung von Computern und Bildschirmen in Klassenzimmern effektiver wird.

Seit nunmehr fünfzehn Jahren wird in guten Fachzeitschriften von seriösen Autoren publiziert, dass es keinen Hinweis für die Effektivität von Computern für das Lernen in der Schule gibt: Todd Oppenheimer beschrieb schon 1997 den *Computer-Wahn*. Der fehlende Effekt des Internets auf die Bildung wurde bereits 1998 als *Internetparadoxon* bezeichnet.[13]

Studien, die das Gegenteil zeigen, dass also die Informationstechnologie einen negativen Effekt auf die Bildung hat, gibt es hingegen durchaus. Übersichten zu Beobachtungsstudien über die Auswirkungen von Computern in Klassenzimmern kommen überwiegend zu einem negativen Ergebnis.[14] Misst man die Leistung von Schülern beim Lernen mit und ohne Computer, so zeigt sich beim computergestützten Lernen ein negativer Effekt auf die Leistung.[15] Die Wirtschaftswissenschaftler Joshua Angrist und Victor Lavy ermittelten nach der Einführung von Computern an israelischen Schulen eine Abnahme der Leistung im Fach Mathematik bei Viertklässlern und weitere negative Auswirkungen bei Schülern höherer Klassen in anderen Fächern.[16] Andere Autoren konnten beim computergestützten Lesen keine negativen Effekte feststellen, schlossen jedoch positive Effekte klar aus.[17] Joachim Wirth und Eckard Klieme zogen aus ihren Untersuchungen die Schlussfolgerung, dass ein Computer zu Hause vor allem in der Freizeit zum Spielen verwendet wird und daher die Zeit, die für das schulische Lernen bleibt, vermindert.[18]

Da der überwiegende Teil der empirischen Forschungsergebnisse zu digitalen Medien aus den USA kommt und das dortige Schulsystem sich von unserem unterscheidet, ist es von Bedeutung, dass zu diesem Problem auch Daten aus der hiesigen Bildungsforschung vorliegen. Die PISA-Studie gilt hierzulande unter bildungspolitischen Entscheidern als wegweisende Richtschnur. Schließlich wurden in dieser Untersuchung Daten von etwa einer viertel Million Schülern im Alter von fünfzehn Jahren ausgewertet. So gibt es auch eine Veröffentlichung zum Zusammenhang zwischen der Computernutzung – zu Hause und im Klassenzimmer – und den individuellen Schulleistungen.[19] Bei oberflächlicher Betrachtung der Daten sahen die Ergebnisse für das computergestützte Lernen gut aus. Demnach wies ein Schüler mit Computer in Mathematik und beim Lesen bessere Ergebnisse auf als ein Schüler ohne Computer. Betrachtet man die Daten jedoch genauer, zeigt sich ein ganz anderes Bild. Rechnet man nämlich den Einfluss des Elternhauses (Einkommen, Bildungsstand, Beruf oder auch die Anzahl der Bücher im Haushalt) und der Schule (Klassengröße, Lehrerausbildung, Gelder für Lehr- und Lernmittel etc.) heraus, dann ergab sich Folgendes: Ein Computer zu Hause führt zu geringeren Schulleistungen, und das Vorhandensein von Computern in der Schule hat keinen Einfluss auf die Schulleistungen. Dies betrifft jeweils das Rechnen und das Lesen.

Die Autoren dieser Analyse kommentieren ihre Ergebnisse wie folgt: »Das bloße Vorhandensein von Computern zu Hause führt zunächst einmal dazu, dass die Kinder Computerspiele spielen. Dies hält sie vom Lernen ab und wirkt sich negativ auf den Schulerfolg aus. [...] Im Hinblick auf den Gebrauch von Computern in der Schule zeigte sich einerseits, dass diejenigen Schülerinnen und Schüler, die nie einen Computer gebrauchen, geringfügig schlechtere Leistungen aufweisen als diejenigen, die den Computer einige Male pro Jahr bis einige Male pro Monat benutzen. [...] Auf der anderen Seite sind die Leistungen im Lesen und Rechnen von denjenigen, die den Computer mehr-

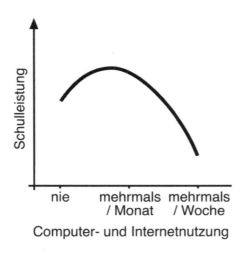

3.12 Zusammenhang zwischen Computer- und Internetnutzung einerseits und Schulleistungen andererseits

mals wöchentlich einsetzen, deutlich schlechter. Und das Gleiche zeigt sich auch für den Internetgebrauch in der Schule.«[20]

Insgesamt zeigte sich also ein umgekehrt u-förmiger Zusammenhang zwischen Computer- und Internetgebrauch einerseits und Schulleistungen andererseits, wie er in der Grafik 3.12 dargestellt ist. Man bedenke, dass diese Daten mittlerweile etwa ein Jahrzehnt alt sind und das tägliche oder mehrmals tägliche Nutzen des Computers hier gar nicht aufgeführt ist.

Auch eine Studie an zehn Schulen der US-Bundesstaaten Kalifornien und Maine zeigte keine positiven Auswirkungen von Schüler-Laptops.[21] Eine umfassende amerikanische Studie zur Nutzung von Computern in texanischen Schulen, deren Kosten mehr als 20 Millionen US-Dollar betrugen, kam zu einem sehr ernüchternden Ergebnis: Zwischen den 21 Mittelschulen (Klassen 6 bis 8), in denen vier Kohorten von insgesamt 10 828 Schülern in den Jahren von 2004 bis 2007 einen Laptop bekamen, und 2748 Schülern aus 21 Kontrollschulen, wo die Schüler keine Laptops erhielten, gab es keine wesentlichen Unterschiede in den durch vergleichbare Tests erfassten Schülerleistungen.[22] Die Leistungen im Schreiben waren bei den meisten Kohorten mit Laptop tendenziell schlechter, die Leistungen in Mathematik bei den ohnehin guten Schülern etwas besser. Dabei war das Programm sehr gut ausgestattet: Die Lehrer wurden eigens betreut; es mangelte weder an Software oder pädagogischem Konzept, der Personalentwicklung oder an technischem Support. All das gab es in den Kontrollschulen nicht. Dennoch lehnten sechs von ihnen, als sie 2007 gefragt wurden, die Computer ab; es handelte sich um Wartegruppen, die später als »Lohn fürs Mitmachen« das Gleiche erhalten sollten wie die anderen Schulen. Sie mochten sie also nach den Erfahrungen der Schulen, die schon Laptops hatten, nicht einmal geschenkt haben.

Immer wieder wird von Befürwortern digitaler Medien an Schulen angesichts der miserablen Studienergebnisse behauptet, dass die bisherigen Misserfolge nur auf Implementierungsprobleme zurückzuführen seien; Computer seien durchaus wunderbare Lernhilfsmittel, aber bislang würden sie noch nicht richtig eingesetzt. Dem ist nicht nur die gerade beschriebene Studie aus Texas entgegenzuhalten, bei der keine Implementierungsschwierigkeiten festgestellt wurden, sondern auch die Tatsache, dass man doch mittlerweile lange genug Zeit hatte, um alle Probleme zu lösen. Dann aber sollte sich das Blatt irgendwann einmal wenden, die Versuche sollten positive Ergebnisse zeigen. Dem ist jedoch nicht so. Am 31. August 2006 titelte das *Wall Street Journal:* »Saying No To School Laptops«, am 7. April 2007 die *Washington Post:* »Laptops Versus Learning«, und wenig später die *New York Times:* »Seeing No Progress, Some Schools Drop Laptops«.[23] Selbst neueste Studien zeigen keine Trendwende, was den Nutzen von Informationstechnik in Schulen anbelangt, wie die folgenden Beispiele nahelegen.

Das oben bereits beschriebene Programm *One Laptop per Child* (OLPC) wurde nicht nur in Schwellen- und Entwicklungsländern implementiert, sondern auch in Birmingham im US-amerikanischen Bundesstaat Alabama. Etwa 15 000 OLPC-XO-1-Computer wurden von der Stadt beschafft und sollten zunächst an alle Schüler der Klassen 1 bis 5 verteilt werden. Hierfür reichte die Menge jedoch nicht aus, so dass von August 2008 bis März 2009 die Schüler der Klassen 4 und 5 vollständig und die Schüler der unteren Klassenstufen nur unvollständig bedient werden konnten. Eine mittlerweile vorliegende Evaluation des Programms fällt miserabel aus, und so wundert es nicht, dass es zwischenzeitlich *abgebrochen und eingestellt* wurde! Nur ein Fünftel der Schüler nutzte den Computer in der Schule täglich, etwa ein Drittel der Schüler dagegen nie. Mehr als die Hälfte der Computer waren nach 19 Monaten kaputt, die beteiligten Lehrer waren frustriert über mangelhafte Hardware, fehlende Software und völlig unzureichende technische sowie pädagogische Unterstützung.[24]

Jacob Vigdor und Helen Ladd vom National Bureau of Economic Research (NBER), einer in Cambridge, Massachusetts, ansässigen renommierten Denkschmiede empirischer sozialwissenschaftlicher Forschung, gingen im Jahr 2010 der Frage nach, ob die Benutzung von Laptops *zu Hause* zu einer besseren Bildung von Schülern führt.[25] Ihre Daten bezogen sie aus den Verwaltungen öffentlicher Schulen im Bundesstaat North Carolina und konnten sich so auf eine Gruppe von mehr als einer halben Million Schülerjahre von Schülern der Klassen 5 bis 8 im Längsschnitt stützen. In diesem Alter bekommen Schüler oft einen Laptop. Das Ergebnis: Die Anschaffung eines Laptops und der Anschluss ans Internet führten zu einer *Verminderung* der schulischen Leistungen. Dabei heben die Autoren hervor, dass der Kauf eines Computers für sich allein eher dafür spricht, dass es der betreffenden Familie in dem Zeitraum wirtschaftlich relativ gut gegangen sein muss. Wenn überhaupt, dann hätte es hierdurch einen positiven Selektionseffekt im Sinne von besseren Schulleistungen geben müssen.

Auch diese Studie offenbarte übrigens eine *Vergrößerung* der digitalen Kluft zwischen Arm und Reich durch die Internetanbindung. Hier werden also nicht Menschen durch das Netz der Netze gebildet, sondern durch mehr Unterhaltung verdummt, wofür die Autoren Belege beibringen.

Erwähnt werden sollte an dieser Stelle noch eine Studie aus Rumänien. Im Jahr 2008 hatte das Kultusministerium insgesamt etwa 35 000 Gutscheine im Wert von etwa 200 Euro zum Kauf eines Laptops an sozial schwache Familien mit Kindern im Schulalter ausgegeben.[26] Die Ergebnisse zeigten, dass diese Kinder einen Computer zwar besser bedienen konnten als Vergleichskinder ohne Computer, dass ihre Leistungen in Mathematik jedoch schlechter waren und dass sie ihren Laptop vor allem für Spiele benutzten.

Die einzige randomisierte kontrollierte Studie, die *positive* Effekte der Ausstattung von Lernenden mit Laptops aufzeigt, haben Robert Fairlie und Rebecca London publiziert.[27] Die

Empfänger der Laptops waren nordkalifornische College-Studenten im Durchschnittsalter von 25 Jahren. Diese Studie macht also keine Aussage über Schulen und Schüler, denn Teenager sind weder vom Verhalten her noch neurobiologisch mit zehn Jahre älteren Menschen vergleichbar.

Portugiesische und amerikanische Wissenschaftler untersuchten den Einfluss der Breitband-Internetanbindung von mehr als 900 portugiesischen Schulen im Zeitraum von 2005 bis 2009.[28] Sie stellen zunächst fest, dass die Meinungen zu den Auswirkungen stark auseinandergingen und dass nur wenige Daten hierzu vorliegen. Was sie herausfanden, stimmt nachdenklich: Bei den Schülern der neunten Klassen zeigte sich eine deutliche *Verschlechterung* der Schulleistungen, je mehr das Internet genutzt wurde. Der Effekt war bei Jungen größer als bei Mädchen. Da Jungen das Netz eher zu Freizeitaktivitäten nutzen als Mädchen, kann man davon ausgehen, dass ihnen das Netz vor allem durch Ablenkung schadet.

Mit Bestürzung verweisen die Autoren zudem darauf, dass schlechtere Schulen mehr von den negativen Auswirkungen betroffen waren als bessere. »Diejenigen Schulen, die vor der Einführung des Breitbands im Jahr 2005 schon schlechter dran waren, litten darunter am meisten. Dies ist ein besonders wichtiger Befund vor dem Hintergrund der *digitalen Kluft*.«[29] Damit meinen sie die Tatsache, dass der Zugang zum Netz zwischen Arm und Reich durch die Anbindung von Schulen an das Internet nicht *ab-*, sondern *zunimmt*.

Geschichte der Lernverhinderungsmaschinen

Trotz aller gegenteiligen Fakten, Daten und Erkenntnisse werden derzeit Schulen (und sogar Kindergärten) zu Lernzwecken im großen Stil mit Computern ausgestattet. Warum dies keine positiven Ergebnisse zeitigen kann, wurde anhand entsprechender Studien ausführlich dargelegt. Wenn aber ohnehin klar ist, dass keine fördernde Wirkung erzielt werden kann, warum habe ich mir dann so viel Mühe gegeben, um zu zeigen, dass dies auch gar nicht zu erwarten war, weil der Mechanismus der Wirkung in die entgegengesetzte Richtung geht? Weil schon seit mehr als fünfzehn Jahren entsprechende Studien vorliegen und niemand sie zur Kenntnis nimmt! Gerade diejenigen, die uns immer predigen, man solle von der Geschichte lernen – die Politiker und Pädagogen –, nehmen sich ihre eigene Mahnung selbst nicht zu Herzen.

In seinem Buch *Lehrer und Maschinen: Technologiegebrauch im Klassenzimmer seit 1920* schreibt Larry Cuban, Professor an der renommierten Stanford University in Kalifornien und ehemaliger Oberschulrat, dass die aufeinanderfolgenden Zyklen des technologischen Fortschritts die von den Vertretern geweckten Erwartungen nicht erfüllen und letztlich immer den gleichen Ablauf haben. »Ein Zyklus beginnt mit großen Versprechungen von den Entwicklern der Technik und deren Forschung. In der Schule nehmen die Lehrer die neuen Werkzeuge kaum an, und es kommt zu keinem wirklichen akademischen Fortschritt. Dies wiederum führt immer wieder zu den gleichen Vermutungen im Hinblick auf die fehlende finanzielle Ausstattung, den Widerstand der Lehrkräfte oder die lähmende Schulbürokratie. Dennoch werden die Behauptungen der Vorreiter der neuen Technik von niemandem in Frage gestellt. Da die versprochenen Fortschritte jedoch weiter auf sich warten lassen, werden letzten Endes dann die Maschinen für den Misserfolg verantwortlich gemacht. Bald danach wird den Schulen die nächste Generation der Technik verkauft, und der gewinnbringende Zyklus geht von vorne los.«[30]

Und so kamen das Radio, das Fernsehen, das Tonbandgerät, das Sprachlabor, das Kino und das Video in die Klassenzimmer. Clifford Stoll, der Autor des Buches *Silicon Quacksalberei (Sili-*

con *Snake Oil*) verglich bereits im Jahr 1995 die Computer in der Schule mit den früher dort gezeigten Filmen. In einem Interview mit der *New York Times* sagte er: »Wir liebten sie, denn wir brauchten für eine Stunde nicht zu denken. Die Lehrer liebten sie, denn sie brauchten eine Stunde lang keinen Unterricht zu halten, und die Eltern liebten sie, weil es anzeigte, dass ihre Schule technisch auf der Höhe war. Aber gelernt haben wir nichts.«[31]

Und jetzt kommen die digitalen Medien. Die Versprechungen sind dieselben, die Datenlage ist miserabel, dafür jedoch das Marktgeschrei umso unerträglicher. Wenn wir also von der Geschichte lernen sollen, warum fangen Politiker und Pädagogen dann nicht selbst gleich damit an? Dass sie nichts gelernt haben, zeigt jedenfalls der Bericht der Enquete-Kommission »Internet und digitale Gesellschaft« des Deutschen Bundestags vom 21.10.2011.[32] In diesem kann man auf Seite 34 trotz allem, was in diesem Kapitel dargestellt wurde, und nach einer seitenlangen und unerträglich gedankenlosen Lobhudelei auf digitale Medien *ohne auch nur einen einzigen kritischen Satz* lesen: »Die Enquete-Kommission empfiehlt [...] die Ausstattung aller Schülerinnen und Schüler der Sekundarstufen I und II mit mobilen Computern.«

Wissenschaft versus Wirtschaft

In Anbetracht der hier diskutierten Datenlage ist es nicht nur unverständlich, sondern vor allem auch unerträglich, wie sich Schulen derzeit regelrecht gegenseitig darin zu überbieten suchen, wer mehr digitale Medien – also *Lernverhinderungsmaschinen* – angeschafft hat und wie gerne sich Politiker mit solchem Gerät fotografieren lassen, um ihren Reformwillen zu bekunden. Tatsächlich zeigen sie damit, dass ihnen diejenigen, um die es hier eigentlich geht – die Kinder und Jugendlichen –, völlig egal sind. Ganz offensichtlich geht es vielmehr um Wirtschaftsinteressen. Schaut man sich entsprechende Zeitungsmeldungen genauer an, wird dies sehr rasch klar, wie das folgende Beispiel zeigen mag: Brasiliens Minister für Wissenschaft und Technik, Aloizio Mercadante, sagte zur Frage, ob statt Laptops nicht besser Tablet-Computer für die Schulen angeschafft werden sollten, Folgendes: »Die Regierung von Brasilien würde Tablet-Computer kaufen, um Hersteller wie die Foxconn-Technology-Gruppe dazu zu bringen, diese Dinge im Lande zu produzieren.«[33]

Wir in Deutschland könnten dies alles mit großer Genugtuung zur Kenntnis nehmen, müssten dann allerdings sehr zynisch veranlagt sein. Dann nämlich könnten wir sagen: Gut, dass wir uns um Konkurrenz aus Brasilien künftig nicht mehr zu sorgen brauchen, denn dort werden die jungen Leute durch Lernverhinderungsmaschinen flächendeckend davon abgehalten, ihr Potenzial an Kreativität und Expertenwissen zu entwickeln. Ebenso wenig zu sorgen brauchen wir uns aus dem gleichen Grund künftig um Konkurrenz aus Südkorea (dort werden ab 2015 alle Schulanfänger mit Tablet-PCs ausgestattet sein), England (50 Prozent aller Klassenzimmer haben bereits Smartboards), Venezuela (dort wurden schon 1,5 Millionen Schüler-Laptops angeschafft) oder Argentinien (jeder Schüler hatte dort im Jahr 2009 einen PC).

Spaß beiseite. Es gibt noch etwas zu bedenken, wenn es um die Anschaffung von Informationstechnik in Schulen geht: Hier werden beträchtliche Bildungsausgaben getätigt, obwohl gegenwärtig Geld aufgrund der noch immer andauernden Wirtschafts- und Finanzkrise nicht gerade üppig vorhanden ist. In England wurden beispielsweise schon vor einigen Jahren Smartboards an vielen Schulen angeschafft, weswegen mittlerweile jährlich 13 000 kaputte Geräte durch neue ersetzt werden müssen, zu Preisen von 3000 bis 8000 Euro pro Gerät. Bei einem

Durchschnittspreis von 5000 Euro ergibt das in diesem Bereich jährliche Bildungsausgaben von 65 Millionen Euro. Es handelt sich also hier um signifikante Kosten, die dem Bildungssystem aufgebürdet werden, ohne dass irgendein positiver Effekt belegt oder bekannte deutliche negative Effekte widerlegt wären! Würde man für das Geld Lehrer einstellen, dann wüsste man, dass diese Maßnahme den Schülern unmittelbar zugutekommt.

Im Bereich der Medizin wäre ein solches Vorgehen undenkbar, wie das folgende Beispiel zeigen soll: Stellen Sie sich den Innenminister eines Bundeslands vor, der von einem Freund den Tipp bekommt, dass Aspirin gegen Herzinfarkt wirken soll. Der Minister beschließt daraufhin, dass man den Wirkstoff dem Trinkwasser beimischt, um allen Menschen den Überlebensvorteil zukommen zu lassen. Zehn Jahre später findet ein Statistiker dann zufällig, dass die Zahl der Toten seit Einführung dieser Maßnahme gestiegen ist, woraufhin der Minister beschließt, das Aspirin wieder aus dem Trinkwasser zu entfernen.

Man mag es kaum glauben, aber eine solche Vorgehensweise ist im Bereich der Bildung tatsächlich der Normalfall.[34] In Hessen wurde beispielsweise über mehr als ein Jahrzehnt hinweg in der ersten Klasse das Rechnen mit der Mengenlehre begonnen, weil jemand die Idee hatte, man müsse Mathematik so didaktisch darbieten, wie man das Fach systematisch begründen kann – nämlich tatsächlich auf der Mengenlehre. Wie eigenartig diese Idee ist, wird deutlich, wenn man sie auf andere Fächer überträgt: Man kann die gesamte Biologie auf Genetik und Biochemie zurückführen, aber niemand käme deswegen auf die Idee, Erstklässler statt mit Igeln und Eichhörnchen mit Proteinen und Desoxyribonukleinsäure zu konfrontieren. Als man dann merkte, dass die Mengenlehre in der ersten Klasse eher zu einer Verschlechterung im Rechnen führte, wurde die Mengenlehre wieder aus dem Unterricht gestrichen. Solche miserabel geplanten und durchgeführten »Experimente« sind in der Bildungslandschaft der Normalfall. Interessant ist dabei, dass man bei allen Beteiligten auf größte Widerstände stößt, wenn man tatsächlich Experimente an Schulen durchführen will. Denn es wird ganz einfach behauptet, dass man gar keine Studie zu Computern in der Schule durchführen könne, weil man mit Kindern nicht experimentieren dürfe.

Dies ist Unsinn. Man *muss* sogar Studien durchführen – in der Medizin und auch bei Kindern –, wenn man zeigen will, dass eine neue »Behandlung« besser ist als eine bereits eingeführte. Alles andere wäre aus ethischen Gründen sehr fragwürdig.[35] Und im Hinblick auf die Frage, ob die digitalen Medien und das Internet in der Schule eine Rolle spielen sollen, werden ja, wie wir gesehen haben, solche Studien gemacht, nicht hierzulande, aber anderswo schon.

Zu viel versprochen und zu wenig genutzt lautet bezeichnenderweise der Titel eines Buches, das den Untertitel *Computer im Klassenzimmer* trägt und von Larry Cuban, dem ehemaligen Präsidenten der Amerikanischen Vereinigung für Unterrichtsforschung und Professor für Erziehungswissenschaften an der renommierten Stanford University, verfasst wurde.[36] Wer die Bereitstellung von digitalen Medien in Schulen mit öffentlichen Geldern befürwortet, der muss hierzu zunächst den Nachweis positiver Wirkungen durchführen. Wie oben dargestellt, haben wir aufgrund der bereits vorliegenden Studien guten Grund zur Annahme, dass Laptops und Smartboards in Schulen den Lernerfolg *beeinträchtigen* und damit den Kindern *schaden*.

Fazit

Computer verarbeiten Informationen, lernende Menschen auch. Daraus wird fälschlicherweise abgeleitet, dass Computer ideale Lernwerkzeuge sind. Gerade *weil* jedoch Computer uns geistige Arbeit abnehmen, taugen die auf der Bildungsmesse *Didacta* angepriesenen Laptops und Smartboards für Schule und Unterricht nicht zum besseren Lernen. Zahlreiche Studien belegen dies. Lernen setzt eigenständige Geistesarbeit voraus: Je mehr und vor allem je tiefer man einen Sachverhalt geistig bearbeitet, desto besser wird er gelernt.

Es gibt keinen hinreichenden Nachweis für die Behauptung, die moderne Informationstechnik würde das Lernen in der Schule verbessern. Sie führt zu oberflächlicherem Denken, sie lenkt ab und hat zudem unerwünschte Nebenwirkungen, die von bloßen Störungen bis zu Kinderpornographie und Gewalt reichen. Dies alles ergibt sich aus den Wirkungsmechanismen von geistiger Arbeit auf unser Gehirn und den Auswirkungen der Übernahme geistiger Arbeit durch den Computer. Weder Wirkung noch Wirkungsmechanismus sprechen also für Computer und Internet an Schulen.

4. Im Gehirn speichern oder auslagern in die Wolke?

Wenn wir unser Gehirn nicht gebrauchen, dann entstehen dort auch keine Spuren, d. h., es wird nichts gelernt. Erst jüngst veröffentlichten Wissenschaftler der Harvard University im Fachblatt *Science* gleich vier Experimente, die den Nachweis erbrachten, wie ungünstig sich elektronische Medien auf unser Denken und unser Gedächtnis auswirken. Die Veröffentlichung hatte den schönen Titel: *Der Einfluss von Google auf das Gedächtnis. Die Auswirkungen der permanenten Verfügbarkeit von Information auf unser Denken.*[1] Es ging in dieser Arbeit nicht darum, dass Killerspiele gewalttätig machen oder unsere Gefühle abstumpfen – beides ist schon lange bekannt. Vielmehr wurde der Frage nachgegangen, was es für den Gebrauch unseres Geistes (und damit langfristig für die Leistung unseres Geistes) bedeutet, dass wir uns in zunehmendem Maße auf digitale Medien verlassen. Weil diese neuen Untersuchungen sehr wichtig sind und zudem in einem der besten wissenschaftlichen Publikationsorgane weltweit veröffentlicht wurden, möchte ich sie hier im Einzelnen darstellen. Es gibt einfach noch nicht sehr viele Forschungsergebnisse dazu, was das Internet und Google oder Facebook mit uns machen.

Im ersten von der amerikanischen Psychologin Betsy Sparrow und ihren Mitarbeitern durchgeführten Experiment mussten 46 Studenten insgesamt 32 Fragen beantworten. Die Hälfte der Fragen war recht einfach, die andere Hälfte dagegen eher schwer zu beantworten. Die Fragen wurden in Blöcken zu jeweils 16 Fragen gestellt, entweder die einfachen zuerst und dann die schweren oder umgekehrt. Zu den einfachen Fragen gehörten beispielsweise folgende:

Sind die Dinosaurier ausgestorben?
Ist Sauerstoff ein Metall?

Und hier Beispiele für schwierige Fragen:

Ist Dänemark größer als Costa Rica?
Hat Krypton die Ordnungszahl 26?

Nach den ersten 16 Fragen mussten die Probanden einen Test durchführen. Es handelte sich dabei zum einen um acht Wörter, deren Bedeutung mit Computern und der Internetsuche zu tun hatte (Google, Yahoo, Bildschirm, Browser, Modem, Tasten, Internet, Computer) und um 16 andere Wörter, die *nichts* damit zu tun hatten (also z. B. Tisch, Hammer, Radiergummi, Klavier usw.). Die Wörter kamen in zufälliger Reihenfolge und waren entweder in blauer oder roter Farbe geschrieben. Die Versuchspersonen sollten dann die Farbe, in der das Wort geschrieben war, so schnell wie möglich benennen.

Wer nichts weiß, denkt an Google

Die Idee hinter diesem Test ist einfach: Wenn jemand während der Beschäftigung mit bestimmten, nicht sofort lösbaren Fragen an das Internet oder die Suchmaschine Google denkt, dann werden die Begriffe »Google« oder »Internet« unweigerlich geistig aktiviert. Diese verstärkte Aktivierung hemmt dann das Benennen der Farbe; man spricht von einem sogenannten Interferenzeffekt, mit der Folge, dass die Reaktionszeiten für das Benennen der Wortfarbe zunehmen. Bei leichten Fragen mit sofortiger Verfügbarkeit der Antwort wird man kaum an das Internet denken, geschweige denn an die Suchmaschine Google. Computerassoziierte Wörter werden nicht verstärkt voraktiviert, der

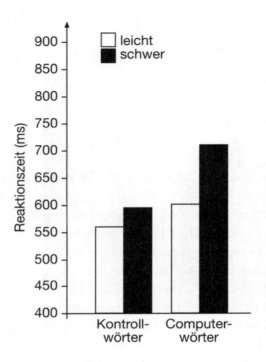

4.1 Wenn man etwas nicht weiß, denkt man an Informationstechnik (Computer und Suchmaschinen). Deswegen findet man nach den schwer lösbaren Aufgaben **(schwarz)** eine hochsignifikante längere Reaktionszeit bei der Benennung der Farbe von Wörtern wie »Google«, »Yahoo« oder »Computer« im Vergleich zu Kontrollwörtern. Nach den leicht lösbaren Aufgaben **(weiß)** ist dieser Effekt hingegen nur gering ausgeprägt.

Interferenzeffekt ist geringer und die Reaktionszeiten für das Benennen der Farben entsprechend schneller. Wie die folgenden Grafiken zeigen, war es genau so, wie die Wissenschaftler vermutet hatten.

»Es scheint, als wären wir dahingehend programmiert, uns dem Computer zuzuwenden, wenn wir mit Wissenslücken konfrontiert werden«, kommentieren die Autoren diesen Befund. Selbst nach einfachen Fragen kommt es zu einer (wenn auch deutlich geringeren) Aktivierung von computerassoziier-

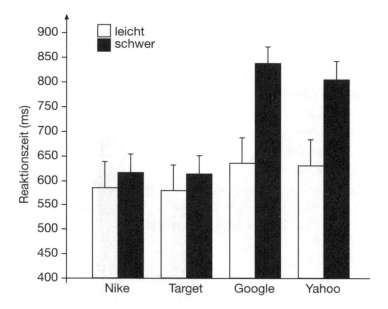

4.2 Wenn man etwas nicht weiß, denkt man an Suchmaschinen. Detailanalyse zu einzelnen Markennamen beim ersten Experiment von Betsy Sparrow und ihren Mitarbeitern. Nike ist ein Hersteller von Sportartikeln, bei Target handelt es sich um eine Supermarktkette in den USA. Google und Yahoo sind die weltweit bekanntesten Internet-Suchmaschinen.

ten Wörtern, was die Autoren dahingehend interpretieren, dass das Abfragen von, und damit die Beschäftigung mit, Wissen überhaupt zu einer Aktivierung von Bedeutungen wie »Computer« führt.

In einem zweiten Experiment wurden den Probanden vierzig Aussagen etwa folgender Art vorgelegt:

Das Auge des Vogels Strauß ist größer als dessen Gehirn.
    Das Spaceshuttle Columbia brach beim Wiedereintritt über Texas im Februar 2003 auseinander.

Die Probanden mussten diese Aussagen lesen und am Computer über eine Tastatur eingeben. Die Hälfte der Versuchspersonen glaubte dabei (weil die Instruktionen entsprechend lauteten), dass der Computer alles speichern würde (»Eingaben gesichert«). Die andere Hälfte der Probanden ging hingegen davon aus, dass der Computer die Aussagen nach dem Eingeben wieder löschen würde (»Eingaben gelöscht«). Zusätzlich wurde jeweils der Hälfte der Probanden in jeder der beiden Gruppen gesagt, dass sie sich die Aussagen merken sollten.

Es gab in diesem Experiment also insgesamt vier Gruppen, eine für jede der vier experimentellen Bedingungen. Dies ist in der folgenden Grafik nochmals verdeutlicht.

		Eingaben	
		gesichert	gelöscht
Aussagen	nicht	Eingaben gesichert Aussagen nicht merken	Eingaben gelöscht Aussagen nicht merken
	merken	Eingaben gesichert Aussagen merken	Eingaben gelöscht Aussagen merken

4.3 Durch zwei mal zwei Unterscheidungen ergeben sich im Experiment insgesamt vier Gruppen. Man nennt ein solches Vorgehen daher auch ein Experiment im 2-x-2-Design.

Nach dem Eingeben der Daten erhielten die Probanden ein Blatt Papier und sollten innerhalb von zehn Minuten möglichst viele der zuvor festgehaltenen Aussagen aufschreiben, also aktiv erinnern. Es zeigte sich, dass die Instruktion »Bitte merken« kaum einen Effekt auf das spätere tatsächliche Erinnern hatte. Wer jedoch davon ausging, dass der Computer die Aussagen gleich nach dem Eingeben wieder löschen würde, merkte sich am meisten. Wer hingegen glaubte, der Computer würde die Aussagen nach dem Eingeben speichern, der merkte sich vergleichsweise viel weniger.

Man vergisst, was erledigt ist

Dieses Ergebnis ist letztlich nicht überraschend, sondern passt gut zu einer Reihe von experimentellen Befunden und Erkenntnissen, die erstmals in der psychologischen Forschung der zwanziger Jahre des letzten Jahrhunderts publiziert wurden. Die beim bekannten Gestaltpsychologen Kurt Lewin in Berlin arbeitende Russin Bluma Zeigarnik fand in Einzelexperimenten an 164 Versuchspersonen heraus, dass unerledigte Handlungen »durchschnittlich nahezu doppelt so gut behalten werden wie die erledigten«.[2] Dieser Effekt hat mittlerweile gleich zwei Namen: Zeigarnik-Effekt und Cliffhanger-Effekt (englisch: an einer Klippe hängen). Damit ist das Stilmittel gemeint, eine Geschichte an einer spannenden Stelle zu unterbrechen. Man kennt das aus Fernsehserien. Immer wenn es richtig spannend wird, hört die Folge auf, und man wartet gespannt auf die nächste. Und man verpasst sie auch nicht, denn man muss dauernd an den *unerledigten* Handlungsstrang denken. Auch in der Werbung findet man nicht selten zunächst unaufgelöste Spots oder Anzeigen, die den Betrachter zum eigenen Weiterdenken auffordern und so das Einprägen des Sachverhalts fördern.

Selbst im ganz normalen Alltag findet sich das Phänomen in vielerlei Zusammenhängen: Offene Bemerkungen und Fragen sind das Beste, was man für die Sprachentwicklung seines Kindes tun kann. Sie bewirken, dass es im Kopf weiter »gärt«, dass die Dinge weiter verarbeitet werden. Tatsächlich fand Bluma Zeigarnik heraus, dass der Effekt bei Kindern deutlich größer ist als bei Erwachsenen. »Charakteristisch ist für Kinder, dass sie bisweilen überhaupt *nur* unerledigte Handlungen behalten und die erledigten ganz oder nahezu ganz vergessen.«[3] Sie wollen eine Sache einfach erledigen. »Bei jüngeren Kindern [...] ist das Bedürfnis, die Sache zu erledigen, [...] viel stärker. Es sind öfter Fälle vorgekommen, wo Kinder nach zwei oder drei Tagen wieder zum Versuchsleiter kamen und die Erledigung der Aufgabe verlangten«, schrieb sie in ihrem Arbeitsbericht.[4] Ihr zufolge ist es der Reproduktionswille, der das Einprägen bewirkt, und dieser ist bei der unerledigten Aufgabe größer; diesen Gedanken verdeutlicht sie in der folgenden einfachen Skizze.

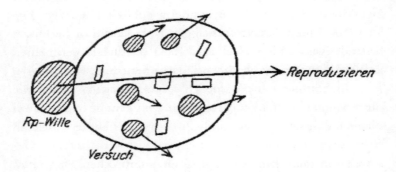

☐ = erledigte Handlung, ⬤ = unerledigte Handlung.

4.4 Skizze zum Beitrag erledigter und unerledigter Handlungen auf das erfolgreiche Erinnern, d. h. das Reproduzieren eines Inhalts.[5] Sie schubsen gleichsam den vom Reproduktionswillen (Rp) angestoßenen Prozess weiter von links nach rechts, wohingegen erledigte Handlungen keinen Effekt haben.

Auch die eigene Unzufriedenheit mit einer herbeigefürten Lösung führt zum besseren Einprägen von Sachverhalten, sofern die Unzufriedenheit dazu führt, dass man sich weiter mit den Dingen im Geiste beschäftigt.[6]

Aus dem gleichen Jahr wie die Arbeit von Bluma Zeigarnik stammt das Hauptwerk des Philosophen Martin Heidegger, *Sein und Zeit*. Als er darauf angesprochen wurde, dass sein Buch unvollständig sei, gab er zur Antwort: »Denkende lernen aus dem Fehlenden nachhaltiger.« Aus der jüngeren Gedächtnisforschung kann man ergänzen, dass bereits der aktive, aber vergebliche Versuch, sich an eine Vokabel zu erinnern (Heuchler heißt auf Englisch …?), das Behalten der Vokabel (Heuchler – hypocrite) eher zur Folge hat als das nochmalige Durchlesen. Der ergebnisoffene, unerledigte Versuch ist also für das Behalten förderlicher als das »bloße Wiederkäuen«.

Wenn nun aber unerledigte Handlungen besser im Gedächtnis haften bleiben als erledigte, dann folgt daraus, dass jegliche Aktivität, die einen Sachverhalt als erledigt gelten und uns dies *erleben* lässt, dem Behalten abträglich ist. Einen Inhalt abzuspeichern ist eine solche Tätigkeit: ERLEDIGT! Ich hab die Sache abgelegt, kann sie bei Bedarf wiederfinden, brauche mich mit ihr jetzt nicht mehr zu beschäftigen – sagen wir uns selbst. Und wir verhindern damit zugleich, dass unser Gehirn sich die Mühe macht, hier noch etwas abspeichern zu wollen und entsprechende Prozeduren durchzuführen.

Der Zeigarnik-Effekt ist *ein* Mechanismus, die weiter oben ausgeführten experimentellen Ergebnisse zu erklären. Ein anderer ist das sogenannte willentliche Vergessen *(directed forgetting)*, das schon vor vierzig Jahren erforscht wurde. Studenten, die nach dem Lernen gesagt bekommen, dass sie bestimmte Inhalte für eine nachfolgende Prüfung nicht brauchen, konnten sich an diese hinterher auch nicht so gut erinnern.[7] Die Probanden im oben beschriebenen Experiment verhielten sich also so, als würden sie davon ausgehen, dass man sich all diese Aussagen ja gar nicht merken müsse, weil man diese bei Bedarf ja ohnehin im Internet jederzeit wieder suchen und finden kann. Die Autoren der eingangs genannten Studie schreiben ganz ähnlich: »Die Teilnehmer machten offenbar keine Anstrengungen, sich zu erinnern, wenn sie dachten, sie könnten später die Aussagen nachschlagen. Da uns Suchmaschinen dauernd zur Verfügung stehen, könnte es sein, dass wir oft in einer Verfassung sind, die uns das Gefühl gibt, wir bräuchten die Informationen nicht einzuspeichern. Wenn wir sie brauchen, schauen wir einfach nach.«[8]

In ihrem dritten Experiment mussten, wie bereits im zweiten Experiment, dreißig Aussagen in den Computer eingegeben werden. Bei zehn der Aussagen wurde den Probanden nach dem Eingeben des Satzes die Nachricht angezeigt: »Ihr Eintrag wurde gesichert«, bei weiteren zehn Aussagen erschien die Nachricht: »Ihr Eintrag wurde im Ordner FAKTEN gesichert«, wobei der Name des Ordners wechselte – er konnte auch DATEN, INFO, NAMEN, SACHEN oder PUNKTE heißen. Bei weiteren zehn Aussagen erschien nach deren Eingabe die Nachricht »Ihr Eintrag wurde gelöscht«.

Für jede Versuchsperson ergaben sich also jeweils zehn zufällige Durchgänge mit eingegebenen Aussagen, die (1) hinterher gesichert oder (2) in bestimmten Ordnern gesichert oder (3) gelöscht wurden. Daran schloss sich eine Wiedererkennungsaufgabe an. Die Probanden sahen erneut alle dreißig Aussagen, von denen jedoch jeweils fünfzehn leicht abgeändert waren. Die Probanden sollten angeben, ob es sich um genau die gleiche Aussage wie die zuvor eingegebene handelte, ob die Aussage nach dem Abtippen gesichert oder gelöscht worden war und in welchem Ordner die Aussage gesichert worden war, falls dies erfolgte. Sie hatten hierzu die Namen der Ordner zur Auswahl sowie die Wahlmöglichkeiten »kein bestimmter Ordner« und »gelöscht«. Wieder zeigte sich, dass die Probanden bei der Wiedererkennungsaufgabe dann signifikant am besten abschnitten, wenn sie nach dem Eingeben der Aussage angezeigt bekamen, dass der Eintrag gelöscht worden war.

Im vierten Experiment wurde letztlich ganz ähnlich vorgegangen: Die Probanden lasen und tippten dreißig Aussagen, die danach jeweils in einem von sechs verschiedenen Ordnern gesichert wurden: »Ihr Eintrag wurde im Ordner FAKTEN gesichert« erschien beispielsweise nach dem Eintippen auf dem Computerbildschirm. Dann sollten die Probanden für zehn Minuten alle erinnerten Aussagen aufschreiben, d. h. aktiv erinnern. Anschließend wurden sie noch für jede Aussage befragt, in welchem Ordner sie gesichert worden war.

Bei der genauen Analyse dessen, was behalten wurde, zeigte sich ein interessantes Muster – siehe dazu die folgende Grafik. Aussage und Ort der Speicherung wurden in 17 Prozent der Fälle behalten, nur die Aussage in 11 Prozent, gar nichts in 38 Prozent der Fälle (signifikant häufiger) und nur der Ort der Speicherung in 30 Prozent der Fälle (ebenfalls signifikant häufiger).

Die Autoren kommentieren dieses Ergebnis wie folgt: »Die-

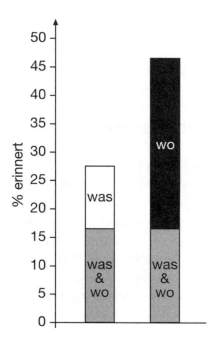

4.5 Gedächtnisleistung (in Prozent erinnert) für den Gedächtnisinhalt (was) sowie für den Ort der Speicherung (wo).[9] Wer eine Information eingibt, die hinterher gespeichert wird, merkt sich signifikant weniger (28 Prozent), was er eingegeben hat, im Vergleich dazu, wo (47 Prozent) er es eingegeben hat.

ses Antwortmuster legt nahe, dass die Leute [...] sich an das Wo erinnern, wenn sie sich die betreffende Information nicht merken können. Dies liefert einen ersten Hinweis darauf, dass Menschen sich mit größerer Wahrscheinlichkeit erinnern, wo etwas zu finden ist, als an die Details der Sache selbst, wenn sie davon ausgehen, dass die Information kontinuierlich vorhanden ist, wie wir dies bei Internetzugang tun.«[10]

Ob man dies als Anpassungsprozess verstehen soll, wie die Autoren vorschlagen, oder ganz einfach – analog zum Navi im Auto – als Ausdruck unserer mentalen Bequemlichkeit, überlasse ich dem Urteil des Lesers. Man kann natürlich immer online sein und davon ausgehen, dass wir diesen Service auch immer zur Verfügung haben, ähnlich wie Wasser und Strom. Wenn aber das Wasser abgedreht wird oder der Strom ausfällt, dann habe ich einen Kasten Sprudel im Keller und ein paar Kerzen parat. Und ich weiß, was sonst noch zu tun ist. *Wenn mir jedoch das Wissen abgedreht wird, was dann?* Welche Bücher muss ich dann parat haben? Und wenn alles in die Wolke ausgelagert ist und die verflüchtigt sich? Vielleicht bin ich einfach schon zu alt, aber ich male mir das nicht gerne aus!

Man vergisst im Netz mehr als real

Amerikanische Wissenschaftler untersuchten die Frage, was geschieht, wenn sich eine Gruppe von drei Personen gemeinsam erinnert.[11] Dreiergruppen sahen jeweils einen kurzen Film und sollten hinterher schildern, was sie gesehen hatten. Dies geschah zunächst einzeln. Danach wurde in der Gruppe über den Film diskutiert, entweder in direktem Kontakt (face to face) oder jeder einzeln an einem Computer durch indirekten digitalen Austausch mit den anderen. Dieser Austausch tat der Wahrheit gut, denn man fragte danach noch einmal jede der drei Personen einzeln nach den genauen Inhalten des Films. Das Produkt der gemeinsamen Erinnerung erwies sich als wahrheitsgetreuer im Vergleich zu den einzelnen Erinnerungen.

Zudem ergab sich folgende wichtige Erkenntnis: Die Erinnerungsleistung des Einzelnen zu einem weiteren dritten Zeitpunkt war besser, wenn das kollektive Erinnern nicht elektronisch, sondern im direkten Kontakt erfolgt war. Es ist also nicht egal, ob man sich Sachverhalte, die gelernt werden sollen, in einer Gruppe interaktiv und im direkten persönlichen Kontakt aneignet oder ob diese Gruppe virtuell per Internet entsteht. Die Gründe hierfür sind offensichtlich: Der direkte persönliche Kontakt liefert deutlich mehr Material zur Verarbeitung und führt zu einer emotionaleren und tieferen Verarbeitung als der deutlich reduzierte (verarmte) Kontakt über Bildschirm und Tastatur.

Wenn Information von Menschen im Dialog oder in einer Diskussion verarbeitet wird, dann ist dies nach allem, was wir wissen, die tiefstmögliche Art der Verarbeitung. Gerade *weil* Menschen soziale Wesen sind, tun sie nichts lieber als miteinander reden, und sie tun dies täglich mehrere Stunden lang. Im Leben vieler Jugendlicher wird dieser persönliche Austausch heute allerdings durch digitale soziale Netzwerke ersetzt. Und wenn die angesteuerten Seiten noch so schrill, laut und bunt aufgemacht sind – es wird dennoch weniger im Gedächtnis haften bleiben als im unmittelbaren Kontakt. Denn – wie wir im nächsten Kapitel sehen werden – nur die reale persönliche Kommunikation ermöglicht tiefe Verarbeitung.

Fazit

Wer geistige Arbeit auf digitale Datenträger oder in die Wolke auslagert, hat neben der geringeren unmittelbaren Beanspruchung des Gehirns noch ein weiteres Problem. Die Motivationslage zum Einprägen von neuen Sachverhalten wird verändert. Wenn man weiß, dass man etwas irgendwo aufbewahrt hat, dann macht man sich »keinen Kopf« mehr darum.

Schon vor knapp neunzig Jahren wurde von Gestaltpsychologen untersucht, wie sich die »Spannung« einer unerledigten Aufgabe auf das »psychische Feld« auswirkt. Man wusste noch nichts von Hippocampus und Cortex, Mandelkern und Dopamin, Arbeitsgedächtnis und Aufmerksamkeit, Bottom-up- und Top-down-Prozessen und dergleichen. Gut experimentieren konnte man damals allerdings schon! Und so fand man, dass eine unerledigte Absicht im Mittel knapp doppelt so gut im Gedächtnis hängenbleibt wie eine erledigte. Wer also nach getaner Arbeit am Computer die Save-Taste drückt, muss sich nicht wundern, wenn er am nächsten Tag nicht mehr ganz so viel weiß. Dieser Effekt ist natürlich nicht medienspezifisch. Auch Sachverhalte, die ich auf einen Notizzettel schreibe, muss ich mir nicht weiter merken!

Neuere Experimente zeigen allerdings, wie bedeutsam dieser Effekt gerade bei der Nutzung digitaler Medien ist. Ihr Aufforderungscharakter lässt uns unbekümmert gegenüber dem Einspeichern, weil wir ja doch alles im Netz (wieder-)finden können. Damit geht langfristig Expertenwissen verloren, das ich aber gerade brauche, wenn ich mit dem Internet sinnvoll umgehen will. Damit reduziere ich wiederum meine künftigen Möglichkeiten zu eigenständiger geistiger Arbeit (im Netz und anderswo) und die Nutzung meines Gedächtnisses (denn Erwachsene lernen vor allem durch Andocken neuer Informationen an bereits vorhandene. Schließlich gebe ich durch diese allgemeine Haltung gegenüber bzw. die Gewohnheit im Umgang mit dem Netz noch Kontrolle ab, die ich über mich und meine bewusste geistige Tätigkeit habe. Die Auswirkungen davon sind gerade langfristig kaum zu überschätzen und werden in den Kapiteln 11 und 12 näher thematisiert.

5. Soziale Netzwerke: Facebook statt face to face

Soziale Netzwerke wie Facebook oder Google+ sind heute aus der Lebenswelt vieler junger Menschen nicht mehr wegzudenken. Man sitzt sich beim Rendezvous im Café gegenüber und schaut sich nicht mehr gegenseitig in die Augen, sondern jeder für sich auf sein Smartphone – vielleicht um seinen Freunden rasch zu twittern, wie toll das Rendezvous gerade ist.

Noch vor wenigen Jahren waren soziale Online-Netzwerke mit einigen zehn- oder hunderttausend Mitgliedern vergleichsweise klein und hatten Namen wie *TeamUlm, Lokalisten* oder *Studi VZ*. Letzteres wurde für 80 Millionen Euro von einer deutschen Verlagsgruppe aufgekauft, die wenig später erkennen musste, dass sie das Geld auch hätte verbrennen können, denn es kam, wie es im Internet oft kommt: Die Großen schlucken die Kleinen. So wurden auch die kleinen sozialen Online-Netzwerke von den eingangs erwähnten weltumspannenden großen abgelöst, deren Mitgliederzahlen sich nach Hunderten von Millionen bemessen. Kunststück, möchte man meinen: Menschen werden seit Aristoteles als *Gemeinschaftswesen* (griechisch: *zoon politikon*) beschrieben; und so ist es nicht verwunderlich, dass die junge Generation die Technik aufgreift, die es ihr ermöglicht, diese nur allzu menschliche Eigenschaft endlich zur vollen Entfaltung zu bringen.

So zumindest wird es uns von einer breiten Schar *vermeintlicher* Experten alltäglich berichtet. Oder sollte ich sagen: *vorgebetet?* Denn es werden immer wieder die gleichen Behauptungen aufgestellt, ohne dass sie mit Daten und Fakten unterlegt werden. Die Frage sei daher hier gestellt: Was ist daran wahr? Was sagt die Wissenschaft, speziell die Gehirnforschung?

Anonymität

Zunächst einmal ist festzuhalten, dass der Computer und das Internet unglaublich mächtige Vehikel für Anonymität darstellen. Nirgendwo gibt es mehr Avatare, Aliase, Deckadressen, falsche Identitäten und andere vorgetäuschte Knoten im sozialen Netz. Und wenn niemand weiß, wer man ist, dann kann man sich auch ohne Konsequenzen danebenbenehmen. Dies verleitet nicht nur Heerscharen von Menschen mit krimineller Energie, im Netz ihr Unwesen zu treiben. Der durch Internetkriminalität verursachte Schaden ist hoch; mehrere Millionen Bürger sind hierzulande mittlerweile von ihr betroffen.[1] Und selbst ganz normale Menschen nehmen es mit der Moral nicht mehr ganz so genau; sobald sie online sind, lügen sie mehr, wie eine Studie zum Vergleich von realer persönlicher Konversation und der Kommunikation per E-Mail oder SMS zeigen konnte.[2] Am meisten gelogen wird übrigens in E-Mails.

Die Anonymität des Internets bereitet gerade im akademischen Bereich besondere Probleme, denn dort werden geistige Leistungen verlangt und z. B. durch das Anfertigen von Arbeiten überprüft. Auf Seiten wie *Cheathouse* (Haus der Täuschung), *Essaytown* (Stadt der Aufsätze) oder *AcaDemon* (AkaDämon) ist es Studenten möglich, Examensarbeiten herunterzuladen, einzukaufen und sogar zu bestimmten Themen in Auftrag zu geben.[3] Diese Seiten werden nach einer Studie vom März 2012 zumindest in den USA sehr heftig genutzt: Weil 95 Prozent der dortigen Erwachsenen zwischen 18 und 29 Jahren das Internet nutzen und weil für 65,5 Prozent aller Internetrecherchen die Suchmaschine Google verwendet wird, überprüfte man in den USA die Google-Suchanfragen zwischen 2003 und 2011 auf Stichwörter, die Täuschungsversuche nahelegen, wie beispielsweise »free term paper«, »buy term paper«, »free college papers« oder »free ressearch papers«. Man untersuchte dann den zeitlichen Verlauf dieser Internet-Suchanfragen und fand eine klare Abhängigkeit vom akademischen Jahr: Während des Semesters waren sie deutlich häufiger und stiegen bis gegen Ende an; während der Semesterferien hingegen kamen diese Suchanfragen kaum vor.[4] Das Internet ermöglicht also das Vortäuschen geistiger Leitungen im akademischen Bereich, und offensichtlich geschieht dies auch in großem Stil. Wie groß das tatsächliche Ausmaß von Lug und Trug im akademischen Bereich hierzulande ist, vermag aus meiner Sicht niemand zu sagen. Software zur Bekämpfung von Plagiaten ist sicherlich nur teilweise erfolgreich; die Bekämpfung von Misstrauen und das Herstellen von Vertrauen sind wahrscheinlich bessere Maßnahmen, wie empirische Studien hierzu belegen. Es ist nur ein schwacher Trost, dass es gerade in jüngerer Zeit auch dazu beigetragen hat, Plagiate aufzudecken.

Die erst durch digitale Medien ermöglichte Anonymität führt auch dazu, dass sich Jugendliche zu Verhaltensweisen hinreißen lassen, die sie früher aus Angst vor sozialer Kontrolle nicht an den Tag gelegt haben. Eine davon ist das Mobbing im Internet, also die wiederholte Belästigung, Bedrängung, Nötigung oder Diffamierung einer Person. Früher sprach man von Nachstellen, aber für die Variante im Netz hat sich der englische Ausdruck durchgesetzt – *Cyber-Mobbing* oder einfach *Mobbing*. Da der Täter auch als *Bully* (Tyrann, Rabauke) bezeichnet wird, nennt man dessen Verhalten auch *Bullying* (Drangsalieren, Schikanieren, Tyrannisieren). Das Phänomen gibt es erst seit etwa zehn Jahren.[5] Cyber-Mobbing zielt auf eine bestimmte Person; diese wird wütend, verzweifelt, fühlt sich hilflos und leidet unter Schlaflosigkeit, Kopf- und Bauchschmerzen. Cyber-Mobbing ist in Deutschland mittlerweile erschreckend häufig. Zwei im Jahr 2011 von der Techniker Krankenkasse in Auftrag gegebene repräsentative Forsa-Umfragen an jeweils tausend deutschsprachigen Jugendlichen zwischen vierzehn und zwanzig Jahren – in Nordrhein-Westfalen[6] und im gesamten Bundesgebiet[7] – ergaben Folgendes: In Deutschland waren 32 Prozent der

Befragten bereits einmal Opfer einer Cyber-Mobbing-Attacke, in Nordrhein-Westfalen waren es 36 Prozent. Jeder fünfte Schüler wurde im Internet oder per Handy direkt bedroht oder beleidigt. Jeder Sechste litt unter Verleumdungen, und bei rund zehn Prozent kam es zu einem Missbrauch der Internetidentität. Gut jeder Fünfte der Befragten könnte sich vorstellen, selbst Täter zu werden, und jeder Zwölfte war schon Täter.

Man kann sich bei der Lektüre entsprechender Fälle des Eindrucks nicht erwehren, dass neben der Anonymität auch die zunehmende soziale Inkompetenz der jungen Nutzer hierfür verantwortlich ist. Da wird ein Mädchen monatelang von vier Mitschülerinnen belästigt, droht dann mit Vergeltung (»Ich schlag euch kaputt«) und wird, nachdem die Schulleitung hierüber informiert worden war, in der folgenden Nacht zur Abwendung eines befürchteten Amoklaufs in die nächste psychiatrische Klinik gebracht.[8]

Als Psychiater mache ich immer wieder die Beobachtung, dass Jugendliche nicht mehr wissen, was man sagen und was man nicht sagen sollte – wahrscheinlich weil sie nur selten mit jemandem sprechen. Seit zehn Jahren wird im klinischen Notaufnahmealltag ein Phänomen beobachtet, das es zuvor auch noch nicht gab: Suizidandrohungen per SMS. So etwas tippt sich rasch, hat aber auch rasch Folgen – Ortung per Handy, Aufsuchen durch die Polizei und Einlieferung auf die Akutstation zur weiteren Beobachtung. Ich weiß, dass so ziemlich jeder Mensch in seinem Leben schon einmal über Selbstmord nachgedacht hat. Nicht selten geschieht dies in Krisensituationen, und wer dann auch nur über ein kleines soziales Netz verfügt, der redet mit seinem besten Freund oder seiner besten Freundin. Allein die echte zwischenmenschliche Nähe bewirkt hier sehr viel, vom Zuhören und vielleicht sogar dem gelegentlichen »guten Wort« einmal gar nicht zu reden. Online geht in solchen Situationen gar nichts! Und wer es dennoch versucht, dem habe ich hiermit gesagt, was ihn erwartet.

Diese Beobachtungen verdeutlichen, dass Computer und Internet nicht nur unser Denken, unser Gedächtnis und unsere Aufmerksamkeit verändern, sondern auch unser Sozialverhalten. Die soziale Neurowissenschaft, d. h. die sich auf die neurobiologischen Mechanismen sozialen Erlebens und Verhaltens konzentrierende Gehirnforschung, untersucht diese Phänomene.[9] Ihr wichtigstes Ergebnis: *Unser Gehirn ist zunächst und vor allem ein soziales Gehirn.*[10]

Groß in Facebook, klein im Gehirn?

Eine von Roy Pea geleitete Gruppe von Wissenschaftlern an der kalifornischen Stanford University ging der Frage nach, wie sich die Nutzung des weltgrößten sozialen Netzwerks Facebook bei 3461 Mädchen im Alter von acht bis zwölf Jahren auf die in Entwicklung befindlichen Werte und Emotionen auswirkt.[11] Mittels einer Online-Umfrage zur Mediennutzung und zum Sozialverhalten wandte man sich an über eine Million junge Leserinnen des Magazins *Discovery Girl* in allen fünfzig Staaten der USA. Die tägliche Zeit der Mediennutzung betrug in dieser Gruppe 6,9 Stunden. Man hatte es also mit einer Gruppe ganz normaler Mädchen zu tun, denn andere Studien hatten zuvor bereits ähnlich hohe Werte für die mit Handy, Computer, TV, Video und Internet verbrachte Zeit ergeben.[12]

Die Studie zeigte zunächst, dass der häufige Konsum von Videos einen ungünstigen Einfluss auf erfolgreiche soziale Beziehungen hat. Diejenigen, die mehr *direkt* miteinander sprechen, sind in ihren sozialen Beziehungen erfolgreicher. Zudem fühlen sich diese Mädchen auch insgesamt normaler und weniger als Außenseiterinnen. Darüber hinaus stehen das Anschauen von Videos, das Telefonieren und die online verbrachte Zeit deutlich in Bezug zur Anzahl solcher Bekanntschaften, die aus der – von den Mädchen eingeschätzten – Elternsicht einen negativen Einfluss auf ihre Töchter haben. Umgekehrt kam heraus: Je mehr *direkte* (face to face) Kommunikation ein Mädchen hat, desto weniger hat es (von den Eltern) unerwünschte Online-Bekanntschaften.

Je mehr ein Mädchen online ist, desto mehr nutzt es auch mehrere Medien gleichzeitig, betreibt also Multitasking (siehe hierzu Kapitel 10). Wer dagegen mehr mit Freundinnen im wirklichen Leben zusammen ist, neigt weniger zum Multitasking – selbst wenn man die Mediennutzungszeit insgesamt aus den Daten herausrechnet.[13]

Interessant ist zudem Folgendes: Wer mehr Videos schaut, wer ein eigenes Handy hat, wer einen eigenen Fernseher im Zimmer hat, wer häufiger online ist oder wer mehr Multitasking betreibt, *der schläft weniger.* Wer umgekehrt mehr reale Bekanntschaften in der realen Welt hat, schläft mehr.[14] Wir beginnen heute erst die Bedeutung des Schlafs für die Gesundheit und vor allem für Lernprozesse zu erkennen. Die Tatsache jedoch, dass die Nutzung digitaler Medien mit *weniger* Schlaf verbunden ist, gibt Anlass zur Sorge um die geistige Leistungsfähigkeit der nächsten Generation (siehe hierzu Kapitel 12).

Wer nun meint, dass man den Mädchen doch multimedial und online ihren Spaß nicht rauben sollte, der irrt, wie die Studie schließlich auch zeigen konnte: Nur zehn Prozent der befragten Mädchen gaben an, dass ihre Online-Freunde ihnen positive Gefühle vermitteln. Selbst die heftigsten Mediennutzerinnen gaben an, dass sie positive Gefühle vor allem durch *persönliche* Freunde in der *realen* Welt erfahren. Dagegen sind negative Gefühle bei der Hälfte der befragten Mädchen mit Online-Kontakten verknüpft. Soziale Netzwerke als Quelle von guten Freunden und Glück? Die Studie entlarvt dies als leeres Marktgeschrei. In Wahrheit machen digitale soziale Netzwerke unsere Kinder und Jugendlichen einsam und unglücklich!

Wir wissen durch entsprechende Analysen realer sozialer

Netzwerke mittlerweile sogar, dass sich Glück aber auch Einsamkeit über bis zu drei Verbindungsschritte (von Person A zu B zu C zu D) in solchen Netzwerken ausbreiten können; sie treten in Clustern auf und können letztlich wie eine ansteckende Krankheit betrachtet werden. Einsamkeit breitet sich eher über Freunde und weniger über Familienmitglieder aus und betrifft Mädchen und Frauen stärker als Jungen und Männer.[15] Aus dieser Sicht ist der Befund, dass Kontakte über soziale Online-Netzwerke deutlich stärker mit negativen Emotionen verknüpft sind, von besonderer Bedeutung. Auch findet hier die Tatsache eine Erklärung, warum sich Menschen in ihnen oft *zusammen alleine* fühlen, wie die Autorin Sherry Turkle, Soziologie-Professorin am Massachusetts Institute of Technology (MIT), in ihrem Buch *Alone Together* eindrucksvoll beschreibt.[16]

»Aber die jungen Leute wissen eben noch nicht, wie man das richtig macht. Man muss sie nur besser an die neuen Medien heranführen, ihre Medienkompetenz verbessern«, höre ich Medienpädagogen schon rufen. Dumm nur, dass die Behauptung, Medienkompetenz habe eine entsprechende positive Auswirkung, bislang durch nichts bewiesen ist. Dumm auch, dass gerade die Gehirnforschung eher das Gegenteil nahelegt. Denn einige Studien zeigen, dass das Gehirn (beim Primaten und auch beim Menschen) genau dort wächst, wo man es gebraucht. Das Umgekehrte gilt ebenfalls. Wenn man das Gehirn nicht nutzt, dann schrumpft es entsprechend.

Dies gilt nicht nur für das Geigespielen, den Werkzeuggebrauch, das Taxifahren oder das Lernen medizinischer Fakten fürs Physikum. Auch soziale Fertigkeiten, also die geistige Leistung der sozialen Einfühlung (das *soziale Denken*, die Fähigkeit, sich in jemanden hineinzudenken) und des richtigen sozialen Handelns, werden durch ganz bestimmte Bereiche des Gehirns geleistet, die nach neuesten Erkenntnissen in ihrer Größe wachsen, wenn man sozial aktiv und damit auch *in diesen Gehirnzentren* besonders aktiv ist.

Gehirngröße und Gruppengröße

Über den Zusammenhang zwischen der Größe des Gehirns eines Organismus und der Größe der Gruppe, in der dieser Organismus normalerweise lebt, wird in der Neurowissenschaft seit geraumer Zeit diskutiert.[17] Es ist dabei nicht die Größe des gesamten Gehirns, die einen Zusammenhang mit dem Sozialleben des Organismus aufweist, sondern die Größe der Gehirnrinde, des Neocortex. Und selbst hier gibt es Bereiche, die offenbar wenig mit dem sozialen Leben zu tun haben, wie beispielsweise das im hinteren Bereich des Gehirns gelegene Sehsystem, das bei Primaten besonders ausgeprägt ist. Primaten setzen ihren Sehsinn dauernd ein; deswegen werden sie manchmal auch als »Augentiere« bezeichnet. Für Sozialkontakte ist das Sehen zwar wichtig, wird dadurch aber nicht noch eigens gefordert. Primaten sehen einfach immer, egal was. Am besten korreliert daher die Gehirngröße mit der Gruppengröße, wenn man nur die vorderen Anteile der Gehirnrinde betrachtet, den sogenannten präfrontalen Cortex (PFC). Der Name präfrontaler Cortex ist leider etwas unglücklich gewählt, denn wörtlich genommen meint der Ausdruck die »vor der vorne liegenden Gehirnrinde«. Gemeint ist mit »präfrontal« daher im Grunde nichts weiter als »wirklich ganz vorne« liegend, d. h., es geht um den vorderen Teil der vorne liegenden Gehirnrinde.

Die Grundidee dabei ist einfach: Wenn man diejenigen Bereiche des Gehirns berücksichtigt, die bekanntermaßen[18] vor allem für die komplexen, mentalen Operationen zuständig sind, die wir für unsere *soziale* Existenz dauernd brauchen, dann korreliert eben die Größe dieser Bereiche besser mit der Ausprägung unseres Soziallebens. Ein einfaches Beispiel soll dies verdeutlichen: Zum Tennisspielen braucht man eine gute körperliche Verfassung, aber vor allem einen starken rechten Arm (zumindest als Rechtshänder). Daher steht der Umfang des rechten Oberarms wahrscheinlich eher in wechselseitiger Beziehung zu seiner Fä-

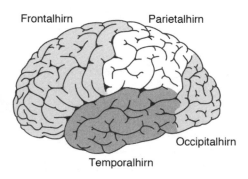

5.1 Das menschliche Gehirn von links (schematisch) mit Einteilung in die vier großen »Lappen« der Gehirnrinde: vorne der Frontallappen, hinten der Okzipitallappen, im Bereich des Scheitels der Parietallappen und im Bereich der Schläfe der Temporallappen.[19]

higkeit, Tennis zu spielen, als beispielsweise der Umfang der linken Wade. Auch die Muskelmasse insgesamt wird mit dessen Fähigkeit, Tennis zu spielen, korrelieren, aber wahrscheinlich in geringerem Maße als die Muskelmasse seines rechten Arms.

Je mehr jemand soziales Denken einsetzt, desto größer ist die Anzahl der Menschen, mit denen er mehr oder weniger regelmäßig Umgang hat. Er hat ein großes soziales Netz. Man kann sich dieses soziale Netz, wie in der folgenden Grafik dargestellt, als eine Schar von konzentrischen Kreisen vorstellen, mit dem kleinsten Kreis – den besten Freunden – um die Person in der Mitte. Man kann auch – um das andere Extrem zu nennen – die Anzahl der Menschen, die man überhaupt kennt und beispielsweise beim Namen nennen kann (das sind im Durchschnitt etwa 150) als einen solchen Kreis darstellen. Deutlich aussagekräftiger sind jedoch die kleineren Kreise, also die vier bis fünf besten Freunde, die jemand hat und die dadurch definiert sind, dass man sie in Not durchaus um Hilfe bitten würde (englisch: *support group*). Oder auch die zwölf bis fünfzehn Menschen, die wir als gute Freunde bezeichnen würden (englisch: *sympathy group*) und deren Tod uns beispielsweise sehr nahe gehen würde.[20]

5.2 Schematische Darstellung des Aufbaus unserer sozialen Netze. »Beste Freunde« haben wir etwa eine Handvoll, »gute Freunde« zwölf bis fünfzehn, »Bekannte« etwa 150.

Insgesamt gilt, dass die Größe dieser unterschiedlichen Netzwerke miteinander zusammenhängt. Wer viele »beste Freunde« hat, hat auch eher viele »gute Freunde« und auch viele Bekannte. Frauen sind bekanntermaßen sozial kompetenter als Männer (dieser Unterschied zwischen den Geschlechtern gehört übrigens zu den wenigen, an denen wirklich etwas dran ist). Daher haben Frauen auch im Durchschnitt etwas größere soziale Netzwerke als Männer. Man weiß auch, dass in diesen Netzwerken mehr gleichgeschlechtliche Menschen vorkommen (Männer haben mehr Männer als Freunde, Frauen mehr Frauen), dass sich die Menschen stark in der Größe ihrer sozialen Netzwerke unterscheiden und dass diese Unterschiede teilweise erblich bedingt sind.[21] Wenige Zusammenhänge gibt es dagegen zwischen Persönlichkeitsmerkmalen (wie beispielsweise Schüchternheit oder Neugierde) und der Größe der sozialen Netzwerke einer Person, obwohl man dies zunächst vermuten könnte.[22]

Einen Einfluss auf die Größe sozialer Netzwerke haben hingegen das Gedächtnis (wie viele Leute kann ich mir merken?) und die Fähigkeit, sich in Menschen einzufühlen und darüber nachzudenken, was ein anderer gerade denkt (wie gut kann ich mit anderen mitfühlen?). Fragt man Menschen nach der Anzahl ihrer *guten* Freunde überhaupt, so hängt diese Zahl mit der Gedächtnisleistung zusammen. Hier spielt also offensichtlich die Merkfähigkeit eine Rolle. Anders ist es bei der wesentlich kleineren Zahl der *besten* Freunde, die man um Hilfe bitten würde, wenn man in Not ist. Diese Zahl hängt nicht mit der Gedächtnisleistung zusammen, wohl aber mit der Fähigkeit, sich in andere Menschen hineinzudenken.[23]

In den vergangenen Jahren erschien eine Reihe von Studien, die komplexes Sozialverhalten mit der Größe oder Aktivierbarkeit einzelner Gehirnmodule in Verbindung brachte. So steht beispielsweise der Mandelkern sehr eng mit sozialem Denken in Verbindung. Er wird sehr stark durch einen ängstlichen Blick (aufgerissene Augen) aktiviert. Für das Volumen des Mandelkerns wurde ein Zusammenhang mit dem Ausmaß der sozialen Aktivitäten eines Menschen gefunden.[24] Auch der weit vorne und mittig gelegene Teil des präfrontalen Cortex steht in engem Zusammenhang mit der Empathie für andere Menschen und der Größe des sozialen Netzwerks.[25]

Ein weiterer Teil der Gehirnrinde, der *orbitofrontale Cortex,* ist für soziale Kognition von besonderer Bedeutung. Er grenzt an das Riechhirn und kodiert wie das Riechen auch den subjektiven *Wert* einer Sache (z.B. Nahrung). Beim Sozialverhalten geht es dauernd um Bewertungen (wen mag ich, wen eher nicht?), so dass es nicht weiter verwundert, dass unser »Bewertungsgehirn« auch einen wesentlichen Bestandteil unseres sozialen Gehirns darstellt.

In einer Studie zur Vermeidung sozialer Bestrafung konnten wir nachweisen, dass die Aktivierung des orbitofrontalen Cortex mit der Fähigkeit zusammenhängt, sich auf die gegebene soziale Situation einzustellen.[26] Das Volumen dieser Gehirnstruktur steht also auch in direktem Bezug zur kognitiven sozialen Kompetenz, wie man kürzlich in einer Studie zeigen konnte.[27] Seit kurzem weiß man auch, dass ein Zusammenhang zwischen der Größe des orbitofrontalen Cortex und der Größe des *realen* sozialen Netzwerks einer Person besteht.[28] Mittels statistischer Verfahren konnte zudem gezeigt werden, dass sich dieser Zusammenhang durch die Fähigkeit, sich in andere einzufühlen, ergibt. Wer sich gut in andere Menschen einfühlen kann, wird dies häufiger tun als jemand, der das nicht so gut kann. (Das ist ganz allgemein so: Wer gut in Sport ist, macht mehr Sport. Er wird dadurch noch besser, und seine Muskeln wachsen.)

Die Autoren der Studie diskutieren ihre Ergebnisse entsprechend wie folgt: »Die hier vorliegende Ursache-Wirkung-Beziehung ist unserer Ansicht nach so, dass die Größe des sozialen Netzwerks letztlich durch die sozialen kognitiven Fähigkeiten bestimmt wird. Diese Fähigkeiten wiederum hängen von der neuronalen Substanz ab, welche die hierzu nötige Informationsverarbeitung zu leisten hat (in diesem Fall das Volumen von Schlüsselregionen im Frontalhirn). Unsere Ergebnisse zeigen [...], dass der Zusammenhang zwischen Gehirngröße und der Größe des sozialen Netzwerks durch das [soziale] Denken vermittelt ist.«[29]

Der hier vermutete ursächliche Zusammenhang ist zwar plausibel, aber statistische Zusammenhänge allein sagen noch nichts über Ursache und Wirkung. Es könnte also sein, dass Menschen mit einem großen »sozialen Modul« im Gehirn eben größere soziale Netzwerke haben. Man würde ja auch aus der

Tatsache, dass Basketballer im Durchschnitt vergleichsweise eher größer sind, keineswegs die Behauptung ableiten, dass Basketballspielen zu verstärktem Körperwachstum führt. Vielmehr ist der Bezug unschwer durch einen Selektionseffekt – und *gerade nicht* durch einen Trainingseffekt – zu erklären: Wer groß ist, wird Basketballer.

Das Gehirn wächst mit der Gruppe

Wie aber verhält es sich mit dem Zusammenhang zwischen der Größe des sozialen Gehirns und der Größe des sozialen Netzwerks? Um hier endgültige Klarheit zu schaffen, müsste eine Langzeitstudie durchgeführt werden, die sich aus ethischen Gründen verbietet: Man müsste nämlich junge Menschen in zwei Gruppen einteilen und dann die einen in großen und die anderen in kleinen sozialen Netzwerken aufwachsen lassen. Wenn alle erwachsen sind, müssten dann die Gehirne vermessen werden. Man braucht wahrhaftig keine Ethik-Kommission, um diese Studie *nicht* durchzuführen!

Deswegen ist eine im Fachblatt *Science* publizierte Studie von britischen Wissenschaftlern um Jérôme Sallet und Matthew Rushworth von der Oxford University von besonderer Bedeutung.[30] Die Wissenschaftler untersuchten den Zusammenhang zwischen Gehirngröße und Größe des sozialen Netzwerks an Rhesusaffen (*Macaca mulatta*) mittels genauer anatomischer Gehirnbilder bei 23 Tieren, die zuvor für mehr als ein Jahr in sozialen Gruppen verschiedener Größe gelebt hatten. Die Affen entstammten einer Forschungskolonie von insgesamt 34 Tieren, von denen die anderen Tiere jeweils Teil anderer Studien waren.

Die Gruppengröße variierte – es gab sehr kleine Gruppen und solche mit bis zu sieben Tieren. Ansonsten wurden alle Tiere gleich behandelt. Alle bei den Gehirnen der einzelnen Tiere beobachteten Unterschiede sind damit auf die Größe des sozialen Netzwerks zurückzuführen. Es ergab sich ein Zusammenhang zwischen der Gruppengröße und dem Gehirnvolumen im temporalen Cortex sowie in Teilen des präfrontalen Cortex. Negative Zusammenhänge fanden sich insgesamt nicht; bei keinem Tier schrumpfte das Gehirn, wenn die Gruppengröße zunahm (und umgekehrt). Demgegenüber wurde bei den Affen in größeren Gruppen ein Anstieg der Dichte der grauen Substanz in den betroffenen Gehirnarealen beobachtet; er betrug etwa fünf Prozent für jedes zusätzliche Gruppenmitglied.

Um die Hypothese zu prüfen, dass das bessere soziale Denken letztlich zu einem erfolgreicheren Sozialleben und damit zu einem Aufstieg in der *sozialen Rangordnung* innerhalb der Gruppe führt, bestimmten die Autoren bei insgesamt elf männlichen Tieren den Zusammenhang zwischen der sozialen Stellung (in Bezug auf die anderen Gruppenmitglieder) und der Gehirngröße. Hierbei zeigte sich in einem Bereich des präfrontalen Cortex eine Größenzunahme mit zunehmender sozialer Dominanz. Mit jedem Prozentpunkt der Zunahme der relativen sozialen Dominanz nahm in diesem Bereich die Dichte der grauen Substanz um 0,31 Prozentpunkte zu. Wer in der sozialen Hierarchie weiter oben steht, setzt also sein soziales Gehirn mehr ein und fördert dessen Wachstum. Hier das Fazit der Autoren: »Zusammenfassend lässt sich sagen, dass größere soziale Netzwerke Veränderungen in Bereichen der Gehirnrinde verursachen, die mit Regionen überlappen oder an Regionen angrenzen, in denen die Dichte der grauen Substanz mit sozialer Dominanz korreliert.«

Schließlich untersuchten die Autoren noch, wie gut bei den Tieren die für das Sozialverhalten zuständigen Areale des Gehirns mit anderen Gehirnbereichen verknüpft sind. Man nennt dies *funktionelle Konnektivität*. Um sie zu untersuchen, wählte man einen Bereich im Temporallappen aus und suchte dann die

Gehirnareale, deren Aktivität mit der Aktivität im ausgewählten Bereich zusammenhing. Hierbei zeigte sich eine *funktionelle Kopplung* mit einem Bereich im Frontalhirn. Die Intensität dieser Kopplung hing mit der Größe des sozialen Netzwerks zusammen.

Zusammenfassend zeigen diese Ergebnisse, dass das Leben in einer größeren Gruppe die soziale Kompetenz steigert und zu einem Wachstum der Gehirnregionen führt, die diese soziale Funktion leisten. Diese Zunahme der sozialen Kompetenz drückt sich dann entsprechend in einer höheren sozialen Stellung aus.

Betrachtet man nun die eingangs erwähnten Daten aus der Studie von Roy Pea und seinen Mitarbeitern, so ergibt sich die Schlussfolgerung, dass die Nutzung von digitalen sozialen Medien wie Facebook, die ja mit *weniger* realen Kontakten einhergeht, auch zu einer *Verminderung der Größe sozialer Gehirnbereiche* bei Kindern und damit auch zu *geringerer sozialer Kompetenz* führen muss.

Vor diesem Hintergrund ist eine kürzlich von dem Neurowissenschaftler Ryota Kanai publizierte Studie interessant, die bei erwachsenen Probanden zunächst das genaue Gegenteil ermittelte.[31] Man untersuchte die Größe einzelner Gehirnbereiche von 125 Probanden und bestimmte darüber hinaus die Anzahl ihrer Facebook-Freunde. Hierbei ergab sich ein positiver Zusammenhang zwischen der Zahl der Freunde in Facebook und der Größe temporaler Gehirnareale. Wie konnte das sein? Warum passt hier scheinbar nichts zusammen? Gibt es also doch, wie viele behaupten, zu jeder Studie, die irgendetwas vermeintlich beweist, eine zweite Studie, die das Gegenteil belegt?

Um diese Frage zu beantworten, muss man die Studien genauer betrachten: Kanai und seine Mitarbeiter untersuchten bei ihren Probanden auch die Größe von deren realen sozialen Netzwerken. Sie verwendeten hierzu die folgenden neun Fragen:

1. Wie viele Gäste kamen anlässlich Ihres 18./21. Geburtstags zu Ihrer Party?
2. Wenn Sie jetzt eine Party feiern würden, wie viele Leute würden Sie einladen?
3. Wie viele Freunde stehen in Ihrem Telefonbuch?
4. Schreiben Sie die Namen von denjenigen auf, denen Sie wegen eines wichtigen zu feiernden Ereignisses (Geburtstag, Weihnachten, eine neue Arbeitsstelle, eine bestandene Prüfung etc.) eine SMS schreiben würden. Wie viele Leute sind das?
5. Schreiben Sie die Namen der Leute aus Ihrem Telefonbuch auf, mit denen Sie sich gerne zu einem Gespräch in kleiner Runde (bis zu drei Menschen) treffen würden. Wie viele Leute sind das?
6. Wie viele Freunde aus der Schul- und Studentenzeit haben Sie noch immer, mit denen Sie sich zu einem netten Gespräch treffen könnten?
7. Wie viele Freunde haben Sie in Facebook?
8. Wie viele Freunde haben Sie außerhalb von Schule bzw. Universität?
9. Schreiben Sie die Namen der Freunde auf, die Sie darum bitten können, Ihnen einen Gefallen zu tun, und von denen Sie wissen, dass diese dies auch tun würden. Wie viele sind das?

Wichtig zur Beurteilung der gesamten Studie ist, dass die Online-Bekanntschaften und die realen Freunde in sehr enger Beziehung standen: Es zeigte sich, dass die Größe der realen sozialen Netzwerke in engem Zusammenhang mit der Größe der digitalen sozialen Netzwerke stand: Wer viele Freunde online hatte, der hatte auch viele reale Freunde. Die Autoren kommentieren dies wie folgt: »Dies stützt die Idee, dass die meisten Internetanwender soziale Online-Netzwerkdienstleistungen dazu verwenden, bereits bestehende soziale Beziehungen [offline] aufrechtzuerhalten [...]«[32]

Die Studie betrachtet also erwachsene Menschen, die auch zum Zeitpunkt des Beginns des untersuchten Online-Netzwerks (Facebook ist seit 2008 allgemein verfügbar) bereits erwachsen waren. Daher erfolgt die Nutzung bei Erwachsenen auch ganz einfach im Sinne einer Erweiterung und Vereinfachung dessen, was diese Menschen in sozialer Hinsicht ohnehin taten: Sie hatten Freunde und Bekannte in der realen Welt und nutzten Facebook zur Kommunikation mit ihnen. Nichts anderes sagt der Befund letztlich aus, dass die Größe der realen sozialen Netzwerke der Probanden und deren Facebook-Netzwerke eng miteinander zusammenhängen.

In der oben beschriebenen Studie von Roy Pea und seinen Mitarbeitern war dies anders. Bei den acht- bis zwölfjährigen Mädchen wurde ein *negativer* Zusammenhang zwischen digitalen und realen sozialen Netzwerken ermittelt: Wer viele Freundinnen online hatte, der hatte wenige *reale* Freundinnen. Die Facebook-Freundinnen gingen also *zu Lasten* der realen Freundinnen. Wie kann dies sein?

Betrachten wir zur Verdeutlichung dieser Ausführungen ein Beispiel: Als in den achtziger Jahren die Computer aufkamen, waren es die eher neugierigen und intelligenten Menschen, die sich als Erste einen zulegten. Hätte man, sagen wir im Jahr 1985, bei zwei Gruppen von Schülern – die eine mit eigenem Computer und die andere ohne – die Schulnoten registriert, so hätte sich ganz klar ergeben: Die mit einem Computer ausgestatteten Schüler sind in der Schule besser, denn es waren ja die neugierigeren und intelligenteren, die sich häufiger einen Computer gekauft hatten (nebenbei: ein klassischer Selektionseffekt oder »Stichproben-Bias«, wie man auch sagt). Knapp zwanzig Jahre später zeigen die oben diskutierten Daten aus der PISA-Studie das genaue Gegenteil: Wer einen Computer zu Hause hat, weist schlechtere Schulleistungen auf.[33] Der Grund hierfür ist bereits genannt worden: Der Computer wird heute vor allem zum Spielen verwendet, für das schulische Lernen steht deshalb weniger

Zeit zur Verfügung.³⁴ Zudem wird derjenige, der dauernd multimedial Monster abschlachtet und dafür nach genau ausgeklügelten Schemata (die eine gute Prise Zufall enthalten müssen, damit sie am besten wirken) belohnt wird, den ganz normalen Schulalltag als vergleichsweise eher langweilig empfinden. Daher verringert sich nicht nur die Zeit zum Lernen für die Schule, sondern es erlahmt auch die Motivation.

Hier also werden die Unterschiede zwischen der Studie von Ryota Kanai und seinen Mitarbeitern und den Überlegungen zur Studie von Roy Pea und seinen Mitarbeitern und dem Neuronenwachstum deutlich: Wer mit Anfang zwanzig schon viele Freunde hat, der kann seine sozialen Kontakte auch mittels Online-Dienstleistern wie Facebook weiterpflegen. Das wird seine sozialen Kontakte ebenso wenig stören wie die Verwendung eines Computers zur Erledigung der studentischen Referate.

Ganz anders ist es jedoch, wenn sich noch in der Entwicklung befindliche Kinder der neuen Technik zuwenden. Hier werden ganz offensichtlich für eine gesunde Entwicklung erforderliche Erfahrungen durch elektronische Medien *verhindert*. Wer in jungen Jahren viel in Facebook unterwegs ist, der ist entsprechend seltener in der Realität sozial engagiert. Dies führt zwangsläufig zu sozialer Frustration, die Online-Gemeinschaft ist daher mit negativen Gefühlen besetzt. Man bedenke: Bei diesen Kindern betrug die mit direkten sozialen Kontakten (face to face) verbrachte Zeit im Durchschnitt etwa zwei Stunden, wohingegen sie durchschnittlich fast sieben Stunden online waren. Die jungen Mädchen gewöhnen sich damit reale Sozialkontakte eher ab – und leiden darunter.³⁵ »Wenn es darum geht, zu lernen, wie man mit Menschen umgeht, gibt es keinen Ersatz für den Umgang mit Menschen«, bringt es die Neurowissenschaftlerin Abigail Baird aus New York auf den Punkt.³⁶

Die intensive Nutzung sozialer Online-Netzwerke vermindert nicht nur die Anzahl realer Freundschaften, sondern auch die soziale Kompetenz; die hierfür zuständigen Gehirnareale schrumpfen. Mehr Stress und zunehmender Verlust der Selbstkontrolle sind die Folgen. Eine soziale Abwärtsspirale setzt ein, die einem erfüllten Leben in der Gemeinschaft entgegensteht.

Fazit

Die sozialen Online-Netzwerke befriedigen das grundlegende Bedürfnis nach Kontakt zu unseren Mitmenschen. Wir verbringen viel Zeit mit Klatsch und Tratsch und Geschichten über alle uns bekannten Menschen, von den Freunden und Nachbarn bis hin zu den sprichwörtlichen – und uns mittlerweile nahezu ausschließlich medial zugänglichen – Mächtigen, Schönen und Reichen.

Wer jedoch glaubt, dass diese neue Kontaktmöglichkeit nur Gutes bewirkt, der irrt. Die Anonymität des Internets bewirkt, dass wir uns weniger kontrollieren und uns entsprechend weniger um adäquates Sozialverhalten bemühen müssen. Wer seine sozialen Kompetenzen bereits auf herkömmlichem Wege erworben hat (offline, face to face), wird daher durch soziale Netzwerke kaum Schaden nehmen und sie nutzen wie Telefon Fax oder E-Mail – mit etwas glatterer Benutzeroberfläche. Wer hingegen noch kaum Gelegenheit hatte, Sozialverhalten zu entwickeln und als Kind bzw. Jugendlicher den Gutteil seiner Sozialkontakte im Internet abwickelt, sozial also im Netz lebt, der hat gute Chancen, dass sein Verhalten sehr zu wünschen übrig lassen wird. Wie wir gesehen haben, legen neueste Studien nahe, dass sich die für Sozialverhalten zuständigen Gehirnareale nicht normal entwickeln werden. Die Folgen sind bislang nur schwer absehbar, sollten uns jedoch zu denken geben. Junge Menschen wissen immer weniger, wo es langgeht, was sie leisten können und was sie wollen. Sie haben einfach zu wenig Gelegenheit, dies durch reale Projekte in der realen Welt im persönlichen Miteinander auszumachen.

Das Internet ist voller scheiternder Sozialkontakte, die vom Vorgeben, dass man ein anderer sei, über Schummeln, Betrügen bis hin zur groben Kriminalität reichen. Es wird gelogen, gemobbt, abgezockt, aggressiv Stimmung gemacht, gehetzt und diffamiert, dass sich die Balken biegen! Wen wundert es, dass soziale Netzwerke bei den jungen Nutzern vor allem zu Einsamkeit und Depression führen?

Mangelnde Selbstregulation, Einsamkeit und Depression sind in unserer modernen Gesellschaft die wichtigsten Stressoren. Sie bewirken das Absterben von Nervenzellen und begünstigen damit langfristig die Entwicklung einer Demenz. Bei unseren Kindern kann die Ablösung echter zwischenmenschlicher Kontakte durch digitale Online-Netzwerke langfristig mit einer Verkleinerung ihres sozialen Gehirns verbunden sein. Langfristig besteht die Gefahr, dass Facebook & Co. zur Schrumpfung unseres sozialen *gesamten* Gehirns führen werden. So gesehen, ist es äußerst beunruhigend, dass mittlerweile etwa eine Milliarde Menschen Facebook nutzen.

6. Baby-TV und Baby-Einstein-DVDs

In den vorherigen Kapiteln blieb noch weitgehend unberücksichtigt, dass sich das menschliche Gehirn im Laufe des Lebens *entwickelt*. Das Gehirn eines Kindes ist noch nicht »fertig« und deshalb noch besonders prägbar: Es lernt sehr schnell, während es sich noch entwickelt, und bildet sich dadurch erst richtig aus. Diese *Gehirnbildung* – im doppelten Sinn, denn es geht um Bildung im Sinne vom Ausbau geistiger Fähigkeiten und um Bildung im Sinne von Entstehung des erwachsenen Gehirns – wird im Zentrum dieses und der folgenden Kapitel stehen.

Kinder und Krankheiten des Alters

Warum soll in einem Buch von Kindern die Rede sein, das sich mit einer Erkrankung des Alters befasst – Demenz? Dass dies keineswegs absurd ist, zeigt sich am Beispiel des Altersdiabetes. Auch hier handelt es sich, wie der Name schon sagt, um eine Erkrankung des Alters. Aufgrund falscher Ernährung, die zu Übergewicht führt, reagiert der Körper überempfindlich auf das Hormon Insulin. Dieses wird in der Bauchspeicheldrüse gebildet und sorgt dafür, dass die Energie aus der Nahrung bedarfsgemäß in die Zellen des Körpers gelangt. Wird dauernd zu viel Nahrung aufgenommen, stumpft der Körper im Laufe des Lebens gegenüber dem vielen ausgeschütteten Insulin ab; seine Wirkung lässt nach. Die Energie, d.h. der Zucker im Blut, gelangt nicht mehr in die Zellen des Körpers, sondern bleibt im Blut. Man ist daher schlapp und müde, trotz all der Energie im Blut, weil der Körper mit ihr nichts mehr anfangen kann. Ein hoher Blutzuckerspiegel hat schwerwiegende Konsequenzen für Herz und Blutgefäße, die Augen, die Nieren und auch das

Gehirn: Patienten mit Altersdiabetes sterben nicht nur früher, sondern leiden vor allem über Jahrzehnte an ihrer Krankheit (Blindheit, Nierenversagen, Amputationen, Schlaganfälle).

Seit einigen Jahren wird der Altersdiabetes als Typ-II-Diabetes bezeichnet – nicht nur, um ihn vom Typ-I-Diabetes (bei dem kein Insulin mehr gebildet wird) klar zu unterscheiden, sondern weil diese Krankheit mittlerweile auch bei Jugendlichen und Kindern vorkommt. Der jüngste Altersdiabetiker in Deutschland ist fünf Jahre alt. Kinderärzte sprechen von einer epidemieartigen Zunahme der Krankheit in jungen Jahren. Wie repräsentative Daten des Berliner Robert Koch-Instituts zeigen[1], sind in Deutschland 15 Prozent (entsprechend 1,9 Millionen) der Kinder und Jugendlichen übergewichtig, 6,3 Prozent davon (800 000) krankhaft übergewichtig (adipös). Der Anteil der übergewichtigen Kinder und Jugendlichen nimmt mit dem

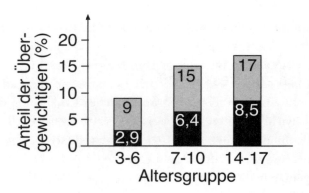

6.1 Anteil der übergewichtigen (grau) und krankhaft übergewichtigen (schwarz) Kinder und Jugendlichen in Abhängigkeit vom Alter. Neun Prozent der Drei- bis Sechsjährigen sind bereits übergewichtig, 15 Prozent der Sieben- bis Zehnjährigen und 17 Prozent der Vierzehn- bis Siebzehnjährigen. Die Häufigkeit von krankhaftem Übergewicht (Adipositas) beträgt bei den Drei- bis Sechsjährigen 2,9 Prozent und steigt auf über 6,4 Prozent bei den Sieben- bis Zehnjährigen, bis auf 8,5 Prozent bei den Vierzehn- bis Siebzehnjährigen.[2]

Alter zu und liegt heute etwa doppelt so hoch wie noch vor zwanzig Jahren. Zwischen Jungen und Mädchen gibt es beim Übergewicht keinen Unterschied, wohl aber im Hinblick auf soziale Schicht und Migrationshintergrund. Kinder und Jugendliche aus Familien mit niedrigem Sozialstatus sind von Übergewicht und Adipositas besonders häufig betroffen, Kinder und Jugendliche mit Migrationshintergrund auch, Kinder von Müttern mit Übergewicht oder Adipositas ebenfalls.

Wer in der Kindheit schon Risikofaktoren aufweist, wird mit großer Wahrscheinlichkeit an Typ-II-Diabetes erkranken. Wenn jemand mit achtzig Jahren seinen Altersdiabetes bekommt, stirbt er wahrscheinlich nicht an dessen Folgen. Damit diese zum Tragen kommen können, braucht es Zeit. Genau deshalb ist die Zunahme von Altersdiabetes bei Kindern so tragisch: Sie sind noch jung und werden damit die Folgen der Erkrankung mit allen Konsequenzen erleben – vor allem jahrzehntelanges Siechtum.

Anfixen zur Fresssucht

Das Entsetzliche an dieser Entwicklung ist, dass nicht die Kinder daran schuld sind, sondern wir Erwachsenen. Wir lassen nicht nur zu, dass unsere Kinder etwa sechs Stunden täglich vor Bildschirmmedien verbringen, obwohl wir wissen, dass dies zu Bewegungsarmut und Übergewicht führt. Wir bombardieren unsere Kinder geradezu mit den falschen Ratschlägen, was das Essen anbelangt: Während des Zeichentrick-Unterhaltungsprogramms an einem typischen Sonntagmorgen sehen Kinder im Durchschnitt alle fünf Minuten einen Nahrungsmittel-Werbespot, und nahezu alle im Fernsehen beworbenen Nahrungsmittel sind ungesund.[3]

Eine große amerikanische Längsschnittstudie konnte zeigen,

dass es diese *an Kinder gerichtete TV-Werbung* ist, die für das Übergewicht verantwortlich ist,[4] d. h., wir wissen nicht nur, dass Fernsehen dick macht, wir wissen auch, warum: Kinder lernen sehr schnell, was immer wir ihnen an Inhalten anbieten. Experimente an Kindern im Vorschulalter zeigen, dass diese den Inhalt von Werbespots nach nur wenigen Darbietungen gelernt haben und sich dem Produkt gegenüber entsprechend positiv verhalten: Sie finden es gut und wählen es aus.[5] Wie man seit mehr als drei Jahrzehnten weiß, neigen Kinder auch dazu, bei Produkten zu generalisieren, so dass eine werbebedingte positive Einstellung gegenüber einem Produkt sich auf andere ähnliche Produkte überträgt.[6] Zudem ist bekannt, dass Kinder auch über Medien hinweg generalisieren; so erkennen sie beispielsweise eine Fernsehfigur auf der Schokoladenpackung problemlos wieder.

In den USA beginnen Kinder mit dem Fernsehen im Alter von durchschnittlich neun Monaten, und 90 Prozent aller Kinder sehen bereits regelmäßig fern, bevor sie ihr zweites Lebensjahr abgeschlossen haben.[7] Entsprechend richtet sich Fernsehwerbung gezielt an diese Altersgruppe, was unter anderem zur Folge hat, dass ein Kind bei Schuleintritt mehr als zweihundert Markennamen bzw. die entsprechenden Produkte kennt.[8] Allein in den USA gibt die Werbewirtschaft jährlich zehn Milliarden Dollar zur Beeinflussung des Essverhaltens von Kindern aus, wobei der Löwenanteil auf die Fernsehwerbung fällt. Kinder unter fünf Jahren sehen jährlich mehr als 4000 Werbespots für ungesunde Nahrungsmittel.[9]

Bei Kindern ist der kritische Verstand noch nicht entwickelt. Daher sind sie den Effekten der Werbung relativ schutzlos ausgeliefert. Sind sie dann erst einmal an die attraktiv beworbenen Nahrungsmittel gewöhnt, kommen sie nur noch sehr schwer davon los.

In den vergangenen Jahren mehren sich die Studien, die einen direkten Zusammenhang zwischen Suchtverhalten und pathologischem Essverhalten nachweisen konnten.[10] Anders ausgedrückt: Der Volksmund, der schon lange von »Fress*sucht*« spricht, hat recht. So wird verständlich, warum diejenigen, die als junge Menschen viel TV-Werbung gesehen haben, gar nicht anders können, als sich selbst immer wieder »anzufixen« (um einen Terminus aus der Drogenszene zu gebrauchen). Denn wer die beworbenen Produkte isst, *verstellt* damit, wie die Gehirnforschung zeigt, langfristig sein *Belohnungssystem* und muss dann für den *gleichen* belohnenden Effekt *immer mehr* essen!

Der Mechanismus der TV-Werbung geht damit weit über das übliche Lernen von Produkten und Markennamen hinaus, denn man wird zudem *süchtig* nach einer bestimmten Form von Nahrung, dem sogenannten *Junkfood,* das reich ist an Fett und Kohlenhydraten und arm an Vitaminen und Ballaststoffen. So erklärt sich, wie vernunftbegabte erwachsene Menschen, die wissen, wie ungesund und vor allem auch unangenehm (psychisch und physisch) ein erhöhtes Körpergewicht ist, dennoch dickleibig sind. Keiner möchte das, weder für sich noch für seine Kinder. Aber es geschieht dennoch.

Ich glaube nicht, dass die Nahrungsmittelkonzerne dies alles schon wussten, als sie damit begannen, bestimmte Lebensmittel in großem Stil an Kinder zu verkaufen und zu bewerben. Aber es hat sehr gut funktioniert und satte Gewinne beschert. Gesamtgesellschaftlich ist die Übergewichtsepidemie ein Desaster: Anhand vorhandener publizierter Daten und Erkenntnisse lässt sich berechnen, dass die an Kinder gerichtete Fernsehwerbung für ungesunde Nahrungsmittel hierzulande langfristig jährlich 20 000 Todesfälle sowie 15 Milliarden Euro Gesundheitskosten verursachen wird. Denn wer als Kind schon zu dick ist, dessen Organismus hat Zeit genug, um mit hoher Wahrscheinlichkeit alle chronischen Leiden zu entwickeln – neben dem Altersdiabetes zusätzlich Krebs, Knochen- und Gelenkschäden bis hin zu chronischen psychischen Störungen, um nur die wichtigsten zu nennen.

Was könnte man tun? An Kinder gerichtete Werbung für ungesunde Nahrungsmittel sollte unbedingt verboten werden, wie es in Schweden, Großbritannien und Südkorea bereits der Fall ist. In Schweden ist übrigens jegliche an Kinder gerichtete Werbung verboten. Weil 32 Prozent der britischen Jungen sowie 31 Prozent der Mädchen zwischen zwei und fünfzehn Jahren übergewichtig sind, darf seit 2008 im britischen Fernsehen bei Kindern (d.h. in Sendungen vor 21.00 Uhr) nicht mehr für ungesunde Nahrungsmittel geworben werden. Die Werbewirtschaft und die werbefinanzierten Privatsender kritisierten die Maßnahmen als zu weitgehend, konnten sich mit ihrem Hinweis auf Arbeitsplätze in der Werbewirtschaft jedoch nicht durchsetzen. Zu Recht: Mit Arbeitsplätzen kann man nicht alles rechtfertigen – und ganz sicher nicht das Leid und den Tod vieler Menschen der nächsten Generation.

»Die Auswahl der richtigen Nahrungsmittel kann für die Eltern zu einem schwierigen Problem werden: Kosten, Bequemlichkeit, Verfügbarkeit, Bekanntheit, Komfort, Belohnung und der Druck der Gemeinschaft befinden sich sämtlich im Wettbewerb mit dem Wunsch der Eltern, das zu tun, was für das Kind am gesündesten ist«, heißt es in einem Kommentar zum britischen Werbeverbot für ungesunde Nahrungsmittel im TV-Kinderprogramm, der in der internationalen Medizinzeitschrift *The Lancet* publiziert wurde.[11] Auch in Südkorea hat man dies begriffen. Wie lange müssen wir hierzulande noch warten, bis etwas geschieht?

Geistige Nahrung

Ein dickes Kind hat zeitlebens geringere Chancen als ein normalgewichtiges Kind, ein gesundes Leben zu führen, nicht zuletzt, weil aus dicken Kindern in aller Regel dicke Erwachsene werden.[12] Wer nie das Glück erlebt hat, das sich bei körperlicher Bewegung (Wandern, Schwimmen, Ballspielen, Klettern) einstellt, der wird zeitlebens seinen Körper buchstäblich als Last empfinden, *gegen* ihn und das Gewicht mehr oder weniger erfolglos kämpfen und nicht nur kürzer leben, sondern vor allem auch unglücklicher.

Nicht nur unser Körper braucht Nahrung, sondern auch unser Geist – geistige Nahrung, d.h. Informationen, die er aufnimmt, um zu wachsen und sich zu bilden. Und auch hier kann die falsche Nahrung viel Schlimmes anrichten. Schon vor Jahren habe ich darüber ein Buch geschrieben, um zu verdeutlichen, dass unser Gehirn gar nicht anders kann, als sich entsprechend dem Input, den wir ihm liefern, zu entwickeln.[13] Wer viel Gewalt im Fernsehen sieht oder Gewaltspiele am Computer spielt, wird in der Regel im realen Leben gewalttätiger. Darum soll es hier allerdings nur am Rande gehen. Wie ich im Folgenden anhand von wissenschaftlichen Studien zeigen möchte, sind digitale Medien prinzipiell als geistige Nahrung für Kinder ungeeignet, unabhängig von den (zumeist schrecklichen) Inhalten, die wir unseren Kindern zumuten.

So wie unsere Ernährung zu unserer Verdauung passen sollte, muss unsere geistige Nahrung auch zu unserem Geist passen. Babys vertragen keinen Schweinebraten mit Knödeln und Sauerkraut, und daher füttern wir sie mit Brei und Baby-Nahrung. Welche geistige Nahrung passt zu Babys?

»Unser Baby soll es einmal besser haben als wir. Es soll alle Möglichkeiten im Leben bekommen, soll schlau werden, viel wissen, und daher kann es mit dem Lernen gar nicht früh genug anfangen.« So oder so ähnlich denken viele Eltern. »Mein Kind braucht daher Stimulation, das richtige Spielzeug, jede Menge Kurse ab dem ersten Lebensjahr, von Baby-Schwimmen über Baby-Gymnastik bis hin zu Baby-Chinesisch.«

Weil aber beide Elternteile oft berufstätig sind, kaum Zeit haben und in ihrer Freizeit sich auch einmal gerne ausruhen

(z. B. vor dem Fernseher), haben genau diese Eltern ein schlechtes Gewissen. Für diese stressgeplagten Menschen mit Kind gibt es in den letzten Jahren zunehmend auch hierzulande speziell für Babys zugeschnittene Programme – im Fernsehen und auf Video oder DVD. Eine amerikanische Studie bringt es auf folgenden Nenner: »Baby-Videos, die für einen Monat alte Kinder entwickelt wurden, Videospiele für neun Monate alte Kinder und Fernseh-Shows für Einjährige gehören mittlerweile zum Alltag.«[14] Was ist von diesem Trend zu halten? Muss man das ernst nehmen? Betrachten wir die Dinge genau und detailliert.

Baby-TV

Zu einer Dokumentation über das Thema Baby-Fernsehen konnte man bei *Spiegel Online* am 14.2.2011 Folgendes lesen: »Die Fernsehwirtschaft hat seit einigen Jahren eine neue Zielgruppe erschlossen: Menschen zwischen vier und 24 Monaten. Das sogenannte Baby-Fernsehen ist inzwischen zu einer 500 Millionen Dollar schweren Industrie gewachsen. Lag in den siebziger Jahren das Einstiegsalter für regelmäßigen Fernsehkonsum noch bei vier Jahren, so liegt es nun bei vier Monaten.«[15] Ich zitiere diese Quelle hier zum Einstieg, weil so mancher Leser vielleicht sonst nicht glaubt oder nicht glauben möchte, was wissenschaftliche Studien hierzu ergeben haben. Die Situation ist aus meiner Sicht nämlich nicht lediglich beunruhigend. Nein, sie ist ernst!

In den USA sehen, wie bereits erwähnt, nahezu alle Kinder im Alter von zwei Jahren regelmäßig fern, und sie schauen sich auch DVDs oder Videos an. Der Konsum beträgt bei Babys unter einem Jahr etwa eine Stunde, bei zweijährigen Kindern mehr als eineinhalb Stunden am Tag. Dies alles steht in deutlichem Gegensatz zu den *Empfehlungen amerikanischer Kinderärzte,* die Bildschirmmedien-Konsum für Kinder unter zwei Jahren klar ablehnen und bei Kindern unter drei Jahren auf maximal eine Stunde täglich beschränkt sehen möchten.[16]

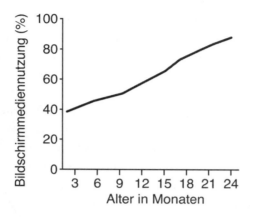

6.2 Prozentsatz der Kinder bis zu zwei Jahren, die Bildschirmmedien (TV oder DVD/Video) konsumieren[17]

Über 80 Prozent der Zwei- bis Dreijährigen schalten bereits selbständig den Fernseher an; mehr als die Hälfte wechselt in diesem Alter die Programme selbständig, und mehr als 40 Prozent legen ein Video oder eine DVD selbst ein. Schon bei noch kleineren Kindern (6 bis 23 Monate) ist dieser ebenso selbständige wie selbstverständliche Umgang mit Bildschirmmedien erstaunlich häufig, wie eine Studie an 1051 Eltern mit Kindern im Alter von sechs Monaten bis sechs Jahren ergab.[18] In dieser Studie wurde übrigens auch für den Fernsehkonsum im Speziellen nachgewiesen, was man ganz allgemein schon lange weiß: *Kinder machen nach, was ihnen ihre Eltern vormachen.* Sehen die Eltern viel fern, tun es die Kinder auch. Wenn der Bildungsstand oder das Einkommen der Eltern geringer sind, sehen die Kinder noch mehr fern, wobei diese beiden Effekte statistisch trennbar sind. Anders ausgedrückt: Armut und Dummheit der Eltern bewirken unabhängig voneinander bei den Kindern mehr Medienkonsum.

Die Autoren kommentieren dies wie folgt: »Diese Studie dokumentiert die enorme Rolle der Eltern bei der Entwicklung der Mediennutzungsgewohnheiten der Kinder. Ein Drittel der Kinder lebt in Haushalten, wo die Eltern den Fernseher über die meiste Zeit des Tages ganz einfach laufen lassen – ganz gleich, ob jemand fernsieht oder nicht. Es überrascht daher nicht, dass in diesen Haushalten die Kinder signifikant mehr fernsehen als andere Kinder. Viele Eltern verbringen recht viel Zeit vor dem Fernseher oder dem Computer, und es sind wiederum die Kinder dieser Eltern, die deutlich mehr Zeit vor einem Bildschirm verbringen. Und ein Drittel der Kinder unter sechs Jahren hat mit Erlaubnis der Eltern einen Fernseher in seinem Zimmer – zumeist, um Streit darüber zu vermeiden, wer was anschauen kann. Und auch diese Kinder verbringen mehr Zeit vor dem Bildschirm.«[19]

Hinzu kommt, dass vor allem Eltern aus niedrigeren sozialen Schichten ihre Kinder *aktiv* zum Fernsehen anhalten: »Wie die Diskussionen mit Eltern in entsprechenden Fokus-Gruppen zeigten, versuchen viele Eltern, ihre Kinder zum Fernsehen anzuhalten, damit die Mütter andere Dinge erledigen können, anstatt die mit den Medien verbrachte Zeit zu begrenzen.«[20] Dies ist deswegen besonders bemerkenswert, weil die negativen Auswirkungen des Bildschirmmedien-Konsums auf die intellektuelle Entwicklung nachgewiesen sind. Das Medienverhalten von Unterschichteltern vergrößert also soziale Unterschiede und verfestigt die ohnehin bestehende Ungerechtigkeit der ungleichen Chancen.

Dass diese Eltern nicht zu wissen scheinen, was für ihre Kinder gut ist, und überhaupt kaum Übung im Umgang mit kleinen Kindern haben und denen dann den Fernsehapparat überlassen, zeigt das folgende Zitat aus dem oben bereits erwähnten *Spiegel-Online*-Beitrag: »Einschlafkrise in Amerikas Babybettchen: Als der Kabelanbieter, der den Sender *BabyFirst* in seinem Repertoire hat, letztes Jahr für ein paar Stunden in der Nacht sein Programm aussetzen musste, kam es in vielen Familien zum Ausnahmezustand. Es gingen Hunderte von Anrufen verzweifelter Eltern ein, die nicht wussten, wie sie ihren Nachwuchs trösten sollten. Denn der ist daran gewöhnt, mit den von *BabyFirst* verbreiteten Bildern in den Schlaf zu gleiten, also zum Beispiel mit computeranimierten Versionen von Aquarien oder Mobiles.«

Man könnte nun meinen, dass die hier beschriebenen Verhaltensweisen eben typisch für die USA sind, wo der Fernseher sprichwörtlich immer läuft, 24 Stunden am Tag und von der Wiege bis zur Bahre. Dem ist aber nicht so: Auch hierzulande kann man seit Jahren das *Babyfernsehen* über Kabel oder Satellit empfangen. Dieses wird speziell für Zuschauer produziert und ausgestrahlt, die für die *Teletubbies* noch zu jung (also unter zwei Jahren alt) sind.

Gutes Datenmaterial für den Bildschirmmedien-Konsum bei ganz kleinen Kindern in Deutschland liegt nicht wirklich vor. Man ist auf Statistiken von Marktforschungsinstituten angewiesen, welche die Werbewirtschaft mit Erkenntnissen zur Kinderwerbung versorgt. Solche Zahlen sind wahrscheinlich eher nicht als unabhängig und objektiv einzuschätzen. Die Medienwissenschaftlerin Maya Götz (2007) zitiert dennoch eine Umfrage bei 729 Müttern in Deutschland, der zufolge 13 Prozent der unter Einjährigen, 20 Prozent der Einjährigen, 60 Prozent der Zweijährigen und 89 Prozent der Dreijährigen fernsehen dürfen.[21] Zudem ist bekannt, dass in Deutschland um 22 Uhr noch 800 000 Kinder im Kindergartenalter vor dem Fernseher sitzen, um 23 Uhr sind es noch 200 000, und selbst um Mitternacht schauen noch 50 000 Kinder unter sechs Jahren fern.[22]

Ganz offensichtlich wird der Fernseher von vielen Eltern als Babysitter verwendet, wie die oben bereits angeführte große Studie zur Bildschirmmedien-Nutzung ergab: »Viele Eltern betrachten die Medien als großen Vorteil und können sich gar nicht vorstellen, wie sie mit Kindern den Tag ohne TV, Videos und DVDs herumkriegen sollen. Diese Medien beruhigen die Kinder und geben den Eltern Zeit, um den Haushalt zu erledigen oder schlicht etwas *Zeit für sich* zu haben. Zugleich wissen die Eltern, dass die Kinder *sicher* sind, d. h. nicht draußen spielen und im Haus Unfug anstellen. Mit mehreren Fernsehern, DVD-Spielern und Computern wird der Streit ums Programm zwischen den Geschwistern gelöst und zudem dafür gesorgt, dass auch die Eltern ungestört schauen können, was sie möchten.«[23]

Oft wird von den Eltern als Hauptgrund für den Medienkonsum angegeben, was oben gesagt wurde: Das Kind soll gefördert werden und lernen – möglichst früh, möglichst viel und möglichst schnell. Dieser Gedanke dient also entweder als Gewissensberuhigung für diejenigen Eltern, die ohne TV nicht durch den Tag kommen, oder er ist direkte Motivation der Eltern, ihre Kinder zum Fernsehen anzuhalten: »Während weniger als vier von zehn Eltern (38 Prozent) sagen, dass sie denken, ihre Kinder würden vom Fernsehen vor allem lernen, sind diese Eltern jedoch erleichtert durch die Gedanken von Mediennutzung und Lernen und fühlen sich so weniger schuldig ...«[24] Aber können Babys von Bildschirmen und Lautsprechern überhaupt lernen?

Als meine jüngste Tochter neun Monate alt war, habe ich einmal versucht, mit ihr eine Episode von *Der Löwe ist los* anzuschauen. Seit meiner Kindheit bin ich ein Fan der *Augsburger Puppenkiste,* der putzigen Figuren mit ihren witzigen Bewegungen und pfiffigen Dialogen. Um das Kinoerlebnis perfekt zu machen, hatte ich einen Beamer besorgt, den DVD-Spieler an die Stereoanlage angeschlossen. Wir saßen auf der Couch, und ich freute mich sehr. Die kleine Anna jedoch war sehr verwirrt: Abwechselnd schaute sie auf die bewegten bunten Bilder an der Wand vor uns und zu einem der beiden Lautsprecher seitlich hinter uns. Sie war nicht in der Lage, Sehen und Hören zusammenzubringen, also beispielsweise die Sprache aus dem Lautsprecher mit den sich bewegenden Mündern der Puppen in Verbindung zu bringen. Bild und Ton kamen aus verschiedenen

Richtungen, mussten für sie also unterschiedlichen Quellen entstammen und konnten damit (für sie) auch nichts miteinander zu tun haben.

Als jemand, der sich seit Jahrzehnten mit der Informationsverarbeitung durch das menschliche Gehirn und speziell auch mit dessen Entwicklung im Kindesalter beschäftigt hat, wusste ich zwar längst, dass kleine Kinder Bild und Ton aus unterschiedlichen Quellen noch nicht ganzheitlich wahrnehmen können, denn sie müssen das erst in der realen Welt (wo die gehörte Sprache aus dem gesehenen sich bewegenden Mund kommt) lernen. Aber als ich dann bei meiner kleinen Anna erlebte, was ich aus Studien schon wusste, war ich mehr als verblüfft über die Stärke des Effekts. Anna war ja ein sehr aufgewecktes Kind; sie kapierte schnell, konnte sich schon erstaunlich gut konzentrieren und war auch leicht für alles und jedes zu begeistern. Allein, die *Augsburger Puppenkiste* als Video war für sie kein Genuss und auch kein Spaß, sondern nur Verwirrung! Nach wenigen Minuten gab ich die Vorführung frustriert auf und ärgerte mich über mich selbst.

Halten wir fest: Die von Kindern unter drei Jahren vor Bildschirmmedien verbrachte Zeit ist verlorene Zeit. Es ist eben nicht dasselbe, wenn zweijährige oder fünfjährige Kinder fernsehen.[25]

Baby-Chinesisch am Bildschirm?

Die Studie aus dem Jahre 2003, die ich im Folgenden kurz darstellen möchte, hatte ich in Dutzenden von Publikationen und Vorträgen schon beschrieben; ich kannte sie daher genau. Selbst direkt beobachtet und damit bewusst *erlebt* hatte ich den Effekt bis dahin jedoch noch nicht.

Kalifornische Wissenschaftler wollten den Einfluss der Erfahrungen mit einer Fremdsprache auf die Fähigkeit von Babys prüfen, die Laute dieser Fremdsprache zu unterscheiden.[26] Wie man bereits weiß, lernen die Kleinen besonders in der zweiten Hälfte des ersten Lebensjahrs die Laute der Muttersprache. Damit dies geschieht, brauchen sie den entsprechenden Input; sie müssen die Sprache also hören. Und sie müssen den Sprecher auch sehen, damit sie das Gehörte mit dem Gesehenen (dem Mund, dem ganzen Gesicht mit den ausgedrückten Emotionen, wahrscheinlich auch mit der Körpersprache insgesamt und sicherlich auch im situativen Kontext) in Verbindung bringen können. Das Sehen trägt dazu bei, das Gehörte analysieren zu können. Und dabei arbeitet das Gehirn vor allem mit der Gleichzeitigkeit. Wenn etwas genau gleichzeitig – auf die Millisekunde – gesehen und gehört wird, dann *muss* es zusammenhängen – so jedenfalls schließt das Gehirn des Babys. Dessen Gehirnrinde arbeitet tatsächlich millisekundengenau, wie man durch entsprechende Studien zeigen konnte.[27]

Der Hintergrund der Studie ist folgender: Ein Neugeborenes kann alle Sprachlaute, die es weltweit überhaupt gibt, noch gleich gut unterscheiden. Einjährige hingegen zeigen ganz klar den Effekt des Lernens ihrer Muttersprache, denn sie können deren Laute sehr gut unterscheiden, andere Sprachlaute hingegen, die nicht in der Muttersprache vorkommen, können sie praktisch gar nicht mehr unterscheiden. Sie haben sich also auf die Laute ihrer Muttersprache eingeschossen, könnte man sagen; sie kennen, was sie oft wahrgenommen haben, und kennen nicht, was es offensichtlich (für sie) nicht gibt.

Die Wissenschaftler gingen in eine Krabbelgruppe mit neun bis zehn Monate alten Babys und ließen sie im Laufe von vier Wochen zwölf Mal Chinesisch hören. Es wurde für jeweils zehn Minuten Chinesisch von einem Chinesen oder einer Chinesin vorgelesen, und dann spielten sie fünfzehn Minuten mit dem Vorleser oder der Vorleserin. Vier Chinesen wechselten sich hierbei ab, so dass die Babys unterschiedlichen Sprach-Input (bei einer Gesamtzeit von insgesamt etwa fünf Stunden) erhielten. Zuvor waren die Kinder nach dem Zufallsprinzip in zwei Sechzehnergruppen eingeteilt worden. Die eine Gruppe erhielt den beschriebenen Chinesischunterricht (Vorlesen, Spielen), die andere erhielt stattdessen den gleichen Unterricht, aber in ihrer Muttersprache Englisch. Während dieses Unterrichts saßen die Kinder in kleinen Gruppen auf einer Decke auf dem Fußboden, recht nahe bei der Chinesin oder dem Chinesen (knapp einen Meter entfernt); es gab häufigen Augenkontakt, und die »Lehrer« wandten sich häufig direkt an die Kinder.

Auswertungen der Sprachaufnahmen dieser Chinesischstunden ergaben, dass die Kinder insgesamt zwischen 25 989 und

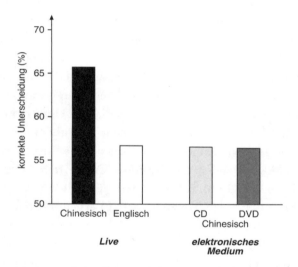

6.3 Auswirkung von Baby-Chinesisch (insgesamt fünf Stunden, aufgeteilt in zwölf Sitzungen von je 25 Minuten) bei neun bis zehn Monate alten Babys **(schwarze Säule ganz links)** auf das im Alter von einem Jahr getestete Unterscheidungsvermögen für chinesische Laute im Vergleich zu einer Kontrollgruppe **(weiße Säule)**, die in englischer Sprache trainiert wurde. Der Unterschied war statistisch signifikant. Weder das Sehen und Hören einer DVD **(dunkelgraue Säule ganz rechts)** noch das bloße Hören einer CD **(hellgraue Säule)** hatte irgendeinen Lerneffekt.[28]

42 184 chinesische Silben (Mittelwert: 33 120) über die zwölf Sitzungen verteilt wahrgenommen hatten. Mithilfe eines Tests zur Unterscheidung zweier chinesischer Sprachlaute, die im Englischen nicht vorkommen, wurde dann im Alter von einem Jahr untersucht, wie gut das Unterscheidungsvermögen der Babys in beiden Gruppen war. Es zeigte sich hierbei erwartungsgemäß, dass die Babys, die nur Englisch gehört hatten, zwei chinesische Laute allenfalls zufällig unterscheiden konnten. Die Babys aus der Chinesischgruppe hatten den Laute aber ganz offensichtlich gelernt, denn sie schnitten signifikant besser ab als die Babys der Kontrollgruppe.

Um zu testen, wie wichtig der soziale Kontakt für das Lernen war, wurde eine DVD produziert, die das gleiche Material (und die gleichen Personen) wie beim Liveunterricht enthielt, und eine weitere Krabbelgruppe (Durchschnittsalter der Babys zu Beginn: 9,3 Monate) wurde erneut geteilt, wobei diesmal jeweils sechzehn Babys entweder die DVD ansahen oder nur den Audiokanal hören konnten (was gleichbedeutend war mit dem Hören einer CD). Die Zeit dieses medialen »Unterrichts« war identisch mit der im ersten Experiment, er enthielt sogar deutlich mehr (49 866) chinesische Silben als die Live-Versionen. Daran schloss sich wieder die Testprozedur an, deren Ergebnisse ebenfalls in der Grafik 6.3 dargestellt sind. Es zeigte sich, dass die elektronischen Medien zu keinerlei Lernen führten.

Dieses Ergebnis steht in krassem Widerspruch zu den vielen multimedialen Angeboten für Babys bzw. für deren Eltern, die dafür Geld ausgeben, weil sie für ihr Kind das Beste wollen. Wenn aber Babys einen wesentlichen Teil ihrer wachen Zeit einem Medium ausgesetzt sind, von dem sie – im Gegensatz zur wirklichen Welt und wirklichen Menschen – nichts lernen können, *dann lernen sie insgesamt weniger.* Wer sein Baby zum Lernen vor einen Bildschirm setzt, der riskiert einen negativen Einfluss auf dessen geistige Entwicklung. Schließlich verbringen Babys den Hauptteil ihres Lebens noch mit Schlafen. Ansonsten werden sie gestillt oder gefüttert, müssen sauber gemacht, gebadet und gepflegt werden. Wenn man sie dann in den (relativ seltenen) zeitlichen Phasen, in denen sie wach, aufmerksam und aufnahmefähig sind, vor ein Bildschirmmedium setzt, dann kann man sie in dieser Zeit im Grunde auch in den Kohlenkeller sperren. Denn lernen und damit geistig wachsen werden sie vor bunten Bildschirmen und Lautsprechern genauso wenig wie im dunklen Keller. Ich sage dies an dieser Stelle deswegen so pointiert, weil die gerade beschriebene Studie tatsächlich belegt, dass Bildschirmmedien im frühen Kindesalter für das Lernen nicht nur nichts taugen, sondern sogar Lerneffekte massiv behindern. Und weil kleine Kinder wahre Lernwunder sind, nichts lieber tun und sowieso den ganzen Tag lernen, haben Lernverhinderungsmaschinen, wie in der Folge dargelegt werden soll, einen negativen Einfluss auf die Bildungskarriere von Kindern.

Baby Einstein

Baby Einstein ist der klangvolle Name einer ganzen Reihe von DVDs, die seit 2003 vom Disney-Konzern vertrieben werden. Wie der Name schon sagt, sollen Babys sich diese DVDs ansehen, und Eltern sollen sie zu diesem Zweck kaufen, damit aus den Babys kleine Genies würden – hierfür steht der Name *Einstein*. Nicht nur in den USA, sondern auch hierzulande kann man diese DVDs kaufen, und dies geschieht tatsächlich in großem Ausmaß, denn die *Baby Einstein*-DVDs werden heftig damit beworben, dass ihr Konsum kleine Babys besonders schlau mache. Für die Anbieter ein einträgliches Geschäft. Die Frage ist jedoch: Stimmen die Behauptungen?

Amerikanische Wissenschaftler führten eine Studie an über tausend Babys und deren Eltern durch, die erstmals klare negative Auswirkungen des Medienkonsums auf die intellektuelle

Entwicklung gerade der ganz Kleinen zeigte.[29] Man befragte die Eltern genau nach den Mediennutzungsgewohnheiten ihrer Babys und führte mit den Kleinen dann einen Sprachtest durch. Das Ergebnis: Kleinkinder, die Baby-TV oder Baby-DVDs schauen, kennen deutlich weniger Wörter, sind also in ihrer Sprachentwicklung verzögert. Der Effekt war gerade für die speziellen Baby-TV-Programme und Baby-DVDs besonders stark ausgeprägt.

Wenn ein Elternteil täglich vorlas, ergab sich hingegen ein positiver Effekt auf die Sprachentwicklung. Auch das tägliche Erzählen von Geschichten hatte einen signifikanten positiven Effekt, das mehrfach wöchentliche Hören von Musik ebenfalls (fast so groß wie das tägliche Geschichtenerzählen); der positive Effekt der Musik war allerdings nicht statistisch signifikant.

Wie schädlich der Bildschirmmedien-Konsum ist, kann man

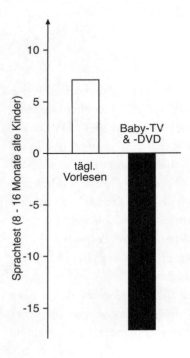

6.4 Bei Babys im Alter von acht bis sechzehn Monaten bewirkt tägliches Vorlesen **(links)** ein besseres Abschneiden in einem Sprachtest, der Konsum von speziell für Babys produzierten Programmen (Baby-TV oder Baby-DVD) hingegen zeigt ein schlechteres Testergebnis.[30]

daran ablesen, dass sein negativer Effekt auf die Sprachentwicklung der Babys doppelt so stark ist wie der positive Effekt des Vorlesens. Im Klartext: Baby-TV und Baby-DVDs sind für die intellektuelle Entwicklung von kleinen Kindern schädlich.

Eine weitere Studie zu den Auswirkungen des frühkindlichen Fernsehens auf die intellektuellen Leistungen im Einschulungsalter zeigt einen deutlichen beeinträchtigenden Effekt auf kognitive Fähigkeiten. Bei 1797 Kindern wurde der Fernsehkonsum (von den Müttern berichtet) im Alter von unter drei Jahren sowie im Alter von drei bis fünf Jahren mit Testwerten für eine Reihe kognitiver Funktionen (Konzentration, Lesefähigkeit, Sprachverständnis, mathematische Fähigkeiten) im Alter von sechs Jahren in Beziehung gesetzt. Zudem wurden die soziale Herkunft und der Intelligenzquotient (IQ) der Mütter erfasst, um den Einfluss dieser Messgrößen aus den Effekten des Fernsehens herausrechnen zu können. Der durchschnittliche Fernsehkonsum vor dem dritten Lebensjahr lag in dieser Studie bei 2,2 Stunden und bei 3,3 Stunden zwischen dem dritten und fünften Lebensjahr. Mit sechs Jahren schauten die Kinder im Durchschnitt 3,5 Stunden täglich fern. Insgesamt zeigte sich beim Vergleich der Vielseher (mehr als drei Stunden täglich) mit den Wenigsehern (weniger als drei Stunden täglich) ein deutlicher Effekt des Fernsehens im Sinne einer Beeinträchtigung der kognitiven Fähigkeiten. Dieser Effekt blieb auch bestehen, wenn man die zusätzlich gemessenen Größen berücksichtigte, und er war für das Fernsehen vor dem dritten Lebensjahr besonders ausgeprägt.[31]

Wenn dies alles so ist, wie kommt es dann, dass man so häufig das Gegenteil hört? Die Antwort ist relativ einfach: Es geht um Geld! Dass beispielsweise nach einer Meldung in der Fachzeitschrift *Science* vom 4.8.2007 der Disney-Konzern die Ergebnisse der Studie zum Baby-Fernsehen und den *Baby-Einstein*-DVDs anzweifelt, wundert nicht.[32] Nachdem Disney zwei Jahre vergeblich versucht hatte, die Ergebnisse der Studie zu unterdrücken, begann der Konzern im Oktober 2009 damit, die DVDs bei voller Kostenerstattung von den Kunden zurückzunehmen.[33] Dies tat die Unternehmensleitung keineswegs aus Freundlichkeit, sondern weil sie davor Angst hatte, empörte Kunden könnten mehr wollen als nur ihr Geld zurück für die nutzlose DVD. Schließlich wurde Kindern Schaden zugefügt! Eine erfolgreiche Sprachentwicklung ist so etwas wie die Eintrittskarte in jegliche Bildungskarriere. Wer also umgekehrt Probleme mit der Sprachentwicklung hat, wird mit geringerer Wahrscheinlichkeit seine Chancen im Leben ergreifen können und beispielsweise einen College-Abschluss erwerben, der je nach Schätzung einige hunderttausend bis mehr als eine Million Dollar wert ist (zusätzlicher Verdienst über die gesamte Lebenszeit berechnet).[34] Um solche Beträge geht es nun in vielen Fällen vor Gericht, denn so manche Eltern verklagen derzeit den Disney-Konzern wegen bewusst herbeigeführter Schädigung ihrer Kinder.

Bildschirme schaden der Bildung

Ist die Entwicklung der Sprache und des Denkens eines Kindes im Kindergartenalter durch zu viel Zeit vor Bildschirmmedien bereits verzögert oder beeinträchtigt, dann wirkt sich dies ungünstig auf dessen gesamte Bildungsbiographie aus. Anders gesagt: Zu viel Fernsehen im Kindergartenalter senkt das Bildungsniveau der Menschen langfristig. Dies zeigen Daten aus der wahrscheinlich weltweit besten Langzeitstudie zur Entwicklung von 1037 Neugeborenen bis ins Erwachsenenalter hinein, die es weltweit überhaupt gibt. Es handelt sich um eine prospektive Geburtskohortenstudie, womit das folgende methodische Vorgehen gemeint ist[35]: In der Stadt Dunedin, die auf der neuseeländischen Südinsel liegt, wurden vom 1. April 1972 bis 31. März 1973 alle Neugeborenen und deren Familien erfasst und später im Alter von drei Jahren erstmals untersucht. In weiteren Abständen von zwei bis drei Jahren (d. h. im Alter von fünf, sieben, neun, elf, dreizehn, fünfzehn, achtzehn und einundzwanzig Jahren) wurden dann weitere Befragungen und Untersuchungen durchgeführt. Zuletzt geschah dies im Alter von sechsundzwanzig Jahren, als es immerhin gelang, 980 (96 Prozent) der 1019 noch lebenden Teilnehmer der Studie zu untersuchen.[36]

Als die Kinder fünf, sieben, neun und elf Jahre alt waren, wurden die Eltern nach der Zeit des durchschnittlichen Fernsehkonsums an einem Wochentag befragt. Bei den späteren Befragungen im Alter von dreizehn, fünfzehn und einundzwanzig Jahren zum Fernsehkonsum konnten die Teilnehmer selbst zu ihrem Fernsehkonsum an Wochentagen und an Wochenenden

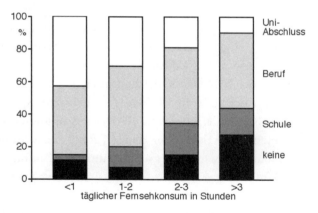

6.5 Einfluss des täglichen Fernsehkonsums in Kindheit und Jugend auf die berufliche Qualifikation im Alter von 26 Jahren. Jede Säule entspricht 100 Prozent der jeweiligen Untergruppe mit einem täglichen Fernsehkonsum von weniger als einer Stunde, ein bis zwei Stunden, zwei bis drei Stunden und mehr als drei Stunden (schwarz: kein Abschluss; dunkelgrau: Schulabschluss; hellgrau: beruflicher Abschluss; weiß: Universitätsabschluss).[37]

befragt werden. So wurde der Fernsehkonsum für die Zeiträume Kindheit (fünf bis elf Jahre) und Jugend (dreizehn bis fünfzehn Jahre) separat berechnet. Im Alter von sechsundzwanzig Jahren wurde das erreichte Bildungsniveau auf einer Skala von eins (keine berufliche Qualifikation) bis vier (Universitätsabschluss) eingestuft. Weiterhin wurde der sozioökonomische Status der Herkunftsfamilie (»arm« bis »reich«) erfasst und die Intelligenz (IQ) der Kinder gemessen. Die Studie ergab, dass der Fernsehkonsum der Kinder bzw. Jugendlichen mit einem geringeren erreichten Bildungsniveau im Alter von 26 Jahren einhergeht. Je mehr in der Kindheit ferngesehen wird, desto geringer ist die Bildung der Kinder, wenn sie erwachen sind.

Nun könnte man einwenden, dass nicht das Fernsehen dumm macht, sondern die Dummen (und/oder die Armen) eben mehr fernsehen. Seit längerer Zeit ist bekannt, dass Menschen aus unteren sozialen Schichten tatsächlich mehr Zeit mit Fernsehen verbringen. Um also den auslösenden Faktor bestimmen zu können, ist es wichtig, dass man beide Faktoren (geringe Intelligenz und geringes Einkommen) aus dem Zusammenhang von Fernsehkonsum und Bildungsniveau herausrechnen kann. Denn auch danach bleibt der Zusammenhang bestehen und ist signifikant. Mit anderen Worten: Es ist durchaus der Fall, dass weniger begabte Kinder oder Kinder aus unteren sozialen Schichten mehr fernsehen, aber dieser Effekt allein kann den Zusammenhang zwischen Fernsehkonsum und Bildung nicht erklären. Damit ist er real und kein statistisches Artefakt.

Interessant ist weiterhin die Tatsache, dass der Fernsehkonsum im Jugendalter (dreizehn bis fünfzehn Jahre) vor allem mit dem *Verlassen der Schule ohne jeglichen Abschluss* in Zusammenhang steht; ein geringer Fernsehkonsum im Kindesalter dagegen am stärksten mit dem *Erreichen eines Universitätsabschlusses* verbunden ist. Beim ersten Befund ist nämlich die Richtung der Verursachung nicht völlig klar: Es könnte sein, dass die Jugendlichen zu viel fernsehen und deswegen die Schule verlassen; es könnte aber auch sein, dass sie sich in der Schule langweilen und deswegen mehr fernsehen. Der negative Zusammenhang zwischen Fernsehen in der Kindheit und dem Abschluss eines Universitätsstudiums hingegen lässt sich nicht auf diese Weise ursächlich neutral deuten. Hier bleibt nur der Schluss, dass das Fernsehen den erreichten Bildungsabschluss beeinträchtigt.

Man fand weiterhin, dass das Fernsehen die berufliche Qualifikation der Kinder mit mittlerem Intelligenzniveau am deutlichsten beeinflusst. Mit anderen Worten: Der gering Begabte hat, relativ unabhängig vom täglichen Fernsehkonsum, eher keinen Abschluss, und der Hochbegabte landet sowieso an der Universität, ebenso unabhängig vom täglichen Fernsehkonsum. Was aber mit der breiten Masse in der Mitte geschieht, hängt wesentlich davon ab, wie groß der Fernsehkonsum beim Einzelnen in der Kindheit war.

Langzeitstudien zu den Auswirkungen der heute verbreiteten digitalen Medien auf das im Leben erreichte Bildungsniveau kann es noch nicht geben. Nimmt man aber die bekannten und in diesem Kapitel diskutierten Daten als Richtschnur und stellt zudem die enorme Plastizität, d.h. Beeinflussbarkeit von Kindergehirnen, in Rechnung, dann muss man zur Vorsicht mahnen: Wir dürfen unsere Kinder nicht den größten Teil ihrer wachen Zeit mit Dingen und Tätigkeiten verbringen lassen, für deren positive Auswirkungen es keine Hinweise, für deren negative Auswirkungen es jedoch deutliche Anhaltspunkte gibt. Und einer Institution dürfen wir unsere Kinder ganz gewiss nicht unkontrolliert überlassen: dem freien Markt.

Baby-Roboter

Papero heißt ein knapp 40 cm großer und 5 kg schwerer knuffig ausschauender Roboter der japanischen Firma *NEC*, der ganz speziell als *Babysitter* konstruiert wurde. Der Name ist bereits mehr als zehn Jahre alt, steht für *Partner-type Personal Robot*. Das Ding ist also eigens dafür konstruiert, dem Menschen ein Partner zu sein.

Papero hat verschiedene Sensoren und kann sich autonom bewegen. Er kann etwa dreitausend Wörter sprechen und über zweihundert »verstehen«, Musik spielen und Gesichter erkennen. Er lässt sich von einem PC aus steuern und programmieren, und die Bilder seiner eingebauten Videokamera lassen sich auf einem iPhone betrachten, über das man auch Verbindung mit ihm aufnehmen und sogar (über seinen eingebauten Lautsprecher) mit seinen Kindern sprechen kann. Papero kann verschiedene Charaktereigenschaften annehmen – je nachdem, worum es gerade geht –, und er ist in der Regel freundlich und fröhlich.

Hat er gerade nichts zu tun, fährt er herum und sucht ein Gesicht. Sobald er eines findet, beginnt er ein Gespräch. Er kann

6.6 Als Babysitter zu verwendender Roboter der japanischen Firma NEC

sich bis zu dreißig Gesichter merken und registriert beispielsweise auch, wenn man ihn streichelt oder ihm eine Ohrfeige gibt. Dann verhält er sich auch entsprechend im Hinblick auf die Art, wie er spricht und sich bewegt, und wird sich später daran erinnern. Kitzelt man seinen Bauch, dann lacht er. Er kann eine Reihe von Spiele spielen, tanzen und einige Aktionen auf Kommando (über Computer oder Smartphone) ausführen.

In einem Video der Firma NEC, das begeisterte Kinder und jede Menge Roboter zeigt, findet sich der folgende Kommentar: »Der Babysitter-Roboter baut Beziehungen zu Kindern auf, indem er in ihren Kreis zu Hause, bei der Tagesmutter und im Kindergarten eintritt. Während er die Kinder sanft beaufsichtigt, ermöglicht er ihnen neue Erfahrungen. Wir glauben, dass die Gemeinschaft mit Robotern eine valide Lernerfahrung für Kinder sein kann. [...] Der Gegenstand unserer gegenwärtigen Forschung sind nicht Roboter, sondern die Idee, mit Robotern zu leben.«[38] Ich wage nicht, mir auszumalen, was es für kleine Kinder bedeutet, wenn sie nicht mit anderen Menschen zusammen sind, sondern mit Robotern. Ich glaube nicht, dass sie von ihnen das Wichtigste, was ein Kind im Kindergarten mitnehmen kann – soziale Kompetenz und Selbstregulation –, lernen können. Wie alles, was neu ist, sind sie für eine kleine Weile ein spaßiger Zeitvertreib. Mehr nicht. Hoffentlich!

Fazit

Es ist im Grunde erstaunlich, wie es internationale Konzerne immer wieder bewerkstelligen, ganze Generationen von Menschen in vielen Ländern der Erde an der Nase herumzuführen. Da werden Sendungen und DVDs produziert und mit dem Hinweis auf positive Wirkungen auf das Baby beworben (nahezu immer ist von *Lernen* die Rede) und erfolgreich vermarktet, ohne dass die behaupteten positiven Wirkungen untersucht, geschweige denn nachgewiesen worden sind.

Digitale Medien sind dem Lernen und damit der geistigen Entwicklung von Babys abträglich! Mit viel Werbeaufwand werden Lügen verbreitet, weil sich damit Geld verdienen lässt. Wie gezeigt wurde, belegen viele Studien, dass kleine Kinder durch diese Software beim Lernen aktiv behindert werden. Dass damit Leid produziert wird und langfristig hohe soziale und ökonomische Kosten verursacht werden, ist dann Sache der Gesellschaft. Es ist nicht minder erstaunlich, dass in den westlichen Gesellschaften diese Machenschaften bislang ignoriert und deren Protagonisten sogar belohnt werden. So wurde die Erfinderin und Produzentin der *Teletubbies,* Anne Woods, ob ihrer großen Verdienste für die Verbreitung britischer Kultur in über hundert Länder der Welt von der englischen Königin mit der Ritterwürde geehrt, obgleich nachgewiesen ist, dass das Sehen der Sendung zu Sprachdefiziten bei den Kindern führt.[39] Bedenkt man zudem, dass Fernsehen erwiesenermaßen dick macht und Fettleibigkeit einen schwerwiegenden gesundheitlichen Risikofaktor darstellt – dass Frau Woods also, wie sich leicht berechnen lässt, für den vorzeitigen Tod von Hunderttausenden von Menschen mitverantwortlich ist –, so wird das allgemeine Wegsehen der beteiligten Politiker und Medienmacher noch unverständlicher.

Die Untersuchungen, die es zu den Auswirkungen von Bildschirmmedien tatsächlich gibt, sprechen seit Jahren mit zunehmender Deutlichkeit für deren negative Auswirkungen. Wer also *jetzt* Verantwortung für die kleinsten und schwächsten Mitglieder unserer Gesellschaft trägt (oder jemanden kennt, für den dies zutrifft), der mache sich klar, dass eine Mattscheibe kein guter Babysitter ist – und schon gar kein guter Lehrer! Und er sollte entsprechend handeln.

7. Laptops im Kindergarten?

Kindern fällt das Lernen buchstäblich kinderleicht; sie lernen sehr schnell. Wer das nicht glaubt, der sollte einmal mit einem fünfjährigen Kind *Memory* spielen. Erwachsene lernen hingegen deutlich langsamer. Diese Abnahme der Lerngeschwindigkeit mit dem Erwachsenwerden (also zwischen dem zehnten und zwanzigsten Lebensjahr) ist *nicht* das Resultat von Demenz, sondern das Ergebnis eines prinzipiell sinnvollen Anpassungsprozesses und damit völlig normal. Um dies zu verstehen, muss ich etwas ausholen.

Schnell versus genau

Egal was gelernt wird – laufen oder sprechen, sich richtig zu benehmen oder zu ernähren: Für das Gehirn bedeutet lernen sehr oft, einen zunächst unbekannten Wert aufgrund einzelner Erfahrungen (»Messungen«) abzuschätzen. Das Gehirn des Kleinkinds, das gerade laufen lernt, muss abschätzen, wie viele Impulse es zu den Muskeln in Rücken, Po und Hinterseite der Beine schicken muss, wenn sich der Oberkörper nach vorne neigt. Schickt es zu wenige Impulse, fällt es nach vorn, schickt es zu viele, fällt es nach hinten. Einem Roboter könnte man die richtige Zahl einprogrammieren. Aber das Baby wird nicht programmiert; es programmiert sich selbst! Es versucht aufzustehen, zieht sich am Sofa oder Stuhlbein hoch und steht – ganz wackelig. Bei zunehmender Vorneigung sendet sein Gehirn Impulse zu Muskeln im Rücken, Po und den Beinen, um der Vorneigung entgegenzuwirken. Und es misst die Zeit, die es oben bleibt. Ist diese länger als beim letzten Mal, lag die Zahl der ausgesendeten Impulse offensichtlich näher am richtigen Wert als beim letzten Mal und wird beibehalten. Ist sie kürzer, wird die Änderung vom letzten Mal verworfen und bei der nächsten Vorneigung eine andere Zahl von Impulsen auf den Weg geschickt.

Betrachten wir noch ein anderes Beispiel: richtige Ernährung. Sie sind jung, in eine fruchtbare Gegend hineingeboren, haben aber noch keine Ahnung, was man essen kann und was nicht. Irgendwo stoßen Sie nun auf rote Beeren, die Zucker und etwas Gift enthalten – was Sie nicht wissen. Nun ist es bei jedem Nahrungsmittel wichtig, zu wissen, wie viel man essen sollte, um einerseits satt und andererseits nicht vergiftet zu werden. So essen Sie beim ersten Mal fünf Beeren und sind sehr bald wieder hungrig. Beim nächsten Mal essen Sie vierzig Beeren, erleiden eine Vergiftung, und es geht Ihnen richtig schlecht. Beim dritten Mal sind Sie also wieder eher vorsichtig und essen sieben Beeren – sind daher jedoch bald wieder hungrig, fühlen sich aber ansonsten wohl. Beim vierten Mal werden Sie vielleicht dreißig Beeren essen und sich satt, aber auch ziemlich krank fühlen. Und so geht es weiter, bis Sie gelernt haben, fünfzehn Beeren zu essen, um (schon) satt und (noch) nicht vergiftet zu sein.

So verschieden das Laufenlernen und das Lernen des Sich-Ernährens auch sein mögen, im Prinzip geht es für das Gehirn um dieselbe Aufgabe: Es muss wahre *allgemeine* Werte (wie viele Impulse bei welcher Vorneigung zu welchem Muskel senden? Wie viele Beeren welcher Größe, Farbe und welchen Geschmacks essen?) anhand *einzelner* Erfahrungen abschätzen. Bei diesem Lernvorgang muss das Gehirn zwei entgegengesetzte Bedingungen erfüllen: Es muss sich dem wahren Wert zum einen rasch annähern, denn sonst ist es tot, bevor es fertig gelernt hat. Und es muss sich dem wahren Wert in kleinen Schritten nähern, denn mit großen Sprüngen hopst es immer nur um die Wahrheit herum, ohne je zu ihr zu gelangen. Hier gibt es ganz offensichtlich ein Problem: *Lernen muss in großen Schritten* (sonst ist man vorher tot) *und in kleinen Schritten* (sonst gelangt man nie zur Wahrheit) *erfolgen*. Dieses Problem tritt bei jeglichem Lernen auf und bei jeglichem Lerner, egal ob Plattwurm, Ratte, Affe oder Mensch! Und es gibt nur eine Lösung, die ich anhand eines Bildes verdeutlichen möchte.

Stellen Sie sich vor, Sie stehen auf einem Golfplatz und wollen den kleinen Ball mit möglichst wenigen Schlägen ins Loch bringen. Dann geht es Ihnen wie dem gerade beschriebenen Gehirn, das irgendetwas – völlig egal was – lernen will: Sie wollen den Ball sehr rasch in die Nähe des Lochs bewegen, denn nur dann haben Sie eine Chance, ihn auch wirklich mit möglichst wenigen Schlägen hineinzubekommen. Hierzu verwenden Sie anfangs heftige Schläge, die den Ball weit fliegen und damit dem Ziel rasch nähern lassen. Sind Sie jedoch in der Nähe des Lochs, dann sind heftige weite Schläge nicht sinnvoll, denn Sie wollen

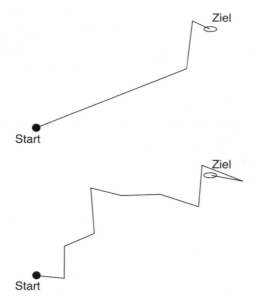

7.1 Beim Golf ist es sinnvoll, sich dem Ziel zuerst mit großen und eher ungenauen und dann mit kleineren, immer genaueren Ballbewegungen zu nähern **(oben)**, statt immer gleiche Schläge zu wählen **(unten)**.

ja genau ins Loch. Jetzt sind kleine sanfte Schläge angebracht, die nicht weit, aber dafür genau sind. Es ist also beim Golfspielen zielführend, wenn sich die Strecke, die der Ball mit jedem Schlag zurücklegt, immer weiter verringert, denn nur dann kommt man *rasch in die Nähe* des Lochs und dann auch noch *genau* hinein.

Beim Lernen beginnt man also am besten mit großen und schreitet dann mit kleinen Schritten zur Präzision. Deshalb lernen Kinder schnell und ältere Menschen viel langsamer. Mit »älteren Menschen« sind in diesem Zusammenhang nicht die über Siebzigjährigen gemeint, sondern alle über siebzehn, wie entsprechende Untersuchungen zur Veränderungsgeschwindigkeit von Synapsen über das Lebensalter nahelegen.

Lernen und Golf unterscheiden sich. Denn beim Lernen ist nicht klar, wo das Ziel ist. Um das Golfspiel dem Lernen anzugleichen, müsste man es in Richtung Topfschlagen abwandeln und mit verbundenen Augen spielen. Man schlägt dann den Ball irgendwohin und bekommt eine Rückmeldung dahingehend, ob der Ball nach dem Schlag näher am Loch oder weiter von ihm entfernt ist (»wärmer«, »kälter«). Auch bei dieser Art Golf wäre es nicht sinnvoll, den Ball immer nur vorsichtig einen oder zwei Meter weit zu schlagen. Wenn man sich nun noch überlegt, dass das kindliche Gehirn nicht nur auf *einem* Golfplatz *einen* Ball in *ein* Loch befördern muss, sondern auf Tausenden von Plätzen gleichzeitig spielt (alles Mögliche gleichzeitig lernt), dann wird klar, dass das Gehirn nicht mal so und mal so vorgehen kann, also beim ersten Schlag vorsichtig, dann weiter, dann wieder vorsichtiger etc. Bei Tausenden von Lernaufgaben gleichzeitig kann es nur eine ganz einfache Strategie verfolgen: Es lernt erst sehr viel mit jeder einzelnen Erfahrung, nähert sich so rasch der Wahrheit und vollzieht dann immer kleinere Schritte. Die Schnelligkeit der Jugend und die Langsamkeit (und Genauigkeit) des Alters sind somit kein Zufall und schon gar nicht Folge von Krankheit im Alter, sondern Ausdruck der Optimierung von Lernprozessen über die Lebenszeit. Auf den Menschen übertragen, heißt dies, dass ältere Menschen die Welt besser kennen als jüngere – solange sie stabil bleibt, d.h. sich nicht ändert. Man spricht vom alten Meister mit seiner subtilen Erfahrung. Und man spricht davon, dass Kinder sich rasch an die unterschiedlichsten Bedingungen anpassen können.

Aus dieser Sicht lässt sich das Problem älterer Menschen in unserer heutigen Welt sehr klar beschreiben: Vieles ändert sich sehr schnell, und deswegen ist die Voraussetzung einer stabilen Umwelt in vielen Bereichen nicht mehr gegeben. Daher können Menschen in die Situation kommen, im Laufe ihres Lebens Werte aus ihrer Umgebung abgeschätzt zu haben, die nicht mehr gelten, und Fähigkeiten gelernt zu haben, die nicht mehr gebraucht werden. Der sechzigjährige Geigenbauer baut bessere Instrumente als der vierzigjährige. Wenn er aber auf den Bau von Synthesizern umsatteln soll, ist er verloren.

Heißt das, dass Erwachsene gar nicht mehr lernen können? Nein! Sie lernen anders als kleine Kinder, nämlich durch Andocken von Neuem an früher bereits gelernte Sachverhalte. Wie in den ersten Kapiteln bereits dargestellt, lernt ein Kind neue Inhalte, indem es Spuren und damit innere Struktur ausbildet; ein Erwachsener hingegen lernt, indem er auf vorhandene Strukturen zurückgreift und sie verknüpft. Lernen ist also beim Kind nicht das Gleiche wie beim Erwachsenen. Kinder entwickeln neue Strukturen; Erwachsene nutzen vorhandene Strukturen und verändern sie dadurch.

Was wächst, wenn das Gehirn wächst?

Das Gehirn des Neugeborenen hat nur etwa ein Viertel (350 Gramm) des Gewichts und der Größe des Gehirns eines erwachsenen Menschen (1300 bis 1400 Gramm), obwohl sowohl die Nervenzellen als auch deren Verbindungsfasern bereits vorhanden sind und nach der Geburt zahlenmäßig kaum noch zunehmen. Es ist vor allem Fett, das im Laufe der Entwicklung das Gehirn so groß werden lässt. Dabei handelt es sich um eine ganze besondere Art von Fett, Myelin genannt, mit dem die sogenannten Schwannschen Zellen die Nervenfasern ummanteln. Diese Ummantelung der Nervenfasern bewirkt, dass die Impulse nicht mehr langsam (max. 3 m/s) entlang einer Nervenfaser *laufen,* sondern schnell (max. 115 m/s) an ihnen entlang*springen.* Dies ist insofern wichtig, weil das Gehirn *modular* aufgebaut ist; es verarbeitet Informationen vor allem dadurch, indem es sie zwischen verschiedenen, jeweils einige Zentimeter voneinander entfernt liegenden Modulen Dutzende Male hin- und herschickt.

Die Ummantelung der Nervenfasern ermöglicht also schnellere Nervenimpulse. Die Zeit, die Impulse von einem Modul zu einem anderen (eine Distanz in der Größenordnung von zehn Zentimetern) benötigen, beträgt bei einer Geschwindigkeit von drei Metern pro Sekunde etwa 30 Millisekunden. Dies mag kurz erscheinen, ist jedoch für eine Informationsverarbeitung, die letztlich darin besteht, dass Impulse zwischen unterschiedlichen Modulen vielfach hin- und herfließen, sehr lang. Der rasche Austausch zwischen Modulen setzt die schnelle Leitung der Impulse voraus, woraus sich wiederum ergibt, dass ein Modul, dessen Verbindungsfasern noch langsam sind, nur wenig oder gar nichts zur Informationsverarbeitung beitragen kann. Damit ist eine langsame Nervenfaserverbindung im Gehirn so etwas wie eine tote Telefonleitung – physikalisch vorhanden, aber praktisch ohne Funktion.

Schon vor etwa hundert Jahren hat man erstmals Karten des Gehirns angelegt und auf ihnen verzeichnet, wann bzw. in welcher Reihenfolge die einzelne Areale verbindenden Nervenfasern zur Ausreifung kommen.[1] Bei der Geburt sind die primären sensorischen und motorischen Areale mit schnellen Fasern verbunden. Es handelt sich um Bereiche, die für die Verarbeitung von Signalen verantwortlich sind, die direkt von der Außenwelt kommen (Sehen, Hören, Tasten) oder Muskelbewegungen bewirken. Damit kann der Säugling erste Erfahrungen machen: Man zwickt ihn ins Bein, und das Bein zuckt. Die Informationen werden jedoch *noch nicht sehr tief* verarbeitet, d.h. noch nicht rasch an andere Module weitergeleitet. Erst später sind die Fasern zu weiteren Modulen schnell genug, und erst gegen Ende der Entwicklung während und sogar noch nach der Pubertät werden auch die Verbindungen zu den letzten Modulen im Frontal- und Parietalhirn mit schnellen Fasern ausgestattet. Teile des Frontallappens des Menschen sind aufgrund dieser Entwicklung erst zur Zeit der Pubertät funktionell voll mit dem Rest des Gehirns verbunden.[2]

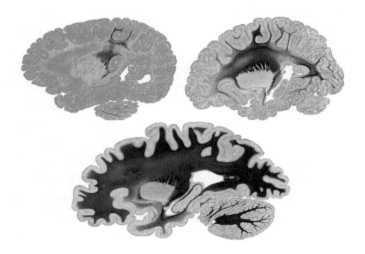

7.2 Schnitte durch das menschliche Gehirn nach Anfärbung von Fett mit schwarzem Farbstoff.[3] Links oben das Gehirn eines Neugeborenen, rechts das Gehirn im Kindergartenalter, unten das Gehirn eines Erwachsenen. Beim Säugling sind nur wenige Areale mit schnell leitenden Fasern verbunden.

Gehirnentwicklung ersetzt den Lehrer

Die beim Menschen, verglichen mit anderen Primaten, sehr stark verzögerte Gehirnreifung wurde lange als Nachteil eingestuft. Erst in jüngerer Zeit wurde klar, dass *die Reifung des Gehirns letztlich einen guten Lehrer ersetzt.*[4] Ein guter Lehrer sorgt dafür, dass wir beim Lernen mit dem Einfachen beginnen. Erst wenn wir das gelernt haben, folgen schwierigere Aufgaben und dann noch schwierigere.

Im alltäglichen Leben (d.h. ohne Lehrer) sind wir den verschiedensten Situationen und Reizen ausgesetzt, deren Struktur von »ganz einfach« bis »hochkomplex« reicht. Die Tatsache, dass sich das Gehirn entwickelt und *zunächst* überhaupt nur einfache Strukturen verarbeiten *kann,* stellt jedoch sicher, dass es zunächst auch nur Einfaches lernt (Verarbeiten ist immer auch Lernen!). Am Beispiel der Sprachentwicklung sei dieser Gedanke etwas genauer ausgeführt.

Untersuchungen dazu, wie Erwachsene mit Babys und Kleinkindern sprechen, konnten zwar zeigen, dass wir uns einerseits auf den kleinen »Gesprächspartner« einstellen, dass dies jedoch nicht sehr weit geht. Wenn wir mit Babys reden, verwenden wir Lautmalerei und eine übertriebene Sprachmelodie.[5] Aber schon mit Kleinkindern reden wir fast wie mit Erwachsenen. Wir gehen keinesfalls systematisch wie ein Lehrer im Sprachunterricht vor. Während des Spracherwerbs ist ein Kind damit einer sprachlichen Umgebung ausgesetzt, die wenig oder gar keine Rücksicht auf seine jeweiligen Lernbedürfnisse nimmt. Kein Mensch spricht mit einem Kind so lange Einwortsätze, bis es alle kann, geht dann zu Zweiwortsätzen über und wartet dann so lange mit Dreiwortsätzen, bis alle Zweiwortsätze »sitzen«, etc. Wären Kinder auf eine solche lerngerechte Reihenfolge sprachlicher Erfahrungen angewiesen, hätte wahrscheinlich keiner von uns je sprechen gelernt.

Warum haben wir dann ohne einen den Stoff systematisch

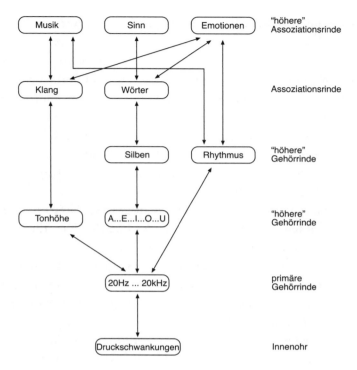

7.3 Stark schematisierte Darstellung der Entwicklung unserer Fähigkeit zu sprechen. Unser Innenohr wandelt Druckschwankungen in elektrische Impulse um und sendet sie an das Gehirn. Sprachsignale werden erst ganz einfach verarbeitet, d. h., Tonfrequenzen werden in der primären Gehörrinde, so heißt die erste Station der akustischen Verarbeitung im Cortex, abgebildet. Es entstehen dadurch in der primären Gehörrinde Nervenzellen, die für bestimmte Frequenzen (zwischen 20 und 20 000 Hz) zuständig sind. Diese wiederum geben ihre Aktivierungsmuster an die nächste Stufe der Verarbeitung weiter, wo Nervenzellen entstehen, die für Frequenzen zuständig sind, die oft zusammen auftreten. Solche Frequenzmuster sind z. B. die Laute A, E, I, O, U. Aus diesen wiederum werden auf der nächsten Stufe der Verarbeitung Silben zusammengesetzt, aus diesen Wörter (nächste Stufe) und aus diesen Sätze (nächste Stufe). Sätze wiederum bilden die Grundlage weiterer Verarbeitungsschritte, in denen es um Sinn und Bedeutung geht.[7] Parallel beschäftigt sich die Verarbeitung auch mit Tonhöhe, Rhythmus, Emotion und anderen Eigenschaften akustischer Signale.

aufbereitenden Lehrer trotzdem sprechen gelernt? Weil »im Leben« der Lehrer durch ein reifendes Gehirn ersetzt wird. Noch einmal: Das Problem beim Erlernen komplizierter Strukturen wie beispielsweise der Grammatik besteht darin, dass zunächst einfache Strukturen gelernt werden müssen, dann etwas komplexere und dann noch komplexere.[6] So lernt das Gehirn zunächst die Frequenzen des akustischen Inputs; es bildet Frequenzkarten aus, dann Karten von zeitlich wechselnden Frequenzmustern (Lauten), anschließend Zusammenfassungen von Lauten (Silben und Wörter), und dann werden Strukturen, die wiederum in diesen Mustern stecken, weiterverarbeitet und gelernt – auf jeweils höheren Ebenen (Modulen) der Verarbeitung, die nacheinander »zugeschaltet« werden.

Die Gehirnreifung während des Lernvorgangs behindert ihn also nicht, sondern ermöglicht ihn überhaupt erst in seiner ganzen Komplexität: Gerade *weil* das Gehirn reift und *gleichzeitig* verarbeitet, kann es in der *richtigen Reihenfolge* lernen. Dies wiederum gewährleistet, dass es überhaupt komplexe Zusammenhänge aufnehmen kann. Hätten Sie das Gehirn, das Sie jetzt haben, bereits bei Ihrer Geburt gehabt, hätten Sie wahrscheinlich nie sprechen gelernt!

Die folgende Abbildung verdeutlicht noch einmal die Entwicklung des Gehirns: Etwa 2,5 Millionen Input-Fasern (von den Sinnesorganen, der Körperoberfläche, dem Körperinneren) laufen in das Gehirn, und ca. 1,5 Millionen Fasern leiten dessen Output an die Effektor-Organe (Muskeln, Drüsen). Im Gehirn gelangt der Input zunächst zu einfachen cortikalen Modulen, die beim Säugling diese Signale direkt an einfache Areale auf der Output-Seite weitergeben. Im Laufe der Entwicklung reifen im Input- und im Output-Bereich jeweils Verbindungen zu höheren Arealen heran, die ein zunehmendes Maß an Komplexität aus dem Input extrahieren können bzw. komplexeren Output entwerfen können. In praktischer Hinsicht bedeutet dies: Der Säugling kann einfach nur reagieren. Wird er am linken Fuß gekniffen, zieht er den Fuß zurück oder/und schreit. Sein Verhalten ist reflexartig – im Hier und Jetzt, ohne Plan oder Ziel. Neuronen in »höheren« Arealen sind vorhanden; die Information zu diesen Arealen fließt jedoch noch zu langsam, so dass sie für die Funktion des Gehirns kaum eine Rolle spielt.

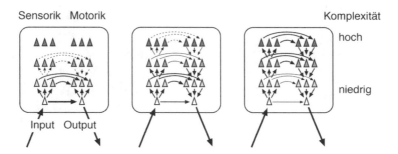

7.4 Schema zur Gehirnentwicklung vom Säugling **(links)** zum Erwachsenen **(rechts)**. Nur die Neuronen in »niedrigen«, »einfachen« Arealen sind beim Säugling bereits mit schnellen Fasern verbunden und damit »online«.[8]

Veranschaulichen wir dies an einem weiteren Beispiel: Wenn Kinder ein Eis sehen, möchten sie auch Eis essen. Diese Reaktion erfolgt reflexartig und ist auch durch rationale Gegenargumente nicht zu bremsen. Wenn ein Erwachsener ein Eis sieht, stellt er sich vor, wie süß und gut es schmeckt. Aber zugleich bewegen ihn auch (hochstufige, komplexe) Vorstellungen von seiner körperlichen Figur mit all ihren Begleitgedanken wie Gesundheit, Schönheit etc. Diese Vorstellung wiederum ist eng mit der Planung von richtigem Essverhalten verbunden, also mit der willentlichen Beschränkung auf bestimmte, dem Körper zuträgliche Nahrungsmittel. Diese Diätvorstellung wiederum kann die Handlung »ruhig bleiben und nicht essen« aktivieren und damit zugleich die Handlung »essen« unterdrücken. *Das kleine Kind kann dies nicht,* denn ihm fehlt die »Hardware«, um die Vorstellungen von körperlicher Figur und Diät bereits entwickelt zu haben. Daher kann es mittels solcher Gedanken auch sein Verhalten noch nicht steuern.

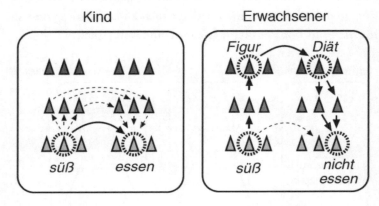

7.5 Unterschied der Reaktion auf Süßes bei Kindern und Erwachsenen. Das Kind reagiert reflexartig: Die Empfindung »süß« aktiviert ohne große Umwege die Aktion »essen«. Anders der Erwachsene: Der Input »süß« aktiviert nicht nur reflexartig die Aktion »essen«, sondern auch die Vorstellungen »körperliche Figur« und »Diät«, die ihrerseits für den Output »nicht essen« sorgen.[9]

Halten wir fest: Im Laufe der Gehirnentwicklung werden in zunehmend komplexen Gehirnmodulen Erfahrungen gespeichert, durch die Sinnesdaten analysiert und Verhalten gesteuert werden. Dieses Verhalten wird dadurch immer ziel- und planvoller, *selbstgesteuert* und ähnelt immer weniger einem bloßen Reflex.

Lernen durch Be-greifen

Die nachgeburtliche Ausbildung des Gehirns vollzieht sich also in zweierlei Hinsicht: Zum einen entwickeln sich schnelle Verbindungen zwischen seinen Modulen, und zum zweiten entstehen durch Lernprozesse in diesen Modulen Spuren zunehmender Komplexität. Beide *Bildungsprozesse* – dieses Wort passt hier gleich dreifach! – führen also, ganz allgemein gesprochen, zur Strukturierung des Gehirns. Wichtig ist hierbei, dass nach Ablauf von bestimmten sensiblen Perioden, Lernphasen oder Entwicklungsfenstern (es gibt hier viele Begriffe, die sehr Ähnliches meinen) in der Kindheit in vielerlei Hinsicht gar nicht mehr gelernt werden kann. Wir wissen, dass einmal entstandene Strukturen zu ihrer eigenen Verfestigung neigen, wie auch entstandene Trampelpfade benutzt werden, selbst wenn es kürzere Wege gibt.[10]

Die Bedeutung des *Be-greifens* der Welt beim Lernen wurde schon frühzeitig in der Pädagogik erkannt. Lernen solle *mit Herz, Hirn und Hand* vonstattengehen, meinte schon Johann Heinrich Pestalozzi (1746–1827). Bereits vor ihm, im Jahr 1747, wurde die erste *Real*schule gegründet, in der sich das Lernen an realen Dingen in der realen Welt vollziehen sollte. Warum ist die Realität so wichtig? Und warum das Be-greifen mit den Händen?

Wir Menschen sind nicht nur *Augentiere* (siehe Kapitel 5), sondern auch *Bewegungstiere:* Etwa ein Drittel unserer Gehirnrinde dient dem Sehen und ein zweites Drittel dem Planen und Ausführen von Bewegungen (für alles andere ist das restliche Drittel zuständig). Da die Verbindungen zwischen den Modulen des Gehirns in beide Richtungen gehen, können nicht nur einfache Sinnesareale komplexere Sinnesareale »belehren«, sondern auch einfache motorische Areale komplexere motorische Areale. Bei Kindern spielt für das Lernen insofern nicht nur die Sinnlichkeit ihrer Erfahrungen von Welt eine große Rolle, sondern auch der Umgang mit der Welt.

Betrachten wir hierzu ein einfaches Beispiel: Fingerspiele und Zahlen. In aller Welt bringen Erwachsene Kindern Fingerspiele bei, auch wenn sie verschiedentlich als altmodischer Kleinkram eingeschätzt werden – nach dem Motto: »Nun ja, das macht man schon seit Jahrhunderten. Es ist praktisch, wenn es regnet, denn die Kinder haben ihre Finger schließlich immer dabei, und kosten tun sie auch nichts. Wenn man also die Zeit irgendwie totschlagen muss, die Kinder beschäftigt werden müssen und sonst nichts und niemand da ist, dann werden eben Fingerspiele gemacht ... Das ist der Daumen, der schüttelt die Pflaumen – alles alte Zöpfe! Es wird Zeit, dass das 21. Jahrhundert in die Kindergärten Einzug hält und dieser Finger-Unsinn durch etwas Gescheites wie z. B. Laptop-Kindergärten ersetzt wird.«

Wir hatten bereits diskutiert, dass aus der Gehirnentwicklung unmittelbar folgt, dass frühe einfache Lernprozesse sich entscheidend auf spätere höhere geistige Leistungen auswirken: Wer auf der unteren Ebene keine klaren, scharfen und deutlichen Spuren angelegt hat, der kann auf höheren Ebenen nur schwer das abstrakte Denken lernen, denn der Input der höheren Ebenen kommt von den einfacheren Ebenen.

Es zeigt sich also, dass im Kindesalter erworbene, vom Lernen abhängige Unterschiede zwischen Menschen existieren, die bis ins Erwachsenenalter erhalten bleiben und die Leistungsfähigkeit der Erwachsenen bestimmen. So wissen wir beispielsweise längst, dass Sprachlaute (Phoneme), die man als Kind nicht gehört hat, später im Erwachsenenalter gar nicht unterschieden werden können. Was auf den unteren Ebenen keine Spuren hinterlassen konnte, weil die entsprechenden Muster nicht verarbeitet wurden, wird auf höheren Ebenen gar nicht mehr abgebildet.

Für das Sehen gilt Entsprechendes: Das »Training« mit den Gesichtern aus unserer Umgebung führt dazu, dass für uns alle Japaner ziemlich gleich aussehen. Und für die Japaner sehen wir Mitteleuropäer alle recht ähnlich aus, denn Lernprozesse in unserer Kindheit haben dafür gesorgt, dass wir ein großes Spezialistentum für die Gesichter, die wir oft gesehen haben, entwickelt haben. *Ganz andere Gesichter* speichern wir daher nur als »ganz anders« ab und gerade *nicht* in der *Genauigkeit,* die wir sonst für die Gesichter unserer Mitmenschen aufwenden.

Vor diesem Hintergrund der Entwicklungsneurobiologie sind neuere Studien zum *Embodiment,* also zur *Verkörperung* von Denkprozessen, von großer Bedeutung. Letztlich geht es darum, dass wir unseren Körper von Geburt an gleichsam mit uns herumtragen und uns mit ihm die Welt erobern. Entsprechend wichtig sind körperliche Erfahrungen wie beispielsweise das Empfinden von »warm« oder »kalt« (was später auch auf unsere Emotionen übertragen wird), »groß« oder »klein« bzw. »oben« oder »unten« (was ebenfalls später auf ganz andere Bereiche übertragen wird). Es geht hier um viel mehr als um die in der Frühpädagogik zuweilen erwähnte Bedeutung von »Primärerfahrungen«, die man selbst macht und nicht von anderen oder von Medien nahegebracht bekommt. Entscheidend ist vielmehr, dass der Körper beim Anlegen der Spuren auf einfachen Bereichen der Gehirnrinde unmittelbar beteiligt ist und dass jegliche »höheren« geistigen Leistungen in die entsprechenden Bereiche des Gehirns nur über die Spuren auf diesen einfachen Arealen überhaupt gelangen können. Zudem wissen wir, dass diese Spuren recht veränderungsresistent sind. Anders ausgedrückt: Was an Spuren einmal angelegt ist, ändert sich später kaum noch.[11]

Fingerspiele und Mathematik

Noch bevor Kinder über Zahlen nachdenken, verwenden sie ihre Finger zum Zählen. Das Zählen mit den Fingern war schon im alten Ägypten gebräuchlich. In praktisch allen Kulturen lernen Kinder das Zählen mit den Fingern: Sie sind immer vor Augen und verfügbar und können daher immer mit der Anzahl der zu zählenden Sachen in Verbindung gebracht werden. Diese Art des Zählens ist somit eine sensomotorische Tätigkeit, der man schon nachgeht, bevor das Zählen »im Kopf« (und ohne Finger) zu einer rein geistigen Tätigkeit wird.

In praktisch allen Kulturen lernen Kinder das Zählen mit den Fingern, und fast überall funktioniert das so, wie in der folgenden Abbildung dargestellt: Bis fünf kann man mit einer Hand zählen. Ab der Zahl sechs müssen beide Hände verwendet werden, bei deren Gebrauch man beide Gehirnhälften für Tastsinn und Motorik einsetzt. Es muss daher einen Austausch von Information zwischen den Gehirnhälften geben, und der braucht Zeit. Und weil die Nutzung das Gehirn verändert, und genau dadurch letztlich die allgemeinen Zahlen in unserem Gehirn gebildet werden, kann man davon auszugehen, dass die Zahlen sechs bis zehn in beiden Gehirnhälften angelegt sind, wohingegen für die Zahlen eins bis fünf eine Gehirnhälfte genügt.

7.6 Zählen mit den Fingern

Die Chinesen verfahren anders, wie die folgende Grafik verdeutlicht. Sie verwenden Kombinationen von Fingern sowie bestimmte Fingerstellungen und können auf diese Weise mit einer Hand bis zehn zählen. Erst ab der Elf brauchen sie die zweite Hand. Damit setzen sie auch erst ab der Elf beide Gehirnhälften ein. Nun könnte man meinen, dass dies für die abstrakte Verwendung von Zahlen beim Rechnen keine Bedeutung hat, insbesondere wenn man bedenkt, dass Erwachsene nicht die Finger verwenden, um im Zahlenraum von eins bis zwanzig einfache Rechenaufgaben zu lösen. Niemand braucht hierzu seine Finger!

Dass Zahlen in unserem Gehirn keineswegs nur in Gestalt unserer Finger repräsentiert sind, zeigt ein ganz einfaches Experiment. Schließen Sie bitte die Augen und stellen Sie sich die

7.7 Die Chinesen kommen beim Zählen mit den Fingern mit nur einer Hand bis zehn.

Zahlen von eins bis neun auf einer Linie vor. Wie sieht Ihr Vorstellungsbild aus? Die meisten Leute sagen, dass sie sich eine horizontale Linie vorstellen, mit der Eins links, gefolgt von der Zwei usw. bis zur Neun auf der rechten Seite. Wir stellen uns also einen Zahlenstrahl im Raum vor. Da wir uns die kleineren Zahlen eher auf der linken Seite vorstellen, die größeren eher auf der rechten und da die rechte Gehirnhälfte für die linke Seite und die linke Gehirnhälfte für die rechte Seite zuständig ist, lassen sich Hinweise für einen solchen Zahlenstrahl in unserem Kopf durch entsprechende Experimente finden.

In einer ganz einfachen Aufgabe sehen die Versuchspersonen zunächst eine Zahl (die Referenzzahl) und danach eine zweite Zahl, die entweder größer oder kleiner ist als die Referenzzahl. Sie sollen dann mit dem rechten oder linken Zeigefinger ihre Entscheidung anzeigen, ob die zweite Zahl größer oder kleiner ist als die erste. Es zeigt sich, dass Versuchspersonen im Durchschnitt mit der linken Hand rascher antworten, wenn die Zahl kleiner ist als die Referenzzahl, und mit der rechten Hand rascher antworten, wenn die Zahl größer ist als die Referenzzahl. Dabei ist das Ganze unabhängig von der jeweiligen konkreten Zahl: Es ist also nicht so, dass alle Zahlen kleiner als eine ganz bestimmte Zahl in der rechten Gehirnhälfte und alle größeren Zahlen in der linken Gehirnhälfte ihren Platz haben. Die gleiche

Zahl kann vielmehr links oder rechts repräsentiert sein – es hängt davon ab, welche Referenzzahl zuerst gezeigt wird (also wo genau auf dem Zahlenstrahl wir uns mental gerade befinden). Wir können uns im Kopf gleichsam am Zahlenstrahl entlanghangeln, so dass die Referenzzahl in der Mitte liegt und die größeren Zahlen auf der rechten Seite unseres Vorstellungsraums und damit eher in der linken Gehirnhälfte und die kleineren Zahlen auf der linken Seite des Zahlenstrahls und damit eher in der rechten Gehirnhälfte zu liegen kommen.[12] Der Effekt tritt selbst dann auf, wenn man den Probanden die Zahlen nicht als Zahlen, sondern als Zahlwörter zeigt. Er ergibt sich also nicht allein durch die Art, wie wir Zahlen (bzw. Text) lesen.

Man könnte nun meinen, dass es sich bei dem Ergebnis der Untersuchung um ganz einfache Auswirkungen der Tatsache handelt, dass für die linke Seite unseres Körpers die rechte Gehirnhälfte zuständig ist und umgekehrt. Dies ist jedoch nicht der Fall, weil der Effekt auch bei der Reaktion mit nur einer Hand auftritt, dass also »kleiner« eher links und »größer« eher rechts verarbeitet wird.[13] Der Zahlenstrahl hat damit eher etwas mit dem Raum um uns zu tun als mit unseren Fingern oder unserem Körper. Er ist eine andere, abstraktere innere Repräsentation von Zahl als die (zählenden) Finger. Und er entwickelt sich später, weil sich das Parietalhirn (der Ort des Zahlenstrahls in unserem Gehirn) sich deutlich später entwickelt als einfache sensorische und motorische Areale, die beim Zählen mit den Fingern eine Rolle spielen.[14]

Zahlen werden vom Gehirn also unterschiedlich verarbeitet: (1) als sensorisches und motorisches Ereignis, das eng mit den Fingern verknüpft ist, (2) als Ort auf dem Zahlenstrahl in unserem Parietalhirn und (3) als Wort in den Sprachzentren. Man könnte nun meinen, dass beim Hantieren mit Zahlen, je nachdem, worum es geht, eines dieser Gehirnmodule verwendet wird. Das ist im Prinzip auch so, jedoch stehen diese Module seit dem Erlernen der Zahlen in engem Kontakt, so dass die jeweils anderen ebenfalls aktiviert werden.

Auf der Basis dieses Grundgedankens wurde eine recht eigenartige Studie durchgeführt.[15] Deutsche und chinesische Versuchspersonen beiderlei Geschlechts im Alter von etwa Mitte zwanzig sollten am Computer eine einfache Zahlenvergleichsaufgabe durchführen. Dabei wurde die Zeit, die sie dafür brauchten, um anzugeben, welche von zwei Zahlen die größere ist, in Millisekunden erfasst. Die Chinesen und die Deutschen wurden vergleichend untersucht, weil in diesen Kulturkreisen das Zählen mit den Fingern unterschiedlich gelernt wird; die Deutschen benutzen ab der Sechs die Finger der zweiten Hand, die Chinesen hingegen erst ab der Elf. Der Transfer von Daten von einer Gehirnhälfte in die andere braucht Zeit, und der Grundgedanke der Studie war es, diese Zeit bei Erwachsenen zu messen.

7.8 Welche Zahl ist größer? Unter einem Bildschirm befinden sich zwei Tasten, und die Studienteilnehmer sollen die Taste auf der Seite der größeren Zahl drücken, die entweder links oder rechts stehen kann. Es werden nur Zahlenpaare mit einem Abstand von zwei verwendet, von »1 3« bzw. »3 1« bis »18 20« bzw. »20 18«. Jede Versuchsperson führt 432 solcher Aufgaben aus, und bei jeder einzelnen wird die benötigte Zeit in Millisekunden gemessen.

Drei Dinge waren hinsichtlich der Ergebnisse schon vorher bekannt:

(1) Zahlenvergleichsaufgaben sind umso schwerer (und man braucht umso länger), je größer die Zahlen sind. Wir sind also beim Vergleich »2 4« tatsächlich schneller als bei »12 14«.

(2) Die Zahlenvergleichsaufgabe ist dann besonders leicht (und die Reaktionszeiten kürzer), wenn auf der einen Seite des Vergleichs eine einstellige und auf der anderen Seite eine zweistellige Zahl steht: »Was ist größer: X oder XX?« kann man für alle X > 0, ohne zu zählen und ohne über die Zahl nachzudenken (d. h., ohne sie zu erkennen und einzuordnen) entscheiden (hellgraue Flächen in der folgenden Grafik).

(3) Chinesen verbringen nahezu die gesamte Grundschulzeit damit, die mehreren tausend Zeichen ihrer Schrift zu erlernen. Sie trainieren damit das Zeichendekodieren wesentlich mehr als ein deutscher Schüler, der nach etwa einem Jahr die mit Umlauten knapp dreißig Zeichen unseres Alphabets gespeichert hat und sich anderen Dingen widmet als dem Zeichendekodieren. So verwundert es nicht, dass Chinesen beim Zeichendekodieren grundsätzlich schneller sind als die Deutschen, dass sie also auch Zahlen schneller erkennen als wir.

Diese drei Effekte sieht man deutlich, wenn man die tatsächlich ermittelten Ergebnisse der Studie betrachtet. Die Reaktionszeiten werden bei größeren Zahlen länger, die Vergleiche »8 10« und »9 11« sind (bei Deutschen und Chinesen) auffallend schneller, und die Chinesen sind insgesamt schneller als die Deutschen. Deutsche Versuchspersonen werden zudem beim Zahlenvergleich ab der Sechs langsamer, d. h., sobald eine über fünf hinausgehende Zahl verarbeitet werden muss. Chinesische Versuchspersonen zeigen eine entsprechende Verlangsamung hingegen erst beim Vergleich »10 12«, wenn die andere Hand ins Spiel kommt.

Die Ergebnisse zeigen damit eine Art Schatten des kindlichen Fingerzählens auf das Rechnen im Erwachsenenalter. Die Ver-

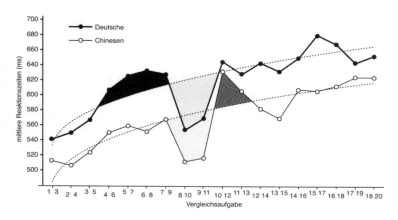

7.9 Mittlere Reaktionszeiten auf die Zahlenvergleichsaufgaben bei deutschen und chinesischen Versuchspersonen sowie Anpassung einer einfachen Kurve zur Verdeutlichung des Größeneffekts **(gestrichelte Kurven)**. Deutsche weichen ab der Sechs signifikant von dieser Kurve ab; sie werden langsamer **(schwarze Fläche)**, Chinesen hingegen erst nach der Zehn **(dunkelgraue Fläche)**.

suchspersonen habe die Vergleichsaufgabe natürlich nicht mit ihren Fingern gelöst, aber die Reaktionszeiten zeigen an, dass die Gehirnbildung im Kindergarten keineswegs folgenlos für die Funktion im weiteren Leben ist. Seit etwa hundert Jahren weiß man, dass die Finger und die Mathematik ganz eng in unserem Kopf miteinander verknüpft sind: Sie haben bei jeder mathematischen Operation sozusagen immer ihre Finger mit im Spiel.[16] Denn die abstrakten Zahlen, Größen usw. mussten ja irgendwann mit den Fingern erfasst werden und gelangten so ins Gehirn. Und genau deswegen hat die hohe geistige Leistung der Mathematik ganz viel mit unserem »verräumlichten« Körper und ganz besonders viel mit unseren Fingern zu tun.

Anders ausgedrückt: Wie gut wir mit unseren Fingern umgehen können und vor allem während unserer Kindheit Gelegenheit hatten, damit umzugehen, ist bedeutsam für die Fähigkeit, mit Zahlen zu hantieren. Studien belegen, dass diejenigen Kinder im Kindergarten, die ihre Finger besser handhaben können, später besser in Mathematik sind, dass also das Training der Finger die mathematischen Fähigkeiten verbessert.[17] Wenn Sie also wirklich wollen, dass aus möglichst vielen Kindern, die sich derzeit im Kindergartenalter befinden, später Fachkräfte für Mathematik und Informationstechnik werden, was sollten Sie dann im Kindergarten favorisieren: Laptops oder Fingerspiele? Die Antwort der Wissenschaft ist klar: Fingerspiele!

Die Welt be-greifen

Um den Einfluss des Hantierens mit Objekten auf das Gehirn zu untersuchen, muss man das Erlernen von Objekten forschend begleiten. Nun kennt aber schon jeder einen Hammer oder eine Schere, und man kann gesunden jungen Probanden in dieser Hinsicht nichts mehr beibringen. Daher kam mein Kollege Markus Kiefer auf die Idee, sich 64 neue, nicht existierende Objekte (Nobjects) auszudenken, sie dreidimensional mittels Computergrafik zu zeichnen und ihnen jeweils einen Namen zu geben. Dadurch wurde es möglich, die Rolle des hantierenden Umgangs mit Dingen beim Lernen von neuen Objekten und Objektbegriffen zu untersuchen.

Bei *Einzelheiten* war schon lange klar, dass gleichzeitiges kör-

7.10 Beispiele für zu erlernende Nobjects[18]

perliches Handeln beim Lernen hilft. »Stein auf Stein, das Häuschen wird bald fertig sein« lernt sich besser, wenn man dabei die Fäuste wiederholt übereinandersetzt. »Die Kurbel drehen« wird besser gelernt, wenn man mit der rechten Hand eine entsprechende (pantomimische) Kurbeldrehbewegung macht.[19] Kurz: Handlungen sind Teil einzelner konkreter Erinnerungen – man spricht auch vom *episodischen Gedächtnis*.

Um herauszufinden, ob auch unser *begriffliches Wissen* (was ein Hammer ist, dass man in Häusern wohnen kann, dass eine Tasse ein Küchenutensil und jedes Küchenutensil ein unbelebter Gegenstand ist etc.) mit Handlungen aufs engste verknüpft ist, mussten 28 Ulmer Studenten begriffliches Wissen zu 64 Nobjects erwerben: Bild, Name, Kategorienzugehörigkeit, Umrissform und Detailmerkmal. Damit sie das aufwendige Lernprogramm (sechzehn Sitzungen von jeweils etwa neunzig Minuten Dauer) überhaupt mitmachten, mussten wir jedem zweihundert Euro bezahlen.

Um den Einfluss der Art des Lernens (*be-greifen* oder nur *hindeuten*) auf das spätere Wissen zu untersuchen, wurden die Studenten in zwei Gruppen eingeteilt: In der einen Gruppe musste der Lernende zusätzlich zum Betrachten von Bild und Name eine zum Nobject passende Handlung (stecken, greifen, schneiden, hineinlegen) lernen und pantomimisch ausführen. In der zweiten Gruppe hingegen wurden Bild und Name gezeigt, wobei das relevante Detail, auf das der Proband mit dem

7.11 Lernen durch Handeln mit dem Nobject[20]

Zeigefinger deuten sollte, durch einen Kreis hervorgehoben wurde.

Sieht man von vier Probanden ab, die auf der Strecke blieben und nicht durchhielten, wurde in beiden Gruppen zunächst einmal gleich gut gelernt: Nach Abschluss des Trainings beherrschten die Probanden alle 64 Nobjects, konnten sie richtig benennen und korrekt den übergeordneten Kategorien zuordnen. Um den Lernfortschritt zu messen, hatten die Probanden schon während der Trainingssitzungen Aufgaben zu bewältigen, die darin bestanden, die Nobjects oder deren Kategorienzugehörigkeit zu benennen. Hierzu sahen die Probanden nacheinander zwei Nobjects und sollten dann durch Tastendruck angeben, ob diese zur gleichen Kategorie gehören oder nicht. Ab der fünften Trainingssitzung – die Nobjects und deren Namen waren zu diesem Zeitpunkt schon halbwegs gut bekannt – wurde eine Variante der Aufgabe eingesetzt, bei der nur deren Namen – ebenfalls hintereinander – gezeigt wurden. Wieder sollten die Probanden angeben, ob die benannten Nobjects zur gleichen oder zu verschiedenen Kategorien gehörten. In beiden Aufgaben zeigte sich, dass die Probanden der Handlungsgruppe die Objekte signifikant schneller kategorisieren konnten.

Wenn die Bilder der Nobjects gezeigt werden, braucht man nur nachsehen, welche Merkmale sie haben. Hat man dann die Kategorienzugehörigkeit der einzelnen Nobjects (anhand der Merkmale) gelernt, dann kann man auch sagen, ob die beiden zu der gleichen Kategorie gehören oder nicht. Werden jedoch *nur die Namen* der Nobjects gezeigt, muss man bei der Erledigung der Aufgabe recht heftig nachdenken (siehe nachfolgende Grafik, rechts): anhand des Namens sich an das Nobject zu erinnern, sich dieses bildhaft vorzustellen, die Vorstellung mit dem geistigen Auge zu betrachten und das Nobject zu kategorisieren; dann das Ganze noch einmal mit dem zweiten Nobject und dann die beiden Kategorien vergleichen. Gerade diese aktiven geistigen Leistungen werden durch das Training in ganz unter-

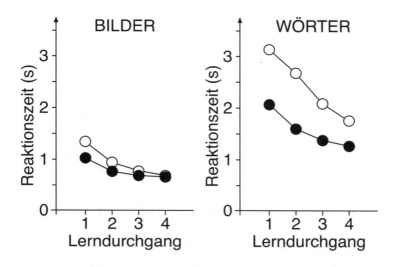

7.12 Lernfortschritt bei der Kategorisierungsaufgabe. Dargestellt sind die mittleren Reaktionszeiten der Probanden, getrennt nach den Lerngruppen – Handeln **(schwarze Kreise)** versus Zeigen **(weiße Kreise)** – jeweils bei den ersten vier Durchgängen der Aufgaben.[21]

schiedlichem Maß ermöglicht, wie die Reaktionszeiten zeigen. Wer beim Lernen der Nobjects handelnd mit ihnen umgeht, kann mit ihnen ganz offensichtlich mental schneller umgehen als derjenige, der beim Lernen nur auf das relevante Detail zeigt.

Mit anderen Worten: Wie gut das Denken mit gelernten Inhalten funktioniert, ist abhängig davon, wie diese Inhalte gelernt wurden! Dieses Ergebnis wurde noch dadurch untermauert, dass während der Aufgabe ein 64-Kanal-EEG abgeleitet und die Daten ereigniskorreliert ausgewertet wurden. Hierbei zeigten sich nur in der Handlungsgruppe frühe Aktivierungen frontaler motorischer Bereiche des Gehirns.

Daraus lässt sich ableiten, dass nur beim Lernen durch Hantieren, nicht aber beim bloßen Zeigen, die Handlungsaktivierungsmuster im Gehirn Teil der gelernten begrifflichen Struktur geworden sind. Anders ausgedrückt: Die Art, wie etwas gelernt wird, bestimmt die Art, wie das Gelernte im Gehirn gespeichert ist. Damit ist auch klar: Wer sich die Welt nur durch Mausklick erschließt, wie von manchen Medienpädagogen befürwortet[22], wird deutlich schlechter – nämlich deutlich langsamer – über sie nachdenken können. Denn ein Mausklick ist nichts weiter als ein Akt des Zeigens und gerade kein Akt des handelnden Umgangs mit einer Sache.

Wer also gerade erst dabei ist, sich die Welt anzueignen, der sollte sich unbedingt der realen Welt zuwenden. Wenn ich Sachverhalte am Computer lerne, werden sie in meinem Gehirn schwächer repräsentiert als bei handelndem Umgang. Wir wissen, dass mentale Geschwindigkeit sehr eng mit Intelligenz gekoppelt ist. Mentale Schnelligkeit deutet auf einen hohen Intelligenzquotienten. Man kann sogar Reaktionszeit-Unterschiede in IQ-Punkte umrechnen. Würde man dies mit den hier vorgestellten Daten tun, so ergäbe sich ein sehr großer Unterschied (in der Größenordnung: Einstein versus Idiot – ich übertreibe nicht!). Somit führt die digitale Welterschließung nachweislich zu einer deutlichen Beeinträchtigung der Gehirnbildung, und was dies für den geistigen Abstieg bedeutet, wurde bereits dargelegt.

Bleistift oder Tastatur?

Lesen und Schreiben sind zentrale Kulturtechniken, die in unserer schriftsprachlichen Zivilisation während der Kindheit erlernt werden.[23] Die sichere Beherrschung der Schriftsprache trägt wesentlich zum schulischen und späteren beruflichen Erfolg bei. Deshalb ist eine optimale Unterweisung in Lesen und Schreiben im Kindergarten und in der Schule für jeden Einzelnen, aber auch für die gesamte Gesellschaft von großer Bedeutung.

Ein gut geführter Unterricht im Lesen und Schreiben, der auf den neurobiologischen Prinzipien des Lernens, Lesens und Schreibens beruht, könnte sogar der Lese-und-Rechtschreibschwäche, die Veränderungen von Arealen im Gehirn, die für die Sprachverarbeitung zuständig sind, als Ursache hat[24], entgegenwirken – und die oft schwerwiegenden Konsequenzen für die individuelle Bildungsbiographie verhindern. Davon sind wir jedoch weit entfernt. Das pädagogische Chaos in Deutschland, das sich unter anderem in der völligen Beliebigkeit der Schulausgangsschrift äußert, führt mitunter dazu, dass ein Schüler die erste Klasse wiederholen muss, wenn seine Eltern zwei Kilometer von Berlin nach Brandenburg umziehen.[25] Es wird also Zeit, dass wir mit dem föderalen Herumstümpern aufhören und wirkliches Wissen beim Lernen von Lesen und Schreiben zum Einsatz bringen. Dieses werden wir auch benötigen, wenn wir entscheiden sollen, ob Kinder das Schreiben wie bisher mit Kreide und Tafel bzw. Bleistift und Papier lernen sollen oder ob man das auch an der Tastatur eines Computers lernen kann.

Aufgrund der zunehmenden Verbreitung von digitalen Schreibmedien ist es kaum verwunderlich, dass Kinder den Erstkontakt mit der Schriftsprache immer häufiger auf diesem Weg erhalten und weniger durch Lesen in Büchern und eigenhändiges Schreiben auf Papier.[26] Es gibt erste Hinweise aus wissenschaftlichen Studien, dass die zunehmende Digitalisierung des Schreibens, die bereits im Kindesalter ihren Anfang nimmt, negative Folgen für die Lesefähigkeit von Kindern und Erwachsenen hat. So führt das Erlernen von Buchstaben durch Tippen auf einer Tastatur im Vergleich zu einem Schreibtraining mit Stift zu schlechteren Leistungen beim Erkennen der Buchstaben. Wenn Kinder lateinische Buchstaben[27] oder Erwachsene unbekannte Fantasiebuchstaben[28] im Schreibtraining lernen, können sie diese besser von gespiegelten Buchstaben unterscheiden als nach einem Tipptraining mit Tastatur.

Neurowissenschaftliche Untersuchungen mit funktioneller

Magnetresonanz-Tomographie (fMRT) zeigen darüber hinaus, dass das Erkennen von Buchstaben, die durch Schreiben mit einem Stift gelernt wurden, zu einer verstärkten Aktivität in motorischen Hirnregionen führt.[29] Bei Buchstaben, die mittels Tastatureingabe gelernt wurden, war dies nicht der Fall. Daraus lässt sich schließen, dass nur das Formen von Buchstaben mit einem Stift motorische Gedächtnisspuren anlegt, die bei der Wahrnehmung von Buchstaben aktiviert werden und das Erkennen des Buchstabens in seinem visuellen Erscheinungsbild erleichtern. Diese für das Lesen förderliche zusätzliche motorische Gedächtnisspur wird bei der Eingabe über die Tastatur nicht angelegt, da die Tippbewegungen in keiner Beziehung zur Buchstabenform stehen.

Es verhält sich mit Buchstaben also ganz ähnlich wie mit Objekten: Durch manuelles Schreiben werden sie besser gelernt! Denken ist, wie eingangs beschrieben, auch immer verkörpert, was durch Studien zur Begriffsverarbeitung vielfach bestätigt wird.[30] Dies gibt Anlass zur Vermutung, dass Buchstaben-Lernen durch Schreiben mit einem Stift dem Lernen durch Tippen oder Klicken auf einem digitalen Schreibgerät überlegen ist. Allerdings liegen hierzu bislang nur Indizien vor, definitiv beweisende Studien müssen noch gemacht werden und befinden sich in unseren Labors derzeit in Planung. So wurde bislang nur die förderliche Wirkung des Schreibtrainings auf das Erkennen von Buchstaben, nicht jedoch auf das Verstehen von Wörtern oder ganzen Texten untersucht.[31] Diese komplexeren Leseleistungen sind aber insbesondere für die schulische oder berufliche Laufbahn von besonderer Bedeutung. Außerdem wurde in der Vergangenheit das Schreibtraining bis auf wenige Ausnahmen nur bei Erwachsenen untersucht. Für die eigentlich interessierende Zielgruppe der Kinder, die einerseits schneller lernen, andererseits mit ihrem Lernen sehr grundlegende Bereiche des Gehirns nachhaltig und nahezu unwiederbringlich beeinflussen, liegen nur wenige Daten vor.

Angesichts der rasant fortschreitenden Digitalisierung unserer Gesellschaft ist die systematische Erforschung der vermutlich förderlichen Wirkung des Schreibtrainings mit Stift und Papier auf den Schriftspracherwerb im Vergleich zum Training mit digitalen Schreibmedien von großer Bedeutung. *Bevor wir Laptops in Kindergarten und Grundschule einführen, sollten wir wissen, was wir unseren Kindern damit antun!* Es besteht die Gefahr, dass durch den massiven Einzug digitaler Medien in Kindergärten und Schulen die Lesekompetenz der Kinder nicht optimal gefördert wird. Eine mögliche Beeinträchtigung der Lesefähigkeit durch digitales Schreibtraining könnte bis ins Jugend- und Erwachsenenalter die schulische und berufliche Qualifikation einer ganzen Generation gefährden.

Fazit

Das Gehirn eines Erwachsenen unterscheidet sich grundlegend von dem in der Entwicklung begriffenen Kindergehirn. Diese simple Tatsache wird von praktisch allen »Experten«, die sich zum Thema digitale Medien im Bildungsbereich äußern, übergangen.

Kinder lernen deutlich schneller als Erwachsene. Sie müssen dies tun, denn sie wissen noch nichts und sollen sich die Welt rasch aneignen. Zugleich müssen sie auch genau sein. Beides geht nur, wenn anfangs schnell und später langsamer gelernt wird. Deswegen lernen Erwachsene deutlich langsamer als Kinder, und folgerichtig gelten für das Lernen bei Kindern nicht die gleichen Überlegungen wie bei Erwachsenen. Insofern sind Bildungsinvestitionen im Kindergarten mit Abstand am besten aufgehoben.

Ein Drittel unseres Gehirns ist dafür zuständig, dass wir unseren Körper bewegen, d. h., dass wir in der Welt *handeln,* also aktiv in sie eingreifen und sie nicht nur passiv zur Kenntnis nehmen. Schon der Ausdruck *Be-greifen* zeigt die Bedeutung der Hand beim Lernen auf. Die Finger eignen sich nicht zuletzt deswegen so gut zum Zählen, weil sie sehr »gelenkig« sind: Im Gegensatz zu anderen Primaten, die auf den Händen laufen oder mit ihnen klettern, wurden die Hände des Menschen durch den aufrechten Gang frei für eine neue Rolle als Feinwerkzeug. Dies setzt ein intensives Training der Feinmotorik in der Kindheit voraus. Daher sind Fingerspiele, bei denen eine kleine Handlung so vorgeführt wird, dass die Finger die Rolle von Personen, Tieren oder Dingen übernehmen, so wichtig. Durch sie werden nach Art des Theaters Bewegungen mit Handlungen verknüpft, mit Beschreibungen und Vorführungen. Zum leichteren Merken erfolgt die sprachliche Begleitung der Bewegungen oft in Form von Kinderreimen oder Kinderliedern.

Die Hand spielt nicht nur beim Erlernen *konkreter einzelner Dinge* eine wichtige Rolle (wenn Sie es nicht glauben, dann beschreiben Sie bitte kurz eine Wendeltreppe!), sondern auch beim Erlernen allgemeinen Wissens (semantisches Gedächtnis; vergleiche die Studie mit den Nobjects) und sogar abstrakter Begriffe wie der Zahlen. Wer möchte, dass aus seinen Kindern Mathematiker oder Spezialisten für Informationstechnik werden, der sorge für Fingerspiele statt für Laptops in den Kindergärten. Und wer die Schriftsprache ernst nimmt, der sollte eher für Bleistifte als für Tastaturen plädieren.

8. Digitale Spiele: schlechte Noten

Spielkonsolen gehören zu den beliebtesten Geschenken für die lieben Kleinen. Es geht um einen Milliardenmarkt, auf dem sich Weltfirmen wie Sony, Nintendo oder Microsoft regelrecht Gefechte um Kunden liefern. Diese Geräte sollen das Lernen der Kinder fördern, ist ein oft gehörtes Argument. Fragt man dann genauer nach, ob die Kinder denn tatsächlich lernen und was genau von ihnen gelernt würde, erhält man zumeist ausweichende oder gar keine Antworten. Was mit Kindern tatsächlich geschieht, wenn sie dann tatsächlich spielen, wie sie sich entwickeln und ob diese Entwicklung langfristig vorteilhaft ist – Fragen wie diese stellen wenige Eltern vor dem Kauf eines solchen Geräts.

Es hat sich zwar herumgesprochen, dass allzu viel virtuell ausgeübte makabre Gewalt ungünstige Auswirkungen hat[1], andererseits wird allseits behauptet, das Drücken irgendwelcher Knöpfe auf kleinen Kästchen könne doch nun wirklich nicht schaden; wer dabei nicht mitmache, der werde zum Außenseiter, verliere Sozialkontakte, insbesondere zu Gleichaltrigen und Freunden. Interessanterweise scheint gerade das soziale Argument für sehr viele Eltern leitend zu sein. Meine Schwester beispielsweise erzieht ihre Kinder sehr gewissenhaft und ist alles andere als ein Fan digitaler Medien, aber sie hatte keine Einwände, als ihr elfjähriger Sohn einen iPod touch zu Weihnachten geschenkt bekam. Weil es sich bei diesem Gerät um eine als Musikspieler verkleidete Spielkonsole handelt, gehe ich davon aus, dass die in diesem Kapitel angesprochene Problematik der Spielkonsolen auch auf Produkte zutrifft, die anders vermarktet werden, jedoch ähnliche Funktionen haben. Im Übrigen teilt meine Schwester mittlerweile meine Bedenken.

Viele Spiele gibt es als PC- und als Konsolenversion. Dies allein zeigt schon, dass die Grenzen hier fließend sind und dass man Erkenntnisse zu einem dieser Medien auf das jeweils andere übertragen kann. Da es Computer schon länger gibt als Spielkonsolen, liegen auch zu Computerspielen mehr Erkenntnisse vor als zu Konsolenspielen.

Computerspiele und Schulleistungen

Schon seit längerer Zeit wird ein Zusammenhang zwischen Computerspielen und schlechteren Schulleistungen angenommen. Wie schon erwähnt, ist es zum Nachweis der Auswirkungen einer Maßnahme notwendig, bestimmte Regeln des wissenschaftlichen Vorgehens einzuhalten. Hält man sich an diese Regeln nicht, kann man keine wirklichen, stichhaltigen Aussagen machen. Wer wissen will, ob ein Medikament wirkt, ob Mengenlehre in der ersten Klasse zu besseren Mathematikkenntnissen führt oder ob sich Spielkonsolen negativ auf die Schulleistungen auswirken, der muss *kontrollierte, randomisierte* Studien durchführen.[2]

Seit längerem wird vermutet, dass *Videospiele,* die an Spielkonsolen gespielt werden, zu schlechteren Schulleistungen führen, insbesondere wenn das Schulkind eine eigene Spielkonsole hat.[3] Auch für junge Menschen hat der Tag nur 24 Stunden; es ist also naheliegend, dass die Zeit, die mit Videospielen verbracht wird, nicht mehr für die Hausaufgaben und Lehrstoffvertiefung zur Verfügung stehen kann. Auch hierzu liegen entsprechende Studien vor.[4] Kinder, die Videospiele spielen, verbringen im Vergleich zu Kindern, die dies nicht tun, 30 Prozent weniger Zeit mit Lesen und 34 Prozent weniger Zeit mit der Erledigung ihrer Hausaufgaben.[5]

Diese Studien sind in der Summe zwar wichtig, haben jedoch alle den Nachteil, dass nur statistische Zusammenhänge untersucht wurden. Diese können nichts über Ursache und Wirkung aussagen. So ist es aufgrund dieser Studien zwar plausibel, dass Videospiele zu schlechten Schulleistungen führen; es könnte jedoch auch so sein, dass Schüler mit schlechten Schulleistungen zur Spielkonsole greifen, um sich abzulenken oder die Schule (und ihr Versagen) ganz einfach zu vergessen. Zusammengefasst lautet also das Argument: Nicht die Videospiele machen die schlechten Schulleistungen, sondern die schlechten Schulleistungen führen zum Videospielen. Es ginge um einen Effekt der Auswahl (wer schlechte Noten hat, spielt) und nicht um den Effekt des Trainings (wer spielt, bekommt schlechte Noten).

Lernen mit *World of Warcraft?*

Dass Kinder bei jeglichem Spielen lernen, ist längst keine Frage mehr, sondern eindeutig nachgewiesen. Die Frage ist also nicht, *ob* die kindliche Entwicklung durch Computerspiele beeinflusst wird, sondern *wie* sie beeinflusst wird: positiv oder negativ.[6] Manche Autoren sehen in Videospielen nicht ein Problem für das Lernen, sondern eine Lösung für das Problem des Lernens. So schlägt Constance Steinkuehler vom Zentrum für Erziehungswissenschaft der University of Wisconsin-Madison vor, das Problem der Leseschwierigkeiten vieler Jungen in den unteren Schulklassen dadurch zu lösen, dass man sie das Videospiel *World of Warcraft* spielen lässt.[7] Mit mehr als elf Millionen Spielern (Stand: August 2011) ist *World of Warcaft* das weltweit verbreitetste Mehrspieler-Online-Rollenspiel. Wer es spielt, muss einen Monatsbeitrag von 11 bis 13 Euro entrichten; der Hersteller, die Firma *Blizzard Entertainment,* macht einen Umsatz von jährlich über einer Milliarde Dollar.

In diesem Spiel geht es darum, dass man Teil einer Gruppe ist, die sich mit anderen Gruppen in einer Phantasiewelt im Krieg befindet. Es gehört zum Spiel, dass man sich mit seinen Mitstreitern (nicht mit den Feinden) austauschen kann. Hierzu stehen u. a. vorgefertigte Chat-Kanäle zur Verfügung, in denen man zum Beispiel allgemeine Fragen stellen, Handel treiben oder die Verteidigung gegenüber Angreifern organisieren kann. Der Handel (mit Fundsachen oder Waffen) findet übrigens nicht nur im Spiel, sondern auch im realen Leben mit realem Geld statt, was die Grenzen zwischen virtueller und wirklicher Welt zunehmend verwischt. Der bereits erwähnte Sohn meiner Schwester wollte sich übrigens schon von seinem Taschengeld virtuelle Utensilien kaufen, mit denen er in einem Spiel (auf seinem iPod) erfolgreicher ist.

Mädchen verbringen übrigens insgesamt deutlich weniger Zeit mit Videospielen als Jungen[8]; sie neigen weniger dazu, Gewaltspiele zu spielen, und vernachlässigen nur etwa halb so oft wie Jungen ihre Hausaufgaben wegen der Spiele.[9] Die Jungen sind also die Problemgruppe; ihre intellektuellen Fähigkeiten sind durch Video- und Computerspiele massiv gefährdet. Dass diese Gefahr auch hierzulande sehr real ist, zeigen die Untersuchungen des Kriminologen Christian Pfeiffer, der schon von der »verlorenen Generation der jungen Männer« spricht.[10]

Da gerade Jungen kriegerische Computergames spielen und sie zugleich auch häufig mit Leseschwierigkeiten zu kämpfen haben, schlägt Steinkuehler vor, leseschwachen Jungen mit *World of Warcraft* das Lesen nahezubringen. »Die Behauptung, dass die literarische Welt der Popkultur von *World of Warcraft* einen eigenständigen intellektuellen Wert besitzen und einen mächtigen Weg darstellen könnte, junge Männer an Literatur heranzuführen, mag dem Geschmack vieler Erzieher und Forscher widersprechen. Aber wir sollten Diskussionen über den guten Geschmack nicht mit Diskussionen über Brauchbarkeit verwechseln.«[11] Sie wirft den eher traditionell orientierten Pädagogen vor, sie würden »ihre Buchkultur« von vornherein höher bewerten als die Kultur des genannten Kriegsspiels, und dies sei unzulässig. Sollen wir also Goethe und Schiller, Shakespeare und Hemingway durch virtuelle Kriegsspiele ersetzen, wie es die amerikanische Erziehungswissenschaftlerin vorschlägt?

Ich möchte hierzu nichts weiter sagen, außer vielleicht, dass ich zu den eher konservativen Menschen gehöre, die nicht daran glauben, dass alles, was neu ist, auch allein deswegen schon besser ist als das alte. Interessant sind in diesem Zusammenhang Erläuterungen zu den Kommunikationsmöglichkeiten im erwähnten Kriegsspiel in Wikipedia: »Es stehen allgemeine Befehle zur Verfügung, mit denen man etwas zu allen in der Nähe stehenden Spielern sagen oder aber im gesamten Gebiet schreien kann. [...] Direkte Kommunikation mit Spielern der gegnerischen Fraktion ist nicht möglich. Direkt Geschriebenes wird vom Spiel in unverständliches Kauderwelsch übersetzt...« Man kann also vorgefertigte Floskeln mehr oder weniger weit in die virtuelle Welt hinausschleudern und definitiv nichts schreiben. Wenn man es versucht, wird es unverständlich gemacht. So also will eine Pädagogin den Jungen das Schreiben und Lesen beibringen?

Man kann sich übrigens das im Spiel mögliche wortreiche geschriebene Geschimpfe auch durch digitale Filter vom Leibe halten, sich das Lesen also gezielt ersparen. In neueren Versionen des Spiels hat man die Möglichkeit, sich per Mikrophon und Lautsprecher mit anderen Spielern direkt zu unterhalten, braucht also gar nicht mehr zu lesen und zu schreiben! Warum der Erfurter Medienpädagoge Martin Geisler die Auszeichnung des Ego-Shooter-Spiels *Crysis 2* mit dem Deutschen Computerspielpreis 2012 ausdrücklich befürwortet, vermag ich nicht nachzuvollziehen.[12]

Sollen wir etwa den Deutschunterricht durch *World of Warcraft* und *Crysis 2* ersetzen? Die Enquete-Kommission des Deutschen Bundestags scheint dies zu befürworten, denn eine ihrer Empfehlungen lautet, Kinder an Videospiele heranzuführen. Auch die Freiwillige Selbstkontrolle (FSK) der Medienwirtschaft scheint sich dieser Sicht anzuschließen, denn das Kriegsspiel *World of Warcraft* ist trotz seines sehr hohen Suchtpotenzials ab einem Alter von zwölf Jahren freigegeben, *Crysis 2* immerhin erst ab 18 Jahren.

Schlechte Noten verschenken

Um die Frage zu beantworten, ob Computerspiele nun die Schulleistungen männlicher Schüler verschlechtern oder ob sie nicht schaden und die Schüler nur zur Spielkonsole greifen, um sich abzulenken (Selektionseffekt), muss man Untersuchungen im Längsschnitt durchführen, und diese sind sehr arbeitsaufwendig. Aber sie wurden glücklicherweise dennoch gemacht.

Mittels einer Zeitungsannonce wandte man sich an die Eltern männlicher Grundschüler der Klassen 1 bis 3 im Alter von sechs bis neun Jahren. Falls deren Jungen noch keine Spielkonsole besaßen, sich die Eltern aber mit dem Gedanken trugen, ihnen eine zu schenken, wurden sie gebeten, sich zu melden. Man sagte den Eltern, dass ihr Junge für die Teilnahme an einer Studie zur kindlichen Entwicklung eine Sony Playstation II (mitsamt drei für Kinder dieses Alters zugelassenen Spielen) *geschenkt* bekommen würde.

Um Effekte bereits vorhandener Verhaltensauffälligkeiten oder Schulprobleme auszuschließen, wurden alle Schüler vor ihrer Teilnahme daraufhin untersucht. Das Experiment startete zu Beginn des neuen Schuljahrs im Herbst. Weiterhin wurden Intelligenz, Schulleistungen und Sozialverhalten getestet, und die Kinder wurden anschließend nach dem Zufallsprinzip in zwei Gruppen eingeteilt: Die einen bekamen ihre Playstation sofort, die anderen hingegen mussten vier Monate warten.

Zu diesem Zeitpunkt, vier Monate nach Beginn des Schuljahrs, wurden alle Kinder nochmals untersucht. Wie schon bei der Eingangsuntersuchung mussten auch jetzt die Eltern und die beteiligten Lehrer Fragebögen zum Verhalten der Kinder in der Schule und zu Hause ausfüllen. Alle Jungen, die eine Konsole erhalten hatten, spielten vier Monate später noch damit (etwa vierzig Minuten täglich), und die meisten (90 Prozent) hatten zusätzliche Spiele erworben; mehr als die Hälfte hatte mindestens ein zusätzliches Spiel auf der Konsole, das für ihr Alter noch nicht vorgesehen war. Von den Jungen der Kontrollgruppe hatte keiner eine Konsole anderweitig erworben, und sie verbrachten durchschnittlich weniger als zehn Minuten täglich mit Videospielen, z. B. bei Freunden.

Bei der mit Hausaufgaben verbrachten Zeit war es umgekehrt: Diese lag in der Kontrollgruppe bei knapp 32 Minuten, in der Playstation-Gruppe dagegen bei nur etwa 18 Minuten und

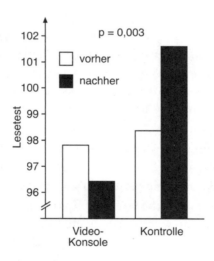

8.1 Leistungen der Schüler im Lesetest, jeweils zu Beginn der Studie **(weiße Säulen)** und nach vier Monaten **(schwarze Säulen)**. Zu erwarten ist eine Zunahme, da während des Schuljahrs das Lesen ja in allen Klassenstufen geübt wird. Dies war in der Kontrollgruppe (die Kinder erhielten die Konsole erst zum Ende der Studie) auch der Fall; in der Gruppe der Kinder, die ihre Spielkonsole gleich zu Beginn der Studie erhalten hatten, kam es jedoch nicht zu einer Steigerung der Leistungen im Lesen.[13]

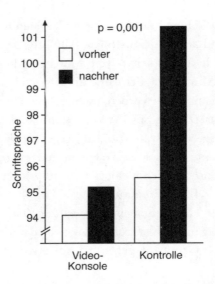

8.2 Leistungen der Schüler in einem Test zur Schriftsprache, jeweils zu Beginn der Studie (**weiße Säulen**) und nach vier Monaten (**schwarze Säulen**). Die zu erwartende Zunahme durch das Üben während des Schuljahrs in allen Klassenstufen war in der Kontrollgruppe (die Kinder erhielten die Konsole erst zum Ende der Studie) klar erkennbar, in der Gruppe der Kinder mit Spielkonsole hingegen nur ganz gering.[14]

war damit signifikant geringer. Das geringere Interesse an der Schule wirkte sich auf die Leistungen im Lesen und Schreiben aus: Die Kinder mit Playstation waren in beiden Bereichen signifikant schlechter (siehe Grafik 8.1 und 8.2).

In Anbetracht dieser Befunde wundert es nicht, dass die befragten Lehrer bei den Kindern mit Spielkonsole über signifikant mehr *Schulprobleme* berichteten; weiteren Analysen zufolge waren es in erster Linie Lernprobleme. Keine negativen Auswirkungen (aber auch keine positiven!) zeigte das Geschenk einer Spielkonsole auf die schulischen Leistungen in Mathematik. Warum? Die einfachste Erklärung ist wohl, dass Schüler der Grundschule sich in ihrer Freizeit ohnehin praktisch nicht mit Mathematik beschäftigen. Daher kann die mit dem Spielen ver-

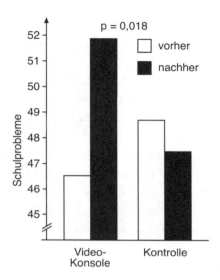

8.3 Schulprobleme in beiden Gruppen, jeweils zu Beginn der Studie (weiße Säulen) und nach vier Monaten (schwarze Säulen) – erfragt bei den zuständigen Lehrern mittels standardisierter Instrumente. Die Zunahme in der Gruppe der Kinder, die ihre Spielkonsole gleich zu Beginn der Studie erhalten hatten, war signifikant.[15]

brachte Zeit auch nicht für die Beschäftigung mit Mathematik in der Freizeit verloren sein (siehe Grafik 8.3).

Beim Lesen ist das anders. Gelegentlich lesen Kinder durchaus in der Freizeit. Und Lesen lernt man eben nur durch Lesen. Wird die dafür zur Verfügung stehende Zeit durch Videospiele eingeschränkt, dann ergeben sich zwangsläufig schlechtere Leistungen. Beim Lesen gibt es also etwas zu verdrängen, bei der Mathematik nicht.

Das Erstaunliche an der Studie ist, dass trotz ihrer kurzen Dauer von nur vier Monaten und trotz der Tatsache, dass in der Kontrollgruppe durchaus auch Videospiele gespielt wurden (nur nicht so oft), klare negative Auswirkungen einer geschenkten Spielkonsole auf die Schulleistungen nachgewiesen werden konnten. Eine sogenannte Pfadanalyse konnte zudem zeigen, dass die Effekte durch die Dauer des täglichen Videospiels vermittelt und damit dosisabhängig waren. Anders ausgedrückt: Viel schadet viel.

Die Ergebnisse der Studie lassen natürlich die Frage aufkommen, ob man solche Studien überhaupt durchführen darf: Darf man Kindern eine Playstation schenken, um herauszufinden, wie sehr diese ihnen schadet? Ich denke, man darf, und zwar dann, wenn niemandem zusätzlicher Schaden zugefügt wird. Die Eltern wollten ihrem Kind ohnehin eine Playstation schenken und wurden nach der Studie über deren Gefahren aufgeklärt. Diese waren vorher zwar vermutet, jedoch ganz offensichtlich in ihrem Ausmaß unterschätzt worden. Hätten die Eltern sonst mit dem Gedanken gespielt, ihrem Kind eine Playstation zu schenken? Da die Erkenntnisse aus der Studie potenziell sehr vielen Kindern zugutekommen und weil sie wichtig sind für die Beurteilung einer Aktivität, die von Millionen von Kindern in der westlichen Welt täglich stundenlang ausgeübt wird, liegt das Verhältnis von Nutzen und Risiko dieser Studie in einem vergleichsweise sehr günstigen Bereich.

Im Hinblick auf die Bedeutung der Ergebnisse für die weitere schulische Entwicklung der Kinder muss hervorgehoben werden, dass die Stärke des Effekts bei der Schriftsprache am größten war, also in Hinblick auf den Erwerb einer Fähigkeit, die man als die Kulturtechnik schlechthin bezeichnen könnte. Wer mit der Schriftsprache Probleme hat, bekommt sie in anderen Fächern später auch[16], deshalb sind die Auswirkungen einer Spielkonsole besonders tückisch. Es ist wie mit dem Baby-Fernsehen oder dem Laptop im Kindergarten: Oberflächlich betrachtet, scheint das den Kindern Spaß zu machen und sie zu »stimulieren«. Bei genauer Betrachtung zeigt sich jedoch, dass die Kinder mit diesen Medien eines genau *nicht* tun können: lernen und – im wahrsten Sinnen des Wortes – sich bilden.

Sozialkontakte und Bindung
zu Eltern und Freunden

Viele Eltern (und mit ihnen unser Kulturstaatsminister in seiner Laudatio auf das Ballerspiel *Crysis 2*) halten Computerspiele für einen Teil der Jugendkultur und stellen ihren Kindern daher aus Angst vor sozialer Ausgrenzung die entsprechende Hard- und Software zur Verfügung. Es ist schon eigenartig: Zu Weihnachten, dem Fest der Liebe, verschenken Millionen von Eltern Killerspiele, um die sozialen Fähigkeiten ihrer Kinder zu fördern und der möglichen Vereinsamung entgegenzuwirken. Das Mindeste zum Weihnachtsfest ist heute für einen männlichen Grundschüler eine Spielkonsole oder ein iPod touch. »Weil er sonst die Kontakte zu Gleichaltrigen und Freunden verliert und ein Außenseiter werden könnte«, wird dies landauf, landab von den Eltern, die das eigentlich nicht wollen, frustriert kommentiert. Ist das wirklich so?

Eindeutig und definitiv: Nein!, lautet die Antwort einer Studie, die genau dieser Frage nachging: In welcher Weise verändert die zunehmende Nutzung von Bildschirmmedien die Qualität der Beziehungen zu Familie und Freunden?[17] Schon lange wurde anhand von vorliegenden Daten vermutet, dass Bildschirmmedien die Entfremdung zwischen Eltern und Kindern vorantreiben sowie soziale Fähigkeiten und Beziehungen beeinträchtigen. Anhand der vorliegenden Daten aus zwei sehr großen Studien zum Langzeitverlauf der Persönlichkeitsentwicklung konnte weitere Klarheit geschaffen werden. Bei der einen Studie, die bereits in Kapitel 6 erwähnt wurde, steht eine neuseeländische Kohorte von 976 Personen im Zentrum, die im Alter von fünfzehn Jahren unter anderem zu ihren Gewohnheiten der Bildschirmmedien-Nutzung befragt worden waren.[18] Es zeigte sich, dass für jede Stunde mehr Bildschirmmedien-Nutzung das Risiko einer geringen Elternbindung um 13 Prozent und das

Risiko einer geringen Bindung an Gleichaltrige und Freunde sogar um 24 Prozent *anstieg*.

Aufgrund des Alters der Daten (die Schüler waren in den Jahren 1987/88 fünfzehn Jahre alt) erlaubt diese Studie nur die Beurteilung des Effekts des Fernsehens. Andere Bildschirmmedien existierten damals praktisch noch nicht. Daher ist die zweite Studie von großer Bedeutung, die im Jahr 2004 durchgeführt wurde und 3043 neuseeländische Schüler im Alter von vierzehn bis fünfzehn Jahren einbezog, die ebenfalls nach ihren Gewohnheiten der Bildschirmmedien-Nutzung befragt wurden. Auch hier zeigte sich der Zusammenhang zwischen Bildschirmmedien-Nutzung und geringer Bindung zu den Eltern. Im direkten Vergleich zwischen Fernsehen und Konsole hatte die Konsole dabei einen um 20 Prozent größeren negativen Effekt auf die Elternbindung.

Weitere Analysen zeigten, dass Konsolenspiele auch die Beziehung zu Gleichaltrigen und Freunden beeinträchtigen. Ein Vergleich der beiden Studien aus demselben Land zeigt zudem die deutliche Zunahme des Bildschirmmedien-Konsums – von täglich drei auf sechs Stunden – bei gleichzeitiger deutlicher Abnahme der Bindung zu den Eltern und Freunden von Werten von 29,5 (Eltern) bzw. 28 (Freunde) auf Werte von 23 (Eltern) bzw. 22,9 (Freunde).

Diesen Daten zufolge sind Befürchtungen, der Verzicht auf die Nutzung von Bildschirmmedien könne die sozialen Bindungen von Kindern und Jugendlichen beeinträchtigen, vollkommen unbegründet. Vielmehr ist das Gegenteil der Fall und auch durch weitere experimentelle Studien gut belegt: Bildschirmmedien schaden dem Einfühlungsvermögen und den sozialen Fähigkeiten und Fertigkeiten. Bereits bei der Diskussion der Auswirkungen von Facebook hatten wir schon gesehen, dass gerade die jungen Nutzer (im Alter von acht bis zwölf Jahren) in ihren sozialen Bezügen und Emotionen durch das digitale Medium leiden.

Und im Hinblick auf die Empathie verdient die folgende experimentelle Studie von den amerikanischen Psychologen Brad Bushman und Craig Anderson zu den Auswirkungen von medialer Gewalt auf das Verhalten der Menschen besondere Erwähnung. Die Arbeit ist mit *Comfortably numb* (gemütlich dumpf) überschrieben.

An einem Laborexperiment nahmen insgesamt 320 Personen teil, bei denen es sich um die üblichen College-Studenten handelte, je 160 Männer und Frauen, die einzeln der folgenden Prozedur unterzogen wurden: Zunächst wurde ihnen gesagt, dass es sich um ein Experiment handelt, bei dem herausgefunden werden soll, welche Spiele besonders gerne gespielt werden. Per Zufallsauswahl wurden die Studenten entweder einem gewalttätigen Videospiel (*Carmageddon, Duke Nukem, Mortal Kombat* oder *Future Cop*) oder einem nicht gewalttätigen Videospiel (*Glider Pro, 3D Pinball, Austin Powers* oder *Tetra Madness*) zugeordnet; der Versuchsleiter stellte dann einen Wecker auf zwanzig Minuten, übergab der Versuchsperson einen längeren Fragebogen und sagte: »Wenn der Wecker klingelt, füllen Sie bitte diesen Fragebogen aus. Ich habe für eine andere Studie ein paar Fragen einzugeben, aber ich verspreche Ihnen, dass ich in etwa vierzig Minuten zurück bin. Bitte verlassen Sie den Raum nicht, bevor ich zurückkehre, denn ich muss Ihnen noch ein paar Fragen zum Videospiel stellen, bevor Sie gehen können. Alles klar?«[19]

Der Versuchsleiter verließ daraufhin den Raum. Nachdem die Versuchsperson zwanzig Minuten gespielt hatte, klingelte der Wecker, und das Spiel sollte nun in Hinblick auf verschiedene Eigenschaften wie Action, Spaß, Langeweile und Gewalt eingeschätzt werden. Weiterhin enthielt der Fragebogen zweihundert langweilige Fragen zur Persönlichkeit, die nur dazu da waren, die Versuchsperson zu beschäftigen.

Drei Minuten nach Beendigung des Videospiels startete der Versuchsleiter dann außen vor der Tür des Versuchsraums ein Tonband, auf dem eine sechsminütige, von Schauspielern gespielte tätliche Auseinandersetzung zu hören war. Zwei Versionen wurden vorgespielt: Männliche Versuchsteilnehmer vernahmen zwei sich streitende Männer, weibliche zwei sich streitende Frauen. Der Streit eskalierte vernehmbar, es war ein krachender Stuhl zu hören sowie Schmerzäußerungen und Stöhnen:

»›Es ist mein Knöchel, du Bastard ...‹
›Ach, zu dumm aber auch.‹
›Ich kann nicht aufstehen.‹
›Ich hab kein Mitleid.‹
›Du könntest mir wenigstens helfen, mich aufzurichten!‹
›Ich glaub, du spinnst wohl! Dir helfen? Ich bin dann mal weg.‹
– sprach's, verließ den Raum und knallte die Tür zu.«[20]

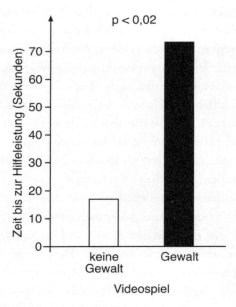

8.4 Wie viel Zeit (in Sekunden) brauchen Probanden, um jemandem in Not zu helfen, wenn sie gerade zwanzig Minuten lang ein gewaltfreies Computerspiel (**weiße Säule**) oder ein Gewalt-Computerspiel (**schwarze Säule**) gespielt hatten?[21]

Mit dem Schlagen der Tür startete der Versuchsleiter seine Stoppuhr, um zu messen, wie lange die Person im angrenzenden Raum (die an ihrem Fragebogen saß) brauchte, um der einzelnen im Raum verbliebenen Person zu Hilfe zu eilen, die noch immer vernehmbar vor Schmerzen stöhnte.

Es zeigte sich hierbei nicht nur, dass die Probanden, die gerade (bis drei Minuten vorher) das Gewalt-Computerspiel gespielt hatten, etwa fünfmal länger brauchten als die Probanden, die gerade ein gewaltfreies Spiel gespielt hatten. Vielmehr bemerkten manche Spieler von Gewaltspielen den Kampf überhaupt nicht. Und wenn sie ihn bemerkten, dann empfanden sie ihn vergleichsweise als weniger schwerwiegend. Kurzum: Wer gerade digitale Gewaltszenen erlebt hatte, der war gegenüber der real wahrgenommenen Gewalt abgestumpft.

In einer Feldstudie, also in der realen Welt außerhalb des Labors, überprüften die Autoren diese Ergebnisse noch einmal in einem anderen Zusammenhang: In einem Kinoausgang fielen einer jungen Frau mit Gipsbein die Krücken aus der Hand; vergeblich versuchte sie, auf dem Boden liegend, wieder ihre Krücken zu ergreifen. Das Ganze war von einer Schauspielerin gespielt und wurde unbemerkt von einem Wissenschaftler beobachtet. Gemessen wurde die Zeit, die Passanten (nach dem Kinobesuch) brauchten, um der offensichtlich hilflosen Frau wieder zu ihren Krücken zu verhelfen.

Bei insgesamt 162 Passanten zeigte sich in diesem Feldversuch, dass die Zeitspanne bis zur erfolgten Hilfeleistung vom zuvor gesehenen Film abhing: Nach ausgiebigen Gewaltszenen (*The Ruins,* 2008) dauerte es deutlich länger als nach einem gewaltfreien Film (*Nim's Island,* 2008). Man könnte nun meinen, dass gewaltbereite Menschen eben eher einen Gewaltfilm ansehen und daher der Effekt nicht auf den Film, sondern auf den Charakter der jeweiligen Person zurückzuführen sein könnte. Um dies zu untersuchen, wurde das Ganze auch jeweils am Kino*eingang* und *vor* dem Film durchgeführt. Hier zeigte sich kein Unterschied im Verhalten der (späteren) Zuschauer. Mit anderen Worten: *Der Gewaltfilm hatte den Effekt, dass die Zuschauer danach gegenüber hilflosen Mitmenschen weniger hilfsbereit waren.*

Man könnte nun fragen, warum die Kinobesucher deutlich schneller waren als die Versuchspersonen im Labor, aber die generell andere Situation (man läuft vorbei und sieht die Not) der Feldstudie im Vergleich zum Laborexperiment (man sitzt und macht eine langweilige Arbeit und vernimmt etwas im Nebenraum) lässt in Hinblick auf die Zeit keinen Vergleich zu.

Gemütlich dumpf auch in der Talkshow

Zuweilen verschlägt es mich in Fernseh-Talkshows. Das ist insofern etwas Besonderes, weil ich ja bekanntermaßen keinen eigenen Fernseher habe und von diesem Medium auch nicht sehr viel halte: Man hatte sich vor Jahrzehnten einmal Bildung für alle davon versprochen, wovon die Tatsache zeugt, dass es noch immer das öffentlich-rechtliche Fernsehen mit Bildungsauftrag gibt. Was heute aus dieser Idee geworden ist, kann jeder jeden Tag selbst beurteilen.

Das Thema einer dieser Talkshows war »Gewalt in den Medien«, und es ging um Computerspiele und darum, was wir tun könnten oder sollten, um gegen deren seit Jahrzehnten nachgewiesene Auswirkungen – mehr reale Gewalt[22] – anzugehen.

»Nichts«, lautete wie immer die Antwort der anwesenden Spieler und Eventmanager, denn das Ganze sei doch nur harmloser Zeitvertreib. »Schärfere Waffengesetze«, meinten andere, der Vertreter eines Schützenvereins aber war dagegen. Wie immer ging es in der Diskussion drunter und drüber, aber eine Beobachtung ist mir noch in guter Erinnerung: Während der Sendung wurden zwei kurze »Einspieler« gezeigt, also aufgezeichnetes Material, um zu demonstrieren, was man bei einem Spiel am Computer oder der Konsole sieht bzw. erlebt: das sehr realistisch dargestellte sinnlose Abmurksen von irgendwelchen Gegnern. Nach diesen Einspielern saßen alle Teilnehmer erschrocken, sprachlos und betroffen da, mit zwei Ausnahmen: die beiden anwesenden erfahrenen Spieler. Der eine befand sich wegen seiner Spielsucht schon in Behandlung, der andere war noch gut im Geschäft. Sie fanden das alles ganz normal, nicht weiter schlimm und schon gar nicht aufregend oder gar abstoßend. Sogar auf Nachfrage des Moderators: Nein, warum sollte einen das irgendwie beeinträchtigen? Da sei doch nichts weiter, das lasse einen doch völlig kalt, sagte der junge Spielsüchtige. Die Leute hätten harmlosen Spaß, würden sich treffen und dadurch soziale Fertigkeiten lernen, und er verbinde das Ganze sogar mit Jugendarbeit, meinte der Eventmanager.

Im Grunde genommen zeigte sich damit *während der Sendung,* was seit Jahrzehnten gut erforscht ist und worum es in diesem Kapitel auch geht: Abstumpfung der sehr menschlichen Fähigkeit der Einfühlung in einen Mitmenschen; der wissenschaftliche Fachausdruck hierfür heißt *Desensibilisierung.* Es handelt sich um eine Form von unbewusst ablaufendem Lernen, das sogar im Tierversuch gut nachgewiesen ist und beim Menschen sowohl Gedanken, Gefühle als auch Verhaltensweisen betrifft. Schon vor vierzig Jahren wurde gezeigt, dass Menschen, die immer wieder Gewaltfilme anschauen, weniger stark auf einzelne Gewaltszenen in Filmen reagieren.[23] Zudem erlaubt das Verhalten Schlussfolgerungen vom Film auf die Realität.[24] Die Forschung bezog sich zunächst auf Film und Fernsehen: Zeigte man Jugendlichen ein Gewaltvideo oder ein Video ohne Gewalt und brachte sie danach in eine Situation, in der sie einem Kampf zusehen mussten, in dem zwei Kindern körperliche Gewalt angetan wurde, griffen diejenigen, die zuvor einen Gewaltfilm gesehen hatten, deutlich später ein, reagierten also unempfindlicher auf reale Gewalt.

Was für *passiven* Film- und Fernsehkonsum gilt, gilt auch für das *aktive* Spielen von Gewaltspielen am PC oder an der Konsole.[25] In einer Studie mit 150 Grundschulkindern im Alter von zehn Jahren wurde ein klarer Zusammenhang zwischen digitalen Gewaltspielen und der Abstumpfung gegenüber realer Gewalt nachgewiesen. Auch eine japanische Untersuchung an 307 Schülern der fünften und sechsten Klasse ermittelte eine Verminderung der grundlegenden menschlichen Fähigkeit zu Mitgefühl und Empathie nach dem Konsum von Gewaltvideospielen.[26] Nicht nur bei Kindern, sondern auch bei Jugendlichen ist der Effekt nachweisbar, wie eine Untersuchung an 229 Fünfzehn- bis Neunzehnjährigen zeigte.[27] Die Abstumpfung lässt sich sogar durch die Messungen körperlicher Funktionen wie Pulsfrequenz und Schweißausscheidung nachweisen: Spielt man zwanzig Minuten lang ein gewalttätiges Videospiel, kommt es zu einer Verminderung von Puls und Schwitzen beim Betrachten von Videoszenen, die reale Gewalt zeigen.[28]

Unser auf Freiheit, Gleichheit und sozialer Gerechtigkeit beruhendes Wertesystem setzt die allgemeine Fähigkeit zur Mitmenschlichkeit voraus; nur so kann unsere Gesellschaft funktionieren. Die hier beschriebenen Studien belegen die unangenehme Einsicht, dass das aktive oder passive Konsumieren von fiktiver Gewalt zu einer messbaren Abstumpfung gegenüber realer Gewalt führt. Und dies wiederum hat eine geringere Bereitschaft zur Hilfeleistung zur Folge. Mediale Gewalt unterminiert die Grundfesten unseres gesellschaftlichen Zusammenlebens. »Was kann gut daran sein, dass Menschen so etwas überhaupt tun?«, fragte Gisela Mayer, Mutter einer in Winnenden sinnlos erschossenen jungen Lehrerin, mehrmals während der Talkshow. »Ist das wirklich die Geschmackssache eines jeden Einzelnen?«

Fazit

Die Freiheit des Einzelnen (und damit auch die seines guten Geschmacks) hört bekanntermaßen dort auf, wo die Freiheit anderer beeinträchtigt oder andere gar geschädigt werden. Daher muss man die Frage der Mutter sehr ernst nehmen, deren Tochter völlig sinnlos bei der Ausübung ihres Berufs erschossen wurde. Als der Amokläufer hereinkam und um sich schoss, diskutierte man in der Klasse übrigens gerade mein Buch *Vorsicht Bildschirm,* also die Auswirkungen medialer Gewalt in der wirklichen Welt.

Gewiss schaffen die Hersteller von Gewaltvideospielen Arbeitsplätze und bringen Steuereinnahmen. Aber wollen wir das wirklich? Und sollten wir wirklich dafür Kulturpreise vergeben? Manche mögen ja auch Kinderpornographie oder harte Drogen, aber dennoch sagt die soziale Gemeinschaft hier: »Stopp, das geht zu weit!« Gewalt, für die man Punkte bekommt, je grauenhafter man sie ausübt, halten wir dagegen für förderungswürdig. Und die parteiübergreifende Kommission des Bundestags gibt die Empfehlung, Kinder an diese Kulturform schon möglichst früh heranzuführen.

Dem muss man entgegenhalten: Es ist nicht egal, was Kinder und Jugendliche den ganze Tag tun, denn dies hinterlässt Spuren in ihren Gehirnen. Bei Computerspielen sind dies zunehmende Gewaltbereitschaft, Abstumpfung gegenüber realer Gewalt, soziale Vereinsamung (!) und eine geringere Chance auf Bildung.

Wenn Sie also wirklich wollen, dass Ihr Kind in der Schule schlechtere Leistungen erbringt und sich künftig weniger um Sie als auch um seine Freunde kümmert – *aber nur wenn Sie das wirklich wollen* –, dann schenken Sie ihm doch eine Spielkonsole! Sie leisten damit zugleich einen Beitrag zu mehr Gewalt in der realen Welt.

9. Digital Natives: Mythos und Realität

Den Begriff *Digital Native* kann man nicht übersetzen, denn er stimmt schon im Englischen nicht wirklich; auch deswegen wird er sehr kontrovers diskutiert.[1] Was sollte man also unter einem »digitalen Eingeborenen« verstehen?

Der Terminus wurde von dem amerikanischen Pädagogen und Publizisten Marc Prensky eingeführt, der ihn vor gut zehn Jahren in zwei Aufsätzen zusammen mit dem Begriff des *digitalen Immigranten* verwendete.[2] Er bezeichnet die Generation der Menschen, die nach 1980 geboren wurden und daher mit Computer und Internet als selbstverständlichen Bestandteilen der Umgebung (wie früher Wasser und Strom, später dann das Fernsehen) aufwuchsen. Im Jahr 2010 war diese Generation zwischen zwanzig und dreißig Jahren alt. Man spricht daher auch von den *Jahrtausendern*[3] oder – in Anlehnung an die *Generation X* der zwischen 1965 und 1980 geborenen Menschen – auch von der *Generation Y* (geboren nach 1980). Wieder andere sprechen von der *Net Generation*[4], aber alle sind sich darin einig, dass es einen Bruch gibt zwischen den Älteren und dieser neuen Generation und dass dies unser aller Leben verändern wird.

Es wird behauptet, dass unsere Bildungseinrichtungen sich ändern müssen, um nicht völlig zu veralten und überflüssig zu werden. »Die Universitäten verlieren ihre Bedeutung für die höhere Bildung, weil das Internet unaufhaltsam die dominierende Infrastruktur des Wissens wird. [...] Die Transformation der Universität ist daher eine dringende Notwendigkeit [...]«, betonen Don Tapscott und Anthony Williams in ihrer Übersicht *Die Universität des 21. Jahrhunderts neu erfinden: Es wird höchste Zeit.*[5] Interessant ist, dass diese Forderungen meist mit einem Appell für mehr marktwirtschaftliche Orientierung der Universitäten und mit dem Hinweis auf mehr gemeinschaftliches bzw. schülerzentriertes Lernen (statt dem vermeintlich bis heute überall praktizierten bloßen Belehren) verknüpft ist. Was ist dran an diesen Behauptungen?

Das Leben digitaler Eingeborener

Der Begriff *Digital Native* leitet sich von der Bezeichnung *Native Speaker* (Muttersprachler) ab und benennt die Tatsache, dass man die Muttersprache anders gelernt hat und auch anders beherrscht als eine Fremdsprache. Man denkt und träumt in der Muttersprache und hat die mit ihr einhergehende Weltsicht ohne jede Kritik übernommen; man ist selbst Teil der entsprechenden Kultur und – auch das gehört dazu – wird den entsprechenden Akzent (beim Sprechen und sinngemäß beim Denken) nie mehr los. Weil jeder Mensch in einer Sprachgemeinschaft aufwächst, hat jeder eine Muttersprache. Digital Native meint entsprechend: Der digitale Eingeborene hat seine Heimat in der digitalen Welt der modernen Informationstechnik. »Die Existenz einer Umgebung mit überall zugänglichen digitalen und internetbezogenen Technologien führt, kombiniert mit einem aktiven Engagement bei diesen neuen Technologien, zu einem scharfen Bruch zwischen den Generationen«, beschreibt der Wissenschaftler Chris Jones die dem Begriff Digital Native zugrundeliegende Idee.[6]

Um sich ein Bild davon zu machen, was das praktisch heißt, sei eine Übersicht mit dem Titel *Understanding the Digital Natives* aus dem Jahr 2008 zitiert, wo sich die folgenden Fakten finden:

Der typische 21-Jährige hat im Durchschnitt

- 250 000 E-Mails oder Kurznachrichten (SMS) gesendet bzw. empfangen,

- 10 000 Stunden mit seinem Handy verbracht,
- 5000 Stunden Video Games gespielt und
- 3500 Stunden in sozialen Netzwerken (z. B. Facebook) verbracht.[7]

Der typische digitale Ureinwohner ist entweder dauernd oder zumindest meistens online; er steht permanent mit Freunden und Verwandten per E-Mail, Kurznachrichten sowie über soziale Netzwerke in Verbindung, hört mehrere Stunden täglich Musik und tut all dies auch dann, wenn er z. B. abends vor dem Fernseher sitzt oder ein Videospiel spielt. Er wird vom Handy geweckt, überprüft noch vor dem Aufstehen eingegangene Nachrichten, bleibt den ganzen Tag online, versendet gegen 23 Uhr die letzte SMS und wird von Musik vom iPod oder Handy in den Schlaf gesäuselt.

Was bedeutet diese Lebensweise längerfristig für die Menschen? Ist die digitale Revolution, wie sie auch zuweilen genannt wird, ein Segen oder ein Fluch? Unter Berücksichtigung der Gehirnforschung und insbesondere der Erkenntnisse zur Neuroplastizität und zur Entwicklung des Gehirns, wie sie in den vorhergehenden Kapiteln dargestellt wurden, kann man mit Sicherheit Folgendes sagen: Eines kann das Leben als Digital Native definitiv nicht haben: *keine Auswirkungen*.

Die goldene Zukunft des Internets

Am 29.2.2012 publizierte das in der amerikanischen Hauptstadt Washington ansässige Internet-Forschungszentrum *Pew-ResearchCenter* eine Studie mit dem Titel *Die Zukunft des Internets*. Hierzu wurden zwischen dem 28. August und dem 31. Oktober 2011 insgesamt 1021 Internetexperten online befragt. Sie sollten sich für eine von zwei Aussagen zum Internet und dessen Folgen auf die geistigen Fähigkeiten der nächsten Generation entscheiden und ihre Entscheidung begründen. Etwa 55 Prozent der Befragten hielten das folgende optimistische Votum für zutreffend:

»Im Jahr 2020 werden die Gehirne von Multitasking betreibenden Teenagern und jungen Erwachsenen anders ›verdrahtet‹ sein als die Gehirne der Menschen über 35 Jahren, und dies wird insgesamt positive Auswirkungen haben. Sie leiden nicht unter kognitiven Einbußen, während sie rasch mehrere persönliche und berufliche Aufgaben zugleich erledigen. Im Gegenteil, sie lernen mehr und sind eher dazu in der Lage, Antworten auf tiefgreifende Fragen zu finden, zum Teil deswegen, weil sie effektiver suchen und die kollektiv im Internet vorhandenen Informationen besser anzapfen können. In der Summe führen die Veränderungen des Lernverhaltens und Denkens bei den jungen Leuten ganz allgemein zu positiven Auswirkungen.«[8]

Knapp die Hälfte der befragten Experten (42 Prozent) sahen dies ganz anders und hielten das folgende negative Votum für zutreffend:

»Im Jahr 2020 werden die Gehirne von Multitasking betreibenden Teenagern und jungen Erwachsenen anders ›verdrahtet‹ sein als die Gehirne der Menschen über 35 Jahren, und dies wird insgesamt böse und traurige Auswirkungen haben. Sie können sich nichts merken, verbringen die meiste Energie damit, kurze soziale Nachrichten auszutauschen, mit Unterhaltung und mit Ablenkung von einer wirklich tiefen Beschäftigung mit Menschen und Erkenntnissen. Die Fähigkeit zum grundlegenden Nachdenken haben sie nicht, die zur wirklichen Gemeinschaft von Angesicht zu Angesicht auch nicht. Sie hängen vielmehr in einer sehr ungesunden Weise vom Internet und mobilen Endgeräten ab, um überhaupt zu funktionieren. In der Summe führen die Veränderungen des Verhaltens und Denkens bei den jungen Leuten ganz allgemein zu negativen Auswirkungen.[9]«

Die Autoren der Studie geben zu bedenken, dass viele der 55 Prozent Optimisten angaben, dass diese Sicht der Dinge mehr ihre *Hoffnung* als ihre Auffassung der tatsächlichen Verhältnisse ausdrückt, so dass das wirkliche Ergebnis eher einer 50:50-Verteilung zwischen Optimisten und Pessimisten entspricht. Somit sind die Experten alles andere als einig darüber, welche Auswirkungen die digitale Welt langfristig haben wird.

Einige sprechen davon, dass es »Supertaskers« geben wird, die mehrere Aufgaben auf einmal mit Leichtigkeit bearbeiten können, dass aus Gedächtnisinhalten Hyperlinks werden, die durch Stichwörter und URLs getriggert werden.[10] Ein Futurologe meint, ähnlich wie die bereits oben angeführten Autoren, man müsse das Bildungssystem ändern und endlich »[...] erkennen, dass alle möglichen Ablenkungen mittlerweile eben die Norm sind. Lehrer sollten daher das Management multipler Informationsströme weitergeben.«[11]

Veränderungen von Aufmerksamkeit und Denken werden von den Optimisten generell positiv gesehen. So schreibt Danah Boyd, Expertin für Teenager bei Microsoft: »Die Techniken und Mechanismen von Schnellfeuer-Aufmerksamkeitswechsel [rapid-fire attention shifting] werden sehr nützlich sein.«[12], und William Schrader, Gründer einer Internetfirma ergänzt: »Basierend auf der Fähigkeit, ihre Aufmerksamkeitsstörung (ADHD) als Werkzeug zu benutzen, wird sich die Jugend des Jahres 2020 kognitiver Fähigkeiten erfreuen, die weit jenseits dessen liegen werden, was wir uns heute vorstellen können.«[13]

Susan Price, Chefin der Internetfirma Firecat Studio, hält etwaigen Skeptikern entgegen: »Diejenigen, die den vermeintlichen Niedergang des grundlegenden Nachdenkens, des wirklichen Interesses und der sozialen Fertigkeiten im wirklichen Umgang miteinander sowie die Abhängigkeit von der Technik beklagen, sehen einfach nicht die Notwendigkeit, dass wir unsere Prozesse und Verhaltensweisen ändern müssen, um uns der neuen Realität anzupassen.«[14]

Die bereits erwähnte Microsoft-Forscherin Danah Boyd fügt warnend hinzu: »Wenn wir die Mobilität der jungen Leute online und offline einschränken, werden wir ihre Fähigkeit zur Entwicklung sozialer Fertigkeiten beschneiden. [...] wir haben ja nur Angst, dass sich die jungen Leute mit Fremden treffen, die uns nicht passen [...]«[15]

Das hier nur in kleinen Ausschnitten wiedergegebene Meinungsspektrum der »Experten« ist mithin sehr optimistisch, was die Auswirkungen der Informationstechnik auf die geistige Leistungsfähigkeit der jungen Generation anbelangt. Dass unser Gedächtnis sich Hyperlinks und URLs ebenso merken kann wie Fakten und Geschichten, wird vorausgesetzt, obgleich es aus der Sicht der Gedächtnisforschung mit Sicherheit unzutreffend ist. Sogar eine Aufmerksamkeitsstörung ist für sie ein »hilfreiches Werkzeug« und Multitasking ein »wünschenswertes Verhalten«. Dass diese Sicht der Dinge nicht zutreffen kann, haben die vorhergehenden Kapitel bereits gezeigt. Anstatt hier die Gegenargumente nochmals zu wiederholen, soll im Folgenden eine Untersuchung vorgestellt werden, die sich direkt mit dem digitalen und internetbezogenen Verhalten der jungen Generation beschäftigt. Was können die Digital Natives wirklich?

Generation Google: Genie oder grenzbegabt?

Als *Generation Google* bezeichnet man die jüngeren (ab 1993 geborenen) Vertreter der digitalen Eingeborenen, die praktisch keine Erinnerungen haben an eine Zeit ohne Computer, Internet und die Suchmaschine Google, die 1998 online ging. Gerade dieser Generation werden heute besondere Fähigkeiten und Fertigkeiten bei der Nutzung von Informations- und Kommunikationstechnik zugeschrieben, die wir älteren digitalen Immigranten nicht haben. Dies geschieht zumeist in Kommentaren und Meinungsäußerungen, die dann wiederum von anderen zitiert werden, so dass sich die Frage ergibt, was an diesen Behauptungen wirklich dran ist.

Genau dieser Frage gingen Wissenschaftler der British Library in London nach.[16] Sie durchkämmten die relevante Literatur, sammelten und ordneten die häufigsten über die Generation Google gemachten Aussagen und stellten sie dem gegenüber, was man aufgrund wissenschaftlicher Studien wirklich weiß. Zusätzlich untersuchten sie, was bislang noch niemand untersucht hatte, nämlich das Informationssuchverhalten der Nutzer des Londoner Bibliothekskatalogs in Abhängigkeit von deren Alter.

Zunächst einmal ist festzustellen, dass die Generation Google das Internet keineswegs nur zum Finden von Informationen oder gar zum Lernen nutzt. Vielmehr war von Anfang an die Kommunikation mit Freunden, die früher im persönlichen Austausch auf dem Schulhof stattfand, wesentlicher Teil der Nutzung; Musik-Downloads und Spiele sind ebenfalls wesentliche Nutzungsfaktoren. Obwohl also das Internet keineswegs nur für Informationssuche verwendet wird, bezieht sich die am häufigsten vorgebrachte Behauptung zur Internetgeneration genau darauf: »Viel wurde schon über die vermeintliche Expertise von Jugendlichen, die elektronische Medien nutzen, gesagt. Insbesondere wird oft behauptet, dass junge Leute das Internet kreativer und besser nutzen als ihre Lehrer, dass sie mit der modernen Informationstechnologie einfach insgesamt besser umgehen können als ihre Eltern oder Lehrer – kurz, dass sie *technologisches Können* besäßen. Letztlich stellt dies die weitverbreitete Meinung über junge Leute und die Informationstechnik dar.«[17]

Eine von den Autoren durchgeführte gründliche Übersicht zur wissenschaftlichen Literatur über das Verhalten junger Menschen bei der Informationssuche zeigt, dass es weder Grund zur Annahme gibt, dieses sei besser als das erwachsener Menschen, noch, dass es sich in den letzten fünfzehn Jahren überhaupt wesentlich verändert hat. Auch zeigte sich, dass die Tendenz zur Oberflächlichkeit beim Suchen im Netz nicht nur die jungen Nutzer betrifft, sondern die Nutzer jeden Alters – bis zum Professor! Hier noch weitere Ergebnisse ihrer Untersuchung:

Jungen Menschen fällt es schwer, die Bedeutung unterschiedlicher Quellen zu bewerten; sie können zwischen der Autorität guter Quellen (z. B. wissenschaftliche Studien) und schlechter Quellen (Meinungsäußerungen) oft nicht unterscheiden. Sie beurteilen die Qualität von Quellen »wenn überhaupt, dann nur oberflächlich« und sind faktisch »*nicht in der Lage und zudem unwillig,* Informationsquellen zu bewerten«.[18]

Gerade weil das Netz es zudem erlaubt, Fragen direkt zu stellen, anstatt über eine geschickte Kombination von (mit logischen Operatoren verknüpften) Stichwörtern die Suche einzugrenzen, kann es gar nicht zu einer Verbesserung der Fähigkeit zur Informationssuche führen, geben die Autoren an anderer Stelle hierzu noch zu bedenken: »Zusammenfassend kann es durchaus sein, dass das Ausbleiben einer Verbesserung der Expertise zum Auffinden von Informationen [information retrieval] – ironischerweise – durch die Einfachheit der Benutzung digitaler Systeme (wie des World Wide Web) bedingt ist.«[19] Und weil die jungen Leute gar nicht wissen, wie Informationen organisiert sein können, nach welcher Logik sie sich verknüpfen lassen und was wichtig und was unwichtig ist, können sie eben *nicht* besonders gut im Netz suchen.

Die in der Einführung erwähnte Anekdote von drei Schülern, die ein Referat über Georgien erstellen sollten und eines über den amerikanischen Bundesstaat Georgia gehalten haben, verdeutlicht aus meiner Sicht die Problematik der Suche im Internet sehr klar: Was man braucht, um im Netz fündig zu werden, ist eine solide Grundbildung und vor allem Vorwissen in dem Bereich, in dem sich die Suche bewegt.

Wer hingegen über irgendein Sachgebiet noch gar nichts

weiß, wird durch Google auch nicht schlauer. Wer demgegenüber schon sehr viel weiß, kann sich leicht mittels Google oder anderer Quellen noch das neueste, kleinste und letzte Bisschen Information holen, das zu irgendeinem Zweck noch gefehlt hat. Das vorhandene *Vorwissen* fungiert als *Filter,* der es einem erlaubt, aus den fünfzig oder fünfhunderttausend »hits« der Suchmaschine die wichtigen bzw. zielführenden herauszufiltern. Kein Internet-Führerschein und keine Medienkompetenz ersetzen dieses Expertenwissen. Daher ist es Unsinn, zu behaupten, unser Gedächtnis für inhaltliches Wissen sei durch die Kenntnis von Hyperlinks und URLs zu ersetzen. Diese bilden kein zusammenhängendes Expertenwissen und taugen daher auch als Filter nicht.

Hinzu kommt die Erkenntnis (siehe Kapitel 3), dass das Bewusstsein, Sachverhalte jederzeit im Netz finden zu können, die Speicherung im Gehirn verhindert: Wer mit der Einstellung »Ich kann das jederzeit googeln« ins Netz geht, der wird, wie bereits ausführlich dargelegt, solches Expertenwissen in weitaus geringerem Maß erlernen als jemand, der nicht mit dieser Einstellung auf Informationssuche unterwegs ist.

Einige andere sehr verbreitete Ansichten zur Generation Google erweisen sich bei genauem Hinsehen als Mythen, die durch Fakten keineswegs gestützt werden. So räumt die bereits erwähnte Studie der Londoner Bibliothekare mit einer ganzen Reihe von Vorurteilen auf: Die verbreitete Meinung, dass die Generation Google die Fähigkeit zu Benutzung eines Computers gleichsam automatisch durch Herumprobieren lernen würde, ist ein kompletter Mythos.[20] Auch die Meinung, dass die Generation Google die Ansichten gleichaltriger Bekannter höher schätze als die von Autoritäten wie Lehrern oder Lehrbüchern, erwies sich als falsch. Die Einschätzung, dass es sich bei dieser Generation um Experten bei der Informationssuche handele, bezeichnen die Autoren der Studie sogar als gefährlichen Mythos. »Eine genaue Analyse der Literatur über die letzten 25 Jahre zeigt keinerlei Verbesserung (und auch keine Verschlechterung) der Fähigkeit, mit Informationen umzugehen.«[21]

Dass es sich bei der Generation Google um eine »cut and paste«-Generation handelt, halten die Autoren der Studie für zutreffend. Sie werden in dieser Meinung durch die vielen vom Netz heruntergeladenen Referate und Seminararbeiten ebenso bestärkt wie durch die insbesondere bei Politikern zutagegetretenen unsäglichen Fälle von Plagiat. Glücklicherweise haben wir nicht nur in Deutschland, sondern beispielsweise auch in Ungarn keine »italienischen Verhältnisse« – die italienische Justizministerin Mariastella Gelmini hatte sich ihren Doktortitel erschwindelt und blieb dennoch im Amt[22] –, sondern einen tiefen Respekt vor akademischer Arbeit. Der ungarische Präsident Pál Schmitt musste zurücktreten, nachdem nachgewiesen worden war, dass er mindestens 197 Seiten seiner 215 Seiten umfassenden Dissertation von anderen Autoren abgeschrieben hatte.[23]

Oberflächlichkeit statt Hermeneutik

Halten wir fest: Die vielfach gepriesenen digitalen Fähigkeiten der jungen Generation lösen sich bei näherem Hinsehen in Luft auf. Dies betrifft insbesondere ihren vermeintlich überlegenen Umgang mit Informationen. Wer sich über einen Sachverhalt informiert, der durchläuft das, was man seit etwa hundertfünfzig Jahren den hermeneutischen Zirkel nennt. Er erkennt das Ganze durch die Einzelheiten und die Einzelheiten durch das Ganze; er geht dem Hinweis einer guten Quelle nach, und wenn er nicht weiterkommt, geht er zur guten Quelle zurück, weil eine gute Quelle eben viele Hinweise enthält. Die Erschließung eines neuen Sachverhaltes geht gar nicht anders als mit einem solchen kreisenden (oder – für die Optimisten unter den Hermeneutikern – nach oben spiraligen) Vorgehen. Diesen hermeneutischen Zirkel der Erkenntnis durchlaufen Digital Natives nicht: Sie klicken für eine Weile wahllos herum und kommen nie zu einer guten Quelle zurück; sie suchen horizontal (sprich: oberflächlich), nicht vertikal (gehen nicht in die Tiefe).

Die Aneignung von wirklichem Wissen erfolgt weder mittels Surfen oder Skimmen, sondern durch die aktive Auseinandersetzung, das geistige Hin-und-her-Wälzen und Immer-wieder-Durchkneten, Infragestellen, Analysieren und Neusynthetisieren von Inhalten. Das ist etwas ganz anderes als das Übertragen von Bits und Bytes von einem Speichermedium zum anderen. Wir hatten gesehen, dass die Speicherung von Sachverhalten im Gehirn von der Tiefe der Verarbeitung abhängt. Skimmen und Surfen sind demgegenüber oberflächliche Prozesse. Wenn dann nichts wirklich verstanden wird und auch nichts hängenbleibt, ist das kein Wunder!

Aus alldem folgt, dass wir wegen der neuen digitalen Medien keine neuen Universitäten brauchen. Das Argument, die Technik würde das Lernen revolutionieren, wurde für jede neue Technik behauptet: Film, Radio, Fernsehen und jetzt Computer und Internet. Der Wissenschaftler Chris Jones zitiert Quellen aus der Zeit vor dem Internet, in denen davon die Rede ist, dass sich Studenten die besten Professoren der Welt selbst aussuchen könnten. Das ging bereits in den Zeiten von Radio, Film und Fernsehen. Hat es etwas daran geändert, dass Lernen sich im Wesentlichen dann vollzieht, wenn eine *persönliche Beziehung* zwischen Mentor und Student vorhanden ist, wenn der eine den anderen *begeistern* kann? *Lernen heißt, ein Feuer zu entfachen, und heißt nicht, Fässer zu befüllen.* Die Computermetaphorik von Informationsübertragung – vom Online-Lernprogramm ins Gehirn – trägt dieser Einsicht wenig Rechnung.

Auch das Gerede vom gemeinschaftlichen Lernen am Computer ändert hieran nichts, denn es entpuppt sich als bloßes Gerede. Wir hatten bereits in Kapitel 5 gesehen, dass beim Lernen der direkte Kontakt dem vermittelten Kontakt über Bildschirm und Tastatur überlegen ist. Bedenkenswert ist auch, dass der Umgang mit digitalen Medien zunächst immer ein sehr einsamer ist: *Einer* sitzt vor einer Kiste, starrt hinein und klappert auf einer Tastatur herum. Das ganze Set-up ist nicht für zwei oder drei ausgelegt, sondern für einen Einzelnen. Das gilt für die neueren Medien vom iPod und dem Smartphone bis zum Tablet-PC in noch stärkerem Maße. Dass diese Hardware für das gemeinschaftliche Lernen förderlich sein soll, leuchtet keineswegs unmittelbar ein und ist aus meiner Sicht auch mittel- bis langfristig unwahrscheinlich.

An dieser Stelle mag der Technophile einwenden, dass mit *Crowdsourcing* und *Schwarmintelligenz* doch ganz neue Formen der kollektiven Informationsverarbeitung entstehen, deren Segnungen wir noch gar nicht absehen können. Dem möchte ich – zusammen mit einer ganzen Reihe von Internetexperten – antworten, dass diese Aktivitäten zwar möglicherweise am Markt erfolgreich sein werden, weil sie geistige Arbeit durch Automatisierung und Verteilung auf sehr viele Menschen billig gestalten, dass sie aber keineswegs zum persönlichen Bildungsfortschritt des sich bildenden Individuums beitragen. Menschen sind keine Fische, Ameisen oder Insekten. Große geistige Leistungen entstehen in *einem* Gehirn. Ja, sie setzen die Bildung (durch andere) und den Austausch mit anderen voraus: Wissenschaft heißt miteinander reden! Gleiches gilt für alle kulturellen Leistungen, von denen die Wissenschaft nur einen Teil darstellt. Aber die *Mona Lisa,* die *Mondscheinsonate, Ein Sommernachtstraum,* der *Faust,* die Integralrechnung, die Relativitätstheorie oder der Beweis für Fermats letztes Theorem entstanden jeweils in *einem* sehr gut gebildeten Gehirn.

Ich kann derzeit nicht sehen, dass digitale Medien diesen Gehirnbildungsprozess beschleunigen, vertiefen oder in irgendeiner Weise verbessern. Vielfältige negative Auswirkungen sind nachgewiesen, nicht zuletzt in größter Deutlichkeit bei der Generation der Digital Natives.

E-Books statt Lehrbücher?

Es war genau am Tag des Auftakts der Buchmesse 2011: Eine Studie des Mainzer Forschungsschwerpunkts Medienkonvergenz um die Professoren Stephan Füssel und Matthias Schlesewsky wurde vorgestellt. Sie soll den Nachweis erbracht haben, dass man beim Lesen von E-Books mit dem iPad mehr behält als beim Lesen von gedruckten Büchern. In der Zusammenfassung der Studie war Folgendes zu lesen:

»Obwohl Probanden das Lesen von Papierseiten subjektiv als angenehmer und leichter empfinden, spricht unser Gehirn eine andere Sprache. Zumindest beim Lesen auf einem Tablet-PC (iPad) zeigen sich nicht bewusst wahrnehmbare, aber messbare Vorteile bei der Verarbeitung neuer Information gegenüber E-Ink-Reader (Kindle 3) und Papierseite, die sich jedoch nicht unterscheiden. Neben dieser Beobachtung, die also eindeutig zeigt, dass unsere kulturell geprägte Perspektive auf das Lesen von Büchern und das Lesen von E-Books nicht mit unserer neuronalen Realität übereinstimmen, gibt es noch ein zweites bemerkenswertes Ergebnis. Die vorliegenden Daten deuten an, dass der Vorteil der Informationsverarbeitung auf einem Tablet-PC mit zunehmendem Alter immer größer wird.«[24]

Kurze Zeit später bekam ich eine E-Mail von der Deutschen Presseagentur (dpa) mit der Frage, was von dieser Studie zu halten sei. Weil ich jedoch wieder einmal gar keine Zeit hatte, mich um solche täglich mehrfach per Mail eintrudelnden Fragen zu kümmern, leitete ich die Anfrage an meinen Freund und Kollegen Thomas Kammer weiter, der ohnehin aufgrund seiner wissenschaftlichen Ausrichtung besser als ich über Elektrophysiologie und Gehirnstimulation Bescheid weiß. Er schaute sich die Pressemitteilung an (eine wissenschaftliche Arbeit gab es nicht, nur eine Presseverlautbarung) und kam zu dem Schluss, dass man aus dem, was publiziert ist, keineswegs die oben genannten Schlussfolgerungen ziehen kann. Weder war nachgewiesen, dass man mittels des Tablet-PC besser Informationen aufnimmt, noch, dass dies vor allem für ältere Menschen zutrifft.

Daraufhin erschien in der *Frankfurter Allgemeinen Zeitung (FAZ)* ein kritischer Bericht zu dieser Studie[25], was wiederum die Mainzer Autoren empörte und zu einer Gegendarstellung seitens der Universität sowie zu entsprechenden Pressemitteilungen führte.[26] Damit nicht genug: Der Studienleiter griff meinen Freund in einer E-Mail, die ich gelesen habe, persönlich an: Was ihm denn einfalle, ihn zu kritisieren, wo er (Schlesewsky) doch wesentlich erfahrener in diesen Dingen sei. Derweil erfreuten sich die E-Books auf der Buchmesse einer großen Beliebtheit.

Auch der Deutschlandfunk recherchierte und kommentierte in seinem Magazin *Campus und Karriere* wie folgt: »[…] die Studie, die dem Tablet-PC beim Lesen Vorteile gegenüber dem klassischen Buch bescheinigt, wurde zu einem Viertel von der Firma MVB Marketing und Verlagsservice GmbH finanziert, einer Tochterfirma des Börsenvereins des Deutschen Buchhandels. Diese Firma hatte ein handfestes Interesse daran, die für den Tablet-PC günstigen Ergebnisse der Mainzer Studie bei der Buchmesse zu präsentieren. Denn zeitgleich stellte sie einen eigenen Tablet-PC vor, mit dem sie im Weihnachtsgeschäft Geld verdienen will. Die Mainzer Wissenschaftler Schlesewsky und Füssel beteuern nun, dass sie von diesem Verkaufsinteresse der Firma MVB, ihres Mitfinanziers der Studie, erst während der Buchmesse erfahren haben.«[27]

In ihrer Richtigstellung beklagen sich die Mainzer Autoren darüber, dass die Kommentare zu über 90 Prozent »eher emotionaler Natur und an der Sachlichkeit des Themas nicht interessiert« waren. Und auch im Deutschlandfunk war von ihnen zu vernehmen: »Wir sind jetzt vorgeprescht mit diesem Ergebnis, das sage ich durchaus. Weil wir aber auch eine sinnvolle und nicht emotionale Debatte haben wollten.«[28] Wie jeder in Fachblättern publizierende Wissenschaftler weiß, kommt es zu einer

217

solchen sachlichen Debatte, wenn man eine Arbeit zur Publikation einreicht und sie dann das wissenschaftliche Peer-Review-Verfahren durchläuft. Genau das taten die Mainzer Wissenschaftler mit ihrer Vorstellung der Daten jedoch nicht. Ein Schelm, wer Böses dabei denkt!

Was aber wissen wir wirklich über die Auswirkungen von E-Books auf das Lesen im Allgemeinen? Zunächst einmal muss man nach gründlicher Recherche sagen: nicht wirklich etwas, das den Standards wissenschaftlicher Beurteilung standhalten würde. Insbesondere im Hinblick auf kleine Kinder ist Vorsicht geboten, denn es mag zwar sein, dass E-Books mit zugleich verfügbaren (bewegten) Bildern und vorgelesenem Text für Kinder förderlich sind; es kann aber auch umgekehrt sein, dass diese »Extras« vom Text und damit vom Lesen ablenken. Wie die amerikanische Erziehungswissenschaftlerin Amelia Moody in einer diesbezüglichen Übersicht betont, hängt vieles von der Qualität der E-Books ab.[29] Zu einer ähnlichen Einschätzung kamen auch die amerikanische Erziehungswissenschaftlerin Tricia Zucker und ihre Mitarbeiter in einer Übersicht zu sieben randomisierten und zwanzig quasi-experimentellen Studien zu E-Books für Kinder im Alter von zwei bis elf Jahren.[30]

Etwas besser sieht es mit elektronischen Lehrbüchern aus; allerdings liegen auch hier vor allem Daten von Experimenten mit Studenten (und nicht mit Schülern) vor, und die geben keineswegs Anlass dazu, sich vom traditionellen Buch schnell zu verabschieden.

Studien zeigen zunächst einmal, dass man mittels elektronischer Lehrbücher genauso gut lernen kann wie mit traditionellen Lehrbüchern. Der Psychologe James Shepperd und seine Mitarbeiter an der University of Florida fanden dies in einer Studie mit 382 Psychologiestudenten, die entweder mit normalem Lehrbuch oder mit E-Lehrbuch lernten.[31] Auch die Psychologin Annette Taylor von der University of San Diego fand keine Unterschiede.[32] Das Lernen mit elektronischen Medien ist jedoch *ermüdender,* wie der Informatiker Andrew Dillon[33] (1992) in einer ausführlichen Zusammenstellung der Literatur zeigt und der Psychologe William Woody und seine Mitarbeiter von der University of Northern Colorado fast zwei Jahrzehnte später bestätigen: »Obwohl die Kohorte der gegenwärtigen Studenten das größte technologische Vorwissen von allen Studenten hat, die jemals eine Universität betreten haben, bevorzugen sie elektronische Lehrbücher nicht – unabhängig von Geschlecht, Computernutzungsgewohnheiten oder Vertrautheit mit Computern – gegenüber herkömmlichen Lehrbüchern. Auch fanden sich keine Zusammenhänge mit zuvor schon gelesenen E-Books oder der generellen Bevorzugung von E-Books: Studienteilnehmer, die zuvor schon E-Books verwendet haben, bevorzugten dennoch gedruckten Text zum Lernen«, fassen die Autoren das Ergebnis einer Umfrage an 91 Studenten (45 davon männlich) im Durchschnittsalter von neunzehn Jahren zusammen.[34]

Das Lernen mit E-Books ist zudem *weniger effizient* als das Lernen mit gedruckten Büchern. Dies liegt nicht zuletzt an den vermeintlichen Vorteilen von E-Books: Wer zu viele Hyperlinks anklickt, verliert leicht den roten Faden und muss den ganzen Abschnitt noch mal lesen.[35] Und komplexe bewegte Abbildungen oder gar »educational videos« lenken nicht nur ab, sondern können auch ungeübte Betrachter frustrieren, wie der Sozialwissenschaftler Thomas Huk (2006) anhand des Lernens mit 3-D-Modellen zeigen konnte.[36] Schließlich bringt auch die bei vielen E-Books gegebene Internetanbindung nicht nur Vorteile, sondern kann ebenfalls zu mehr Ablenkung und damit zu Unaufmerksamkeit führen.[37]

Fragt man Studenten, was sie denn lieber zum Lernen hätten, elektronische Lehrbücher oder gedruckte, stellt man erstaunt fest, dass sich 75 Prozent der vermeintlichen Digital Natives für Gedrucktes entscheiden und nur 25 Prozent für E-Books. Dies ergab im März 2011 eine amerikanische Umfrage unter Einbeziehung von 655 Studenten und Studentinnen im Alter von 18 bis 24 Jahren.[38]

Vor dem Hintergrund dieser Erkenntnisse erscheint es bedenklich, wenn die Politik meint, hier vorpreschen zu müssen – was beiderseits des Atlantiks geschieht. Die Obama-Administration verfolgt das Ziel, bis 2017 jedem Schüler und Studenten ein E-Lehrbuch zur Verfügung zu stellen. Auch europäische Regierungen sind von einer Art digitalem Fieber ergriffen; sie wollen so schnell wie möglich die digitale Revolution in Klassenzimmern und Universitäten ausrufen. Dass man hierzu viel mehr tun muss, als einfach die Inhalte eines gedruckten Buches ins epub-Format zu übertragen, ist dabei den wenigsten klar. Und so werden die Ressourcen der Verlage auf das Marketing fokussiert und *nicht* auf die Inhalte. »Ich wünschte, man würde auch nur zehn Prozent der gedanklichen Arbeit, die aufgewendet wird, um die Geräte in die Hände von Kindern zu bekommen, dazu einsetzen, darüber nachzudenken, was durch diese Geräte zu den Kindern gelangt«, sagt Robert Pondiscio, ein Kenner der Szene in den USA.[39] Im Fachblatt *Science* konnte man am 30.3.2012 Ähnliches lesen: »Es gibt keine Hinweise darauf, dass Verlage die erforderliche Zeit und harte Arbeit investieren, um den [in gedruckten Büchern enthaltenen] Stoff auf die Ebene einer neuen Generation von elektronischen Lehrbüchern zu hebeln. Stattdessen übertragen die meisten Verlage die pädagogischen Inhalte einfach nur in das digitale Format, ohne dass nachgewiesen wäre, dass allein dadurch das Lernen verbessert würde.«[40] Und später fügen die Autoren noch hinzu: »Sofern die Regierung diesen Prozess wirklich beschleunigen will, sollte man Schritte unternehmen, um die Wissenschaft voranzubringen, und auf Nachweisen bestehen, dass elektronische Lehrbücher auch halten, was sie versprechen.« Anders ausgedrückt: Es wird Zeit, dass wir gerade bei Entscheidungen im Bereich der Pädagogik nicht Marktgeschrei, sondern gesichertes Wissen zugrunde legen. Wie ich schon an anderer Stelle gezeigt habe, sind wir davon weit entfernt.[41]

Fazit

Wer um die Mitte der neunziger Jahre oder danach geboren wurde, wird kaum verstehen können, wie die Welt ohne Computer und Internet, Handy und iPod, Spielkonsole und digitalem Fernseher ausgesehen hat. Menschen dieser Generation sind in einer anderen Umwelt erwachsen geworden; ihre Gehirnbildung wurde durch neuroplastische Veränderungen mitbestimmt. Wer jedoch glaubt, hier sei eine Generation von digitalen Wunderkindern herangewachsen, der irrt. Selbst Experten auf dem Gebiet der Informationstechnik sind sehr unterschiedlicher Meinung, und nur etwa die Hälfte neigt hier zu einer optimistischen Auffassung.

Als Neurobiologe und vor dem Hintergrund der in diesem Buch zusammengestellten Erkenntnisse muss ich die Tatsache berücksichtigen, dass digitale Medien bei jungen Menschen zum Bildungsverfall führen können, dass bei ihrer Nutzung kaum sensomotorische Eindrücke entstehen und das soziale Umfeld, wie immer wieder berichtet wird, deutliche Veränderungen und Einschränkungen erfährt.

Die Vorstellung vom Digital Native, der Computer und Internet gleichsam mit der Muttermilch aufgenommen und verstanden hat, entpuppt sich bei näherem Hinsehen als Mythos. Die für das Lernen notwendige Tiefe geistiger Arbeit wurde durch digitale Oberflächlichkeit ersetzt. Elektronische Lehrbücher stellen in diesem Zusammenhang ein weiteres instruktives Beispiel dafür dar, dass wir die Bildung der nächsten Generation definitiv nicht dem Markt überlassen dürfen.

10. Multitasking: gestörte Aufmerksamkeit

Gemäß einer amerikanischen Studie unterbricht der moderne Mensch seine Arbeit im Durchschnitt alle elf Minuten. Das Telefon klingelt, während in der Tasche noch das Handy klemmt; Kurznachrichten und E-Mails werden durch Klingelzeichen angekündigt und – ganz egal, woran man gerade arbeitet – natürlich sofort beantwortet. Unser Leben im »digitalen Zeitalter« zeichnet sich vor allem dadurch aus, dass wir beständig alles Mögliche gleichzeitig tun: Wir recherchieren am Computer, hören Musik, schreiben Kurznachrichten auf dem Mobiltelefon und lesen *eigentlich* gerade einen Artikel in der Zeitung. Der Fernseher läuft im Hintergrund, und dann klingelt das Festnetztelefon.

Alles und gleichzeitig: phänomenale Beschreibung

Für das gleichzeitige Erledigen vieler (lateinisch: *multi*) Aufgaben (englisch: *task*) hat sich der neudeutsche Ausdruck *Multitasking* durchgesetzt – auch als Verb: Ich multitaske, du multitaskst, er/sie/es multitaskt etc. Das gleichzeitige Verrichten verschiedener Tätigkeiten ist zunächst nicht spezifisch für digitale Medien und treibt zuweilen seltsame Blüten: »Ich mag es, beim Sex ein Buch zu lesen und zu telefonieren. Man kann so vieles zugleich erledigen«, beschrieb die amerikanische Schauspielerin Jennifer Conelly im Jahr 2005 ihren Alltag.[1]

In der Folge geht es jedoch ausschließlich um *mediales* Multitasking. Für jene Leser, die sich hierunter noch nichts Richtiges vorstellen können, möchte ich das Phänomen anhand einiger Beispiele beschreiben, die einer US-amerikanischen Studie zum Medienkonsum Jugendlicher entnommen sind.[2] Dort beschreibt ein Siebzehnjähriger seinen Alltag wie folgt: »Jede Sekunde, die ich online verbringe, bin ich am Multitasken. Gerade jetzt gerade schaue ich fern, checke meine E-Mails alle zwei Minuten, lese Nachrichten, brenne Musik auf eine CD und schreibe diese Nachricht.« Ein fünfzehnjähriges Mädchen sagt: »Über Kurznachrichten (SMS) unterhalte ich mich permanent mit Leuten, schaue zugleich in meine E-Mails, mache Hausaufgaben oder spiele Computerspiele, während ich gleichzeitig telefoniere.«

Eine Siebzehnjährige ergänzt: »Ich langweile mich, wenn nicht alles gleichzeitig geschieht, denn alles enthält Pausen. Man wartet, bis eine Webseite geöffnet ist oder bis die Fernsehwerbung vorbei ist.«

»Ich mache meine Hausaufgaben für gewöhnlich schon in der Schule. Wenn nicht, dann habe ich in meinem Zimmer ein Buch auf dem Schoß, und während ich meinen Computer hochfahre, beschäftige ich mich mit einer Mathematikaufgabe oder schreibe einen Satz. Während ich dann meine Mails herunterlade, mache ich weiter Hausaufgaben, und so erledige ich im Laufe der Zeit alles«, kommentiert ein vierzehnjähriger Junge die Art, wie er seine Hausaufgaben erledigt.

Die Mutter eines Fünfzehnjährigen entwirft das folgende Bild der Vorbereitung ihres Sohnes auf eine Klassenarbeit: »Die Lehrbücher lagen ungeöffnet in seiner Tasche, wohingegen sein Laptop immer auf seinem Schreibtisch aufgeklappt war. Auf dem Bildschirm war irgendein Geschichte-, Englisch- oder Physikdokument offen, aber darunter waren seine Facebook- und iTunes-Seiten verborgen. Über Kopfhörer lauschte er nebenbei einem Podcast und manchmal, nur um seine Konzentrationsfähigkeit noch weiter zu zerfasern, lief zugleich noch ein YouTube-Video.«[3]

Die amerikanische Kaiser Family Foundation hat den Umgang mit Medien von 2032 Kindern und Jugendlichen im Alter von acht bis achtzehn Jahren schon im Jahr 2005 gründlich untersucht.[4]

Die Kinder und Jugendlichen füllten einen detaillierten Fragebogen zur Mediennutzung an einem bestimmten Tag und zu ihrem Verhalten bei der Mediennutzung aus. Eine Teilgruppe von 694 Probanden führte zudem über eine Woche ein ausführliches Tagebuch über ihre Gewohnheiten der Mediennutzung. Es zeigte sich, dass die Mediennutzung der Jugendlichen täglich 6,5 Stunden betrug, auf alle Medien bezogen waren es 8,5 Stunden. Die jungen Leute »packen« also 8,5 Stunden Mediennutzung in 6,5 Zeitstunden, indem sie mehr als ein Medium gleichzeitig nutzen – vor allem das Mobiltelefon und den Computer.[5] Es zeigte sich weiterhin, dass Mädchen eher zum Multitasken

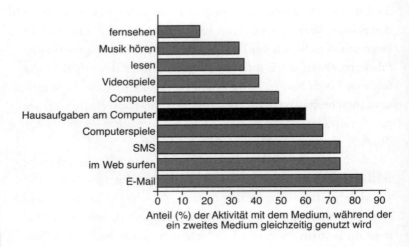

10.1 Medien-Multitasking: Anteil der mit einem bestimmten Medium verbrachten Zeit, während der zusätzlich mindestens ein weiteres Medium genutzt wurde. Wer beispielsweise seine Hausaufgaben am Computer erledigt **(schwarz hervorgehoben)**, macht während 60 Prozent dieser Zeitspanne medial noch zusätzlich irgendetwas anderes.[6]

neigen als Jungs und dass etwa 15 Prozent der Befragten »meistens« mehr als zwei Medien gleichzeitig nutzen. Die 15 Prozent am anderen Ende des Spektrums betreiben praktisch kein Multitasking; sie geben an, dass sie »ausschließlich« oder »fast immer« nur ein Medium verwenden. Die Medienkonsumzeit insgesamt beträgt bei der ersten Gruppe zwölf Stunden und 29 Minuten, bei der zweiten Gruppe sechs Stunden und 38 Minuten pro Tag. Bemerkenswert ist im Hinblick auf das schulische Lernen noch der Befund, dass bei den Hausaufgaben 30 Prozent der Zeit, die auf normale Hefteinträge entfällt, mit Multitasken verbracht wird. Parallel zur Arbeit im Schulheft werden also digitale Medien genutzt oder es wird telefoniert. Wenn die Hausaufgaben am Computer gemacht werden, beschäftigen sich viele während etwa zwei Drittel der aufgewendeten Zeit mit anderen Sachen.

Halten wir fest: Die gleichzeitige Nutzung mehrerer Medien und das damit verbundene gleichzeitige Erledigen mehrerer Aufgaben spielt definitiv im geistigen Leben vieler junger Menschen eine große Rolle. Die in der Einführung dieses Buches tabellarisch gelisteten Zahlen übersteigen die hier angeführten noch und belegen eine Zunahme des Multitaskings während des vergangenen Jahrzehnts auf nahezu das Doppelte.

Macht Multitasking schlau?

Wie wirkt sich dieser gleichzeitige Umgang mit mehreren Medien auf uns aus? Werden wir durch multimediale Umgebungen intelligenter, schlauer? In den letzten zehn Jahren ist die Flexibilität unseres Gehirns eindeutig nachgewiesen worden: Es ist biologische Hardware, die sich ständig an die jeweilige Software – sprich: unsere Lebenserfahrung – anpasst. Es ist also nicht egal, was wir erleben, denn jede geistige Aktivität hinterlässt Spuren im Gehirn, und diese Spuren beeinflussen dessen zukünftige Funktion.

Nicht nur Einzelheiten sind in unserem Gehirn abhängig von der Art, wie sie gelernt werden, gespeichert, sondern auch allgemeine Bedeutungen, d. h. kategoriales Wissen und sogar die Art, wie wir Aufgaben lösen (siehe Kapitel 7). So hat jeder Chinese neun Schuljahre damit zugebracht, Tausende von Schriftzeichen auswendig zu lernen, zu erkennen und rasch zu unterscheiden. Er erkennt bekannte Zahlen daher schneller als wir, weil er das Erkennen von Symbolen mit Tausenden statt mit einigen Dutzend Symbolen über neun Jahre und nicht wie wir ein bis zwei Jahre geübt hat. Und er tut sich mit Zahlen von sechs bis zehn leichter, weil er diese in derselben Gehirnhälfte verarbeitet wie die Zahlen eins bis fünf.

Multitasking steht in engem Zusammenhang mit dem, was man heute in der Psychologie und kognitiven Neurowissenschaft als *kognitive Kontrolle* bezeichnet.[7] Schon in der frühen Kindheit lernen wir, unsere Gedanken zu kontrollieren, das heißt zum Beispiel, Irrelevantes auszublenden und uns auf eine konkrete Aufgabe zu konzentrieren (hierzu mehr im folgenden Kapitel). Es handelt sich also um eine im menschlichen Gehirn angelegte und zugleich erlernte Fähigkeit, über die das Individuum mehr oder weniger verfügt. Anschaulich vergleichen lässt sich das mit unserer Sprachfähigkeit. Auch die Sprachzentren sind *genetisch* angelegt, sie müssen aber Sprach-Input erhalten, um ihre Funktion aufzunehmen. Dies gelingt mehr oder weniger gut, was zu Unterschieden in der Beherrschung der Sprache in Wort und Schrift zwischen den Menschen führt.

Wenn also kognitive Kontrolle erlernt ist und wenn sich die Art, wie wir unser Denken kontrollieren, durch das Eintauchen in eine multimediale Welt verändert, dann sollte Multitasking einen Einfluss auf die Fähigkeit haben, unsere Gedanken zu kontrollieren. Dieser Einfluss könnte positiv sein: Man wächst mit der Aufgabe, und die Kontrolle ist umso schwieriger, je mehr es zu kontrollieren gibt. Er könnte aber auch negativ sein, denn wenn wir beständig vieles gleichzeitig tun, dann könnte dies zu einer oberflächlicheren Verarbeitung des vielfältigen und ständig wechselnden Inputs führen. Denkbar ist also, dass wir durch langfristiges intensives Multitasking unsere Aufmerksamkeit trainieren; oder dass wir – im Gegenteil – uns dadurch eine Aufmerksamkeitsstörung antrainieren. Beide Effekte könnten sich auch gegenseitig aufheben, so dass Multitasking keine Auswirkung hätte. Was trifft nun zu?

Kontrolle über das eigene Denken

Um den Einfluss des Multitaskings auf die geistige Leistungsfähigkeit zu untersuchen, führten Wissenschaftler von der Stanford University eine Reihe von kognitiven Tests mit zwei extremen Gruppen durch. Mittels eines eigens hierfür entwickelten Fragebogens wurden in einer Gruppe von 262 Studenten der Universität 19 Studenten ermittelt, die bei der Beantwortung der Fragen sehr deutlich über dem Mittelwert lagen, sowie 22 Studenten, die deutlich unter dem Mittelwert lagen. Man untersuchte *schwere Medienmultitasker* (heavy media multitasker) bzw. *leichte Medienmultitasker* (light media multitasker) und führte einen Extremgruppenvergleich durch.

Die Fähigkeit der Versuchspersonen, unwichtige Reize herauszufiltern und nicht zu beachten, wurde mit einer speziellen Aufgabe getestet, die zuvor bereits deutliche Unterschiede zwischen einzelnen Menschen gezeigt hatte.[8] Die Studenten sahen zunächst ganz kurz zwei Rechtecke, sollten sie sich für eine knappe Sekunde merken und wurden dann aufgefordert, das Bild aus dem Gedächtnis mit einem für zwei Sekunden dargebotenen Bild zu vergleichen, um zu entscheiden, ob sich eines der Rechtecke etwas gedreht hatte.

 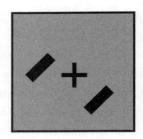

10.2 Prinzip der Aufgabe zum Erkennen eines Rechtecks, das sich dreht oder nicht.

Um die Aufgabe schwierig zu machen, waren auf dem Bildschirm bei vielen Durchgängen auch andersfarbige Rechtecke zu sehen, die als Ablenkung dienten. Die Anzahl dieser ablenkenden Reize betrug entweder null, zwei, vier oder sechs. Man wollte mit dem Test nun erfahren, ob diese Ablenkung einen Effekt auf die Leistung in dem Test hatte.

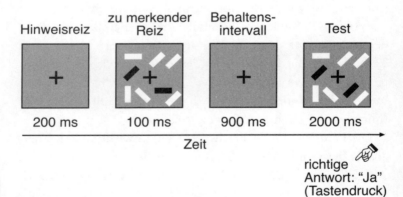

10.3 Ablauf eines Durchgangs mit Ablenkreizen im Test für die Fähigkeit, Unwesentliches auszublenden. Die Versuchspersonen sollten angeben, ob eines der dunklen Rechtecke in seiner Orientierung verändert war. War dies der Fall, sollten sie mit »Ja« mittels Tastendruck antworten, war dies nicht der Fall, dann mit »Nein«. [9]

Die Leistung der Probanden wurde gemessen. Hierzu bestimmte man die Anzahl der korrekt bemerkten Drehungen und zog davon die Fehlerzahl ab. Man würde nun erwarten, dass die Probanden, die nicht Multitasking betreiben und daher neben Wichtigem *nicht* dauernd auch Unwichtiges beachten, in diesem Test schlechter abschneiden. Und umgekehrt würde man eher annehmen, dass diejenigen, die dauernd mehrere Aufgaben gleichzeitig erledigen, durch unwichtige Reize *weniger* abgelenkt werden.

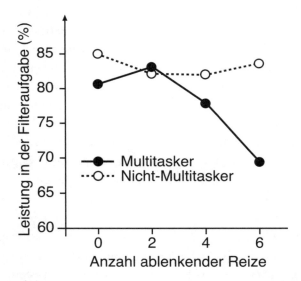

10.4 Leistung von Menschen, die viel bzw. wenig bis gar kein Multitasking betreiben, beim Herausfiltern unwichtiger Reize in Abhängigkeit von der Anzahl ablenkender Reize[10]

Die Grafik zeigt, dass es sich völlig anders verhielt: Die Nicht-Multitasker konnten die Aufgabe gut lösen, unabhängig davon, wie viel zusätzliche Ablenkreize vorhanden waren. Bei den Multitaskern hingegen ging die Leistung mit zunehmender Anzahl der ablenkenden Reize signifikant zurück.

Auch in einer anderen Standardaufgabe zur Messung geistiger Leistungsfähigkeit zeigten die Multitasker *schlechtere* Leistungen. Diese sehr einfache Aufgabe besteht im Betrachten einer Folge von Buchstaben, die am Computerbildschirm in roter Schrift auf schwarzem Hintergrund für jeweils 0,3 Sekunden erschienen. Zwischen den Buchstaben war eine Pause von knapp fünf Sekunden, während der sich die Versuchsperson den gerade gesehenen Buchstaben merken musste. Folgte auf ein A ein X – und nur in diesem Fall: $A - X$ –, musste sie dann die »Ja«-Taste drücken. In allen anderen Fällen – also A gefolgt von Nicht-X *(A – Y)*, B gefolgt von X *(B – X)* sowie Nicht-A gefolgt von Nicht-X *(B – Y)* – sollte die »Nein«-Taste gedrückt werden. In einer erschwerten Version des Tests erschienen zwischen den roten Buchstaben noch drei andere Buchstaben in weißer Schrift für ebenfalls 0,3 Sekunden, die *nicht beachtet* werden sollten. Wieder ging es also darum, ablenkende Reize zu ignorieren.

In der einfachen Version dieses Tests gab es keine Unterschiede zwischen den Multitaskern und den Nicht-Multitaskern. Bei der schwereren Version mit den zusätzlichen ablenkenden Reizen jedoch brauchten die Multitasker deutlich länger.

Darüber hinaus wurde ein bewährter Test zur Prüfung der Arbeitsgedächtnisleistung durchgeführt. Hierbei sehen die Probanden wiederum eine Abfolge von Buchstaben, schwarz auf weiß, für jeweils eine halbe Sekunde mit einer Pause zwischen den Buchstaben von drei Sekunden. Die Aufgabe besteht darin, die »Ja«-Taste zu drücken, wenn der Buchstabe identisch ist mit dem vorletzten Buchstaben *(2-back)* oder mit dem drittletzten Buchstaben *(3-back)*, der jeweils davor gesehen wurde. Man muss sich also jeden Buchstaben auf dem Schirm kurzfristig merken (dafür ist das Arbeitsgedächtnis zuständig) und zudem einen Vergleich (ebenfalls im Arbeitsgedächtnis) mit dem jeweiligen zuvor gesehenen Reiz durchführen. Als *1-back*-Aufgabe ist dieser Test sehr leicht: Ist der Buchstabe, den man gerade gesehen hat, derselbe wie der davor? Der *2-back* ist gerade noch zu

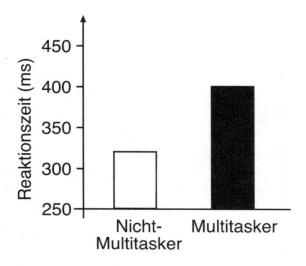

10.5 Mittelwerte der Reaktionszeiten im erschwerten Test in der Gruppe der Nicht-Multitasker und der Multitasker[11]

bewältigen: Ist der Buchstabe, den man gerade gesehen hat, derselbe wie der vorletzte? Der *3-back* ist dagegen richtig schwierig, jeder macht da Fehler – die Frage ist nur, wie viele.

Wieder zeigte sich, dass die Multitasker im Vergleich zu den Nicht-Multitaskern beim *3-back* schlechter abschnitten. Die Probanden in beiden Gruppen waren erwartungsgemäß beim *3-back* schlechter als beim *2-back,* aber bei den Mutitaskern stiegen die falschen »Ja«-Antworten beim *3-back* signifikant stärker an. Interessanterweise waren diese falschen Ja-Antworten der Multitasker vor allem dadurch bedingt, dass früher im Verlauf des Tests gesehene Buchstaben sich offenbar immer noch im Arbeitsgedächtnis befanden und eine (falsche) Ja-Antwort auslösten. Dies werteten die Autoren als Hinweis darauf, dass die Probanden Schwierigkeiten hatten, unwichtige Inhalte aus ihrem Bewusstsein auszuschließen.

Der Test zeigt also, dass Multitasker nicht nur ablenkende *äußere* Reize, sondern auch *eigene* ablenkende Gedächtnisinhalte

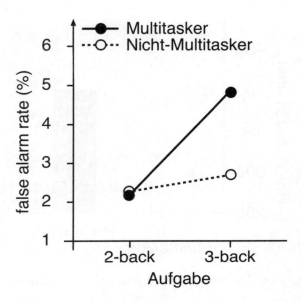

10.6 Rate der falschen »Ja«-Antworten bei der *2-back-* und *3-back-*Aufgabe[12]

schlechter ignorieren können. Sie waren also insgesamt ablenkbarer.

Schließlich wurde noch ein Test durchgeführt, bei dem es um das »Umschalten« zwischen unterschiedlichen Aufgaben ging. Die Probanden sahen zunächst für 0,2 Sekunden entweder »ZAHL« oder »BUCHSTABE«. Dies bedeutete, dass sie im nachfolgenden Durchgang entweder auf die Zahl oder auf den Buchstaben zu achten hatten. Nach einer kurzen Pause sahen sie dann ein Zahlen-Buchstaben-Paar wie beispielsweise »2b« oder »a3«. Dann sollten sie, je nach Aufgabe, eine Taste drücken, wenn es sich um eine gerade Zahl handelte, und eine andere Taste, wenn die Zahl ungerade war. Oder die entsprechenden Tasten waren zu drücken bei einem Konsonanten bzw. bei einem Vokal. Es musste also entweder die Zahl oder der Buchstabe klassifiziert werden.

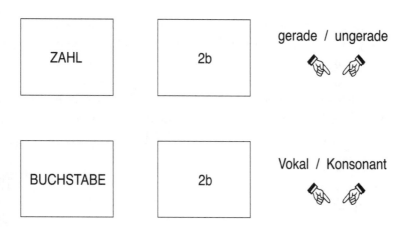

10.7 Schematische Darstellung der Aufgabe zum Aufgabenwechsel

Wenn sich bei diesem Test eine Aufgabe wiederholt – auf eine Zahl folgt eine weitere Zahl –, reagiert man schneller als beim Wechsel der Aufgabe, wenn also erst die Zahl und danach der Buchstabe, oder umgekehrt erst der Buchstabe und dann die Zahl, zu klassifizieren sind. Auch in dieser Aufgabe zeigte sich, dass die Multitasker Schwierigkeiten haben, die jeweils angesagte Aufgabe zu lösen: Die Verlangsamung ihrer Reaktionszeiten bei Aufgabenwechsel ist um 167 Millisekunden *größer* als in der Gruppe der Nicht-Multitasker.

Zusammengefasst zeigen die Ergebnisse der Studie, dass Menschen, die häufig mehrere Medien gleichzeitig nutzen, Probleme bei der Kontrolle ihres Geistes aufweisen. »Multitasker haben größere Schwierigkeiten, unwichtige Reize der Umgebung auszublenden […], können weniger gut unbedeutende Reize in ihrem Gedächtnis ignorieren (*2-back-* und *3-back*-Aufgabe) und sind weniger effektiv beim Unterdrücken irrelevanter Aufgabenstellungen (Aufgabenwechsel). Dieses letzte Ergebnis ist besonders bedeutsam, bedenkt man die zentrale Rolle, die der Wechsel der Aufgabe beim Multitasking spielt.«[13]

Man könnte nun einwenden, dass diese Ergebnisse einfach

nur zeigen, dass »dümmere« Leute, die auch in anderen Tests zur geistigen Leistungsfähigkeit schlechter abschneiden, eher zum Multitasken neigen. Dies ist jedoch nicht der Fall, denn eine ganze Reihe von zusätzlichen Tests konnte nachweisen, dass sich die Gruppen ansonsten nicht weiter unterschieden: Weder bei Schulnoten noch bei Persönlichkeitstests noch in anderen kognitiven Tests gab es Unterschiede.

Fazit

Halten wir fest: Menschen, die häufig gleichzeitig mehrere Medien nutzen, weisen Probleme bei der Kontrolle ihres Geistes auf. Bei allen geistigen Fähigkeiten, die man beim Multitasking benötigt, schneiden die Multitasker signifikant schlechter ab als die Nicht-Multitasker. Sogar beim Wechsel von Aufgaben, was ja bei Multitaskern Standard ist, sind sie deutlich *langsamer* als die Nicht-Multitasker.

Was man anhand dieser Experimente nicht beantworten kann, ist die Frage, wie es zu diesen Unterschieden kommt. Wir haben dieses Problem im vorliegenden Buch schon öfter diskutiert. Handelt es sich um einen *Selektionseffekt* (wer groß ist, spielt eher Basketball), d. h., mögen bestimmte Menschen lieber in der Breite möglichst viele Informationen aufnehmen und sich dadurch gerne ablenken lassen? In diesem Fall würden sie eine mindere Leistung bewusst oder unbewusst in Kauf nehmen, um eben ihren kognitiven Stil, und sei er noch so ineffektiv, auszuleben. Oder handelt es sich um einen *Trainingseffekt,* d. h., führt chronisches heftiges Multitasking zu einer Veränderung des kognitiven Stils? Dies würde bedeuten, dass die gemessenen Effekte *gelernt* sind. Da andere Studien bereits gezeigt haben, dass Aufmerksamkeitsprozesse durch Lernen geändert werden können und dass chronische intensive Mediennutzung zu Störungen der Aufmerksamkeit führen kann, ist diese Erklärung aus meiner Sicht wahrscheinlicher. Multitasker würden sich in diesem Fall Oberflächlichkeit und Ineffektivität aktiv antrainieren. Die Meinung, man könne eben gut zwischen Aufgaben hin- und herspringen und brauche das für effektive Informationsverarbeitung, wird durch die vorliegenden Ergebnisse auf jeden Fall als Selbsttäuschung entlarvt. Wie auch immer: Multitasking ist nichts, wozu man die nächste Generation ermuntern oder was man fördern sollte. Konzentrieren wir uns lieber ganz auf das Wesentliche!

11. Selbstkontrolle versus Stress

Programmieren oder programmiert werden lautet der Titel eines Buches über unser Verhältnis zur Informationstechnik. Der Autor Douglas Rushkoff thematisiert darin den vielfältig verschleierten Einfluss der digitalen Medien auf unsere Selbstkontrolle. Was genau ist damit gemeint? Und warum ist es so wichtig? In der Folge möchte ich kurz aufzeigen, was Selbstkontrolle ist, wie wir sie ausüben, warum sie für den Menschen so wichtig ist, was geschieht, wenn man sie verliert, und warum digitale Medien zu ihrem Verlust beitragen.

Sich im Griff haben: Arbeitsgedächtnis, Inhibition und Flexibilität

Jeder kennt die Situation: Es ist Sommer, man läuft an einem Eiscafé vorbei, und ein kühles Pfirsich Melba lacht einen an. Man hat zwar weder Hunger noch Durst, aber so ein schönes Eis – ja, das wäre jetzt genau das Richtige. Andererseits weiß man um seinen nicht gerade attraktiven Bauchumfang und seinen Cholesterinspiegel; ebenso ist einem die Notwendigkeit einer Diät bewusst, um möglichst bis ins hohe Alter gesund zu bleiben. Man wird daher Willenskraft aufwenden, um der Versuchung zu widerstehen. Dies bedeutet, dass man nicht das tut, was man jetzt gerne spontan täte, weil man ein anderes *langfristiges Ziel* vor Augen hat.

Da läuft plötzlich eine Freundin vorbei und fragt, ob wir uns nicht bei einem Eis etwas unterhalten sollten. Und weil Sie wissen, dass Sozialkontakte für Glück und langes Leben wichtiger sind als eine gute Figur,[1] willigen Sie ein und genießen Ihr Eis.

In diesem Beispiel zeigen sich die drei Facetten der Selbstkontrolle:

1. Ich führe mir ein langfristiges Ziel bewusst vor Augen.
2. Ich verzichte daher auf etwas, was ich jetzt gerne täte.
3. Ich bin flexibel und kann die Regeln ändern, wenn es sinnvoll ist.

Diese drei Facetten – (1) *Arbeitsgedächtnis,* (2) *Inhibition* und (3) *Flexibilität* – sind im Grunde nur drei Seiten der gleichen Sache, denn wenn ich kein Ziel vor Augen habe, besteht auch keine Notwendigkeit, etwas, das ich gerne tun würde, zu unterlassen. Nur wenn ich mich auf *eine* Sache konzentriere, lassen mich Ablenkungen unbeirrt; dann ist es mir möglich, diese eine Sache auch gut und rasch zu erledigen. Und wenn ich die Regeln im Leben nicht dauernd der Umgebung anpassen kann, werde ich von irgendwelchen Prinzipien geritten und habe mich nicht selbst im Griff.

Schauen Sie sich bitte noch einmal die Abbildung 7.5 im siebten Kapitel an. Sie stellt auf der rechten Seite schematisch die Vorgänge im erwachsenen Gehirn dar, die bei erfolgreicher Selbstkontrolle ablaufen: Reflexartige Verhaltensweisen (»Süßes essen«, »Eis essen«) werden gehemmt, und es werden stattdessen langfristige Ziele – Schlankheit, Schönheit, Gesundheit – verfolgt. Es geht bei der Selbstkontrolle immer um die Hemmung von reflexartigem Verhalten. Das Eis *nicht* essen. Auf die Ablenkung *nicht* achten. Seinen Ärger *nicht* rauslassen. Stattdessen behalten wir jeweils die *Selbstbeherrschung* – gegenüber äußeren Reizen oder inneren Affekten. Dieses Nein zu äußeren oder inneren Reizen ist ein flexibles und planvolles Nein, das im Frontalhirn *aktiv* aufrechterhalten werden muss, sonst wird es von der Automatik gleichsam überrannt. Wenn das Frontalhirn gerade nicht gut funktioniert, weil wir beispielsweise müde oder angetrunken sind (oder schlimmstenfalls beides), dann wird mit hoher Wahrscheinlichkeit auch die Selbstkontrolle scheitern.

Wie jeder weiß, unterscheiden sich die Menschen im Hinblick darauf, wie gut sie sich im Griff haben, erheblich. Woran liegt das? Ist unsere Selbstkontrolle, unsere Selbstbeherrschung (früher hätte man gesagt: unsere Willenskraft) erblich angelegt? Oder haben wir sie erworben, vielleicht sogar im Laufe der Kindheit und Jugend gelernt? Und: Kann man denn überhaupt das Wollen erlernen?

Wollen lernen ist wie Sprechen lernen

Zum Erwerb der Muttersprache bedarf es Hunderttausender »Spracherfahrungen« – jeder quatscht mit einem Baby. Diese Erfahrungen – das Hören von gesprochener Sprache und das gleichzeitige Sehen eines Gesichts, vielleicht noch körperliche Berührungen und der Geruch der Mutter oder des Vaters – treffen auf sich entwickelnde Sprachzentren und hinterlassen dort ihre Spuren. Den Rest erledigt das Gehirn: Es ist kein Kassettenrekorder und auch keine Festplatte, sonst könnten wir immer nur das sagen, was wir schon einmal genau so gehört haben. Vielmehr saugt es aus dem vielfältigen Geplapper vieler Menschen die zugrundeliegenden *allgemeinen* Wörter sowie die *allgemeinen* Regeln für deren Verwendung (Grammatik, Semantik, Pragmatik) heraus. Unsere Muttersprache ist ein wichtiger Teil der Bildung. Ich spreche in diesem Buch oft von *Gehirnbildung,* und das Beispiel der Sprachzentren macht sehr deutlich, wie dies gemeint ist: Die biologisch im Gehirn angelegten Sprachzentren bilden sich erst durch Lernprozesse zu dem, was sie beim erwachsenen Menschen sind. Ohne dieses Lernen könnten wir nicht sprechen und hätten als erwachsene Menschen keine Sprachzentren mehr.

Seine Muttersprache hat jeder gelernt, ohne Pauken und Büffeln, ohne Unterricht in Grammatik und überhaupt ohne jede Unterweisung. Es verhält sich genauso wie beim Laufen – das hat auch jeder einfach so gelernt, von Fall zu Fall, denn es machte *Spaß,* sich hochzuziehen und zu schauen, ob man eine Weile oben bleibt oder gleich wieder auf den Po plumpst. Nach Tausenden solcher »Plumpser«, die nicht alle einzeln in Erinnerung bleiben, kann man aufrecht stehen und gehen. Ebenso macht es Spaß, sich mit jemandem zu *unterhalten.* Niemand muss motiviert werden, das Laufen oder das Sprechen zu lernen, und ich kenne kein Kleinkind, das nach einigen Wochen erfolgloser Versuche und blauer Flecken am Po zu sich gesagt hätte: »Also mit dem Laufen, das schmeiße ich jetzt.« Auch die Unterhaltungen sind viel zu interessant, als dass jemand im Alter von drei oder vier Jahren auf die Idee käme, das sein zu lassen.

Es sollte klar sein, wie man Selbstdisziplin ganz gewiss *nicht* lernt. »Disziplin!«, »Nun reiß dich doch mal zusammen!«, »Beherrsch dich!« sind als Aufforderung mit dem Ziel des Lernens von Selbstkontrolle etwa so sinnvoll wie »Nun sag doch mal was« für die Sprachentwicklung förderlich ist. Was man wirklich lernt – Laufen, Sprechen, Wollen –, *muss man selbst tun!* Es geht also, wie eingangs schon beschrieben, bei der Entwicklung von Selbstkontrolle um Situationen, in denen sie spielerisch geübt wird, ohne dabei zugleich Thema zu sein. Gemeinsames alltägliches Handeln, sportliche Aktivitäten in der Gemeinschaft, musische Aktivitäten in der Gemeinschaft, Theaterspielen oder das Durchführen anderer Spiele hat letztlich die Entwicklung von Selbstkontrolle zum Ziel.

Mit unserem Willen verhält es sich also nicht anders als mit dem Laufen oder dem Sprechen. Auch für die Entfaltung der Fähigkeit zur Selbstkontrolle bedarf es entsprechender vielfältiger Erfahrungen. Aber was sind das für Erfahrungen, die unseren Willen trainieren? Um an dieser Stelle die Dinge scharf zu sehen, hilft ein Blick in die Menschheitsgeschichte – genauer: ein

Blick auf den Alltag der Menschen, als sie noch unter Steinzeitbedingungen lebten. Um als Jäger und Sammler zu überleben, musste man permanent kontrolliert und planvoll vorgehen. Wer im Winter das Feuer nicht hütete und nicht rechtzeitig neues brennbares Material besorgte, erfror. Wer sich bei der Suche nach Nahrungsmitteln leicht durch die vielfältigsten anderen Dinge, die die Natur auch noch zu bieten hatte, ablenken ließ, verhungerte. Wer bei der Jagd auch nur einen Moment unaufmerksam war, verhungerte ebenfalls oder starb schon vorher gewaltsam. Und wer ein Problem hatte und um Rat nachfragen wollte, musste sich auf den Weg machen und einen älteren Menschen aufsuchen, was planvoll zu geschehen hatte, weil es nicht so viele gab und die wenigen auch sehr beschäftigt waren (vor allem mit dem Erteilen von Ratschlägen).

Vergleichen wir diese Situation mit dem heutigen Leben: Wer Hunger hat, öffnet den Kühlschrank; wer friert, dreht die Heizung auf, und wer etwas wissen will, der googelt. In den ersten beiden Fällen ist kein planvolles Aneinanderreihen unterschiedlicher Handlungen bei gleichzeitiger Unterdrückung von Reaktionen auf Ablenkreize notwendig. Im dritten Fall wäre es notwendig, findet jedoch faktisch nicht statt: Wie in Kapitel 10 gesehen, erfolgt Informationssuche bei Jugendlichen meist nicht planvoll, sondern durch wahlloses Herumklicken.

Beim Übergang vom Jäger und Sammler zum Bauern mit gleichzeitiger Bildung größerer Gemeinschaften und mit der damit einhergehenden größeren Existenzsicherheit entfielen dann zahlreiche Erfahrungen, die man zum Entwickeln der Selbststeuerung braucht. Zugleich wurde diese Fähigkeit wichtiger denn je, weil ein Bauer über weit größere Zeiträume planen musste als ein Jäger und Sammler.

Man stelle sich einmal vor, die Erfindung der Schrift hätte dazu geführt, dass die Menschen nicht mehr miteinander sprechen, sondern nur noch mittels schriftlicher Nachrichten miteinander kommunizieren. Das hätte verheerende Auswirkungen auf die Sprachentwicklung der folgenden Generation und damit aller weiteren Generationen gehabt. Wer nicht sprechen gelernt hat, der kann auch nicht lesen und schreiben. So ähnlich kann man sich die Auswirkungen einer gut organisierten und sämtliche Bedürfnisse von Menschen befriedigenden Gesellschaft auf die Entwicklung von Selbstkontrolle vorstellen: Plötzlich fallen alle Gelegenheiten weg, bei denen man sie üben könnte. Funktionierende Kulturen haben daher das *Spielen* erfunden und kultiviert. Im Spiel wird vieles geübt, was auch sonst geübt wird – hören und sprechen, aufeinander eingehen und miteinander etwas tun. Für eine Fähigkeit ist das Spielen allerdings besonders wichtig, weil sie letztlich nur im Spiel geübt wird: die Selbstkontrolle. Nicht umsonst gibt es Spiele und Spielzeuge (also *Spielkultur*), seitdem es größere Gesellschaften gibt.

Betrachten wir beispielsweise die Aktivitäten, die seit langer Zeit in Kindergärten ausgeübt werden. Man singt gemeinsam ein Lied. Dabei singt nicht jeder, was ihm gerade einfällt, sondern man kontrolliert das eigene Tun und stimmt es mit den anderen ab. Man singt ein Lied und verändert währenddessen den Text *(Drei Chinesen mit dem Kontrabass)*. Hier wird also eine Instruktion *(alle singen auf a)* im Gedächtnis aufrechterhalten. Dieser Plan wird unmittelbar umgesetzt, was nur gelingt, wenn der automatische Output aus den Sprachzentren noch einmal im Frontalhirn moduliert und dann erst nach draußen geschickt wird. Diese Kontrolle ist flexibel *(und jetzt alle auf i);* die Regel, der jeweils zu folgen ist, wird immer wieder geändert, und so wird kognitive Flexibilität trainiert. Bewegungsspiele *(Alle Vögel fliegen hoch)* haben die gleiche Funktion des Einübens von Selbstkontrolle, Laufspiele mit bestimmten Regeln ebenso. Bei Mannschaftsspielen muss man viele Regeln befolgen, jeweils die richtige. Kindergarten – das ist aus entwicklungsneurobiologischer Sicht Frontalhirntraining pur! Und bei der geistigen Frontalhirnleistung, um die es dabei geht, handelt es sich nicht etwa um Sprechen oder Rechnen, sondern um Willenskraft.

Auch das planvolle Gestalten ganzer Handlungsabläufe dient nichts anderem als dem Training von Selbstkontrolle. Eine Gruppe baut etwas, ein Haus aus Tischen und Stühlen, oder sie buddelt draußen eine kleine Höhle. Eine andere Gruppe ist drinnen mit dem Kuchenbacken beschäftigt. Niemand schleckt am Teig, sondern alle arbeiten auf das gemeinsame Ziel hin und beherrschen unmittelbare Bedürfnisse nach Süßem. Steht der Kuchen erst einmal dampfend auf dem Tisch, wird erst noch ein Lied gesungen, und dann geht es schließlich ans Essen. Besser kann man Selbstkontrolle gar nicht trainieren.

Studien zeigen, dass sich die Selbstkontrolle in der Kindheit und Jugend sehr effektiv trainieren lässt, wenn man im Kindergarten und der Schule darauf achtet, entsprechende Situationen und Handlungszusammenhänge zu schaffen.[2] Dies kann nur funktionieren, wenn die Kinder Spaß an etwas haben. Weil das Singen eines Liedes Spaß macht, höre ich nicht nach zwei Tönen auf, selbst wenn mich etwas ablenkt. Und so lerne ich, eine Aktivität kontrolliert zu Ende zu führen. Dies gilt nicht nur für jede Form der Musik, sondern auch für alle anderen wichtigen Aktivitäten zur Ausbildung des Willens, wie Sport, Theater und handwerkliches Schaffen. Wenn ich zeichne oder male, dann habe ich am Ende ein Resultat, das ich stolz anderen zeigen kann, wenn ich konzentriert drangeblieben bin. So lernt man *Dranbleiben!*

Gesundheit, Glück und langes Leben

Im Jahr 1989 wurde ein Experiment in der wissenschaftlichen Fachzeitschrift *Science* publiziert, das einfacher nicht hätte sein können: Ein Kind sitzt an einem Tisch, auf dem sich eine Süßigkeit und eine Glocke befinden. Der Versuchsleiter sagt zum Kind: »Ich verlasse jetzt den Raum. Wenn ich in ein paar Minuten wiederkomme, und du hast die Süßigkeit nicht aufgegessen, bekommst du zwei davon. Wenn du die Süßigkeit vorher isst, dann läute die Glocke. Ich komme dann gleich zurück, aber du bekommst keine zweite Süßigkeit.« Das Ganze war ein Test zur Selbstbeherrschung – der sogenannte Marshmallow-Test. Er prüft, ob die Kinder zum *Belohnungsaufschub* (englisch: *delay of gratification*) fähig sind. Sie werden vor die Wahl gestellt, entweder einen Marshmallow sofort zu essen oder aber zu warten, bis sie einige Minuten später zwei der von ihnen so begehrten Süßigkeit essen können. Belohnt wird also das Warten, und das fällt gerade kleinen Kindern sehr schwer.

11.1 Ein ganz einfacher Versuch, der als Marshmallow-Test in die Psychologiegeschichte einging: Kann das Kind der Versuchung widerstehen?

Im Versuch kämpften die meisten Kinder mit sich selbst, um der Versuchung zu widerstehen; sie schafften das aber letztlich keine drei Minuten lang. Einige Kinder aßen den Marshmallow sofort auf. Nur etwa 30 Prozent der Kinder schoben ihren Genuss auf, bis der Versuchsleiter wieder auftauchte, was bis zu fünfzehn Minuten dauern konnte. Der kalifornische Psychologe Walter Mischel hatte dieses Experiment bereits Mitte der sechziger Jahre mit seinen Töchtern und deren Freunden und Freundinnen gemacht. Jahre später war ihm dann aufgefallen, dass diejenigen Kinder, die sich im Kindergartenalter besser hatten »beherrschen« können, in Schule, Studium und Beruf deutlich besser vorankamen als diejenigen, die sich, wie er Ende der achtziger Jahre schrieb, nicht »im Griff« hatten.[3]

Man kann die Fähigkeit zur Selbstbeherrschung aber auch ohne Süßigkeiten und Glocke erfassen. Dazu braucht man nur Eltern, Erzieherinnen oder Lehrer zu fragen. Genau dies geschah in der bereits erwähnten neuseeländischen Langzeitstudie zur Entwicklung von gut tausend Kindern sehr genau. Im dritten, fünften, siebten und elften Lebensjahr wurden unterschiedliche Fragebögen und Tests durchgeführt; sowohl die Eltern als auch die Lehrer wurden eingehend befragt – ab dem Alter von elf Jahren auch die Kinder selbst. Später wurden die Kinder in regelmäßigen Abständen weiter untersucht, bis ins Erwachsenenalter hinein. Hierbei zeigte sich, dass Gesundheit, Wohlstand und die sozialen Lebensumstände vom Ausmaß der Selbstkontrolle in der Kindheit abhängen. Wer sich schon als Kind gut im Griff hatte, war als Erwachsener gesünder (von besseren Zähnen bis zu selteneren Auftreten von Diabetes), verdiente mehr und war deutlich weniger von sozialem Abstieg und Verarmung bedroht, neigte weniger zu Kriminalität und hatte vor allem deutlich weniger Suchtprobleme (Rauchen mit fünfzehn oder Drogensucht mit sechsundzwanzig Jahren). Auch die sogenannten »jugendlichen Dummheiten« (von Ladendiebstahl bis zu ungewollter Schwangerschaft) traten bei denjenigen, die sich als Kind schon besser im Griff hatten, deutlich weniger in Erscheinung.

Es ließe sich nun einwenden, dass die beschriebenen Auswirkungen gar nicht auf Selbstkontrolle zurückzuführen sind, sondern mit Intelligenz zu tun haben oder damit, dass die Kinder

»aus gutem Hause« kommen: Intelligente Menschen haben sich besser im Griff, Kinder aus guten Verhältnissen ebenso. Insofern wurden in der Untersuchung der sozioökonomische Status und die Intelligenz eigens erfasst. Und es zeigte sich in der Tat, dass sie einen Einfluss auf die gemessenen Werte von Glück, Gesundheit, Einkommen, Kriminalität etc. haben. Dieser ist jeweils etwa so groß wie der Einfluss der Selbstkontrolle und lässt sich von diesem statistisch abgrenzen. Auch in der Studie zu den ungünstigen Auswirkungen von Medienkonsum in der Kindheit auf den Bildungserfolg im Erwachsenenalter ließ sich zeigen, dass der sozioökonomische Status (in Deutschland schauen beispielsweise die Kinder von Hartz-IV-Empfängern täglich etwa eine halbe Stunde mehr fern) nicht ausreicht, um den Effekt zu erklären. Es geht also um einen eigenen systematischen Effekt der Selbstkontrolle (sich im Griff haben) auf das Leben der Erwachsenen. Und obwohl jeder um die Relation von Intelligenz und seltenem Auftreten von Armut weiß, befindet sich die Selbstkontrolle noch kaum auf dem »Radarschirm« der wesentlichen lebensbestimmenden Faktoren. Deswegen sollte eigentlich ein ganzes Buch über diesen Sachverhalt geschrieben werden.

Weitere Studien legen nahe, dass eine gute Selbstkontrolle sogar das Leben verlängern kann. Zu den besten dieser Studien gehört eine Untersuchung, bei der schottische Wissenschaftler sehr viel Geduld bewiesen. Im Jahr 1950 untersuchten sie die Persönlichkeitseigenschaften von etwa 1200 Kindern im Alter von vierzehn Jahren – und warteten dann 55 Jahre.[4] Und dann ermittelten sie, wer wann gestorben war und wer noch lebte. Hierbei zeigte sich ein sehr deutlicher Einfluss der Gewissenhaftigkeit einer Person auf deren Überleben: Die nicht Gewissenhaften waren mit doppelter Wahrscheinlichkeit schon tot. Wer mit sich und der Welt gewissenhaft umgeht, wer sich im Griff hat und weiß, wo es langgeht, lebt also nicht nur besser, gesünder und glücklicher, er lebt auch deutlich länger.

Ein wesentlicher Grund für diesen Effekt wurde in einer Studie deutlich, die allein schon aufgrund der Versuchspersonen, mit denen sie durchgeführt worden war, erwähnenswert ist: Die New Yorker Entwicklungspsychologin B. J. Casey unterzog insgesamt 27 Erwachsene, die als Kind in den sechziger Jahren an Mischels Marshmallow-Test teilgenommen hatten, einer Magnetresonanztomographie.[5] Nun mussten sie allerdings nicht mehr der Versuchung eines Marshmallows widerstehen, denn Erwachsene haben selten eine besondere Vorliebe für diese unförmige weiße süße Masse. Die Selbstbeherrschung wurde vielmehr durch Aufgaben gefordert, bei denen die eigenen Emotionen gezügelt werden mussten. Wie sich zeigte, war die Aktivität in Bereichen des Frontalhirns, die bekanntermaßen mit dem Arbeitsgedächtnis und der Kontrolle von Gefühlen zuständig sind, bei denjenigen Probanden größer, die sich schon als Vierjährige im Marshmallow-Test besser im Griff hatten. Umgekehrt waren die emotionalen Zentren trotz versuchter Gefühlskontrolle bei denjenigen aktiver, die mit vier beim Marshmallow-Test schon versagt hatten. Wer zeitlebens seine Emotionen besser kontrollieren kann, kommt nicht nur besser durchs Leben, sondern macht auch seinen Mitmenschen das Leben leichter.

Stress ist fehlende Selbstkontrolle

Manchen wird es überraschen, dass es einen klaren Zusammenhang zwischen Stress und Selbstkontrolle gibt. Für gewöhnlich sagen wir »So ein Stress«, wenn die Rolltreppe kaputt ist, wir in den vierten Stock gelaufen sind und uns den Schweiß von der Stirn wischen. Tatsächlich haben wir mit dieser kleinen Anstrengung jedoch gerade Stress abgebaut! Stress ist nämlich *nicht* dasselbe wie körperliche Anstrengung, sondern wird durch die richtige körperliche Ertüchtigung eher vermindert.

Stress resultiert aus mangelnder Kontrolle. Stress hängt nicht davon ab, was objektiv der Fall ist, sondern davon, wie wir das Ausmaß unserer Kontrolle über die jeweilige Situation *erleben*. Ich möchte dies an einem Beispiel – einem Tierversuch – erläutern: Eine Ratte sitzt in einem Käfig und bekommt ab und zu über dessen Drahtfußboden einen kleinen elektrischen Schock. Der Schock tut weh, und die Ratte versucht, ihn zu vermeiden. Dies ist ihr möglich, denn in dem Käfig ist eine kleine Lampe eingebaut, die immer kurz vor dem Elektroschock aufleuchtet. Weiterhin befindet sich im Käfig noch eine Taste, die die Ratte drücken muss, sobald die Lampe aufleuchtet. Geschieht dies, erfolgt kein elektrischer Schock. Ist die Ratte jedoch zu langsam, folgt das schmerzhafte Schockerlebnis. Man kann die Zeit zwischen Lampe und Schock so einstellen, dass es der Ratte meistens gelingt, den Schock zu vermeiden. Ab und zu wird sie jedoch zu langsam sein, und dann wird sie einen Schock bekommen.

An den Schockapparat ist noch ein weiterer Käfig im Nachbarraum angeschlossen. Auch in diesem Käfig sitzt eine Ratte. Immer wenn die Ratte Nr. 1 einen Schock bekommt (also zu langsam war in ihrer Reaktion auf das Lämpchen), erhält die Ratte Nr. 2 auch einen Schock. Ansonsten hat diese Ratte nichts zu tun. Sie hat keine Lampe und keinen Hebel, kann also an ihrem Schicksal nichts ändern. Umgekehrt muss sie aber auch nichts leisten, braucht also nicht auf der Lauer zu liegen, auf das Licht zu achten und dann rasch die Taste zu drücken. Sie liegt vielmehr buchstäblich auf der faulen Haut.

Welche von beiden Ratten wird nun von Stress geplagt? Man möchte meinen, die Ratte Nr. 1. Sie muss auf der Hut sein, aufmerksam und angespannt; sie muss rasch reagieren und ist damit in gewisser Weise »immer unter Strom«, damit sie nicht gelegentlich einen Stromstoß bekommt. Anders die Ratte Nr. 2, die nichts tut und genau dieselben Stromstöße abbekommt wie die andere Ratte. Tatsächlich ist es genau umgekehrt. Man kann dies herausfinden, indem man die Stresssymptome untersucht: Bluthochdruck, Magengeschwüre, Wachstumsstörungen, Impotenz, Libidoverlust, Infektionskrankheiten, Krebsgeschwülste und nicht zuletzt abgestorbene Gehirnzellen gehören dazu. All dies lässt sich bei Ratte Nr. 2 feststellen, die offensichtlich unter chronischem Stress gelitten hatte, nicht jedoch bei Ratte Nr. 1. Sie hatte keinen Stress.

Das Experiment zeigt ganz deutlich: Nicht die unangenehmen Erfahrungen bewirken Stress, sondern das Gefühl, ihnen machtlos ausgeliefert zu sein. Wenn wir wissen, dass wir keine Einwirkungsmöglichkeit und keine Kontrolle haben, löst das bei uns (wie bei der Ratte) chronischen Stress aus. Gestresst sind wir immer dann, wenn uns die Kontrolle abhandenkommt. Wenn man weiß, dass der Chef montags immer schlecht gelaunt ist, wird man nicht sehr darunter leiden. Wenn der Chef jedoch ab und zu wie aus heiterem Himmel seine schlechte Laune an einem auslässt, dann löst das Stress aus. Wer öfter lächelt, lebt länger.[6] Demgegenüber vermindert eine launische Ehefrau oder Partnerin nicht nur das Lebensglück eines Mannes nachweislich, sondern auch seine Lebenszeit, denn Glücksgefühle wirken in der Regel lebensverlängernd.[7] Letztlich liegt das am Stress, den der Mann hat, weil er nie weiß, was seine Frau als Nächstes tut. (Der Effekt gilt natürlich auch umgekehrt, ist jedoch nicht so stark).

Selbstkontrolle chronisch abgeben

Aufmerksamkeitsstörungen sind das Gegenteil von Selbstkontrolle: Wer dauernd durch irgendetwas abgelenkt ist und herumzappelt, der hat seine Motorik nicht im Griff und ist ihr ausgeliefert. Passivität vor Bildschirmen und das regelrechte Einüben von Aufmerksamkeitsstörungen bei Computerspielen lösen nachweislich Aufmerksamkeitsstörungen aus. Der amerikanische Kinderarzt Dimitri Christakis und seine Mitarbeiter konnten als Erste zeigen, dass Fernsehkonsum in der früheren Kindheit zu vermehrtem Auftreten von Aufmerksamkeitsstörungen (d. h. zu Selbstkontrollverlust) im Schulalter führt.[8] Warum das so ist, hat eine im Herbst 2011 in der renommierten Fachzeitschrift für Kinderheilkunde *Pediatrics* publizierte Studie[9] sehr eindrucksvoll gezeigt: Insgesamt sechzig Kinder im Alter von vier Jahren wurden nach dem Zufallsprinzip in drei Gruppen aufgeteilt. Die erste Gruppe bekam einen modernen, schnell geschnittenen fantastischen Cartoon zu sehen (Wechsel der Szene durchschnittlich alle elf Sekunden), die zweite Gruppe einen realistischen Lehrfilm über das Leben eines Jungen (Szenenwechsel alle 34 Sekunden), und die dritte Gruppe sollte neun Minuten zeichnen. Danach wurden bei allen Gruppen vier einfache Tests zu Funktionen des Frontalhirns durchgeführt:

(1) Einen aus drei Scheiben bestehenden Turm auf bestimmte Weise *planvoll* umbauen (Turm-von-Hanoi-Aufgabe), eine Funktion des *Arbeitsgedächtnisses*.

(2) Der Kopf-Schulter-Knie-Zeh-Test (»wenn ich *Kopf* sage, müsst ihr die Zehen berühren, und wenn ich *Zeh* sage, dann den Kopf«), bei dem *reflexartiges Handeln unterdrückt* und gemäß der vorgegebenen Regel zu handeln ist.

(3) Eine Version des Marshmallow-Tests zur Erfassung der Fähigkeit zum *Belohnungsaufschub*.

(4) Zahlen rückwärts nachsprechen (»Ich nenne einige Zahlen, und du sagst sie rückwärts nach. Wenn ich also 3–4 sage, musst du 4–3 antworten.«), ebenfalls eine Funktion des *Arbeitsgedächtnisses*.

In der folgenden Grafik sind die Ergebnisse der vier Tests für die drei Gruppen jeweils nebeneinander vergleichend dargestellt.

Man sieht deutlich, dass der schnell geschnittene Cartoon unsere Fähigkeit zur Selbstkontrolle in den Keller befördert, wo-

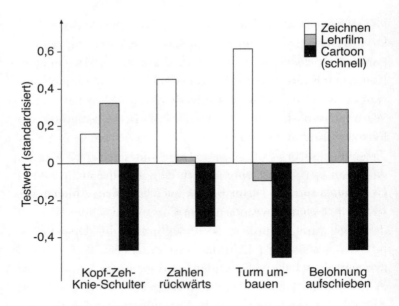

11.2 Ergebnisse von vier Tests zu den Frontalhirnfunktionen Konzentration und Selbstkontrolle bei vierjährigen Kindern in Abhängigkeit davon, was sie zuvor getan haben: einen schnellen Cartoon gesehen **(schwarze Säulen)**, einen Lehrfilm gesehen **(graue Säulen)** oder gezeichnet **(weiße Säulen)**.[10]

hingegen die Konzentration beim Zeichnen die Selbstkontrolle deutlich verbessert. Nun verbringen sehr viele Kinder täglich nicht einige Minuten, sondern mehrere Stunden vor solchen Cartoons, die insbesondere von den Kinderprogrammen der Privatsender ausgestrahlt werden. Wie bereits mehrfach erwähnt, kann dies, gerade bei den noch so flexiblen Gehirnen der Kinder, eines nicht haben: keine Auswirkungen. Genau dies zeigt die eingangs genannte Studie von Dimitri Christakis und seinen Mitarbeitern sowie die in Kapitel 6 ausführlich beschriebenen Studien von Robert Hancox und seinen Mitarbeitern zu den negativen Auswirkungen des Fernsehens auf körperliche Gesundheit und geistige Bildung.

Im Grunde ist es beschämend, dass die Wissenschaft erst im

Herbst 2011 bestätigen konnte, was Millionen von Eltern und Großeltern längst wussten: dass Kinder ganz »kirre« werden, wenn sie beispielsweise am Sonntagvormittag stundenlang die Comics im Kinderkanal schauen. »Die Kinder sind danach einfach zu gar nichts mehr zu gebrauchen«, beklagen sich Mütter, wenn sie mit mir nach Vorträgen über die Folgen des Medienkonsums diskutieren.

Besonders erwähnenswert erscheint mir noch die Tatsache, dass das Frontalhirn besonders »anfällig« ist und nicht nur bei Ermüdung, sondern beispielsweise auch bei einem Abfallen des Blutzuckerspiegels (wie er ganz normal etwa zwei Stunden nach dem Frühstück auftritt) nicht mehr so gut funktioniert. Erst kürzlich konnte ein Experiment mit erfahrenen Richtern zeigen, dass diese buchstäblich ihren Geist aufgeben, wenn sie eine Weile nichts gegessen haben, und nachweislich schlechtere Urteile fällen.[11] Was für Richter zutrifft, gilt für Kinder mit noch nicht ganz so gut gebildetem Frontalhirn allemal: Wer ohne Frühstück in die Schule geht, wird sich nicht so gut konzentrieren können. Und wer, wie hierzulande täglich Millionen Kinder, das Frühstück durch Fernsehen ersetzt und dann zur Schule geht, der verhält sich etwa so schlau wie derjenige, der sich vor einem Wettlauf ins rechte und ins linke Knie schießt.

Aufmerksamkeit am Computer trainieren?

»Das mag ja für das Fernsehen gelten. Aber gibt es nicht Studien, die zeigen, dass man seine Aufmerksamkeit am Computer sogar trainieren kann?«, werden mir jetzt gerade diejenigen entgegnen, die gerne vor dem Computer sitzen, um Angreifer aus fremden Welten abzuschießen. Und sie könnten eine Arbeit aus dem wissenschaftlichen Fachblatt *Nature* zitieren, der zufolge das Spielen von Action Video Games die Aufmerksamkeit verbessern soll.¹² Nicht zuletzt deshalb erregte diese Studie das Interesse der Medien. Man stellte fest, dass Video-Game-Spieler auf Ablenkreize *besser* reagieren können als Nicht-Video-Game-Spieler (Experiment 1). Auch können sie bei sehr rascher Abfolge von Reizen deren Zahl vergleichsweise *besser* angeben (Experiment 2). Zudem reagieren sie besser auf Reize, die sich weiter am Rande des visuellen Feldes befinden (Experiment 3) und weisen einen geringeren *Attentional Blink Effect* – was man nur schlecht mit *Aufmerksamkeitsblinzeln* ins Deutsche übersetzen kann – auf (Experiment 4). Das bedeutet, dass etwa eine Fünftelsekunde nach der Darbietung eines Reizes ein zweiter Reiz folgt, der normalerweise schlechter verarbeitet wird. Diese Verschlechterung fällt bei Video-Game-Spielern vergleichsweise geringer aus. Die Experimente 1, 3 und 4 wurden mit jeweils acht Video-Game-Spielern und acht Nicht-Video-Game-Spielern durchgeführt, bei Experiment 2 betrug die Gruppengröße jeweils dreizehn.

Bei genauem Hinsehen beweisen die Daten jedoch keineswegs das, was sie zu belegen scheinen: Wer ablenkende Reize besser verarbeitet, kann sie eben schlechter unterdrücken und ist *stärker abgelenkt* (Experiment 1). Nichts anderes gilt für denjenigen, der auf *viele* Reize besonders schnell reagiert, denn er kann sich auf *einen* schlechter konzentrieren (Experiment 2). Wer beim Abschießen von Monstern aus dem All seine Aufmerksamkeit permanent überall auf den ganzen Bildschirm verteilen muss, der lernt dadurch, seine Aufmerksamkeit zu verteilen, und gerade nicht, sie zu fokussieren (Experiment 3).

Um das Ergebnis des vierten Experiments zu verstehen, muss ich etwas ausholen: Die Verarbeitung eines Reizes in unserem Sehsystem braucht Zeit, auch wenn sie zunächst automatisch und sehr rasch erfolgt. So können wir beim Betrachten einer Szene während eines Zeitintervalls von nur 180 Millisekunden angeben, ob dabei ein Tier abgebildet ist oder nicht – also lange bevor wir auch nur bewusst richtig hingeschaut haben.¹³ Damit wir überhaupt so schnell etwas wahrnehmen können, muss sich unser visuelles System gegen Überlastung schützen. Dies geschieht beim *Attentional Blink*, bei dem automatische Informationsverarbeitungsprozesse in unserem Sehsystem die Verarbeitung weiterer Reize stoppt, bis der nächste Reiz aufgenommen und verarbeitet werden kann. Dieser Vorgang dauert gut eine Viertelsekunde und ist kein Fehler des Systems, sondern ein wichtiger Schutzmechanismus vor Überlastung. Experiment 4 zeigt nun, dass man sich diesen Mechanismus zumindest teilweise durch häufiges Video-Game-Spielen abtrainieren kann.

Schließlich wurden in einem fünften Experiment neun Nicht-Video-Game-Spieler über zehn Tage jeweils eine Stunde lang mit einem Ego-Shooter-Spiel *(Medal of Honor)* trainiert. Eine Kontrollgruppe trainierte das gewaltfreie Spiel *Tetris*. »Dieses Spiel beinhaltet eine schwierige visuell-motorische Komponente, wohingegen Action Video Games eine Verteilung der Aufmerksamkeit bzw. einen häufigen Wechsel der Aufmerksamkeit erfordern. Bei *Tetris* muss man sich jeweils auf eine Sache konzentrieren, weswegen man bei diesem Spiel die beschriebenen Veränderungen der Aufmerksamkeit nicht erwarten würde«, schreiben die Autoren der Studie.[14]

Diese Veränderungen beschreiben jedoch allesamt, dass die Aufmerksamkeit durch Ego-Shooter-Spiele tatsächlich verändert wird: Man trainiert sich dabei eine Aufmerksamkeitsstörung an! »Obgleich das Spielen von Video Games ziemlich geistlos erscheint, kann es dennoch zu radikalen Veränderungen der visuellen Aufmerksamkeit führen«, bewerten die Autoren Shawn Green und Daphne Bavelier ihre Ergebnisse und suggerieren damit dem Leser positive Auswirkungen, was dann in den Medien in aller Ausführlichkeit breitgetreten wurde.[15] Fakt ist hingegen, dass diese Studie klar gezeigt hat, dass man mit Ego-Shooter-Spielen seine Konzentration und Selbstkontrolle abgibt, um sich wieder auf das mentale Funktionsniveau eines Reflexautomaten herabzubegeben.

Dass man mittels Ballerspielen wirklich gar nichts lernt außer ballern, hat mittlerweile eine große britische Studie sehr klar gezeigt.[16] Die Autoren wandten sich an die Zuschauer der populärwissenschaftlichen englischen Fernsehserie *Bang Goes The Theory,* was sinngemäß übersetzt etwa bedeutet: Mit einem Schlag ist wieder mal eine Theorie erledigt. Die Zuschauer wurden gebeten, bei einer sechswöchigen internetbasierten Studie mitzumachen. Daraufhin meldeten sich 52 617 Teilnehmer im Alter von achtzehn bis sechzig Jahren, die zunächst mit vier neuropsychologischen Tests im Hinblick auf logisches Denken, verbales Kurzzeitgedächtnis, räumliches Arbeitsgedächtnis und das Lernen paarweiser Wortassoziationen untersucht wurden. Diese Tests sind bekannt und sehr sensibel, so dass sie auch im klinischen Bereich als Tests auf krankhafte Beeinträchtigungen geistiger Leistungen eingesetzt werden. Sie zeigen aber auch Leistungs*verbesserungen* klar an, wenn es denn welche gibt.

Nach den Tests wurden die Teilnehmer nach dem Zufallsprinzip auf zwei Experimentalgruppen und eine Kontrollgruppe verteilt. Sie mussten mindestens dreimal wöchentlich für jeweils zehn Minuten sechs Trainingsaufgaben absolvieren, die in Experimentalgruppe I vor allem das logische Denken, Planen und Problemlösen betrafen. In Experimentalgruppe II wurde eine breitere Palette geistiger Leistungen mit Aufgaben zu Kurzzeitgedächtnis, Aufmerksamkeit, räumlichem Denken und Mathematik trainiert. Wie bei entsprechenden kommerziell erhältlichen Gehirntrainingsprogrammen wurde die Schwierigkeit der Aufgaben dem jeweiligen Stand des Teilnehmers angepasst, so dass es immer neue Herausforderungen zu bewältigen gab und der Erfolg des Trainings maximal war. Die Kontrollgruppe erhielt keine Übungsaufgaben, sondern musste während des Trainings irgendwelche obskuren Fragen beantworten.

Nach sechs Wochen Training wurden die eingangs erhobenen Tests wiederholt und mit den Leistungen beim Eingangstest verglichen. 11 430 Teilnehmer hielten durch; sie absolvierten den Eingangs- und Endtest sowie im Durchschnitt knapp 25 Trainingseinheiten. Gemessen wurden die Verbesserung bei den vier neuropsychologischen Tests (Leistung am Ende minus Leistung zu Beginn) sowie die Verbesserung bei den jeweils sechs im Training direkt bearbeiteten Aufgaben (ebenfalls Leistung am Ende minus Leistung zu Beginn). Dieses Vorgehen erlaubte es, die trainingsspezifischen Verbesserungen von allgemeinen Verbesserungen der geistigen Leistungsfähigkeit zu unterscheiden. Mit anderen Worten: Es ließ sich ermitteln, ob die Teilnehmer das, was trainiert wurde, auch auf andere Situationen übertragen konnten.

Die Ergebnisse der Studie waren klar und ernüchternd: Keine der Trainingseinheiten änderte etwas an der geistigen Leistungsfähigkeit der Teilnehmer. In allen drei Gruppen kam es zu sehr geringen Verbesserungen im zweiten Test, die aber nicht auf das Training, sondern auf einen Übungseffekt beim Test zurückzuführen waren (man machte ja nach sechs Wochen noch einmal den gleichen Test). Im Hinblick auf logisches Denken, verbales Kurzzeitgedächtnis, räumliches Arbeitsgedächtnis und das Lernen neuer Gedankenverknüpfungen (Assoziationen) wurden keine Verbesserungen sichtbar.

Demgegenüber verbesserten sich alle Teilnehmer der Experimentalgruppen I und II deutlich und statistisch signifikant in den Trainingsaufgaben. Selbst die Teilnehmer der Kontrollgruppe wurden ein wenig besser (statistisch aber nicht abgesichert) im Beantworten obskurer Fragen. Das bedeutet, dass das Training durchaus einen Lerneffekt hat, dieser Effekt einem jedoch bei anderen Aufgaben, selbst wenn sie mit dem Training verwandt sind, nichts nützt.

Die Autoren diskutieren ihre Daten daher auch sehr klar: »Unserer Ansicht nach liefern diese Ergebnisse keine Beweise für den weitverbreiteten Glauben, dass computerisierte Gehirntrainer bei gesunden Menschen die allgemeine geistige Leistungsfähigkeit verbessern.«[17]

Fazit

Digitale Medien wirken der Fähigkeit zur Selbstkontrolle entgegen und lösen daher Stress aus. Wer sich dafür starkmacht, dass im Kindergarten oder in der Grundschule mehr Mediennutzung stattfinden sollte, muss sich mit dieser Tatsache auseinandersetzen. Man müsste vor allem nachweisen, dass die vermuteten Vorteile die mit Sicherheit vorhandenen Nachteile überwiegen. Einen solchen Nachweis sind diejenigen, die Computernutzung gerade im Kindesalter propagieren, bislang schuldig geblieben.

Computergestütztes Gehirntraining gibt es insofern, als man sich durch Ballerspiele eine Aufmerksamkeitsstörung antrainieren kann. Die allgemeine geistige Leistungsfähigkeit verbessert sich nicht, obwohl dies gerne und häufig von Anbietern entsprechender Programme behauptet wird. Hinzu kommt, dass wir über die langfristigen Auswirkungen der zunehmend computergestützten und internetbasierten Arbeit und Freizeitgestaltung noch keine abschließenden Aussagen machen können.

Hinzu kommt noch ein Gedanke, der bislang kaum diskutiert wird und der gerade vor dem Hintergrund von Selbstkontrolle und Stress bedeutsam wird. Es wird allgemein als prekär erachtet, dass einige große Internetfirmen gigantische Mengen an Daten über die Nutzer sammeln. Wenn Sie, lieber Leser, für eine Leistung nichts bezahlen, dann sind Sie nicht der Kunde, sondern vielmehr die Ware, die verkauft wird. Wenn Sie also gratis etwas gesucht haben und bekommen dann unaufhörlich Werbung zu ähnlichen Produkten, darf Sie das nicht wundern.

Ende 2009 haben die Suchmaschinen Google und Yahoo die Suchergebnisse personalisiert; unsere Interessen werden bei der Recherche registriert. Langfristig werden wir durch die Personalisierung der Suchergebnisse immer mehr von diesen Firmen dominiert und von einer sogenannten *Filterblase* umhüllt.[18] Wenn Google, Facebook oder Yahoo der Meinung sind, dass uns bestimmte Sachverhalte nicht interessieren, dann werden sie uns auch nicht angezeigt. Diese informationstechnische Abgabe der Selbstbestimmung kann langfristig nur mehr Stress für uns alle bewirken, denn wie in diesem Kapitel klargeworden ist: Der Verlust der Selbstkontrolle ist ein wesentlicher Auslöser von Stress.

12. Schlaflosigkeit, Depression, Sucht & körperliche Folgen

Die schädlichen Folgen der Digitalisierung unserer Welt betreffen nicht nur in vielfältiger Weise unseren Geist, sondern auch unseren Körper. Und weil unser Geist in unserem Körper wohnt, wirken sich die negativen körperlichen Folgen noch zusätzlich auf unseren Geist aus. Geht man den jeweiligen Auswirkungen genauer nach, zeigt sich jedes Mal aufs Neue der Zusammenhang von Körper und Geist. Insgesamt stellen die negativen Auswirkungen auf den Körper und deren Konsequenzen für den Geist ein sehr starkes Argument für die These meines Buches dar, dass digitale Medien langfristig unserem Geist enorm schaden.

Schlaf

Menschen können durchaus einen Monat lang nichts essen. Einen Monat lang nicht schlafen geht hingegen nicht. Man wird durch Schlafentzug zwar nicht unbedingt psychotisch, wie das zuweilen behauptet wird, aber irgendwann ist man so müde, dass man buchstäblich im Stehen schläft bzw. einfach nicht mehr wach bleiben kann. Es ist wie mit dem Atmen: Man kann sich nicht umbringen, indem man aufhört zu atmen. Spätestens wenn man bewusstlos wird, holt sich der Körper wieder Luft. Und sobald man aus Schlafmangel bewusstlos wird, hat der Körper schon damit begonnen, sich zu holen, was er braucht.

Dass Menschen Schlaf brauchen, ist keine Frage; ziemlich unklar war hingegen lange, *warum*. »Na, zum Erholen«, werden jetzt viele denken, »das merkt man doch!« Aber das ist dennoch keine Antwort auf die Frage, die dann einfach nur anders lautet: Warum muss sich der Körper erholen, und vor allem: Warum auf diese eigenartige Weise?

Die Schlafforschung hat mit sehr vielen irrigen Vorstellungen über das Schlafen aufgeräumt und falsche Fragen durch richtige ersetzt. Als nämlich klarwurde, dass Schlaf ein vom Gehirn *aktiv* herbeigeführter Zustand ist, der zwar unser Erleben, aber keineswegs unser Gehirn passiv »überfällt« und noch dazu nicht mit einer Verminderung der Gehirnaktivierung einhergeht, war auch die »Müdigkeit–Ruhe«-Theorie des Schlafens erledigt. Unser Gehirn ruht sich nicht aus, schon gar nicht im Schlaf. Und damit wurde auch langsam klar: Unser Körper käme vielleicht ohne Schlaf aus, *unser Gehirn nicht!*

Jeder Mensch macht tagsüber meist vielfältige Erfahrungen; er lernt neue Menschen und Dinge kennen und erlebt neue Situationen. Damit diese Erfahrungen langfristig im Gedächtnis hängen bleiben, müssen sie verankert werden. Und dies geschieht während des Schlafs. Wie wir seit mehr als einem halben Jahrhundert wissen, ist der Schlaf auch nicht der gleichmäßige Zustand, als der er uns erscheint. Die Gehirnaktivierung durchläuft Veränderungen, jede Nacht in etwa vier bis fünf Zyklen – von leichtem Schlaf über Tiefschlaf, der dann wieder in leichten Schlaf übergeht. Danach scheint das Gehirn nach seiner elektrisch ableitbaren Aktivität wach zu sein, der Schlafende ist jedoch noch schlaffer und noch schwerer erweckbar als im Tiefschlaf. Dieser Zustand wurde daher auch *paradoxer Schlaf* genannt, weil das Gehirn aktiv ist wie im Wachzustand, sich aber zugleich von der Außenwelt abschottet: Es empfängt keine Impulse (höchste Weckschwelle) und sendet auch keine (schlaffste Muskeln). Weil während dieser Phase die Augen heftige Bewegungen ausführen (*rapid eye movement,* abgekürzt: REM) und die Träume besonders häufig und intensiv sind, spricht man auch von *REM-Schlaf* oder *Traumschlaf.*

Wenn wir dann zehn bis fünfzehn Minuten in diesem Zustand verbracht haben, fängt das Ganze von vorne an – mit wieder leichtem Schlaf, Tiefschlaf, leichterem Schlaf und einer zweiten REM-Phase. Und so geht es bis morgens etwa fünfmal, wobei auffällt, dass der Anteil des Tiefschlafs ab- und der des REM-Schlafs zunimmt. Wir sind weit davon entfernt, alle Einzelheiten verstanden zu haben, aber das sich für die Wissenschaft immer deutlicher abzeichnende Bild vom Schlaf sieht ungefähr so aus: Im Schlaf werden neue Gedächtnisinhalte in bereits existierendes Wissen integriert.[1] Hierzu werden sie zunächst in einer Tiefschlafphase unter Anleitung des Hippocampus in der Gehirnrinde aktiviert und dann im nachfolgenden Traumschlaf mit älteren Gedächtnisinhalten und Emotionen verknüpft und erneut analysiert – unser Gehirn denkt also heftig nach. Nicht zuletzt deswegen wachen wir zuweilen mit der Lösung eines Problems auf, über das wir am Abend zuvor bis zur Verzweiflung ergebnislos nachgedacht haben.

Welche Bedeutung der Schlaf für die Funktion unseres Gedächtnisses hat, ist mittlerweile in sehr vielen Studien – beim Tier und auch beim Menschen – eindeutig nachgewiesen worden.[2] Wer gerade viel lernt, braucht mehr Schlaf, und wer die Nächte durchmacht, um zu lernen, ist selbst schuld, wenn das nicht klappt. Denn so wird das Gehirn daran gehindert, nachts noch mal zu rekapitulieren – und damit zu verfestigen –, was tagsüber gelernt wurde. Bildhaft kann man sich die Funktion des Schlafs folgendermaßen vorstellen: Ein voller Briefkasten (Zwischenspeicher Hippocampus) wird geleert, die sortierten Briefe werden in einen Ordner (Gehirnrinde) abgelegt, und dann folgen das Abarbeiten und Beantworten der Briefe (im REM-Schlaf).

Man braucht gar nicht die LAN-Partys zu bemühen, die noch vor wenigen Jahren an informationstechnisch aufgerüsteten Schulen von Freitagabend bis Montagmorgen abliefen, um zu zeigen, dass digitale Medien vielen Menschen buchstäblich den Schlaf rauben. Bei diesen – mittlerweile verbotenen – Partys vernetzten die Schüler die Schulcomputer, um dann das Wochenende mit dem gemeinsamen Spielen von Video Games zu verbringen – meist sehr gewaltbetonte Ego-Shooter.[3] Jede Mutter, jeder Vater und jeder Lehrer weiß, wie müde jungen Menschen heute oft sind, weil man abends noch surft, spielt und in sozialen Medien unterwegs ist. Und dass ein müder Schüler weniger vom Unterricht hat, muss deswegen erwähnt werden, weil es an deutschen Schulen täglich ein millionenfach auftretendes Problem ist.

Schlaflosigkeit gehört zu den häufigsten unerwünschten Effekten der Nutzung digitaler Medien. Eine kürzlich publizierte schwedische Studie zeigte am Beispiel von zunächst 1127 jungen Menschen im Alter von 19 bis 25 Jahren, dass Schlafstörungen sowohl bei Männern als auch bei Frauen sehr häufig sind. An weiteren 4163 Probanden im Alter von 20 bis 25 Jahren wurden diese Befunde dann nochmals überprüft und vertieft.[4] Die insbesondere abends erfolgende Nutzung digitaler Medien, das Chatten vor allem bei Frauen, das Mailen und Spielen bei beiden Geschlechtern und auch die dauernde Erreichbarkeit per Handy gingen jeweils mit dem vermehrten Auftreten von Schlafstörungen einher.

Wer sich mit digitalen Medien den Schlaf raubt, begeht keineswegs ein Kavaliersdelikt, sondern ein schweres Verbrechen gegenüber dem eigenen Körper. Denn es ist ein Irrtum, zu glauben, dass zu wenig Schlaf nur kurzfristig Müdigkeit auslöst. Langfristig führt zu wenig Schlaf zu verminderter Immunabwehr und daher zu einem häufigeren Auftreten von Infektionskrankheiten und Krebserkrankungen. Es ergibt sich ein erhöhtes Risiko, dass sich kardiovaskuläre Erkrankungen, krankhaftes Übergewicht und Diabetes entwickeln.

Die bisher längste Studie zu den Auswirkungen von chronischem Schlafmangel wurde an einundzwanzig gesunden Probanden durchgeführt, die sechs Wochen in einem Bunker bei gleichmäßigem, gedimmtem Licht und ohne die Tageszeit anzeigende äußere Reize zubrachten.[5] Nach einer guten Woche der Eingewöhnung wurde für eine Zeitdauer von drei Wochen ihr Tag-Nacht-Rhythmus auf 28 Stunden verlängert und zugleich ihr Nachtschlaf auf 5,6 Stunden verkürzt. Dann folgten noch neun Erholungstage. Während der drei Wochen wurde den Probanden also nicht nur der Nachtschlaf deutlich gekürzt, sondern zudem die innere Uhr durcheinandergebracht, wie dies bei Menschen mit schlechter *Schlafhygiene* – so nennt man den (gesunden) Umgang mit seinem Schlaf – der Fall ist.

Man konnte so erstmals auch beim Menschen zeigen, dass Schlafmangel zu einer Beeinträchtigung der Funktion der Bauchspeicheldrüse führt, die normalerweise nach der Nahrungsaufnahme Insulin ausschüttet, damit die mit der Nahrung zugeführte Energie auch in die Zellen aufgenommen wird. Diese Insulinausschüttung nach einer Mahlzeit ist bei chronischem Schlafmangel gestört, wodurch es zu einer Erhöhung des Blutzuckerspiegels kommt. Schlafmangel bewirkt also Veränderungen des Stoffwechsels, die in Richtung Zuckerkrankheit gehen. Zudem wurde eine Abnahme des Ruheumsatzes um acht Prozent beobachtet, also ein insgesamt geringerer Energieverbrauch. Rein rechnerisch ergibt sich hieraus eine Gewichtszunahme von etwa fünf Kilo pro Jahr. Schon lange ist bekannt, dass chronischer Schlafmangel mit einer erhöhten Sterbewahrscheinlichkeit einhergeht.[6]

Wir beginnen nun, die Ursachen des epidemieartig zunehmenden krankhaften Übergewichts bei Kindern und Jugendlichen zu verstehen (siehe Kapitel 6). Vor allem die Jungen sind gefährdet, wenn sie viel Zeit mit digitalen Medien verbringen.

Depression

Haben Sie schon einmal bemerkt, dass vor einem Bildschirm selten jemand richtig glücklich wirkt? Nach einem Spaziergang, nach der Lektüre eines guten Buches oder dem Besuch eines Freundes fühlt man sich wohl, tatkräftig und begibt sich bestens gelaunt an seine Arbeit. Nach zwei Stunden Fernsehen oder virtuellem Geballere ist das eher nicht der Fall; man hat zu nichts mehr Lust. Bei Jugendlichen wirkt sich das vor allem auf die Schule aus, aber die medienbedingte Schulunlust hat auch außerhalb des regulären Unterrichts deutliche Auswirkungen, z. B. wenn es darum geht, an freiwilligen Aktivitäten in der Schule teilzunehmen. Der Anteil der Schüler, der hierzu bereit ist, sinkt von 43 Prozent bei den Elf- bis Zwölfjährigen auf neun Prozent bei den Siebzehn- bis Achtzehnjährigen.[7] Ein ähnlicher Trend zeigt sich bei den Aktivitäten in Vereinen und Gruppen (einmal oder häufiger pro Woche). Hier nimmt bei den Elf- bis Achtzehnjährigen die Teilnahme von 83 Prozent auf 62 Prozent ab, wobei der Medienkonsum eine entscheidende Rolle spielt: Je mehr Medien genutzt werden, desto geringer ist die Teilnahme an Gemeinschaftsaktivitäten in Vereinen und Gruppen.

Der Anteil derjenigen, die keiner organisierten Freizeitbeschäftigung nachgehen, ist unter den Intensivnutzern in allen Altersgruppen am höchsten. Eine geringere Teilnahme an Gruppenaktivitäten in Abhängigkeit vom Ausmaß der täglichen Mediennutzung zeigt sich besonders deutlich bei den Dreizehn- bis Sechzehnjährigen.[8] Wie jeder weiß, sind die Jahre zwischen dreizehn und sechzehn sehr kritisch und für junge Menschen besonders formend. Hier brauchen sie Bestätigungserlebnisse und vor allem den Kontakt mit Gleichaltrigen, um ihre Stellung in der Gemeinschaft zu finden. Hierzu bedarf es realer Kontakte, nicht der Begegnung mit abzuschießenden Monstern aus dem All im virtuellen Raum.

Hinzu kommt, dass organisierte Gruppenaktivitäten mit regelmäßiger körperlicher Aktivität einhergehen (94 Prozent). Da diese vermehrt gemieden werden, lässt sich mit fortschreitendem Alter (elf bis achtzehn Jahre) ein fortschreitender Mangel an körperlicher Aktivität feststellen. Dieser wird durch Medienkonsum deutlich gefördert: Wer viel Zeit mit digitalen Medien verbringt, bewegt sich weniger – mit allen gesundheitlichen Folgen für Körper und Geist, die dies mit sich bringt.

So verwundert es nicht, dass die bereits angeführte schwedische Studie einen deutlichen Zusammenhang zwischen der Nutzung digitaler Medien einerseits und dem Auftreten von Stress und Depressionen andererseits zeigte, insbesondere bei jungen Frauen. Chronischer Stress aufgrund mangelnder Kontrolle über das eigene Leben löst nicht nur mangelnde Immunabwehr, hormonelle Störungen, Beeinträchtigung von Verdauung, Muskulatur, Herz und Kreislauf aus, sondern auch das Absterben von Nervenzellen im Gehirn. Dort wachsen auch beim Erwachsenen, wie wir gesehen haben, u. a. im Hippocampus, dauernd neue Nervenzellen nach. Stress bewirkt jedoch, dass weniger Neuronen im Hippocampus nachwachsen.[9] Damit überwiegt der Abbau, und es kommt zu Beeinträchtigungen der Konzentration und des Gedächtnisses.

Auch chronischer Schlafmangel führt zu Depressionen, die wiederum den Schlaf beeinträchtigen. Es kommt also zu einem Teufelskreis aus gestörtem Schlaf, schlechter Stimmung und dem Gefühl von Abgeschlagenheit und Mattigkeit. Übergewichtige Jugendliche leiden zudem unter ihrem Körper, werden stigmatisiert, sozial ausgeschlossen und verfallen ebenfalls leichter in eine Depression. Sie ist damit die gemeinsame Endstrecke von Veränderungen des Körpers und Geistes, die durch digitale Medien verursacht werden.

Auch die im nächsten Abschnitt diskutierte Suchtproblematik steht mit depressiven Störungen in einem wechselseitigen Zusammenhang: Mehrere Studien haben belegt, dass Depressionen bei Computer- und Internetsucht wesentlich häufiger auftreten als bei Menschen mit normalem Mediennutzungsverhalten.[10]

Auch der Zusammenhang zwischen übermäßiger Internetnutzung und depressiver Psychopathologie wurde nachgewiesen.[11] So befragten beispielsweise britische Wissenschaftler 1319 Jugendliche und junge Erwachsene nach ihren Nutzungsgewohnheiten des Internets und erhoben zugleich depressive Symptome mittels standardisierter Skalen. In der gesamten Gruppe zeigte sich ein deutlicher Zusammenhang zwischen Internetnutzung und der Tendenz zur Internetsucht einerseits und dem Bestehen depressiver Symptome andererseits. Männer waren stärker betroffen als Frauen, und vor allem waren jüngere Probanden signifikant stärker betroffen als ältere.[12] Eine kleine Gruppe von achtzehn Probanden (1,2 Prozent) erfüllte die Kriterien der Internetsucht; diese Probanden waren mittelgradig bis schwer depressiv und nutzten das Internet vor allem für Spiele und Pornographie.

Mit Fragebögen erhobene Daten sind wichtig, können jedoch prinzipiell dahingehend kritisiert werden, dass wirkliche Messungen tatsächlichen Verhaltens noch genauer und verlässlicher sind. Daher ist eine an der Missouri University of Science and Technology im Februar 2011 durchgeführte Studie an 216 Studenten von besonderer Bedeutung, bei der die Internetnutzung unauffällig und zugleich unter Berücksichtigung der Privatsphäre gemessen wurde. Hierbei zeigten sich signifikante Zusammenhänge zwischen mehreren Parametern der Internetnutzung und dem Bestehen depressiver Symptome.[13]

Sucht

Über das Suchtpotenzial von Internet und Computern liegen mittlerweile eine Reihe von Studien vor, die von der einfachen Statistik des Auftretens (Epidemiologie) bis zum Wirkungsmechanismus (Gehirnforschung) reichen. Wir wissen also nicht nur, *dass* digitale Medien süchtig machen, wir wissen auch, *warum* dies so ist.

Man unterscheidet die pathologische Internetnutzung von der Computerspielsucht, obgleich die Daten im Fluss sind und gute Studien – also anhand einer größeren Personenzahl und wenn möglich vergleichend über längere Zeiträume durchgeführt – zwangsläufig der Wirklichkeit immer hinterherlaufen. Von 1997 bis 2010 stieg die Online-Nutzung in Deutschland in der Gruppe der Vierzehn- bis Neunzehnjährigen von 6,3 auf 100 Prozent.

Daten zur *Internetabhängigkeit* wurden im Mai 2011 von Wissenschaftlern der Universitäten Lübeck und Greifswald unter Mitarbeit von niederländischen Kollegen aus Nijmegen und Rotterdam in einem Bericht an das Bundesgesundheitsministerium vorgelegt.[14] Als repräsentative Stichprobe wurden hierzu insgesamt 15 024 Deutschen im Alter von 14 bis 64 Jahren telefonisch befragt. Insgesamt ergab sich hierbei eine Häufigkeit des Vorliegens einer Internetabhängigkeit von 1,5 Prozent der Befragten (Frauen 1,3 Prozent, Männer 1,7 Prozent). Es handelt sich um Menschen, die jede Woche im Durchschnitt 29,2 Stunden im Internet verbringen. In der Altersgruppe der Vierzehn- bis Vierundzwanzigjährigen beträgt der Anteil der Menschen mit Internetabhängigkeit 2,4 Prozent und bei den Vierzehn- bis Sechzehnjährigen sogar 4 Prozent. Hier liegen die Mädchen mit 4,9 Prozent vor den Jungen (3,1 Prozent), was vor allem auf die Nutzung sozialer Netzwerke zurückzuführen ist (77,1 Prozent der internetabhängigen Mädchen), wohingegen die Jungen eher im Netz spielen.

Manche Netzaktivitäten wurden bei Internetsüchtigen besonders häufig nachgewiesen: das Einkaufen im Internet[15], exzessiver Videokonsum[16], die intensive Nutzung von sozialen Online-Netzwerken[17], Chatrooms[18] und Online-Spielen[19] sowie die intensive nächtliche Internetnutzung[20]. Man kann sich also kaum des Eindrucks erwehren, dass Studenten, die vor allem im Netz unterwegs sind, ihre Aktivitäten in der realen Welt reduzieren und damit sozial zunehmend isoliert sind. Der aus der Behandlung von Angststörungen bekannte Teufelskreis aus Rückzug, Angst vor wirklichen Begegnungen und weiterem Rückzug wird also durch die Möglichkeiten des Internets signifikant verstärkt. Eine ganze Reihe von Studien zeigen daher einen deutlichen Zusammenhang zwischen Einsamkeit und der Internetnutzung.[21]

Um Ihnen als Leser die Gelegenheit zu geben, Ihre eigene Gefährdung einzuschätzen (oder die einer Ihnen nahestehenden Person), sind in der folgenden Tabelle[22] die Standardfragen aufgelistet, die man mit (0) nie, (1) selten, (2) manchmal, (3) häufig oder (4) sehr häufig beantworten kann. Man erreicht bei den 14 Fragen also maximal (14 x 4 =) 56 Punkte, wobei alle Werte ab der Hälfte hiervon – also ab 28 – als deutlicher Hinweis auf das Vorliegen einer Internetabhängigkeit gewertet werden.

Fragen zur Abschätzung des Vorliegens von Internetabhängigkeit[23]
1. Wie oft empfinden Sie es als schwierig, Ihre Internetnutzung zu beenden, wenn Sie online sind?
2. Wie oft setzen Sie Ihre Internetnutzung fort, obwohl Sie eigentlich aufhören wollten?
3. Wie oft sagen Ihnen andere Menschen, z. B. Ihr Partner, Kinder, Eltern oder Freunde, dass Sie das Internet weniger nutzen sollten?
4. Wie oft bevorzugen Sie das Internet, statt Zeit mit anderen zu verbringen, z. B. mit Ihrem Partner, Kindern, Eltern, Freunden?

5. Wie oft schlafen Sie zu wenig, weil Sie online sind?
6. Wie oft denken Sie an das Internet, auch wenn Sie gerade nicht online sind?
7. Wie oft freuen Sie sich bereits auf Ihre nächste Internetsitzung?
8. Wie oft denken Sie darüber nach, dass Sie weniger Zeit im Internet verbringen sollten?
9. Wie oft haben Sie erfolglos versucht, weniger Zeit im Internet zu verbringen?
10. Wie oft erledigen Sie Ihre Aufgaben zu Hause hastig, damit Sie früher ins Internet können?
11. Wie oft vernachlässigen Sie Ihre Alltagsverpflichtungen (Arbeit, Schule, Familienleben), weil Sie lieber ins Internet gehen?
12. Wie oft gehen Sie ins Internet, wenn Sie sich niedergeschlagen fühlen?
13. Wie oft nutzen Sie das Internet, um Ihren Sorgen zu entkommen oder um eine negative Stimmung zu verdrängen?
14. Wie oft fühlen Sie sich unruhig, frustriert oder gereizt, wenn Sie das Internet nicht nutzen können?

Im internationalen Vergleich fällt auf, dass die Internetabhängigkeit in asiatischen Ländern (Japan, Südkorea, Taiwan) noch deutlich höher ist, was möglicherweise an der großen Affinität vieler Menschen dort zu technischen Neuerungen im Spielzeug- und Unterhaltungsbereich liegt. Man denke nur an das *Tamagotchi,* ein 1996 in Japan auf den Markt gebrachtes – im Grunde völlig absurdes – elektronisches Küken, das nach Zuwendung durch den Besitzer verlangt und Bedürfnisse wie Essen, Trinken und Schlafen hat. In Südkorea werden Computerspiele im Fernsehen übertragen wie hierzulande die Bundesliga: Man ist »live« beim Krieg von Monstern (die von Profispielern kontrolliert werden) dabei, der von Sportkommentatoren begleitet wird.

Dass Computerspiele eine suchterzeugende Wirkung haben

können, ist schon länger bekannt. Insbesondere komplexe Spiele mit vielen anderen Spielern und einer Zufallskomponente (wie beispielsweise das Online-Spiel *World of Warcraft*) haben nicht selten katastrophale Auswirkungen auf das Leben der Spieler: Sie vernachlässigen sich und ihre täglichen Pflichten völlig, verwahrlosen und spielen bis zu achtzehn Stunden täglich. Wer glaubt, dass dies nur einige wenige Jugendliche betrifft, der irrt.

Nach einer repräsentativen Befragung von 15 168 Jugendlichen im Alter von fünfzehn Jahren durch das Kriminologische Forschungsinstitut Niedersachsen (KFN) spielen 4,3 Prozent der Mädchen und 15,8 Prozent der Jungen täglich mehr als 4,5 Stunden Computer- bzw. Videospiele. Als süchtig werden in dieser Studie 3 Prozent der Jungen und 0,3 Prozent der Mädchen klassifiziert, was hochgerechnet auf alle deutschen Neuntklässler etwa 14 400 computerspielsüchtige Jugendliche (13 000 Jungen und 1300 Mädchen) ergibt.[24] Die Ergebnisse dieser Studie wurden durch Daten aus der Studie *Berliner Längsschnitt Medien* an 1156 Berliner Grundschülern bestätigt. Das größte Suchtpotenzial hatte der Studie zufolge das Spiel *World of Warcraft;* deswegen fordert der Leiter des KFN, Christian Pfeiffer, ein Verbot der Abgabe dieses Spiels (die derzeit ab zwölf Jahren erfolgen darf) an Jugendliche unter achtzehn Jahren. Aus neurowissenschaftlicher Sicht muss man sich dem anschließen.

Tief im Gehirn sitzt eine Ansammlung von Nervenzellen, die für Glücksgefühle zuständig sind. Diese Zellen werden aktiviert, wenn etwas unerwartetes Positives geschieht, wobei der Botenstoff Dopamin eine wichtige Rolle spielt. Sie schütten nach ihrer Aktivierung sogenannte endogene Opioide (oder Endorphine) im Frontalhirn aus, was subjektiv als angenehm erlebt wird. Schon lange ist bekannt, dass praktisch alle süchtigmachenden Stoffe (Kokain, Amphetamin, Morphium, Heroin und auch Alkohol oder Nikotin) dieses Zentrum aktivieren, weswegen es von manchen Autoren auch als *Suchtzentrum* bezeichnet wurde. Es speichert, wie zunächst Studien an Ratten zeigen konnten, suchtspezifische Erinnerungen und bewirkt beim Menschen beispielsweise, dass ein Suchtkranker bei Kontakt mit den alten Bekannten, dem Hören der entsprechenden Musik und dem Anblick der alten Umgebung dem Suchtdruck nicht mehr widerstehen kann und rückfällig wird. Wie wir seit mehr als einem Jahrzehnt wissen, wird dieses Suchtzentrum nicht nur durch Suchtstoffe, sondern auch durch digitale Medien aktiviert, also beispielsweise durch ein Computerspiel.[25] Hierfür ist es von Bedeutung, dass subjektiv Belohnung empfunden wird, die jedoch nicht grundsätzlich immer erfolgen darf, wenn man irgendeine Handlung am Computer ausgeführt hat (z. B. einen Gegner virtuell abgeschossen hat); vielmehr muss auch der Zufall eine Rolle spielen. Seit den fünfziger Jahren ist bekannt, dass der süchtigmachende Effekt genau dann am größten ist. Aus diesem Grund enthalten alle erfolgreichen Computerspiele diese Zufallskomponente; sie sind also bewusst so programmiert, dass Suchtverhalten entsteht.

In der oben erwähnten KFN-Studie von Florian Rehbein und seinen Mitarbeitern findet sich die folgende Zusammenstellung von Merkmalen von Computerspielen, die ein besonders hohes Abhängigkeitspotenzial aufweisen:

- eine Vergabe virtueller Belohnungen in Abhängigkeit von der im Spiel verbrachten Zeit,
- eine Vergabe besonders seltener und für den Spieler besonders prestigeträchtiger virtueller Belohnungen unter Rückgriff auf Mechanismen intermittierender Verstärkung (insbesondere intermittierend variabel und quotiert),
- Spielprinzipien, die dem Nutzer direkte Nachteile einbringen, sofern er nicht regelmäßig die Spielwelt aufsucht (persistente Spielwelt),
- ein langwieriges Level-System, das so angelegt ist, dass die Weiterentwicklung des eigenen Spielcharakters bis zur letzten Erfahrungsstufe ein ausdauerndes und zeitintensives

Spielen über einen Zeitraum von mehreren Monaten erfordert,
- eine großflächige und komplexe Spielwelt, die so angelegt ist, dass die Erkundung und Nutzung der vorhandenen Spieloptionen ein ausdauerndes und zeitintensives Spielen über mehrere Monate erfordert,
- komplexe Aufgabenstellungen, die nur innerhalb einer eingespielten und sich funktional ergänzenden Spielergemeinschaft gelöst werden können und daher einen starken Verpflichtungscharakter des sozialen Gefüges begünstigen, so dass die Präsenz in der Spielwelt nicht ohne größere innere (Verantwortungsgefühl gegenüber den Mitspielern, schlechtes Gewissen) oder äußere Widerstände (Mitspieler drohen mit Ausschluss aus der Gemeinschaft oder mit Kontaktabbruch) reduziert werden kann.[26]

Die suchterzeugende Wirkung des Internets beruht letztlich auch auf dem Phänomen der Unvorhersagbarkeit, denn sobald ich mit anderen Menschen über die gängigen Portale in Verbindung trete, kommen viele Zufälle ins Spiel: Mal *finde* ich, was ich suche (Google, Yahoo), mal nicht; mal *ergattere* ich das »Schnäppchen«, mal nicht (eBay); mal treffe ich jemanden oder finde gar einen virtuellen Freund, mal nicht (Facebook) etc. Es wundert nicht, dass gerade die sozialen Online-Medien einen starken Sog ausüben, so dass viele junge Menschen nahezu dauernd online sein *müssen,* letztlich aus Angst, sie könnten irgendetwas (oder irgendwen) verpassen.

Medienkonsum löst nicht nur Sucht nach Medien aus, sondern steigert bedingt durch die Verminderung der Selbstkontrolle generell Suchtverhalten – auch stoffgebundenes. Der Zusammenhang zwischen der Nutzung digitaler Medien und der Entwicklung eines Suchtverhaltens geht damit über das hinaus, was der Laie sowieso schon weiß – dass im Kindes- und Jugendalter bestimmte Verhaltensweisen (den Computer einschalten und stundenlang Zeit damit verbringen) eingeübt und damit gelernt werden. Bedingt durch den Verlust der Selbstkontrolle, ist er aber noch viel dramatischer, denn Selbstregulation ist ein entscheidender Schutzfaktor im Hinblick auf die Entwicklung von Suchtverhalten. Medienkonsum in der Kindheit mindert somit nicht nur die Chancen auf Bildung[27] und Erhalt der Gesundheit im Erwachsenenalter[28], denn beides kann als Indiz für geringe Selbstkontrolle und somit als Risikofaktor für Suchtverhalten gewertet werden: Schulabbrecher kommen viel leichter »auf die schiefe Bahn« und beginnen eine Suchtkarriere, die sich in einem stoffgebundenen oder aber in einem nicht stoffgebundenen Suchtverhalten wie der Mediensucht äußern kann.

Fazit

Schlaflosigkeit, Depressionen und Sucht sind äußerst gefährliche Auswirkungen des Konsums digitaler Medien, deren Bedeutung für die gesamte gesundheitliche Entwicklung der jetzt noch jungen Generation kaum überschätzt werden kann. »Was macht es schon, wenn einer mal nicht schläft?«, werden viele denken, aber die Daten zeigen, dass *chronischer* Schlafentzug nicht nur chronisch müde macht, sondern auch dick und zuckerkrank.

Hinzu kommt, dass Übergewicht gerade in den letzten Jahren zunehmend mit Suchtverhalten in Verbindung gebracht wird, insbesondere im Lichte neuer Daten aus der Gehirnforschung.[29] Sozialer Rückzug und Ängste sind häufige Begleiterscheinungen; es entwickelt sich eine Abwärtsspirale, an deren Ende nicht nur Depression und soziale Isolation stehen, sondern auch vielerlei körperliche Erkrankungen, beispielsweise des Herz-Kreislauf-Systems, des Bewegungsapparats (Bewegungsmangel, falsches Sitzen) bis hin zur Demenz.

Gerade im Alter münden depressive Zustände mitunter in dementielle Abbauprozesse, weil der mit Depression einhergehende zusätzliche Stress und der (bei etwa 60 Prozent aller depressiven Patienten) erhöhte Blutspiegel von Stresshormonen das Gehirn schädigt. Stresshormone bewirken das direkte Absterben von Nervenzellen. Übergewicht und Diabetes verursachen langfristig Durchblutungsstörungen, die sich ebenfalls im Gehirn abspielen und ihrerseits zu einer Demenz führen können. Bereits in Kapitel 6 wurde dargestellt, dass ein messbarer Anteil des Übergewichts auf Bildschirmmedien zurückgeht. Damit ergeben sich gleich mehrere Mechanismen für die Begünstigung der Entwicklung einer Demenz durch digitale Medien, deren Auswirkungen sich mindestens addieren.

Gerade weil die digitalen Medien von Kindern und Jugendlichen konsumiert werden und diese Bevölkerungsgruppe prinzipiell zumindest noch ein sehr langes Leben vor sich hat, haben alle durch digitale Medien verursachten gesundheitlichen Schäden alle Zeit der Welt, langfristig auch in vielerlei Komplikationen zu münden. Vereinfacht ausgedrückt: Spielten nur Opa und Oma *World of Warcraft,* wäre das nicht weiter schlimm, denn sie würden die langfristigen gesundheitlichen Konsequenzen ihres Tuns ohnehin nicht mehr erleben. Da aber nicht Oma und Opa, sondern Enkel und Enkelin hierzulande täglich den größten Teil ihrer wachen Zeit mit Medien verbringen, *muss* man sich über die langfristig zu erwartenden geistigen und körperlichen Schäden Gedanken machen.

13. Kopf in den Sand? – Warum geschieht nichts?

Digitale Medien machen süchtig und rauben uns den Schlaf. Sie schaden dem Gedächtnis, nehmen uns geistige Arbeit ab und sind deswegen zur Förderung des Lernens im Bildungsbereich grundsätzlich ungeeignet. Im Hinblick auf unseren Geist und unseren Umgang miteinander haben sie keine positiven Wirkungen, sondern vielmehr zahlreiche Nebenwirkungen: Im Internet wird mehr gelogen und betrogen als in der realen Welt. Wer sich die virtuelle Welt per Mausklick erschließt, kann deutlich schlechter (weil deutlich langsamer) über sie nachdenken als diejenigen, die die reale Welt be-greifen. Und wer gelernte Sachverhalte in einer realen Dreiergruppe diskutiert, behält es besser als jener, der mit zwei anderen darüber chattet. Soziale Online-Netzwerke beeinträchtigen das Sozialverhalten und fördern Ängste und Depressionen. Trotz vielfacher gegenteiliger Behauptungen über die Fähigkeiten der Digital Natives beeinträchtigt die Internetnutzung in der Regel die gezielte Informationssuche und die Selbstkontrolle. Mangelnde Gehirnbildung, vor allem in frontalen, für Aufmerksamkeit und soziale Funktionen zuständigen Bereichen, führen zu Aufmerksamkeitsstörungen und gesteigerter Depressivität. Die Nutzung digitaler Medien in Kindergarten und Grundschule entspricht damit – aufgrund der im Kindesalter besonders großen Formbarkeit des Gehirns – tatsächlich dem *Anfixen* junger Menschen mit einer gefährlichen Suchtdroge. In Südkorea beispielsweise, dem Land mit der höchsten Dichte von digitalen Medien in Schulen, waren nach Angaben des dortigen Bildungsministeriums bereits im Jahr 2010 zwölf Prozent aller Schüler internetsüchtig.[1]

Hinzu kommen ganz einfache Lerneffekte durch permanente »Berieselung« mit bestimmten Inhalten: Sex in den Medien führt zu früherem Sex bei Jugendlichen[2], Action-Spiele animieren zu risikoreicherem Autofahren[3], Alkoholszenen in Kinofilmen zu mehr Alkoholkonsum[4] und ein im Film dargestellter Selbstmord zu mehr tatsächlichen Suiziden (man spricht hier auch vom Werther-Effekt[5]). Angesichts all dieser vielfach wissenschaftlich nachgewiesenen negativen Auswirkungen digitaler Medien auf Geist und Körper junger Menschen stellt sich die Frage, warum sich niemand beschwert oder zumindest ärgert oder aufregt. Warum geschieht nichts?

Kehren wir noch einmal zum eingangs erwähnten Pedoskop zurück: Wollte damals jemand bei Kindern Strahlenschäden und langfristig Krebs erzeugen? Wurde das Pedoskop in Aufklärungsmaterialien von Regierungen unterstützt und dann von der Industrie flächendeckend eingeführt, um der Bevölkerung bewusst zu schaden? Gab es eine Verschwörung der Rentenversicherungen, die drohende Überalterung mit den verheerenden Folgen für die Rentenkassen durch die Verstrahlung einer ganzen Generation abzuwenden? Ich glaube, dass niemand so etwas ernsthaft behaupten würde! Politiker kennen sich aus in der Kunst der Debatte; sie wissen um Machtverhältnisse, beherrschen das Schmieden von Allianzen, sie kennen Verordnungen und Gesetze, doch selten kennen sie die wirkliche Welt. In der Regel verstehen sie noch weniger von Wissenschaft, und sie ignorieren ihren Stellenwert in unserer Kultur. Als ich einmal Gelegenheit hatte, dem damals amtierenden Gesundheitsminister die in Kapitel 6 vorgestellten Daten zu erläutern, dass aufgrund der vorliegenden Erkenntnisse die an Kinder gerichtete Fernsehwerbung in Deutschland jährlich für 15 Milliarden Euro Gesundheitskosten sowie 20 000 Tote verantwortlich sei, war seine Reaktion buchstäblich gleich null. Es gab kein Erstaunen, keine Betroffenheit, keine Nachfrage – *nichts* geschah!

Im Folgenden möchte ich versuchen, den Gründen nachzugehen, warum nichts passiert. Warum stecken wir den Kopf in den Sand und wollen nicht sehen, was täglich vor unseren Augen geschieht?

Parteiübergreifende Nichtbeachtung

Immer wieder werde ich nach Vorträgen oder in Diskussionen darauf angesprochen, ob ich nicht einmal mit Politikern reden könnte. Das habe ich mehrfach getan, z. B. vor Jahren bei einer Expertenanhörung der Kommission für Jugend im Bundestag. Diese dauerte doppelt so lange wie angesetzt, und die Abgeordneten fanden alles sehr spannend. Nach etwa sechs Wochen kam dann ein langes Protokoll, das damit endete, dass kein Handlungsbedarf bestehe. Die Medienlobby hatte zwischenzeitlich offenbar ganze Arbeit geleistet.

Im Hessischen Landtag war ich zu einer Expertenrunde zum Thema Medien geladen, in deren Verlauf ich feststellen musste, dass es keine war; sie bestand aus 29 Lobbyisten und Vertretern von Verbänden etc. und einem Experten – mir selbst. Während ich dann die mir zugeteilten sieben Minuten sprechen durfte, twitterte ein Tischnachbar (worauf mich ein anderer Tischnachbar aufmerksam machte): »Spitzer dämonisiert Medien.« Ganz offensichtlich war er also kein Experte, denn wenn Experten miteinander am Tisch sitzen, um ein Problem zu lösen, *dann reden sie miteinander*. Der Herr zog es jedoch vor, Diffamierungen in eine anonyme Gemeinschaft zu blöken, anstatt sich mit mir auseinanderzusetzen. Tiefer im Niveau sinken kann eine »Expertenkommission« gar nicht!

Einzig im Landtag von Baden-Württemberg fand eine Sitzung zum Thema Medien mit Experten statt, die diese Bezeichnung verdienten. Sie stimmte mich zunächst optimistisch, weil ein parteiübergreifender Konsens bestand, dass etwas geschehen müsse. Bis heute jedoch passierte nichts. Warum sollten sich

Politiker auch um Kinder kümmern? Kinder haben keine Stimme bei der Wahl, weswegen zwar viel über sie geredet, aber nichts wirklich für sie getan wird. Politiker denken darüber nach, was für die Banken und die Wirtschaft, was für den Mittelstand oder den Steuerzahler gut ist; was Kinder wirklich brauchen, ist ihnen jedoch im Grunde ziemlich egal.

Die folgende Anekdote mag dies illustrieren. Weil in Sachsen-Anhalt schon viele kleine Schulen geschlossen wurden, werden in einigen Orten im Umkreis von Lutherstadt Wittenberg die Kinder morgens mit dem Bus eingesammelt und zu einem Bahnhof gebracht. Dort steigen sie in den Zug, und die Bahnverbindung wird dank der beförderten Schulkinder nicht stillgelegt. Am Bahnhof von Wittenberg steigen sie dann in denselben Bus, der sie aufgesammelt hatte und leer neben der Bahn die gleiche Strecke zurückgelegt hat, und fahren in die Schule. Man möchte sich das Gedrängel und Geschubse beim zweimaligen Umsteigen (und die Spuren, die diese täglichen Erfahrungen bei den Kindern im Gehirn hinterlassen) gar nicht näher ausmalen. Der Fall zeigt: Kinder werden von politisch Verantwortlichen nicht ernst genommen. Sie werden eher wie Vieh behandelt, keineswegs wie heranwachsende, vernünftige und mit Respekt – ja, im Grunde als Kleinode – zu behandelnde Mitmenschen. Das zweimalige Umsteigen erfolgte zur wirtschaftspolitischen Rechtfertigung der Bahnlinie und ganz sicher nicht zum Wohl der Kinder! Ein Einzelfall? Leider nein. Als ich diese Geschichte bei einer »Lesung« in der Buchhandlung Rupprecht in Erlangen erzählte, meldeten sich spontan zwei Zuhörer mit der Bemerkung: »Bei uns in Gräfenberg ist das auch genau so.«

Ein besonders drastisches Beispiel von politischer Nichtbeachtung ist der Bericht der Enquete-Kommission »Internet und digitale Gesellschaft« des Deutschen Bundestags zum Thema Medienkompetenz vom 21.10.2011.[6] Solche mit Bundestagsabgeordneten besetzten Kommissionen sollen bestimmte Themen parteiübergreifend bearbeiten und Legislaturperioden-übergreifende Handlungsempfehlungen abgeben. Es geht also um einen Konsens darüber, was anliegt und was zu tun ist, jetzt und in der näheren und sogar etwas ferneren Zukunft. Von einer parteiübergreifenden Kommission würde man daher eine fundierte und kritische Stellungnahme erwarten.

Im genannten Bericht finden sich jedoch an keiner Stelle kritische Betrachtungen auf wissenschaftlicher Grundlage, wie sie in diesem Buch dargestellt werden. Da wird gleich zu Anfang von einer »Vielzahl wertvoller Initiativen« gesprochen, die »erfolgreich an der Förderung von Medienkompetenz arbeiten«. Die Kritiklosigkeit geht so weit, dass der Jugendmedien*schutz* zum Verbreitungsmittel für Medien umfunktioniert wird, ginge es bei ihm doch nicht nur »um die Abwehr von Gefahren, sondern – *vielleicht sogar vorrangig* – jedem Menschen [...] kommunikative Möglichkeiten für die eigene Lebensgestaltung« anzudrehen. Dazu gehört dem Bericht zufolge »auch die Fähigkeit, auf einer Social-Media-Plattform ein Konto einzurichten und kritisch zu hinterfragen, welche Auswirkungen dies auf die eigene Persönlichkeit haben kann«.[7] *Im Kindergartenalter?* Wovon reden die Abgeordneten?

Der Bericht zeigt in erschreckender Deutlichkeit, dass *erwachsene* gewählte Volksvertreter, denen die Bürger *vertrauen* und *Verantwortung* übertragen haben, nicht in der Lage sind, die Auswirkungen des Konsums digitaler Medien auch nur ansatzweise kritisch zu hinterfragen! Wir wissen aus sehr vielen guten wissenschaftlichen Studien, dass digitale Medien in Abhängigkeit von der *Dosis* (je mehr, desto mehr) und vom *Lebensalter* (je jünger, desto mehr) eindeutig schaden. Darüber verlieren die Autoren dieser parteiübergreifenden Empfehlungen kein Wort! Vielmehr blenden sie das vorhandene Wissen um die Gefährdung durch die digitalen Medien systematisch aus. Dass im Netz mehr gelogen, schlechter gesucht, oberflächlicher gedacht und deutlich schlechter gelernt wird als in der realen Welt und dass man dessen Nutzung daher, insbesondere im Hinblick auf die noch in Entwicklung befindlichen Gehirne von Kindern und Jugendlichen, beschränken muss, wird nirgends thematisiert!

Um den Bericht zu erstellen, wurden Experten geladen. Bei ihnen handelte es sich im Wesentlichen um bekannte Lobbyisten von Unternehmen der Medienwirtschaft. Die Politiker taten also genau das *nicht,* was sie von medienkompetenten jungen Menschen erwarten: Sie machten sich kein kritisches Bild vor der Wirklichkeit. Stattdessen taten sie das, wovor sie warnen: Sie gingen den Medien auf den Leim.

Diese Experten beziehen sich u. a. auf einen Bericht des Bundesministeriums für Bildung und Forschung (BMBF) aus dem Jahr 2009, der den bezeichnenden Titel trägt: *Medienbildung für die Persönlichkeitsentwicklung, für die gesellschaftliche Teilhabe und für die Entwicklung von Ausbildungs- und Erwerbsfähigkeit.* Dieser Titel verschweigt, dass sich Bildschirmmedien negativ auf die Persönlichkeitsentwicklung, auf die Teilhabe an der realen Gesellschaft und die intellektuelle Entwicklung (und damit die Bildungs- und Erwerbschancen) auswirken.

»Die Enquete-Kommission empfiehlt [...] die Ausstattung aller Schülerinnen und Schüler der Sekundarstufen I und II mit mobilen Computern«, lautet eine der Handlungsempfehlungen der Kommission.[8] Wir haben gesehen, was geschieht, wenn man dies tut: Studien haben den eindeutigen Nachweis erbracht, dass die Bildung der Kinder leidet.

Als weitere Empfehlung findet man in diesem Bericht Folgendes: »Die Enquete-Kommission empfiehlt den Ländern, die Computerspielpädagogik als eine notwendige Aufgabe für die Medienpädagogik anzusehen und intensiv zu fördern. Computerspiele sind zum einen als Medien und zum anderen als Spiele zu charakterisieren. Die Bedeutung von Spielen für die persönliche Entwicklung und für unsere Kultur ist unumstritten. Um diesem Umstand Rechnung zu tragen, sprechen wir uns für eine fächerübergreifende Etablierung von Medienpädagogik in der Schule und in der Freizeitpädagogik aus, die Computerspiele als

Bestandteil der konvergenten Medienwelt und unserer Kultur miteinbezieht.«[9]

Sind Ballerspiele also Teil unserer Kultur und daher staatlich zu fördern? Die Tatsache, dass ein Killerspiel – *Crysis 2* – den deutschen Computerspielpreis 2012 gewonnen hat, scheint dies zu belegen. Dieser Preis ist politisch über alle Parteien gewollt. »Die Grundlage des Preises bilden der Bericht des BKM an den Deutschen Bundestag vom 24.10.2007 (s. BT-Drs. 16/7081) und der Beschluss des Deutschen Bundestages vom 21.02.2008 auf Antrag der Fraktionen der CDU/CSU und der SPD« kann man auf der Website des Bundesverbands Interaktiver Unterhaltungssoftware e. V. lesen.[10]

Die Diskussion, die sich der Preisvergabe am 26.4.2012 anschloss, zeigt auf, wie wenig sich Politiker und Medienpädagogen mit dem wirklich vorhandenen Wissen über Killerspiele auskennen: Kein Wort über deren abstumpfende Wirkung gegenüber Gewalt und der bahnenden Wirkung von Gewaltbereitschaft. Ein CDU-Politiker, der sich kritisch zur Preisvergabe geäußert hatte, wurde von Rot und Grün heftig angegriffen und bekam sogar Widerstand aus den eigenen Reihen: So hat sich in der CDU gerade ein Verein von Internetlobbyisten – CNetz – gebildet, dessen Argumentation in der Wochenzeitung *DIE ZEIT* wie folgt wiedergegeben wurde: »Kulturpolitiker hätten auch nichts gegen den Film *Inglorious Basterds* einzuwenden gehabt, in den immerhin mehrere Millionen Euro der Filmförderung geflossen seien. ›Die darin enthaltenen gewaltverherrlichenden Szenen übersteigen die Form der Gewaltdarstellungen von *Crysis 2* um ein Vielfaches.‹«

»Die [...] Kritik an Spielen, in denen geschossen wird, funktioniert nicht einmal mehr innerhalb der CDU«, kommentierte *DIE WELT*. Sogar Kulturstaatsminister Bernd Neumann (CDU) war bei der Preisverleihung dabei, sprach die Laudatio und bezeichnete Computerspiele als »Leitmedium, das am meisten von jungen Leuten genutzt« werde, und kommentierte das

Ganze auch noch mit dem berühmten Satz von Klaus Wowereit: »Und das ist auch gut so.«[11]

Der Medienpädagoge Martin Geisler findet den Tod im »Schutzraum Spiel« völlig okay, hält es für »irre«, zu glauben, dass diese Spiele junge Menschen negativ beeinflussen würden, und lobt Ballerspiele über den grünen Klee, wie die *Süddeutsche Zeitung* kommentarlos (!) in einem Beitrag mit dem Titel *Ein Spiel ist ein Kulturgut* berichtet. Dem ist entgegenzuhalten: Wenn Spiele, bei denen Menschen dafür belohnt werden, wenn sie realistisch dargestellte Menschen abschlachten, und umso mehr Punkte erhalten, je grausamer sie sich verhalten, wirklich Teil unserer Kultur sind, dann stimmt etwas nicht mit unserer Kultur!

Mord ohne Motiv

Am Gericht Cottbus war ich Gutachter in einem Mordprozess. Weil ich insgesamt sehr beschäftigt bin, verteile ich Gerichtsgutachten an meine jüngeren Kollegen, bin also nur sehr selten selbst vor Gericht. In diesem Fall jedoch ging es um einen eigenartigen Sachverhalt: einen Mord völlig ohne Motiv. Der junge Angeklagte aus prekären sozialen Verhältnissen hatte mit seinem Freund den ganzen Tag ein (ab zwölf Jahre freigegebenes) Kampfspiel gespielt, in dessen Verlauf man vor allem miteinander ringt und sich schlägt und tritt, nicht zuletzt ins Gesicht. Und er hatte dabei gegen seinen Freund virtuell dauernd verloren. Am Abend trafen die beiden, man war nicht mehr ganz nüchtern, einen etwa fünfzigjährigen Mann, der seit vier Tagen obdachlos war, weil er die Miete nicht mehr hatte zahlen können. Sie luden ihn ein, in ihrer Wohnung zu übernachten. Auf dem Weg dorthin ging man eine Treppe hinunter, ein Schubser brachte den Mann ins Stolpern, er fiel hinab, und dann trat der Beschuldigte ihm ins Gesicht – und hörte nicht auf, bis das

Opfer regungslos am Boden lag. Gleich danach rief der Täter seine Sozialarbeiterin an und berichtete ihr seine Tat, diese glaubte ihm jedoch nicht, so dass die Leiche erst am folgenden Morgen von einem Passanten aufgefunden wurde. Fotos der Leiche zeigten einen Menschen, dessen Gesicht man nicht mehr erkennen konnte.

Der Täter konnte sich selbst nicht erklären, wie es zu dieser Tat kam. Im Prozess wurde klar, dass dieser Mord nie geschehen wäre, hätte der junge Mann den Tag davor auf dem Fußballplatz, im Posaunenchor oder bei der Freiwilligen Feuerwehr verbracht. Seine Vergangenheit war durch fehlende soziale Beziehungen, Labilität und Entwurzlung, seine gegenwärtige Situation durch Frustration und Perspektivlosigkeit geprägt.

Wenn ein Pädagoge wirklich glaubt, dass stundenlanges Prügeln und Morden auf einen solchen jungen Menschen keinerlei Auswirkungen hat, spreche ich ihm jegliche pädagogische (griechisch *pais:* Kind, *agein:* führen, anleiten) Kompetenz ab! Wenn sich dieser Pädagoge dann auch noch darüber *beklagt,* dass Computerspielpreise überwiegend nach *pädagogischen* Kriterien vergeben werden, wird deutlich, worum es sich bei diesem Herrn ganz offensichtlich handelt: einen Lobbyisten der Killerspiele-Industrie.

Es ist ein Skandal, dass öffentliche Gelder dafür verwendet werden, Software auszuzeichnen, die die junge Generation zur Gewalt anleiten, dass Politiker und Pädagogen zu Marktschreiern verkommen und dass – über alle Parteien hinweg – eine völlige Immunität gegenüber den wissenschaftlich nachgewiesenen Erkenntnissen besteht. Die politische Linke gibt sich gern fortschrittlich und ist daher für neue Medien; die Liberalen wollen wirtschaftliche Freiheit und sind damit prinzipiell gegen Regeln oder gar Verbote; und das konservative Lager repräsentiert die gewinnmachende Industrie und möchte andererseits sein Image als »Hort des Traditionsbewusstseins« bekämpfen und biedert sich damit ebenfalls bei den Medien an. Das i-Tüpfelchen der politischen Aussichtslosigkeit des in diesem Buch vertretenen Standpunkts bildet die hierzulande einzige neue politische Kraft, die Piraten. Sie huldigen den digitalen Medien, der Anonymität und der grenzenlosen Freiheit jedes Einzelnen in und mit ihnen. Damit ist eines klar: Von der Politik, ganz gleich welche Partei, darf man nicht erwarten, dass irgendetwas geschieht.

Wie es diesem Buch ergehen wird

Weil dies mein zweites medienkritisches Buch ist, weiß ich schon, wie es ihm ergehen wird – denn man lernt ja aus der Erfahrung. Einige Monate nach der Publikation meines ersten Buches, *Vorsicht Bildschirm,* in dem dargelegt wurde, dass das hohe Maß an Gewalt in den Medien die jungen Menschen nachweislich gewalttätiger macht, schickte mir ein Lehrer eine E-Mail und meinte, es könne doch nicht sein, dass das Bundesministerium für Bildung und Forschung einen Verriss meines Buches publiziert. Verblüfft ging ich der Sache nach und fand tatsächlich etwas ganz Ungeheuerliches heraus: Nachdem mein Buch *Vorsicht Bildschirm* bei Eltern und Lehrern begeisterte Aufnahme gefunden hatte, wurde eine vernichtende Kritik von dem Autor Dr. Dirk Frank publiziert – finanziert durch Steuergelder und mit dem Absender Bundesministerium für Bildung und Forschung.[12] Frank selbst zieht als Quelle das Buch *Everything bad is good for you* eines amerikanischen Journalisten heran, in welchem Ballerspiele für die Erziehung zur Friedfertigkeit und der Verzehr von Hamburgern und Pommes frites zur Förderung der Gesundheit empfohlen werden. Als zweite Quelle führt Frank eine Monographie des Medienpädagogen Wolf-Rüdiger Wagner an, der mit Berufung auf Goethe und Fontane (aber ohne Kenntnis jeglicher neuerer Erkenntnisse empirischer Forschung) dahingehend argumentiert, dass Bildschirmmedien den Kindern die Weltaneignung besonders erleichtern.[13] Meine auf wissenschaftlichen Erkenntnissen basierende Darstellung wurde falsch wiedergegeben, als »oberflächlich« bezeichnet und ohne jeglichen Bezug auf wirkliche Argumente und Daten in Bausch und Bogen verrissen. Mein Kritiker berief sich auf ganze zwei Quellen (ich auf etwa vierhundert), von denen eine das erwähnte reißerische Buch eines amerikanischen Journalisten ist. *Das ist oberflächlich!*

Ich konnte dies nicht kommentarlos hinnehmen, zumal – mit Absender Ministerium für Bildung und Forschung – hier absolut unwissenschaftlich argumentiert und zudem ich als Person diffamiert wurde. Wer gesellschaftlich bedeutsame, mit wissenschaftlichen Methoden gewonnene Erkenntnisse als falsch darstellt, handelt unverantwortlich, denn er verunsichert Eltern und Lehrer, die sich zu Recht darüber Sorgen machen, dass Kinder und Jugendliche heute im Durchschnitt mehr Zeit an Bildschirmen verbringen als mit jeder anderen Tätigkeit (einschließlich Schulbesuch) – außer schlafen.

Meine Bitte ans Ministerium, man möge eine Richtigstellung bzw. Gegendarstellung[14] abdrucken, um die Öffentlichkeit nicht in dieser groben Weise falsch zu informieren, wurde abgelehnt. Der Vorgang zeigt, wie immun Medien und Politik gegenüber Kritik sind und dass es kaum Chancen gibt, hier etwas zu ändern. Die Tatsache, dass Herr Frank seine Kritik kurze Zeit später ein zweites Mal publizierte, spricht ebenfalls nicht dafür, dass es ihm um wahrheits- und sachgemäße Information ging.[15] Bis hier ein Umdenken stattfindet und Verantwortung irgendwann endlich den Kommerz besiegt, darf niemand warten, der *jetzt* Verantwortung für einen jungen Menschen trägt. Und wer glaubt, die Politik würde auf diese Desinformation reagieren, dem zeigt das gerade genannte Beispiel, dass er auf dem Holzweg ist. Politiker sind von den Medien abhängig; wer sie sich zum Gegner macht, wird öffentlich vernichtet. Und genau deswegen geschieht nichts.

Ministerien, Kirchen, Wissenschaft, Amnesty International?

Von Wissenschafts- und Bildungsministerien und deren kritikloser Übernahme der Ziele der Wirtschaft, d. h. der Hard- und Software-Hersteller, war eben schon die Rede. Aber gibt es nicht vielleicht andere Institutionen, die auf die Gefahren digitaler Medien hinweisen, wenigstens im Hinblick auf die Gesundheit unserer Kinder? Die Bundeszentrale für gesundheitliche Aufklärung gab 2009 im Auftrag des Bundesgesundheitsministeriums die Broschüre *Gut hinsehen und zuhören! Ein Ratgeber für pädagogische Fachkräfte zum Thema »Mediennutzung in der Familie«* heraus (siehe Abb. 13.1, links). »Diese Broschüre will aus medienpädagogischer Sicht Orientierungs- und Handlungshilfen dazu bieten, wie sich Medien aller Art von Eltern überlegt, verantwortungsvoll und ›gekonnt‹ in das alltägliche Familienleben einbeziehen lassen«, heißt es dort in der Einführung. Eine weitere Broschüre mit gleichem Titel ist an Eltern gerichtet. Dann erwartet man natürlich Rat. Stattdessen folgt jedoch eine bunte Sammlung von Anekdoten, weitgehend kommentar- und völlig zusammenhanglos.

Betrachten wir Beispiele: »Klara (2 Jahre) sieht die *Teletubbies,* eine Fernsehserie für Kleinkinder. Sie lacht, klatscht in die Hände und läuft zum Fernseher, streicht über den Bildschirm, dann läuft sie wieder zurück, schaut gebannt zu und wippt auf und ab. Ihr Vater findet die Sendung ›nervzermürbend‹, vor allem diese Wiederholungen und ›das stumpfe Teletubbie-Winkewinke‹. Allerdings ist er zu erschöpft, um Klara jetzt etwas anderes zu bieten, und nutzt die Gelegenheit nebenher, um Zeitung zu lesen. Später sieht Klara in einer bei Oma herumliegenden Fernsehzeitung die bunten Figuren wieder. Aufgeregt zeigt sie darauf und sagt: ›Tinki Winki, Lala, Dipsi, da sind Teletubbies.‹«[16] Unter der Rubrik »0–2 Jahre: Babys und Kleinkinder«

13.1 Beispiele von Fehlinformation durch Politik und Kirche

kann man lesen: »Es gefällt ihnen [...] bei gelegentlichem Fernsehen Figuren oder Lieder wiederzuerkennen. Wiederholungen entsprechen ihren Bedürfnissen. Es ist davon auszugehen, dass gemeinsames Singen, Sprechen und Spielen über die Medieninhalte mit Eltern oder Betreuungspersonen den Lernwert des Gesehenen erhöht.«[17] Kein Wort davon, dass Kinder unter zwei Jahren gar nicht durch die Medien lernen können und dabei Zeit verschwenden, während deren sie lernen könnten. Stattdessen wird vom »Lernwert des Gesehenen« gesprochen, d. h. unterschwellig mitgeteilt, dass die Kleinen hier tatsächlich lernen.

Kritische Anmerkungen sucht man vergebens. So wird vom Gesundheitsministerium auch nicht vor Computerspielen gewarnt. Ganz im Gegenteil, wer Böses denkt, wird beschwichtigt: »Computerspiele führen nicht automatisch zur Vereinzelung. Computer und Computerspiel werden häufig gemeinschaftlich genutzt – so wie Sie das vom Fernsehen kennen, können auch Computerspiele gemeinsam gespielt werden oder Seiten im Internet gemeinsam besucht werden. Auch Xbox, Playstation und Game Boy sind mobil von mehreren Kindern gemeinsam spielbar.«[18] Wie schön! Dann ballern alle gemeinsam und üben Sozialkompetenz – ich kenne Medienpädagogen, die das ganz ernsthaft behaupten.

Eine kritische Haltung wird selbst dann nicht eingenommen, wenn im Abschnitt »Gefährdungen« von Computersucht und Schulproblemen die Rede ist. Dort findet man folgende Aussage: »Ist das Kind nicht mehr vom Bildschirm wegzubekommen, interessiert es sich nicht mehr für seine Freunde und Freundinnen, wird die Schule unwichtig oder gibt es vielleicht bestimmte Freizeitinteressen auf, sollten Eltern dies als Alarmsignale registrieren. Häufig liegen die Ursachen außerhalb der elektronischen Angebote und ›zeigen‹ sich dann durch die übermäßige Mediennutzung: Vielleicht gibt es Stress in der Schule, Streit mit Freunden, hohe Leistungsanforderungen, Versagensängste oder andere Belastungen.« Dass es also an den Medien selbst liegen könnte, wenn junge Menschen bei durchschnittlicher Mediennutzungszeit von sieben Stunden täglich mit sich und der Welt nicht mehr klarkommen, wird im Ratgeber für pädagogische Fachkräfte praktisch ausgeschlossen, denn die Ursachen liegen ja »häufig [...] außerhalb der elektronischen Angebote«.[19] Spätestens an dieser Stelle wäre es sinnvoll gewesen, einige der bekannten Studien zur Problematik digitaler Medien anzuführen. *Diese* verursachen die Probleme, die wir ohne Medien gar nicht hätten. Aber das soll in dieser Schrift offenbar aktiv ausgeblendet, also verschwiegen werden!

In der von der Bundeszentrale für gesundheitliche Aufklärung herausgegebenen Broschüre *Gut hinsehen und zuhören!* wird im zehnten und letzten Abschnitt mit dem Titel *Macht Mediennutzung dick, krank und dumm?* dieser Eindruck mehrfach bestätigt. Keineswegs warnt hier die Bundeszentrale vor den Gefahren der Mediennutzung. Der Zusammenhang von Mediennutzung und Übergewicht beispielsweise findet sich in dem Abschnitt *Medienkonsum und Gewichtszunahme – ein Teufelskreis?*. Dort kann man lesen: »Dabei wird als Problemlage meist ein ziemlich einfacher, aber auf den ersten Blick plausibler Teufelskreis beschrieben.«[20] Der Teufelskreis ist also nur »auf den ersten Blick plausibel«, wird also geleugnet. Weiter heißt es dann: »Nur wenn Bewegungsmangel und weitere Umstände zusammenspielen, dürfte sich bei Kindern und auch Erwachsenen Übergewicht einstellen. Die Ursachen für Übergewicht sind sehr vielfältig und in ihren Wechselwirkungen noch nicht eindeutig geklärt.«

Unsinn! Was das Gesundheitsministerium hier tut, gleicht den Parolen der Tabak-Lobby in den siebziger Jahren und der Erdöl-Lobby heute: Lungenkrebs und Erderwärmung sind vielschichtige und komplexe Phänomene, nichts Genaues weiß man nicht, und daher sollte man auch nicht voreilige Schlüsse ziehen. Und vor allem besteht kein Handlungsbedarf!

»Bei der Entstehung von Übergewicht spielen nicht nur Bewegungsgewohnheiten eine Rolle, sondern auch erbliche Anlagen, problematische Essgewohnheiten und Umwelteinflüsse. Zu diesen Umwelteinflüssen gehört zum Beispiel das Vorhandensein einer verkehrsreichen und verbauten Wohnumwelt, die im Wortsinn die Spielräume von Kindern stark einschränken kann.«[21] Unsere Welt ist, wie sie ist – sagt das Gesundheitsministerium –, da können wir nichts machen. Und die Medien trifft keine Schuld. Von den in den weltbesten medizinischen Zeitschriften publizierten Studien, die klare Zusammenhänge zwischen Medienkonsum und Übergewicht aufzeigen, ist nirgendwo die Rede!

Angesichts des in diesem Buch zusammengestellten wissenschaftlichen Erkenntnismaterials ist nicht nachvollziehbar, wie man aus wissenschaftlicher Sicht das Folgende schreiben kann: »Diese Fragen sind bisher wenig erforscht, lassen sich auch wegen des Zusammenspiels vieler Wirkungsursachen bislang nur schwer klären und lassen einfache Ursache-Wirkungs-Erklärungen nicht zu. Beispielsweise könnte man annehmen, dass Vielseher unter den Kindern häufig Schulprobleme haben, weil sie viel fernsehen und dadurch verständlicherweise Zeit fürs Lernen verlieren. Ebenso könnte man aber auch vermuten, dass diese Kinder viel fernsehen, weil sie Schulprobleme haben und sich davon ablenken wollen.«[22] Hier wird schlicht und einfach fehlinformiert und vernebelt. Kein Wort von den unzähligen Studien zu den negativen Auswirkungen digitaler Medien auf den Schulerfolg, die Persönlichkeit und die Gesundheit.

Wer meint, dass es sich bei dieser Broschüre vielleicht um einen Einzelfall handelt, den muss ich enttäuschen. In der Broschüre *Suchtprävention in der Grundschule: Fernsehen,* ebenfalls von der Bundeszentrale für gesundheitliche Aufklärung im Auftrag des Bundesgesundheitsministeriums herausgegeben, findet sich die gleiche Vernebelungstaktik: »Zeitgemäße Sucht- und Drogenprävention geht von der grundlegenden Einsicht aus, dass es derzeit keine geschlossene, in sich widerspruchsfreie Theorie der Suchtentstehung und -entwicklung gibt, die auch nur annähernd der Vielfalt und Komplexität menschlicher Lebensbedingungen gerecht werden könnte. Man nimmt an, dass süchtigem Verhalten ein multifaktorielles Ursachenbündel aus dem seelischen, körperlichen und sozialen Bereich zugrunde liegt.«[23]

Dem ist Folgendes entgegenzuhalten: Wissenschaft will grundsätzlich komplizierte Sachverhalte aufklären. Als Mediziner stehe ich ja auch nicht vor dem Patienten und erzähle ihm von der *multikausalen Komplexität* seines Körpers.»Was hab ich, und was kann man tun«, fragt der Patient mit Recht. Und obwohl ich weiß, dass die Natur beliebig kompliziert ist, habe ich Antworten auf seine Fragen, kann mich auf Studien beziehen und weiß um die biologischen Grundlagen vieler körperlicher Funktionen. Aber es geht den Autoren dieser Broschüre offenbar nicht wirklich um Aufklärung, sondern wohl eher um Verharmlosung. So ist vom Fernsehen als »Erfahrungsangbot für Kinder« mit »Selbsterfahrungen«, »Sozialerfahrungen« und »Sacherfahrungen«, von »Orientierung an Fernsehheldinnen und -helden« die Rede[24], und zum »Vielseherproblem« wird behauptet: »So bestätigen Untersuchungen, dass vielsehende Kinder nicht selten aus Fernsehinhalten Modelle für ›erfolgreiches‹ Handeln und Verhalten beziehen oder dass sie das Fernsehen nutzen, um ›abzuschalten‹ und um sich von Alltagsproblemen abzulenken.«[25] Kritische Betrachtung? – Fehlanzeige! Viel Fernsehen bewirke »erfolgreiches« Handeln, wird hier behauptet, wobei sich der aufmerksame Leser fragt, warum *erfolgreich* in Anführungszeichen gesetzt wird.

Leider steht das Gesundheitsministerium mit seiner Vernebelung und Fehlinformation nicht allein da. Auch die Kirchen haben sich zu Komplizen der digitalen Medien gewandelt, was man zunächst kaum glauben kann. Eigentlich hatte sich ja das Bild verfestigt, die Kirchen seien die letzten und zugleich ältesten Bastionen von Werten wie Frieden, Familie, Kinderfreundlichkeit und Gesundheit. Leider gilt dies nicht mehr! Die evangelische Kirche veranstaltet Symposien, zu denen nur Medienvertreter und Lobbyisten eingeladen werden. Kein Wort der Kritik. Und ein Pfarrer publiziert ein Buch (Abb. 13.1, rechts), in dem er behauptet, dass aggressive Spiele den Kindern guttun.

Wenn schon der gesunde Menschenverstand heute überall und vor allem auch dort, wo man dies nicht vermutet, zu versagen scheint, sollte wenigstens die Wissenschaft im Hinblick auf die Gefahren von Medien eine klare Sprache sprechen. Das tut sie auch, wie dieses Buch verdeutlicht. Problematisch ist jedoch, dass es mittlerweile eine ganze Reihe von Instituten gibt, teilweise sogar an Universitäten oder anderen seriösen Forschungseinrichtungen, die zu einem wesentlichen Teil oder gänzlich von den digitalen Medien finanziert werden. Und weil man die Hand, die einen füttert, nicht beißt, ist von diesen Institutionen nichts Kritisches zu digitalen Medien zu erwarten. So etwa lobt Prof. Dr. Klaus Peter Jantke vom Fraunhofer-Institut für Digitale Medientechnologie (IDMT) die »Faszinationskraft von Computerspielen auf Kinder und Jugendliche« über den grünen Klee und spricht davon, »dass man Counter-Strike etwa so aggressiv und so unterhaltsam spielen kann wie Mensch ärgere Dich nicht«.[26] Entsprechend kann man am IDMT Computerspiele-Meisterklassen besuchen, die den Meisterklassen an Kunsthochschulen nachempfunden sind (Abb. 13.2). Das Ganze natürlich mit öffentlichen Mitteln gefördert. Man muss also genau hinsehen, wenn ein Wissenschaftler sich zu digitalen Medien äußert. Wenn er voll des Lobes ist, sollte man nachfragen, wer ihn dafür bezahlt.

13.2 Weil das Fraunhofer-Institut für DigitaleMedientechnologie keine Abdruckgenehmigung für das Logo seiner Spiele-Meisterklassen (vergleiche http: //www.idmt.fraunhofer.de/de/veranstaltungen_messen/games_master_class.html) erteilt hat, wurde hier das Logo ironisierend nachempfunden.

Ballerspiele für Eltern und Lehrer

In seiner Eigenschaft als Minister für Generationen, Familie, Frauen und Integration des Landes Nordrhein-Westfalen übernahm Armin Laschet die Schirmherrschaft über das bundesweite *Projekt Eltern-LAN,* einem von Spieleherstellern und der Bundeszentrale für politische Bildung ins Leben gerufenen Projekt zur Förderung der Spielekompetenz speziell von Eltern und Lehrern für die Spiele *Truckmania forever, Counter-Strike* und *Warcraft III.*

In seinem Geleitwort schreibt der Minister (und ich konnte nicht anders, als ein paar kurze Kommentare in Klammern einzuschieben): »Bildschirmspiele sind inzwischen ein wichtiger Bestandteil der Jugendkultur geworden.« (Das stimmt, leider.) »Eltern und Pädagogen können diese Faszination nicht immer nachvollziehen.« (Das stimmt auch.) »Oft mangelt es an Wissen und eigenen Erfahrungen mit virtuellen Spielwelten.« (Ja, glücklicherweise wissen Eltern und Lehrer etwas Besseres mit ihrer Zeit anzufangen, als mit virtuellen Autos auf virtuellen Pisten zu rasen oder virtuelle Terroristen oder Kriegsgegner virtuell abzuschlachten. An dieser Stelle beginnt nun die mit Steuergeldern bezahlte Propaganda.) »Aus dieser *Unkenntnis* erwachsen *Vorurteile* und Unsicherheiten, wie die neuen Spielformen die Entwicklung der Heranwachsenden beeinflussen. *Auch die Informationsmedien sorgen hier nicht immer für Klarheit: Häufig wird betont, wie negativ sich Computerspiele auf die Entwicklung von Kindern auswirken.* Gleichzeitig werden aber auch die *Chancen* für den Erwerb wichtiger *Schlüsselqualifikationen* hervorgehoben [...] eine sachgerechte und sensible Diskussion über Computerspiele [ist] für den konstruktiven Dialog zwischen den Generationen extrem wichtig.«[27]

Dieser – vom Minister unterschriebene – Text ist in seiner Verdrehung von Tatsachen kaum zu überbieten. Ebenso wenig, wie Eltern Rauschdrogen einnehmen sollten, um zu wissen, wie schädlich diese sind, müssen sie selbst ballern, um zu wissen, was das mit ihren Kindern macht. Vor allem die Mütter sehen und spüren dies täglich. Man hat daher auch keine *Vorurteile,* sondern ein klares Urteil, wie negativ sich das auf die Kinder auswirkt – nicht zuletzt, weil die Wissenschaft dies immer wieder und *sehr klar* nachgewiesen hat. Wer hier behauptet, es bestünden Unklarheiten, lügt und vernebelt bewusst.

Wer nicht ballert, der verpasse *Chancen* auf *Schlüsselqualifikationen.* Welche sollen das sein, Herr Minister? Computerspiele machen dick, dumm, gewalttätig und stumpfen ab. Als sechsfacher Vater weiß ich, wie schwierig es manchmal sein kann, seinen Kindern Grenzen zu setzen. Wer das aber nicht kann oder nicht will, der ist kein guter Vater und keine gute Mutter. Eltern wissen, dass ihre Dreijährigen nicht das Frontalhirn besitzen, das es ihnen erlaubt, mit Süßigkeiten »vernünftig« umzugehen. Wenn sie das Beste für ihr Kind wollen, müssen sie Beschränkungen besprechen, einführen und durchsetzen, wenn es nicht anders geht auch gegen den Willen des Kindes. Mit Computerspielen ist das nicht anders. *Sachgerecht diskutiert* wird hier gar nichts.

Sogar Nichtregierungsorganisationen *(Non-Government-Organizations, NGOs)* wie Amnesty International oder Greenpeace, die nicht gerade für ihre Zimperlichkeit bekannt sind, verhalten sich auffallend tolerant gegenüber den Medien. Vielleicht liegt dies daran, dass sie diese für Publizität brauchen und damit als Verbündete betrachten, mit denen man es sich nicht verderben will. Wie auch immer: Ich sehe keine gesellschaftlich relevante Institution, die damit beschäftigt oder auch nur dazu geeignet wäre, den negativen Folgen digitaler Medien für unsere Gesundheit und unsere Bildung nachzugehen und auf diese aufmerksam zu machen.

Fazit

»Stell dir vor, alle leiden an digitaler Demenz, und keiner merkt etwas!« Nur ein Zyniker wird meinen, dass es ja gar nicht anders sein könne, denn zum Wesen der Demenz gehöre es schließlich, dass man kritiklos ist, nicht mehr richtig denken kann und vor allem nicht mehr mitbekommt, was wirklich um einen herum geschieht. Gerade weil wir alle schon digital dement sind, bemerkt keiner etwas und protestiert vor allem auch keiner.

Dem Zyniker entgegne ich: Die Lage ist zwar durchaus ernst,

aber wäre sie schon hoffnungslos, hätte ich dieses Buch nicht geschrieben. Dieses Kapitel zeigt jedoch, dass gerade *weil* digitale Medien uns heute von früh bis spät und von der Wiege bis zur Bahre berieseln, es immer schwieriger wird, klar zu sehen, was sie mit uns anrichten. Politiker wollen oder können es nicht, Kirchen meinen, sie dürften es sich mit der jungen Generation nicht verderben, manche Professoren (Medienpädagogen) werden für das Gegenteil von wissenschaftlicher Aufklärung bezahlt, von öffentlichen Geldern finanzierte Institutionen für Beratung und Aufklärung klären nicht auf, sondern vernebeln und vertuschen, und die zuständigen Ministerien für Gesundheit und Bildung geben das Ganze in Auftrag. Sogar unabhängige und überparteiliche Kommissionen versagen völlig und verkommen zu Marktgeschrei und Lobbyismus. Es wurde bereits darauf hingewiesen, dass sogar die Experten aus der internationalen medialen Privatwirtschaft nur etwa zur Hälfte die Auswirkungen der Medien bis zum Jahr 2020 positiv einschätzen. Im Gegensatz dazu fällt bei der Lektüre des Berichts der Enquete-Kommission »Internet und digitale Gesellschaft« des Deutschen Bundestags zum Thema Medienkompetenz das völlige Fehlen von Kritik auf. Wie kann dies geschehen?

Ein medienkritischer Politiker wird von den Medien demontiert. Das wissen alle, und daher geschieht nichts. In diesem Zusammenhang verwundert insbesondere die Tatsache, dass gerade die politische Linke die Freiheit der Medien vehement verteidigt, obgleich digitale Medien nachweislich dazu beitragen, dass die Kinder aus einfachen sozialen Schichten noch geringere Chancen für Aufwärtsmobilität haben. Wir wissen, dass Kinder von Eltern mit geringem Einkommen und geringerer Bildung mehr fernsehen und mehr Computerspiele spielen, wohingegen Kinder wohlhabender Eltern eher ein Buch lesen. Dies müsste eigentlich Grund genug für Regierungsbündnisse von SPD und Grünen sein, den durch und durch unsozialen Auswirkungen der Medien Einhalt zu gebieten. Die Grünen könnten das Modell der Ökosteuer auf die Medien übertragen, denn letztlich geht es um den Preis negativer Auswirkungen von Produkten, den wir alle zahlen und der nicht ins Produkt eingepreist ist (der Wirtschaftsfachmann spricht von *negativen Externalitäten*). Liberale könnten darauf hinweisen, dass es ihnen um die Freiheit des Individuums geht (nicht um die der Märkte) und dass diese Freiheit durch die Allgegenwart der digitalen Medien gefährdet ist, zumal sie sich sehr ungünstig auf die Fähigkeit zur Selbstbestimmung auswirkt. Und das konservative Lager mitsamt den Kirchen könnte sich auf die abendländischen Grundwerte wie Frieden, Nächstenliebe, Familie und Solidarität mit denen, die sie brauchen, besinnen, die sich wahrhaftig zu verteidigen lohnen. Im Grunde könnte es also einen Konsens aller politischen Kräfte geben, der drohenden digitalen Demenz entgegenzuwirken. Und jeder hätte einen Grund, sich an ihm zu beteiligen. Einzig die Piraten werden nicht mitmachen, denn anarchische Freibeuter bleiben eben lieber anonym und lehnen jegliche Regeln ab – auch wenn es um den Schutz von Kindern geht. Sie wollen Suchtmittel sowieso legalisieren und werden sich an einem politischen Konsens zur Eindämmung der negativen Auswirkungen digitaler Medien auf unsere Bildung, Gesundheit und damit unsere Gesellschaft nicht beteiligen. Die Vertreter aller anderen Parteien sollten allerdings umdenken. Sie werden zwar nicht von Kindern und Jugendlichen gewählt, dürfen sich aber ihrer Verantwortung für die nächste Generation im Hinblick auf deren Bildung ebenso wenig entziehen wie hinsichtlich ihrer sozialen Absicherung. »Die Zukunft sinn- und verantwortungsvoll gestalten« – davon reden alle. Nehmen wir sie beim Wort!

14. Was tun?

Digitale Medien sind Teil unserer Kultur. Sie erhöhen unsere Produktivität, erleichtern das Leben und sind ein großer Unterhaltungsfaktor. Unsere moderne Welt, von der Versorgung mit Nahrungsmitteln über Mobilität und Verwaltung bis zur Medizin, würde ohne digitale Informationsverarbeitung zusammenbrechen. Es kann also nicht darum gehen, sie zu bekämpfen oder sie gar abzuschaffen. Aber wir wissen auch: Digitale Medien haben ein hohes Suchtpotenzial und schaden langfristig dem Körper (Stress, Schlaflosigkeit, Übergewicht – mit allen Folgeerscheinungen) und vor allem dem Geist. Das Gehirn schrumpft, weil es nicht mehr ausgelastet ist, der Stress zerstört Nervenzellen, und nachwachsende Zellen überleben nicht, weil sie nicht gebraucht werden. Die digitale Demenz zeichnet sich im Wesentlichen durch die zunehmende Unfähigkeit aus, die geistigen Leistungen in vollem Umfang zu nutzen und zu kontrollieren, d. h. zu denken, zu wollen, zu handeln – im Wissen, was gerade passiert, wo man ist und letztendlich sogar wer man ist. Ein Teufelskreis aus Kontrollverlust, fortschreitendem geistigem und körperlichem Verfall, sozialem Abstieg, Vereinsamung, Stress und Depression setzt ein; er schränkt die Lebensqualität ein und führt zu einem um einige Jahre früheren Tod.

Geistiger Abstieg:
Auf die Ausgangshöhe kommt es an

Die Mechanismen und Wirkungszusammenhänge, die in diesem Buch mit dem Ausdruck *digitale Demenz* zusammenfassend benannt werden, wurden in den vergangenen Kapiteln im Einzelnen beschrieben. In der folgenden Grafik sind sie nochmals zusammenfassend dargestellt. Man sieht, dass es schädliche und günstige Einflüsse auf die Gehirnbildung gibt. Der wichtigste Gedanke der Abbildung besteht darin, dass die Höhe der erreichten Gehirnbildung die Qualität und Dauer des Abstiegs maßgeblich bestimmt. Sicherlich spielen hierbei auch erbliche Faktoren eine Rolle. Diese haben wir jedoch nicht in der Hand – noch nicht; das kann sich ändern. Deswegen bleibt uns beim gegenwärtigen Stand der medizinischen Forschung und der darauf fußenden Maßnahmen der Vorbeugung und Therapie nur eine Möglichkeit: die Bildung unseres Gehirns und damit unseres Geistes voranzubringen und alles, was dieser im Wege steht, auszuschalten.

Wie wichtig die Ausgangslage der Gehirnbildung für den Verlauf des geistigen Abstiegs ist, zeigte eine der bedeutendsten Studien zum Altern, die jemals durchgeführt wurde. Der Arzt und Wissenschaftler David Snowdon von der Kentucky University konnte 678 Nonnen des Ordens der Armen Schulschwestern von Unserer Lieben Frau *(School Sisters of Notre Dame)* im Alter von 76 bis 107 Jahren davon überzeugen, an einer Längsschnittstudie teilzunehmen, sich jedes Jahr untersuchen und testen zu lassen und nach dem Tod das Gehirn zur wissenschaftlichen Untersuchung zu spenden.[1] Solche Studien gab es zuvor auch schon, z. B. wurden über 20 000 amerikanische Ärzte untersucht, um herauszufinden, wer wie lebt und woran jemand verstirbt.[2] Die Besonderheit der Nonnenstudie *(Nun Study,* wie sie auch in wissenschaftlichen Kreisen bezeichnet wird) besteht darin, dass die Teilnehmerinnen alle in jungen Jahren dem Orden beigetreten waren und eine sehr einfache, vor allem sehr ähnliche Lebensweise aufwiesen. Die Archive der Klöster, in denen die Nonnen lebten, boten Einblicke in den Lebenslauf der Teilnehmerinnen und deren geistige Aktivitäten vor Jahrzehnten. So konnte man beispielsweise zeigen, dass diejenigen Schwestern, die in ihrer im Alter von 22 Jahren geschriebenen Autobiographie mehr positive emotionale Inhalte beschrieben hatten, ein um den Faktor 2,5 verringertes Sterblichkeitsrisiko im Alter aufwiesen.[3]

Schwester Maria war eine bemerkenswerte Teilnehmerin der Studie.[4] Sie war bis ins Alter von 84 Jahren als Lehrerin tätig und verstarb mit 101 Jahren, geistig noch immer sehr rege, an einem Tumorleiden. Auch die im letzten Jahr vor ihrem Tode gemachten Tests zur Ermittlung der intellektuellen Leistungsfähigkeit zeigten keine krankhaften Auffälligkeiten. In krassem Gegensatz dazu war jedoch ihr Gehirn voller krankhafter Veränderungen, wie sie für Alzheimer-Demenz typisch sind (multiple Alzheimer-Plaques). In der Nonnenstudie fand man eine ganze Reihe von Personen wie Schwester Maria, die bis unmittelbar vor ihrem Tod geistig anspruchsvolle Aufgaben lösen konnten, bei der Gehirnsektion aber deutliche Zeichen einer bereits vorhandenen Demenzkrankheit (Alzheimer) aufwiesen.

Krankhafte Veränderungen bei Alzheimer-Demenz werden also durch geistige Tätigkeit nicht verhindert. Vielmehr kann

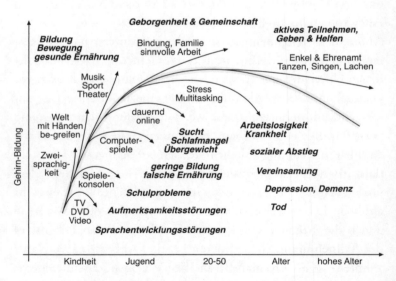

14.1 Gehirnbildung über die Lebenszeit hinweg; Aufstieg und Abstieg **(grau hinterlegt)**, positive und negative Faktoren

ein gebildeter Geist deutlich kranker sein als ein schwacher Geist, ohne dass man das merkt. Man kann sich die Zusammenhänge genauso vorstellen wie im körperlichen Bereich auch: Ein Gewichtheber, der an Muskelschwund erkrankt, wird über lange Zeit noch kräftiger sein als die meisten anderen Menschen, die nicht an einer Muskelkrankheit leiden – einfach deswegen, weil der Verfall auf dem Zenit seiner Stärke einsetzt und langsam fortschreitet. Bei der geistigen Leistungsfähigkeit verhält es sich im Prinzip genauso, nur ist hier der Effekt deutlich größer, denn das Gehirn ist flexibler als jedes andere Organ in unserem Körper.

Mit Gehirnbildung gegen Gehirnabbau

Gerade weil das Gehirn unser plastischstes, flexibelstes Organ ist – angelegt zur Selbstbildung von der Wiege bis zur Bahre –, sind unsere Chancen, einen wesentlichen Beitrag zur geistigen Gesundheit durch den richtigen Umgang mit unserem Gehirn zu leisten, gar nicht so schlecht. Wir können in dieser Hinsicht sogar eine Menge tun. Und umgekehrt können wir manches lassen, was unserem Gehirn nicht guttut. Allein schon rein zeitlich betrachtet, sind die digitalen Medien der mit Abstand gewichtigste Faktor, der hier negativ zu Buche schlägt. Hinzu kommen die Folgeerscheinungen von ungenügendem Lernen im Kleinkindalter über mangelnde Sozialkontakte und Glückserlebnisse in der Kindheit, fehlende kognitive Kontrolle im Erwachsenenalter bis zu chronischen Krankheiten, die uns im höheren Alter immer deutlicher einschränken, belasten und das Leben verkürzen. Was also kann man tun?

Wer in ganz jungen Jahren schon viel Zeit vor Bildschirmmedien verbringt, hat die Eintrittskarte für seine Gehirnbildung schon verpasst: eine normale Sprachentwicklung. Wer hingegen zweisprachig aufwächst und lebenslang die beiden erlernten Sprachen verwendet, kommt im Hinblick auf seine Bildung höher hinaus. So wundert es auch nicht, dass dieser Mensch im Vergleich zu Mitmenschen, die nur eine Sprache sprechen, im Mittel drei bis vier Jahre später an Demenz erkrankt, wie eine Untersuchung von 184 Patienten gezeigt hat.[5] Da Zweisprachigkeit in den meisten Fällen nicht das Resultat von Begabung (Genetik) ist, sondern durch die Umstände (unterschiedliche Herkunft oder Auswanderung der Eltern) bedingt ist, zeigt diese Studie die Auswirkungen geistiger Tätigkeit auf einen späteren geistigen Abstieg, d. h. eine sich entwickelnde Demenz, sehr klar.

Diese Erkenntnisse in Hinblick auf Zweisprachigkeit und Demenz haben enorme gesellschaftliche Bedeutung, wie amerikanische Wissenschaftler ausgerechnet haben: Könnte man den Beginn der Demenz in den USA um zwei Jahre hinausschieben, würde dies langfristig zu einer Verminderung der Zahl demenzkranker Menschen in der Bevölkerung um etwa zwei Millionen führen.[6] Daher ist es wichtig, dass die genannten Daten aus dem Jahr 2007 bereits drei Jahre später nochmals bestätigt wurden. Diesmal hatte man die Analyse verfeinert und nur Patienten mit mutmaßlich beginnender Alzheimer-Demenz untersucht.[7] Von den insgesamt 211 Patienten waren 102 zweisprachig und 109 einsprachig. Der Beginn der Demenzsymptomatik ließ sich bei den zweisprachigen Patienten 5,1 Jahre später ansetzen als bei den Patienten, die nur eine Sprache beherrschen. Dieser Effekt ist somit größer als der aller derzeit bekannten Medikamente gegen die Symptome der Alzheimer-Krankheit.

Nach Meinung der beteiligten Wissenschaftler liegt die Ursache für dieses Phänomen darin begründet, dass Menschen, die zwei Sprachen beherrschen, ihr Gehirn dauernd in besonderer Weise kontrollieren, denn sie müssen beim Reden immer auch darauf achten, eine der beiden Sprachen *nicht* zu sprechen. Man weiß, dass bei zweisprachigen Personen beide Sprachen permanent gleichzeitig aktiv sind.[8] So werden beispielsweise bei zweisprachigen Versuchspersonen beim Benennen von Objekten in einer Sprache auch die Wörter der jeweils anderen Sprache gleichzeitig aktiviert.[9] Es bedarf daher der fortwährenden kognitiven Kontrolle, um diese Aktivierung zu unterdrücken. Was lernt und trainiert der zweisprachige Mensch also dauernd? *Selbstkontrolle!* Entsprechend zeigen eine Reihe von Studien verbesserte Leistungen zweisprachiger Menschen in Tests zu exekutiven Funktionen (von denen wir ja schon wissen, dass es sich hierbei um eine andere Bezeichnung des Sachverhalts der Selbstkontrolle handelt).[10]

In Kapitel 10 wurde dargelegt, dass häufiges Multitasking zu einer Verminderung der geistigen Leistungen führt, die wir gewöhnlich mit Konzentration und Aufmerksamkeit bezeichnen. Es zeigte sich beispielsweise beim Wechsel zwischen verschiedenen Aufgaben, dass Multitasker hierzu 170 Millisekunden länger brauchen als Nicht-Multitasker. Multitasker haben ihren Geist also nicht so gut »im Griff«, sie haben sich exekutive Funktionen abtrainiert. So wundert es nicht, dass zweisprachige Probanden in einem ähnlichen Test beim Aufgabenwechsel um 60 Millisekunden besser abschnitten als Probanden, die nur ihre Muttersprache beherrschen.[11] Dieses Beispiel zeigt, dass Abweichungen vom »normalen« Verlauf der Gehirnbildung und des Gehirnabbaus (in der Abbildung 14.1 die grau hinterlegte Kurve) in beiden Richtungen möglich sind. Ein Vergleich zeigt, dass der negative Effekt der digitalen Medien deutlicher ausgeprägt ist als der positive Effekt der Zweisprachigkeit. Er zeigt auch, dass digitale Medien in vielfältiger Weise und zudem in zeitlich wesentlich größerem Ausmaß auf unseren Geist einwirken als die bekannten unterschiedlichen positiven Einflussgrößen.

Was hinsichtlich der digitalen Sprachentwicklungsstörung und der Zweisprachigkeit dargelegt wurde, gilt sinngemäß – wie in den entsprechenden Kapiteln dieses Buches erläutert wurde – auch für den Gegensatz von Aufmerksamkeitsstörungen durch Ballerspiele und mehr Selbstkontrolle durch Musik und Sport, den Gegensatz von medialer Verdummung per bloßem Mausklick und dem Be-greifen der Welt. Es gilt auch für den Gegensatz zwischen Passivität und Sucht einerseits und aktivem Erarbeiten und Reflektieren von Schauspielrollen sowie dem Übernehmen von Verantwortung für sich und andere im Rahmen einer sinnvollen Arbeit. Im Verlauf des weiteren Lebens kommen dann noch die Gegensätze Krankheit versus Gesundheit, Vereinsamung versus Gemeinschaft sowie Depression, Demenz und früher Tod versus Glück, aktive Teilhabe und langes Leben hinzu.

Nach den Angaben des Bundesministeriums für Familie, Senioren, Frauen und Jugend gibt es in Deutschland derzeit 1,3 Millionen demenzkranke Menschen, und diese Zahl wird sich bis zum Jahr 2050 auf 2,6 Millionen verdoppeln.[12] Die jährlichen Kosten für Betreuung und Pflege liegen je nach Berechnungsgrundlage zwischen 30 und 40 Milliarden Euro. Was uns die digitale Demenz der heute jungen Generation im Jahr 2050 kosten wird, kann niemand genau berechnen, aber ein – wie die Engländer sagen – *educated guess* (wörtlich: eine gebildete Vermutung) sei erlaubt.

Wenn in den USA (mit etwa 320 Millionen Einwohnern) das Hinausschieben der Demenz um zwei Jahre langfristig zu einer Verringerung der Zahl der Demenzkranken in der Bevölkerung um zwei Millionen Menschen führen würde, dann würde dieser Effekt umgerechnet auf die deutsche Bevölkerung (etwa 80 Millionen Einwohner) die Anzahl von Demenzkranken um 500 000 verringern. Nun bringt Zweisprachigkeit jedoch einen um fünf Jahre hinausgeschobenen Beginn der Demenz – unabhängig von den Auswirkungen der Intelligenz, der Aufmerksamkeit und des erreichten Gesamtbildungsniveaus. Hinzu kommen die Auswirkungen des Multitaskings, des Navi-gestützten Autofahrens, von Stress und fehlender Selbstkontrolle sowie von negativen Emotionen und Einsamkeit. Wir haben nicht viele verlässliche Zahlen, aber bedenken wir: Multitasking verlangsamt die Reaktionszeit um 170 Millisekunden, Zweisprachigkeit beschleunigt sie um 60 Millisekunden. Wenn wir also davon ausgehen, dass digitale Medien lediglich etwa so negativ auf unseren Geist wirken wie Zweisprachigkeit positiv wirkt, und wenn wir alle anderen Auswirkungen außer Acht lassen – also von einem um fünf Jahre früher erfolgenden Beginn von Demenzsymptomen ausgehen, weil der Abstieg von einer geringeren Höhe aus erfolgt –, dann ergibt dies 1,25 Millionen mehr Demenzkranke in der Bevölkerung (500 000 bei zwei Jahren entspricht 1,25 Millionen bei fünf Jahren). Das würde nach den oben genannten Zahlen des Familienministeriums etwa eine Verdoppelung der heutigen Zahl von Demenzkranken bedeuten. Im Jahr 2050 wird es aber aufgrund der demographischen Entwicklung ohnehin schon doppelt so viele Demenzkranke geben wie heute. Will man die Auswirkungen auf das Jahr 2050 berechnen, muss man also von einer Verdoppelung dieser Zahl ausgehen. Die Kosten für Betreuung und Pflege würden sich damit dann auf 60 bis 80 Milliarden jährlich belaufen.

In Kapitel 6 haben wir ausgerechnet, was uns das durch mediale Werbung bedingte Übergewicht in Zukunft jährlich kostet: 15 Milliarden Euro. Dieser Betrag käme also hinzu. Vergegenwärtigen wir uns, dass dies ganz vorsichtige Schätzungen sind, die die meisten Auswirkungen der digitalen Medien völlig unberücksichtigt lassen. Realistisch sind daher Kosten, die sich auf das Doppelte bis Dreifache der vorsichtigen Schätzung belaufen. Es geht also um Hunderte Milliarden jährlich.

Vom Umgang mit anderen Gefahren lernen

Wenn wir uns fragen, was wir angesichts dieses Sachstands tun können oder sollen, sollten wir uns daran orientieren, wie wir mit ähnlichen Problemen umgehen. Alkohol macht süchtig, schadet Körper und Geist, führt zu sozialem Abstieg, Vereinsamung, Depression und vorzeitigem Tod. Zugleich ist er Teil unserer Kultur und wird von vielen Menschen genossen. Wie gehen wir damit um? Wir sehen die Gefahren und besteuern Alkohol, um gerade jungen Menschen und sozialen Randgruppen den Zugang zu erschweren. Denn wir wissen, dass gerade in der Kindheit und Jugend die Grundlagen für Suchtverhalten gelegt werden und dass regelmäßiger hoher Alkoholkonsum schnell zum Absturz führt.

Je früher der Alkoholkonsum beginnt, desto rascher entwickelt sich eine Sucht. Vor einigen Jahren wurden deswegen die sogenannten Alkopops durch entsprechende Steuern künstlich verteuert. Diese Maßnahme hatte nicht nur in Deutschland Erfolg. Sie funktionierte überall. Bei Zigaretten verhält es sich genauso: Sie zu verteuern reduziert die Zahl der durch Lungenkrebs verursachten Toten in der Bevölkerung.

Entsprechend zeigen Studien immer wieder, dass auch bei den neuen Medien eine Beschränkung der Dosis die einzige Maßnahme ist, die die von ihnen ausgehenden Gefahren nachweislich mindert. Nachgewiesen ist auch, was *nicht* funktioniert: Aufklärung und gute Ratschläge. Wir können auf Zigarettenpackungen schreiben, dass Rauchen tödlich ist – und kaum ein Raucher stört sich daran. Wir wissen aufgrund einer größeren Anzahl guter Studien mit Tausenden von Probanden, dass Aufklärungskampagnen, die an die Vernunft appellieren und Wissen vermitteln, nichts bringen. In einer im Fachblatt *Nature* publizierten Übersicht heißt es: »[...] die Daten zeigen, dass schulbasierte Interventionen, die Kinder über Auswirkungen von Ernährung und Sport aufklären, so gut wie keinen Effekt haben.«[13] Wenn Aufklärung über die Gefahren von Tabak, Alkohol und illegalen Drogen oder die positiven Auswirkungen von Sport und guter Ernährung nachweislich keinen Effekt haben, woher soll man dann den Optimismus nehmen zu behaupten, dies sei bei den digitalen Medien anders? Gebetsmühlenartig wird jedoch behauptet, dass Aufklärung und gute Ratschläge genau das richtige Mittel seien, um den Problemen der Mediennutzung zu begegnen. Was wir bräuchten – hören wir immer wieder –, seien der Internetführerschein und mehr Medienkompetenz.

Internetführerschein?

Zweifelsohne ist Deutschland *die* Autonation weltweit: Jeder siebte Arbeitsplatz hängt direkt oder indirekt vom Auto ab – ohne Auto geht nichts. Wer nicht Auto fahren kann, ist minderqualifiziert. Dann wäre es doch im Grunde nur folgerichtig, den Führerschein in der Schule zu machen, oder? In den USA, wo ohne Auto auch nichts geht, hat man diesen Schritt längst vollzogen. Bei uns nicht. Das Gymnasium als die Schule, in der man das achtzehnte Lebensjahr erreicht und daher den Führerschein erwerben könnte, ist für den Unterricht in Deutsch, Mathematik, Sprachen, Natur- und Geisteswissenschaften und vielleicht sogar in Sport, Musik und den Künsten da, nicht jedoch für die Bewältigung des Lebens im Allgemeinen. Man müsste sonst ja auch Kochen, Putzen und Kontoführung unterrichten – so das Argument der Verfechter der »klassischen« Gymnasialfächer, die den Kanon nicht durch modischen Kleinkram, den man ja sowieso »durch das Leben« lernt, aufgeweicht wissen wollen. Die sprichwörtliche Lebensunfähigkeit mancher Akademiker – die zerstreuten Professoren mit den zwei linken Händen allen voran – wird von der Gegenseite nicht selten als Argument angeführt, dass es höchste Zeit sei, diesen »Klassik-Snobismus« der Gymnasien abzuschaffen.

Dieser ziemlich alte Disput bildet den Hintergrund, vor dem in den vergangenen Jahren zunehmend heftig darüber diskutiert wird, ob man die neueste Errungenschaft der zivilisierten

Welt – die Informationstechnik – zum Schulfach erheben sollte. Vieles scheint dafürzusprechen: Auch wer nicht direkt mit der Beschaffung und Bearbeitung von Informationen befasst ist, braucht einen Computer – in der Klinik beispielsweise, in der ich arbeite, die Raumpflegerin (zur Bestellung von Putzmitteln), die Krankenschwester (zur Dokumentation), der Arzt (für alles und jedes) und auch der Chef (der sich den Luxus, *nicht* am Computer zu arbeiten, nicht leisten kann). Kurz: Der Computer ist bei nahezu allen Arbeitsplätzen nicht mehr wegzudenken. Daher wäre es doch gut, wenn man schon in der Schule den Umgang mit digitalen Medien lernen und eine Art *Computer- und Internetführerschein* erwerben könnte.

So gesehen, erscheint die Einführung des Schulfachs »Informationstechnik« nur folgerichtig. Andererseits brauchen wir auch Motorsägen und Backöfen, die Autos oder die Überweisungsscheine, und wir erheben den Umgang mit all dem nicht zum Schulfach. Wir denken gar nicht daran! Beim Internet und Computer ist das anders. Offenbar werden diese nicht nur als Werkzeug für bestimmte Arbeiten angesehen, sondern als *Werkzeuge für das Lernen selbst*. Glaubt man den Gurus von *E-Learning, Edutainment, Computer Literacy* und *Medienkompetenz*, dann handelt es sich bei einem Computer um eine Art Hightech-Version des Nürnberger Trichters, mit dem bei unseren Kindern nun endlich – nach Jahrtausenden der Plage mit dem Pauken – das Lernen wie von selbst gelingt.

Viele Eltern sind verunsichert und kaufen allein schon aus diesem Grund ihren Kindern einen Computer. »Sie sollen es einmal besser haben als wir. Und deswegen dürfen wir unseren Kindern nicht vorenthalten, was sie im Leben weiterbringt. Wer einen PC nicht bedienen kann, ist von den Segnungen der modernen Gesellschaft ausgeschlossen (etwa wie derjenige, der nicht lesen kann).« So oder so ähnlich denken viele Eltern. Ich weiß das, weil ich nicht selten Briefe und E-Mails bekomme, in denen mich Eltern oder Großeltern diesbezüglich um Rat fragen. Und öffentliche Institutionen argumentieren in die gleiche Richtung.

Die Verunsicherung nimmt gerade in jüngster Zeit enorm zu, weil immer mehr Kindergärten und Schulen Computer kaufen; und die damit verbundenen Probleme werden einem dann täglich vor Augen geführt. Wie es um die tatsächlichen Auswirkungen des Computers auf die schulischen Leistungen bestellt ist, haben wir ausführlich dargelegt. Wenn es überhaupt einen Effekt gibt, dann ist dieser *negativ*.

Hinzu kommt, dass der Computer ein teures und zugleich recht *kurzlebiges* Wirtschaftsgut ist, denn wenn er nach drei Jahren überhaupt noch funktionieren sollte, ist er auf jeden Fall völlig veraltet und damit wertlos. Dann ist das Geld für die Anschaffung erneut fällig, und so geht es weiter. Kaum ein Produkt dieser Preisklasse hat einen so hohen Preis bei einer derart kurzen Nutzungsdauer. Welcher Konsument aus der Gruppe sozial schwacher Bürger würde beispielsweise ein Auto kaufen, das nach zwölf bis achtzehn Monaten kaum noch die Hälfte wert ist und nach drei Jahren nicht mehr repariert oder überholt wird, weil es sich einfach nicht mehr lohnt? Schon gar nicht würden dies Schulen oder Kindergärten tun, aber beim Computer machen alle eine Ausnahme, was die Hersteller sehr freut. Gewiss, man kann am PC Vokabeln lernen, denn er ist viel geduldiger als ein Mensch. Das Dumme ist nur: Kaum ein Zwölfjähriger verwendet den Computer dafür. Stattdessen wird geballert und anderer verdummender und aggressionsfördernder Unfug angestellt.

Besonders kritisch zu bewerten ist die Tatsache, dass mit Schlagwörtern wie »Medienkompetenz« gerade den verunsicherten Eltern aus sozial eher schwachen Schichten vorgegaukelt wird, sie würden etwas Gutes tun, wenn sie ihr knappes Geld in rasch veraltende Hard- und Software stecken. »Wenn Sie Ihr Kind nicht von klein auf vor den Computer setzen, dann ist sein Schicksal als Fließbandarbeiter oder Mülltonnenleerer besiegelt«, suggeriert die Industrie – und viele Pädagogen stimmen fröhlich ein, was dazu führt, dass insbesondere Eltern mit wenig Geld meinen, sich den Computer für den Nachwuchs vom Munde absparen zu müssen. »Wenn Medienkompetenz so wichtig ist wie Lesekompetenz, dann muss man in Bildschirmmedien investieren, auch wenn das schwerfällt.«

Das Ganze ist deswegen so heimtückisch, weil die Eltern gar nicht wissen können, dass der neue Computer zu Hause der schulischen Entwicklung ihres Kindes, an der ihnen ja so viel liegt, *schaden* wird. Sie lesen keine Publikationen zur multivariaten Analyse der PISA-Daten und geben in gutem Glauben Geld für das Wohl ihres Kindes aus und schaden ihm zugleich damit. Ich finde es sehr schwer verständlich, warum gerade in diesem Bereich keine Verantwortung für mehr Aufklärung übernommen wird. Professoren für Medienpädagogik und Politiker lassen sich vielfach zu Marktschreiern der Industrie missbrauchen und schaden damit ökonomisch und gesundheitlich genau denen, deren Interessen sie vorgeben (oder beauftragt sind) wahrzunehmen.

Medienkompetenz?

Wie in Kapitel 12 dargelegt, weisen in Südkorea, dem Land mit der weltweit derzeit wohl intensivsten Nutzung digitaler Medien, zwölf Prozent der jungen Leute ausgeprägte Suchtsymptome auf. Ganz besonders fehlgeleitet scheinen vor diesem Hintergrund die Forderungen nach mehr Medienkompetenztraining in Kindergarten und Grundschule. Was würden Sie sagen, wenn jemand das Training von Alkoholkompetenz im Kindergarten oder als Schulfach einführen würde? »Wir müssen den Kindern so früh wie möglich den verantwortungsvollen Umgang mit Alkohol beibringen. Nur so können sie in der heutigen Welt mit dem Überangebot von Alkohol und anderen Suchtstoffen bestehen.«

Wer glaubt, dass ich hier rhetorisch übertreibe, sei daran erinnert, dass es in der Sekundarstufe I tatsächlich entsprechende Versuche gab. Man wollte Jugendliche vom Drogenkonsum fernhalten, wozu ein sogenannter Drogenkoffer für den Sozial- oder Gemeinschaftskunde-Unterricht ab Klasse 8 zur Verfügung gestellt wurde. Er enthielt allerlei Muster und Paraphernalia von illegalen Drogen, die darüber informieren sollten, was es alles gibt und wie gefährlich es ist. Dies hielt die Jugendlichen jedoch keineswegs vom Konsum illegaler Drogen ab. Im Gegenteil: Der Koffer weckte Interesse! Wer noch nicht Bescheid wusste, der wurde spätestens während des Unterrichts mit dem Drogenkoffer neugierig. Ausleben konnte man diese Neugierde zwar nicht im Unterricht, am Nachmittag oder Abend hingegen schon. So wurde der Drogenkoffer wieder aus der Schule verbannt, denn er bewirkte das Gegenteil von dem, was er sollte.

Nicht anders ist das mit Computer und Internet in Kindergarten und Grundschule: Ihr Effekt wird in der Drogenszene als *anfixen* bezeichnet, womit ganz allgemein »Neugier wecken« gemeint ist, im Drogenmilieu jedoch speziell das Überreden von jemandem, der noch kein Rauschgift genommen hat, sich zum ersten Mal eine Droge zu injizieren. Wer in jungen Jahren schon mit den digitalen Medien in Kontakt kommt, lernt auch mit großer Wahrscheinlichkeit schon sehr früh, wie und wo man an all die verbotenen oder zumindest von den Eltern unerwünschten Inhalte kommt.

Nun gibt es durchaus gute Gründe, warum wir Erwachsenen manche Inhalte von Kindern fernhalten möchten, denn wir wissen, dass das Gehirn von Heranwachsenden besonders formbar ist und »auf die Dauer die Farbe der Gedanken annimmt«, wie es der römische Kaiser Marc Aurel so schön formulierte. Das Gehirn von erwachsenen Menschen, so kann man durchaus mit einiger neurobiologischer Unterstützung argumentieren, ist vergleichsweise fertig, wenig veränderbar und damit robust gegenüber schlechten Gedanken. Es dauert sehr lange, bis diese »abfärben«. Bei Kindern ist das anders. Sie lernen sehr schnell, und was auch immer sie lernen, hat eine gute Chance, *lebenslang* hängenzubleiben. Deswegen wollen wir Kinder *so lange wie möglich* von digitalen Medien fernhalten.

»Was Computerspiele betrifft, so stehen Kindern, die nie an einer Playstation spielen, andere gegenüber, für die diese zum Alltag gehört. Dementsprechend zeigen sich bei Kindern auch Unterschiede in ihrer Medienkompetenz«, kann man in einer an Eltern gerichtete Broschüre der Bundeszentrale für gesundheitliche Aufklärung lesen.[14] Hier wird den Eltern also deutlich nahegelegt, ihren Kindern eine Playstation zu schenken. Wer will schon ein inkompetentes Kind?

Ich halte es für einen ausgewachsenen Skandal, dass eine öffentliche Institution hier offen Produktwerbung betreibt, noch dazu für ein Produkt, das den Kindern nachweislich schadet. Es ist ein noch größerer Skandal, dass Eltern hier die Unwahrheit gesagt wird: Es gibt nämlich keinerlei Hinweise darauf, dass eine Playstation zu mehr Medienkompetenz führt, nicht einmal darauf, dass Medienkompetenz überhaupt zu irgendetwas gut ist. Vielmehr ist schon das Wort recht tückisch, gaukelt es doch vor, der Umgang mit digitalen Medien sei ebenso wichtig wie die Fähigkeit, einen Text zu lesen. Denn der Begriff »Medienkompetenz« ist ganz bewusst dem Wort »Lesekompetenz« angeglichen und stellt damit den Umgang mit digitalen Medien mit dem Lesen von Büchern sprachlich auf die gleiche Stufe. In dieser Hinsicht folgen wir den Engländern und Amerikanern, die von *media literacy* (Medienkompetenz) und *literacy* (Lesefähigkeit) sprechen.

Oft wird behauptet, bei der Medienkompetenz handle es sich um eine »Schlüsselkompetenz«, »Kernkompetenz« bzw. »Kulturtechnik«. Bei Licht betrachtet, sind mit Medienkompetenz jedoch weder das Programmieren noch logisches Denkvermögen (Boolsche Algebra) noch andere grundlegende mit Bildschirmmedien verbundene intellektuelle Fähigkeiten gemeint, sondern zunächst einmal nichts weiter als oberflächliche Kenntnisse verbreiteter Anwender-Software. Wer dies nicht glaubt, sollte einmal nachsehen, was im Fach »Informationstechnik« tatsächlich gelehrt wird, wenn Schüler mit dem Computer arbeiten: die Schwächen der Produkte der weltgrößten Software-Firma – Word, Excel und PowerPoint. Wer also *Computer literacy* mit *literacy* gleichsetzt, der erhebt das Beherrschen einiger Tricks und vor allem den Umgang mit vielen Problemen und Fehlern von Produkten der Firma Microsoft in seiner Bedeutung auf eine Stufe mit dem Lesen von Goethe und dem Schreiben von Aufsätzen. Dies ist ein ungeheuerlicher Vorgang!

Das Irreführende am Begriff der Medienkompetenz ist zudem, dass man zur Nutzung des Computers oder des Internets nicht irgendeine *Spezialfähigkeit* benötigt (sieht man von ein paar Mausklicks und der oberflächlichen Kenntnis von Anwender-Software ab, die sich jeder innerhalb weniger Stunden aneignen kann). Man braucht vielmehr eine *solide Grund- oder Allgemeinbildung*. Wenn man diese erworben hat (nicht über Computer und Netz, denn man braucht sie schon zu deren Nutzung), dann kann man auch im Internet vieles finden und sich eingehend informieren. Wer jedoch (noch) nichts weiß, der wird durch digitale Medien auch nicht schlauer. Denn man braucht *Vorwissen* über ein Sachgebiet, um seine Kenntnisse dann zu vertiefen.

Wer das nicht glaubt, der sollte einmal bei einer Suchmaschine einen Sachverhalt eingeben, von dem er absolut keine Ahnung hat. Er wird dann rasch merken, dass ihm Google auch nicht helfen kann. Umgekehrt gilt: Je mehr ich schon weiß, desto eher werde ich im Netz auch noch die letzten mir bislang unbekannten Details finden, desto eher werde ich etwas interessantes Neues finden und desto *schneller* werde ich meine Recherche abgeschlossen haben. Zur Lösung unserer Probleme brauchen wir *Experten* – Mediziner und Ingenieure, Juristen und

Wirtschaftler, Physiker, Chemiker und Biologen, Gesellschafts- und Geisteswissenschaftler. All diese zeichnen sich dadurch aus, dass sie ein solides Wissen in ihrem Fach haben, einen Überblick in einem Sachgebiet, der es ihnen erlaubt, in vielen Fällen sofort das Richtige oder Angemessene zu tun und ansonsten rasch noch mehr Fachwissen zu generieren, um dann die richtigen Schlussfolgerungen zu ziehen, zu entscheiden und zu handeln.

Stellen Sie sich vor, Sie erzählen Ihrem Arzt von Schmerzen in der linken Brust, und er wendet sich sofort seinem PC zu und googelt den Begriff »Herz«. Wahrscheinlich würden Sie diesem Arzt nicht weit über den Weg trauen – mit Recht! Denn er sollte über genügend Fachkenntnisse verfügen, um Schmerzen – wo auch immer sie lokalisiert seien – zunächst durch die richtigen Fragen genauer zu charakterisieren und damit bestimmte mögliche Ursachen eingrenzen beziehungsweise ausschließen zu können. Google liefert Ihnen zwar in einer Zehntelsekunde mehr als eine halbe Million Einträge zum Thema »Brustschmerzen«, aber genau dies ist letztlich das Problem: Nur wer sich schon auskennt, kann damit etwas anfangen. Wenn der Arzt erst einmal die möglichen Ursachen eingegrenzt, zusätzliche einfache Untersuchungen gemacht und weitere apparative oder labortechnische Untersuchungen durchgeführt hat und bei seinen Bemühungen, die richtige Diagnose zu stellen, nicht weiterkommt, dann kann eine Internetrecherche sehr hilfreich sein. Sehr viele Medikamente haben Wechselwirkungen mit anderen Medikamenten; sie verstärken oder schwächen deren Wirkungen oder führen zu ganz anderen unerwarteten Effekten. Weil es Tausende von Medikamenten gibt und jedes mit jedem potenziell solche Wechselwirkungen hat, kann das kaum noch jemand überschauen. Hinzu kommt, dass gerade ältere Menschen oft wegen des Vorliegens mehrerer Krankheiten zehn oder mehr Medikamente einnehmen, was das Bild dann wirklich sehr komplex macht. Hier ist eine spezialisierte Internetrecherche natürlich ein Segen!

Gehirnjogging?

Fast jeden Tag fragt mich jemand, was man tun könne, um im Alter geistig fit zu bleiben. Der dieser Frage meist zugrundeliegende und manchmal auch geäußerte Gedanke lautet etwa wie folgt: »Ich lebe gesund, esse täglich Müsli zum Frühstück, trinke Orangensaft und grünen Tee, jogge jeden zweiten Tag und gehe zweimal wöchentlich ins Fitness-Studio. Jetzt würde ich gern noch etwas für meinen Geist tun. Empfehlen Sie Kreuzworträtsel oder doch lieber Sudoku, oder gibt es da noch bessere Sachen, am Computer zum Beispiel, *Braingym* oder wie das heißt ...?« In der Tat gibt es das: Im Jahr 2009 gaben die Amerikaner 300 Millionen Dollar dafür aus, 2007 waren es nur 80 Millionen und 2005 nur zwei Millionen.[15] Oma und Opa sollen also nun auch – zur Vorbeugung gegen Demenz – endlich ran an den PC. Wenn man dem drohenden Morbus Alzheimer nicht am Computer Einhalt gebieten kann, wie dann? Aus meiner Sicht ist es eine Horrorvorstellung, wenn alle drei Generationen nichts Besseres mit ihrer Zeit anzufangen wissen, als vor dem Bildschirm zu sitzen und auf Außerirdische zu ballern – gefördert durch Steuermittel. Ein boomender Markt also! Aber bringt es auch etwas?

Viele dieser Produkte werden damit beworben, dass die Wissenschaft festgestellt habe, dass das Gehirn plastisch sei und sich bei Beanspruchung verändere. Das stimmt. Es ist auch richtig, dass Studien an Ratten, die entweder in langweiligen Käfigen oder in interessanten Umgebungen gehalten werden, einen positiven Effekt der interessanten Umgebung auf das Gehirn und dessen Leistungsfähigkeit gezeigt haben: Die Tiere reagieren besser beziehungsweise schneller beim Bewältigen verschiedener Aufgaben; sie haben ein größeres Gehirn und größere oder mehr Nervenzellen und mehr Synapsen.[16] Wenn man darüber nachdenkt, sagen diese Studien, auf den Menschen übertragen, eigentlich nichts über die Auswirkungen zusätzlicher Stimulation aus, sondern nur etwas über die Auswirkungen chronischer Deprivation. Wer ganz normal lebt, mit Sachen und Leuten zu tun hat – »im Leben steht«, wie man auch sagt –, dessen Existenz ist mit dem Leben einer Laborratte im Käfig im Grunde nicht zu vergleichen. Dennoch werden z. B. Gehirngymnastik, Gehirnjogging, Gehirntraining heftig beworben, und vor allem die digitalen Versionen dieser Aktivitäten finden auch bei uns immer größeren Absatz. Wissenschaftlich nachgewiesen sind positive, auf das wirkliche Leben übertragbare und auch bemerkbare Auswirkungen dieser Produkte jedoch nicht (siehe auch Kapitel 11).

Es ist also nichts mit dem Gehirnjogging. Zurück zur ursprünglichen Frage: Wenn man dem drohenden Morbus Alzheimer nicht am Computer Einhalt gebieten kann, wie dann? Hier hilft ein genauer Blick in die erwähnte Literatur zu Ratten (und übrigens auch Affen) in Käfigen. Die angereicherte Umgebung *(enriched environment)* bestand in diesen Studien nämlich nicht nur aus Spielzeug, sondern auch aus Laufrädern, und vor allem gab es auch andere Tiere – Artgenossen, mit denen sich gut die Zeit vertreiben lässt. Bei Ratten, die sich körperlich ertüchtigen, wachsen im Hippocampus, also dort, wo Nervenzellen bei Morbus Alzheimer vermehrt zugrunde gehen, deutlich mehr Nervenzellen. Ratten leben in Gesellschaft von Artgenossen auch länger als Ratten in Einzelkäfigen. Der Mensch als das sozialste aller Wesen entwickelte ein vergleichsweise großes Gehirn und benutzt es seither vor allem für soziale Interaktionen. Von diesen kann sogar unser Belohnungssystem, das zugleich unser Lernsystem ist, nie genug bekommen, im Gegensatz zu allen anderen Aktivitäten, die uns irgendwann langweilen.[17] Die beste Umgebung für Menschen ist demnach das Zusammensein mit anderen Menschen an der frischen Luft, denn Naturerleben fördert nachweislich die Gemeinschaft.[18] Und der Mensch ist ein Ausdauerwesen; er kann es zwar im schnellen Sprint nicht mit Pferden, Gazellen oder Leoparden aufnehmen, im Marathonlauf jedoch durchaus.[19] Aus dieser Sicht der Dinge leben viele älteren Menschen in der westlichen Welt nicht wesentlich anders als Ratten im Einzelkäfig: allein in kleinen Wohnungen, mit wenig Bewegung und meist seltenen täglichen Sozialkontakten. Wer so lebt, der sollte sich rasch einen Enkel »anschaffen«; und wer das nicht kann, der möge sich einen ausleihen. Ein junger Mensch ist ein unendlicher Quell von Fragen, Aufforderungen, anderen Meinungen, Provokationen und Witzen – viel besser als ein Bildschirm. Und für Jugendliche sind ältere Menschen ebenfalls ein besserer Umgang als Bildschirme, denn an ihnen können sie sich reiben. Im Vergleich zu einem Enkelkind sind Kreuzfahrtschiffe und Golfplätze langweilig. Entsprechend ist ihr relativer Stellenwert in der Alzheimer-Prophylaxe aus neurowissenschaftlicher Sicht einzustufen.

Und so antworte ich auf die eingangs gestellte Frage täglich meist mehrfach: »Wenn Sie es wirklich ernst meinen mit dem Gehirnjogging für Ihre geistige Fitness im Alter, dann schalten Sie getrost den Bildschirm, egal ob TV oder PC, aus, rufen Ihren Enkel zu sich und machen mit ihm einen Spaziergang im Wald. Das fördert sogar das Gemeinschaftsempfinden, und so werden Sie beide glücklich und hundert Jahre alt.« Das beste Gehirnjogging ist Jogging!

Lassen Sie sich durch Medienmarktschreier nicht den Verstand rauben

Wir haben gesehen, dass im Zusammenhang mit den Medien viele Unwahrheiten verbreitet werden und vor allem auch viel Vernebelungstaktik angewandt wird. Was kann man dagegen tun? Nun, man darf sich nicht verwirren lassen! Seien Sie kritisch, fragen Sie nach, verlangen Sie Daten und erkundigen Sie sich nach guten (d. h. in seriösen wissenschaftlichen Zeitschriften) publizierten Studien.

Nicht selten hört man in Diskussionen über Medien das Argument, dass es für jedes Ergebnis einer Studie eine zweite Studie gäbe, die das Gegenteil beweisen würde. Dem ist jedoch ganz einfach zu entgegnen: Es gibt gute und schlechte Studien! Betrachten wir ein Beispiel zur Veranschaulichung: Stellen Sie sich vor, Sie wollten wissen, ob Männer und Frauen gleich oder unterschiedlich groß sind. Sie teilen einen Fragebogen aus, auf dem jeder seine Größe angeben kann. Es gibt dabei vier Antwortmöglichkeiten: (A) kleiner als 150 cm; (B) zwischen 150 und 155 cm; (C) 155 bis 160 cm; (D) größer als 160 cm. Das Ergebnis Ihrer Befragung wird dann für Deutschland etwa wie folgt lauten: Gut 90 Prozent aller Bürger sind größer als 160 cm, wobei es keinen nennenswerten Unterschied zwischen Männern und Frauen gibt. Nun weiß aber jeder, dass Männer im Durchschnitt größer sind als Frauen. Wieso hatte diese Studie nicht dieses Ergebnis? Die Antwort ist ganz einfach: Die Messungen erfolgten so, dass man eine große Anzahl von Messwerten (nämlich über 90 Prozent) zu einer Antwortmöglichkeit (D: 160 cm und größer) zusammenfasste. Nach unten hin hat man zwar differenziert gemessen, zur Mitte hin und nach oben hingegen überhaupt nicht. Das Messinstrument lag außerhalb des sogenannten dynamischen Bereichs der zu messenden Größe. Man erhält in solchen Fällen das, was man in der Statistik einen Deckeneffekt nennt. Jeder Student der empirischen Sozialwissenschaften, der in den ersten Semestern sein Handwerkszeug gelernt hat, kennt diese Dinge und wäre deswegen vorsichtig bei der Interpretation dieser Daten. Wenn Sie nun glauben, dieses Beispiel sei extrem und komme in der Wissenschaft nicht vor, dann lesen Sie bitte weiter.

Eine große, von der DAK-Gesundheit in Auftrag gegebene und von Wissenschaftlern der Universität Lüneburg durchgeführte Studie[20] zum Medienkonsum und dessen Zusammenhängen mit Schulleistungen und Freizeitverhalten mit insgesamt 5840 Schülern verschiedener Schulformen als Probanden (Durchschnittsalter: 14,4 Jahre) ergab u. a. Folgendes: Es gab keinen Zusammenhang zwischen dem Medienkonsum eines Jugendlichen und der Anzahl seiner/ihrer Freunde und Freundinnen. Zudem schienen die intensiven Mediennutzer mehr soziale Kontakte zu pflegen als die Probanden mit unterdurchschnittlicher Mediennutzung. Diese Studie widerspricht damit einer ganzen Reihe von Studien, die zeigen, dass der Konsum digitaler Medien zu weniger sozialen Kontakten und zur Vereinsamung führt (siehe Kapitel 5). Dabei ist sie doch ganz offensichtlich repräsentativ mit knapp 6000 befragten Schülern. Sind also die Dinge wirklich ganz anders?

Schauen wir genau hin: Die Anzahl der Freundschaften und die Häufigkeit der Unternehmungen mit Freunden wurde in dieser Studie mit der Frage erfasst: Wie viele Freunde/Freundinnen hast du? Die Antwortmöglichkeiten waren: (A) keine; (B) eine/n; (C) zwei oder drei; (D) vier oder mehr. Es zeigte sich in der Befragung, dass über 90 Prozent der Befragten vier oder mehr Freunde haben – unabhängig vom Geschlecht oder von der Dauer der täglichen Mediennutzung. Daraus schließen die Autoren: »Die Anzahl der Freundschaften steht nicht in Zusammenhang mit dem Ausmaß der Mediennutzung.« Genau diese Nachricht erschien dann kurze Zeit später in einem einseitigen zusammenfassenden Artikel im *Spiegel*. Dort konnte man dann lesen: »Auf die Anzahl der Freunde hat die Mediennutzung hingegen offenbar kaum Einfluss.«

Sie werden schon gemerkt haben, dass die Daten im Prinzip denen in dem weiter oben angeführten, völlig absurden Beispiel entsprechen. Es liegt ganz eindeutig ein Deckeneffekt vor, denn es wurde nicht dort gemessen, wo sich die tatsächlichen Änderungen der gemessenen Größe abspielen.

Im Übrigen sollten Sie auch keinem Experten vertrauen, bevor Sie nicht recherchiert haben, woher die betreffende Person ihr Einkommen bezieht! Wie in diesem Buch mehrfach besprochen, hat die digitale Lobby viel Geld und setzt es ein, um sich durchzusetzen.

Sex and Crime

Warum haben (vor allem männliche) Jugendliche ein anscheinend unstillbares Interesse daran, sich Videos anzuschauen (oder in ihnen interaktiv mitzuwirken), in denen sich andere Menschen entweder prügeln oder paaren? Die Antwort lautet ganz einfach: Weil wir von denjenigen, die das nicht interessierte, nicht abstammen. Dies ist nicht meine private Meinung, sondern eine Erkenntnis, die sich wissenschaftlich gut untermauern lässt. Was man vielleicht gern als bloße »dumme Angewohnheit« bezeichnen möchte oder als geschickte Strategie von Programmmachern, die die Massen dazu bringt, ansonsten billige und schlechte Programme anzusehen, hat in Wahrheit tiefer liegende Ursachen.

Wir Menschen weisen zwar das komplexeste und zugleich variationsreichste Sozialverhalten auf, doch dies darf nicht darüber hinwegtäuschen, dass es biologisch schon im Sozialverhalten unserer Vorfahren bis zu den Affen hin verwurzelt ist. So sollten nicht nur für junge Männer, sondern auch für männliche Affen Informationen über andere männliche Affen und sexuell gerade aktive weibliche Affen besonders wichtig sein, da von diesen Individuen letztlich ihr eigener Reproduktionserfolg abhängt.[21]

Bei Pavianen oder Schimpansen ist nachgewiesen, dass die Qualität der Beziehungen innerhalb der Gruppe sich direkt auf die Überlebenswahrscheinlichkeit der Nachkommen auswirkt.[22] Daraus folgt im Hinblick auf das eigene Verhalten direkt, dass jegliche Kenntnisse über soziale Beziehungen für das einzelne Gruppenmitglied bedeutsam sind und daher das Aneignen der entsprechenden Information einen besonders hohen Stellenwert hat. Anders gewendet: Wenn das eigene Überleben und vor allem die eigene Reproduktion sich immer im Rahmen einer Gruppe vollzieht, dann ist das aktive Sammeln von Erkenntnissen über andere Gruppenmitglieder ein Evolutionsvorteil; dieses Verhalten wird also durch die Selektion gefördert. Oder ganz kurz: Affen schauen gerne anderen Affen zu.[23] So wundert es nicht, dass Primaten das Betrachten anderer Primaten als belohnend erleben und beispielsweise sogar auf Futter verzichteten, um Videos anderer Primaten anschauen zu können, wie eine entsprechende Studie zeigte.[24]

Diese ganz allgemeinen Überlegungen lassen sich im Experiment überprüfen. Hierzu verwendeten Wissenschaftler der Duke University in North Carolina eine experimentelle Anordnung, bei der männliche Rhesusaffen durch eine Blickbewegung zwischen Saft einerseits und Saft plus Betrachten eines Bildes andererseits wählen konnten.[25] Am Experiment nahmen die Mitglieder einer Affenhorde (vier Weibchen und acht Männchen) teil, in der die soziale Hierarchie klar etabliert und zudem mittels entsprechender Tests eindeutig messbar war. Man konnte nun die Menge an Fruchtsaft variieren und dadurch feststellen, ob der jeweilige Affe ein Bild besonders gerne oder besonders ungern anschaut: Wird ein bestimmtes Bild besonders gerne angeschaut, wird der Affe auch weniger Saft dafür in Kauf nehmen, um das Bild sehen zu können. Ein Bild, das er ungern sieht, muss demgegenüber mit mehr Saft verknüpft sein. Die Menge an Fruchtsaft stellt damit gleichsam eine Währung dar, mit welcher der Affe für das Betrachten gerne gesehener Bilder bezahlt bzw. für das Betrachten ungern gesehener Bilder bezahlt wird. Bei den Bildern handelte es sich einerseits um die Gesichter anderer Affen aus der Gruppe, getrennt nach Affen, die für das jeweilige Versuchstier in der Hierarchie über oder unter ihm standen, oder es handelte sich um Bilder der »Hinterteile« der vier weiblichen Gruppenmitglieder.

Ihre Ergebnisse beschreiben die Autoren wie folgt: »Der Wert, den die Affen der Gelegenheit zumaßen, bestimmte Bilder zu sehen, spiegelte die subjektiv wahrgenommene Bedeutung der Bilder für die Steuerung von Sozialverhalten wider. Obwohl sie durstig waren, opferten die Versuchstiere Saft, um die Hinterteile von Weibchen oder die Gesichter dominanter Männchen zu sehen, mussten aber für das Anschauen der Gesichter von untergeordneten Affen mit Saft bezahlt werden.«[26] Selbst Affen »bezahlen« also dafür, Bilder auf einem Bildschirm betrachten zu können, die explizite Sexualität und Gewalt (Dominanz, Aggressivität und Machtverhältnisse) darstellen. Kurz: »Sex and Crime sells«, wie Werbestrategen immer wieder betonen.

Man könnte aus evolutionsbiologischer Sicht noch hinzufügen: Diejenigen zwölf- bis sechzehnjährigen männlichen Jugendlichen, die vor 100 000 Jahren keine Lust hatten, den älteren beim Balgen oder Paaren zuzuschauen, pflanzten sich mit geringerer Wahrscheinlichkeit fort und wurden daher nicht unsere Vorfahren. Nur wer genau wusste, wer mit wem und warum und wie, hatte auch entsprechenden Reproduktionserfolg.

Was folgt daraus? Ich denke, dass man aus der Sicht dieser Befunde keinesfalls ableiten kann, dass Jugendliche heute mit Sex und Gewalt geradezu bombardiert werden sollten. Mit dem gleichen Argument könnte man sonst auch das Füttern hochkalorischer Nahrung an Kinder rechtfertigen, denn diese sind von der Evolution ebenfalls darauf »programmiert«, Zucker und Fett in großen Mengen zu sich zu nehmen, wenn diese Nährstoffe – was in der ferneren Vergangenheit selten genug vorkam – verfügbar sind. Die evolutionären Wurzeln der Bedürfnisse unseres Körpers (Käsekuchen & Pommes) und unseres Geistes (Sex & Crime) verweisen vielmehr auf die Fallstricke, die unsere Kultur für uns bereithält, indem sie uns ermöglicht, diese Bedürfnisse permanent zu befriedigen. Aus dem Sein folgt keineswegs das Sollen! »Wenn die das wollen, dann muss ja was dran sein!« – dieses oft gehörte Argument gilt weder für Kinder, Fett und Zucker noch für Jugendliche, Sex und Gewalt!

Medizin und Bildung

Wir sind gewohnt, die Welt einzuteilen – in Medizin und Bildung, in Körper und Geist, in Natur- und Geisteswissenschaft. Aber eigentlich geht es immer um uns. Und das gerade eben diskutierte Beispiel zeigt sehr deutlich, wie Biologie und Kultur, unsere Körperlichkeit und unsere Vorlieben, engst miteinander verwoben sind. Wir beginnen diese Zusammenhänge erst zu verstehen, denn wir durchkreuzen erst seit wenigen Jahren dauernd die Barrieren zwischen den wissenschaftlichen Disziplinen. So gibt es die experimentelle Ethik ebenso wie die molekulare Ägyptologie, die mathematische Linguistik oder die evolutionäre Literaturwissenschaft.[27] Erst wenn wir ganz unterschiedliche Erkenntnisgebiete in Zusammenhang bringen, so scheint es, gelangen wir zu neuen und wesentlichen Einsichten über uns selbst.

Bildung ist nach einer großen britischen Studie der wichtigste Faktor für die Gesundheit, und umgekehrt ist Gesundheit der wichtigste Faktor für geistige Leistungsfähigkeit.[28] Dass ein gesunder Geist in einem gesunden Körper wohnt, ist viel mehr als ein alter lateinischer Sinnspruch: Es ist eine Erkenntnis, die in vielfältiger Gestalt in den unterschiedlichsten Zusammenhängen immer wieder auftaucht: Joggen bewirkt Neuronenwachstum, körperliche Zivilisationskrankheiten (Übergewicht, Bluthochdruck, Diabetes) führen zu Demenz. Tanzen wirkt einer Demenz entgegen. Das Frontalhirn entwickelt sich durch Sport, Musik, Theater, Kunst und alles, was man mit der Hand macht.

Ein Gehirn ohne Bildung ist wie ein Buch ohne Buchstaben. Es war daher an den verschiedensten Stellen in diesem Buch von

Gehirnbildung die Rede, und zwar immer im Zusammenhang mit Sachverhalten, die sich der gewohnten Einteilung in Natur- und Geisteswissenschaft widersetzen.[29] Entsprechendes gilt für die digitale Demenz. Wer in einer Demenz nur eine biochemische Entgleisung sieht, kann nicht erklären, warum Zweisprachigkeit jemanden – zumindest statistisch – ganze fünf Jahre vor einer Demenzerkrankung bewahrt oder warum eine 101 Jahre alte Nonne mit einem Gehirn voller Amyloid-Plaques und Tau-Protein-Fibrillen geistig völlig normal und fit sein kann.

Für wirklichen Fortschritt in der Medizin und in der Bildung brauchen wir einen ganzheitlichen Ansatz, der zudem über einen langen zeitlichen Horizont erstreckt sein muss. Denn Fortschritte sind nur mit langem Atem erreichbar und auch messbar. Aber wie in der Wissenschaft vom Klimawandel geht es nicht um einzelne Aktivitäten hier und jetzt, sondern um unser globales Wohlergehen in vierzig Jahren. Und noch eines haben digitale Demenz und Erderwärmung als Probleme gemeinsam: die Größenordnung des Schadens, wenn wir heute nicht handeln.

Fazit

Digitale Medien führen dazu, dass wir unser Gehirn weniger nutzen, wodurch seine Leistungsfähigkeit mit der Zeit abnimmt. Bei jungen Menschen behindern sie zudem die Gehirnbildung; die geistige Leistungsfähigkeit bleibt also von vornherein unter dem möglichen Niveau. Dies betrifft keineswegs nur unser Denken, sondern auch unseren Willen, unsere Emotionen und vor allem unser Sozialverhalten. Die Wirkungen wurden vielfach nachgewiesen und verlaufen über unterschiedliche Mechanismen, die durch die Forschung in zunehmendem Maße aufgeklärt werden konnten, insbesondere durch die Gehirnforschung.

Zum Abschluss ein paar ganz praktische Tipps, denn jeder kann etwas für sich tun und wird – hier liegt ein fundamentaler Unterschied zwischen den Problemen der digitalen Demenz und der Erderwärmung – dafür auch ganz persönlich belohnt.

- Ernähren Sie sich gesund! Die häufigsten Krankheiten essen wir uns an, und dies müsste nicht sein. Hinzu kommen Heidelbeeren, Brokkoli, gelegentlich ein Kästchen Schokolade und ein Glas Rotwein sowie etwas Fisch (möglichst kleine, die großen Fische haben die kleinen gegessen und deren Schadstoffe dabei konzentriert).
- Täglich eine halbe Stunde Bewegung (z. B. zum Arbeitsplatz oder zum Einkaufen laufen und zurück) ist das Beste, was Sie für Ihren Körper tun können.
- Versuchen Sie, weniger »in Gedanken« zu sein. Seien Sie mit Ihrer bewussten Aufmerksamkeit im Hier und Jetzt! Eine im Fachblatt *Science* publizierte Studie[30] hat den uralten Rat von Meditationslehrern bestätigt, dass man mit seiner Konzentration im Hier und Jetzt sein soll, nicht irgendwo anders. Wer das schafft, ist unterm Strich glücklicher, wer (vor allem im Alter über die Vergangenheit) grübelt, ist weniger glücklich.[31]
- Nehmen Sie sich nur Dinge vor, die auch machbar sind. Wir neigen dazu, zu hohe Ansprüche an uns selbst zu stellen. Dabei können wir im Grunde nur scheitern und sind noch mehr enttäuscht von uns. Auf diese Weise bringen wir uns selbst das Scheitern bei und machen uns unglücklich.
- Helfen Sie anderen. Große Studien haben gezeigt, dass Hilfe gesund für den Helfenden ist[32] und dass Geld nur den glücklich macht, der es für andere ausgibt[33].
- Apropos Geld: Es macht weder glücklich noch gesund. Der Gedanke daran nährt ganz im Gegenteil Geiz und Einsamkeit.[34] Und wenn Sie schon unbedingt Geld ausgeben wollen, dann geben Sie es für Ereignisse aus und nicht für Sachen. Dinge werden alt, verrosten, brauchen Platz und verstauben.

Sie werden immer lästiger und ziehen uns herunter. Bei Ereignissen ist das Gegenteil der Fall: Je länger sie zurückliegen, desto rosiger erscheinen sie uns. Man bewahrt sie in Erinnerung, und sie werden ein Teil von uns – es sei denn, wir werden dement. Aber dann nützen uns Sachen auch nichts mehr.

- Hören Sie gelegentlich ganz bewusst Musik. Die Gehirnforschung hat nachgewiesen, dass allein Musik die Aktivität der für Angst zuständigen Gehirnbereiche einschränkt und zugleich die Aktivität der für Glück zuständigen Areale steigert. Gehen Sie mit guter Musik um wie mit gutem Essen: Man sollte beides nicht während der Arbeit oder im Fahrstuhl genießen. Das ist zwar auch möglich, aber bei voller Konzentration hat man mehr davon.
- Singen Sie, denn das ist sehr gesund. Wenn Sie sich nicht trauen oder Angst haben, es könnte jemand zuhören, dann singen Sie im Auto. Stellen Sie einen Sender mit Musiktiteln ein, die Ihnen gefallen, und singen Sie einfach laut mit.
- Lächeln Sie! Auch wenn Ihnen gerade nicht danach ist. Unsere Gefühle sind keine Einbahnstraße vom Gehirn zu Drüsen und Muskeln. Vielmehr nimmt unser Gehirn auch Informationen aus dem Körper auf und erschließt sich damit den eigenen Gefühlszustand: Wer plötzlich Herzklopfen hat, kann allein schon deswegen Angst erleben, und man weint nicht nur, weil man traurig ist, sondern mitunter ist man auch traurig, weil man weint. Nicht anders ist es mit dem Lachen. Wer lächelt, auch ohne Grund, unterstützt damit die für gute Gefühle zuständigen Gehirnareale. Botox verhindert nicht nur Lachfalten, sondern auch Glücksgefühle.
- Seien Sie aktiv und überwinden Sie Hindernisse! Wer fühlt sich besser – der Hochlandtourist, der mit der Seilbahn auf einen Berg gefahren ist, oder der Wanderer, der den Berg erklommen hat? Ganz eindeutig derjenige, der oben schwitzend ankommt, denn er ist stolz auf seine Leistung und ge-

nießt die Aussicht von oben ganz anders als der, der mit der Seilbahn oder mit dem Auto oben ankommt, gleich ins Café rennt, noch ein Souvenir mitnimmt und den Wald, die Luft und die Stille überhaupt nicht mitbekommen hat.
- Vereinfachen Sie Ihr Leben! Wir kaufen einen Rasenmäher, auf dem man sitzen, fahren und ganz bequem mähen kann, und nehmen einen Heimtrainer, auf dem wir Rad fahren oder rudern, weil man ja heute so wenig Bewegung hat, gleich mit. Vielleicht sogar in demselben Geschäft. Kurz, wir benutzen Rolltreppen, Fahrstühle und fahren mit dem Auto ins Fitness-Studio, könnten es aber viel einfacher haben: weniger Sachen und weniger Termine brauchen weniger Pflege, Wartung und bringen weniger Verpflichtungen.
- An nahezu alles, was unsere Glückszentren auf Trab bringt, gewöhnen wir uns relativ schnell. Wichtigste Ausnahme: andere Menschen. Ein Lächeln, gute Gespräche, eine gemeinsame Mahlzeit, eine kleine Aktivität zusammen – das ist der Stoff, der uns ein erfülltes Leben beschert. Ein Abendessen mit drei Freunden macht viel glücklicher und bewirkt viel mehr als dreihundert virtuelle Kontakte in Facebook.
- Verbringen Sie Zeit in der freien Natur, denn sie tut Körper und Geist gut. Allein schon der Anblick von Wiesen und Bäumen steigert unsere Lebenszufriedenheit.[35] Wer nach einer Gallenoperation ins Grüne blickt, kommt einen Tag früher aus dem Krankenhaus als der Patient, der Mauern vor dem Fenster hat.[36]
- Sofern Sie Kinder haben, gilt dies alles für diese erst recht!
- Und last, but not least: Meiden Sie die digitalen Medien. Sie machen, wie vielfach hier gezeigt wurde, tatsächlich dick, dumm, aggressiv, einsam, krank und unglücklich. Beschränken Sie bei Kindern die Dosis, denn dies ist das Einzige, was erwiesenermaßen einen positiven Effekt hat. Jeder Tag, den ein Kind ohne digitale Medien zugebracht hat, ist gewonnene Zeit.

- Für unsere gesamte Gesellschaft gilt: Wir haben nichts außer die Köpfe der nächsten Generation, wenn es um unseren Wohlstand und den Erhalt unserer Kultur geht. Hören wir auf, sie systematisch zu vermüllen!

Dank

Einige Personen, Verwandte und Freunde, haben vorab das ganze Manuskript oder Teile daraus gelesen und waren mir mit wertvollen Korrekturen und kritischen Gedanken sehr hilfreich. Dafür bedanke ich mich bei Dagmar Brummer, Michael Fritz, Georg Grön, Thomas Kammer, Gudrun Keller, Rainer Lorenz und Manfred Neumann. Meine Sekretärin Julia Ferreau musste wochenlang einen Chef aushalten, dem sein entstehendes Buch wichtiger war als das Abarbeiten mancher Verwaltungsvorgänge. Und unsere Bibliothekarin Birgit Sommer war mit einem sehr informationshungrigen Chef nie überfordert und sehr geduldig.

Ein besonderer Dank gilt Frau und Herrn Rupprecht, beide mit Leib und Seele Buchhändler, für den Kontakt zum Droemer Verlag. Herrn Thomas Tilcher vom Droemer Verlag danke ich dafür, dass er dem Rohdiamanten (so nannte er meinen Text) Feinschliff verliehen hat. Ich nehme an, dass er als erfahrener Lektor schon oft mit Autoren zu tun hatte, die es gar nicht mögen, wenn jemand an ihren Texten herumkorrigiert. Und so hatte er mit seiner Wortwahl (»Diamant«) in einem unserer ersten Gespräche versucht, mich angesichts seiner vielen Änderungen freundlich zu stimmen. Was er nicht ahnte: Aus Erfahrung weiß ich längst, wie segensreich ein guter Lektor ist. Ich gehöre nicht zu den Autoren, die sich über Korrekturen ihres Manuskripts ärgern, sondern zu denen, die sich freuen, dass einer ihnen hilft, ihre Arbeit noch besser zu machen, als sie dies je allein könnten. *Je mehr Gehirne ein Text vor dem Druck durchlaufen hat, desto leichter kann er nachher von den Gehirnen der Leser aufgesogen und verdaut werden!* Dies merkt man immer dann, wenn man ein Hirn-fernes Buch liest! Needless to say: Sämtliche Fehler sind meine eigenen. Last, but not least bedanke ich mich auch bei Frau Margit Ketterle vom Verlag für ihren unermüdlichen Einsatz für die Sache bei der Realisierung des Buchprojekts. Ein Buch gelingt nur dann wirklich, wenn Menschen dafür brennen.

Manchmal hat man im Leben gleich mehrmals Glück. So geschah es, dass auf der diesjährigen Interdisziplinären Konferenz (IK) zu Neurowissenschaft, Neuroinformatik, Kognitionswissenschaft und Robotics in Günne am Möhnesee (siehe www.IK2012.de) ein junger Mann aus Hamburg auf mich zukam und mich folgendermaßen ansprach: »Herr Spitzer, mir gefällt, was Sie machen. Ich bin Grafikdesigner. Haben Sie nicht irgendein Projekt, bei dem ich Sie unterstützen könnte?« So kamen wir ins Gespräch, und nach kurzer Zeit erzählte ich ihm von meinem neuen Buchprojekt und dass ich mir schon lange ein bestimmtes Cover vorstelle, das ich ihm dann kurz beschrieb. Was ich nicht ahnen konnte, war, mit welcher Geschwindigkeit, Kreativität und Professionalität Tobias Wüstefeld meine kurz skizzierten Ideen in ein wunderbares Buchcover umsetzte. Als Autor, der berüchtigt dafür ist, dass er seine Buchdeckel selbst entwirft, muss ich neidlos sagen, dass ich es niemals so gut hinbekommen hätte. Danke, Tobias!

Anmerkungen

Einführung: Macht Google uns dumm?

1 *Is Google making us stupid?* wurde von Nicholas Carr in *The Atlantic Monthly* publiziert und mittlerweile zu einem Buch *The Shallows* (wörtlich: Die Oberflächlichen, Carr 2010) erweitert.
2 Nach Rideout et al. 2010, S. 2
3 Nach Daten aus Rehbein et al. 2009
4 35 Wochenstunden Schule sind 35 mal 45 min (= 26,25 Std.), was auf sieben Tage verteilt 3,75 Std. entspricht.
5 In der New Yorker Zeitschrift *Dramatic Mirror* vom 9.7.1913 wird Edison wie folgt zitiert: »Books will soon be obsolete in the schools. Scholars will soon be instructed through the eye. It is possible to teach every branch of human knowledge with the motion picture. Our school system will be completely changed in ten years.« Zitiert nach Saettler 1990, S. 98; Übersetzung durch den Autor
6 Nicholas Carr, *The Shallows*. New York: Norton 2010, Übersetzung durch den Autor
7 Dommann 2003, S. 364 ff.
8 Vgl. Larkins 2003
9 Vgl. Anon 1999
10 Duffin und Hayter 1980, S. 263; Übersetzung durch den Autor
11 Duffin und Hayter 2000, S. 270; Übersetzung durch den Autor
12 »We would suggest that you center the machine in the store so that it will be equally accessible from any point. Of course, it should face the ladies' and children's departments by virtue of the heavier sales in these departments.«
Anon. 1999; Übersetzung durch den Autor
13 Vgl. Lewis & Caplan 1950
14 Vgl. Fuchs & Woessmann 2004
15 Fuchs & Woessmann 2004, S. 15 f.
16 Vgl. Christakis 2004
17 Vgl. Ennemoser & Schneider 2007
18 Vgl. Kraut et al. 1998; Sanders et al. 2000; Subrahmanyam et al. 2000
19 Vgl. Thalemann et al. 2004
20 Vgl. hierzu die Enquete-Kommission des Deutschen Bundestags 2011

1. Taxi in London
1. Vgl. hierzu auch Spitzer 2002, S. 23 ff.
2. Vgl. Maguiere et al. 1998
3. Google Earth, Ausschnitt nach Woollett et al. 2009
4. Maguire et al. 2000
5. Vgl. Woollett et al. 2009
6. Vgl. Spitzer 2001; 2011 a
7. Nach Draganski et al. 2004, S. 311
8. Nach Elbert et al. 1995, S. 305
9. Nach Draganski et al. 2006, S. 6315
10. Nach Woollett & Maguire 2011, S. 2113
11. Vgl. Maguire et al. 2006
12. Vgl. Sapolsky 1992
13. Schematisiert nach Sapolsky 1992
14. Nach Braak et al. 2011, S. 966

2. Wo bin ich?
1. Vgl. Solman et al. 2012
2. Vgl. Moran et al. 2005
3. Vgl. Mishra et al. 2009
4. Vgl. Vajpayee 2008
5. Vgl. Dasen et al. 2006
6. Gezeichnet nach Toni et al. 1999
7. Gezeichnet nach Hofer et al. 2009
8. Vgl. Spitzer 1996
9. Vgl. Bhardwaj et al. 2006
10. Vgl. Shors 2009
11. Shors 2009, S. 52; Übersetzung durch den Autor

3. Schule: Copy and Paste statt Lesen und Schreiben?
1. Vgl. Craik & Lockhart 1972; Craik & Tulving 1975
2. Vgl. Corbetta 1991, Corbetta et al. 1993
3. Vgl. Felleman & Van Essen 1991
4. Chomsky 2012, S. 29
5. Das Buch ist 2010 auf Deutsch unter dem Titel *Wer bin ich, wenn ich online bin* ... im Karl Blessing Verlag erschienen.
6. Vgl. Warschauer et al. 2012

7 Vgl. Afemann 2011
8 Vgl. Übersicht bei Warschauer et al. 2012
9 Mah 2007
10 Dies wird in den folgenden Kapiteln noch dargelegt.
11 »The number of students addicted to the Internet amounted to 782 000, or 12 % of the total student population, the Ministry of Public Administration and Security said last year.« (Kim 2011)
12 Afemann 2011
13 Vgl. Kraut et al. 1998
14 Vgl. Cuban 1993; Oppenheimer 1997; Kirkpatrick & Cuban 1998; Borghans & Weel 2004
15 Vgl. Wenglinsky 1998
16 Vgl. Angrist & Lavy 2002
17 Vgl. Borman & Rachuba 2001; Rouse & Krueger 2004
18 Wirth & Klieme 2003
19 Vgl. Fuchs & Wössmann 2004
20 Fuchs & Wössmann 2004, S. 15 f.
21 Vgl. Warschauer 2006
22 Vgl. Shapley et al. 2009
23 Hu 2007
24 Warschauer et al. 2012
25 Vigdor & Ladd 2010
26 Vgl. Malamud & Pop-Eleches 2010
27 Fairlie & London 2009
28 Vgl. Belo et al. 2010
29 Belo et al. 2010, S. 21; Übersetzung und Hervorhebung durch den Autor
30 Zit. nach Oppenheimer 1997, S. 46
31 Cuban 1986
32 Zit. nach Oppenheimer 1997, S. 48
33 Zit. nach Lima & Dantas 2011
34 Vgl. hierzu auch Spitzer 2010
35 Vgl. Spitzer 2010 aa
36 Cuban 2001

4. Im Gehirn speichern oder auslagern in die Wolke?

1 Vgl. Sparrow et al. 2001; engl. Originaltitel: Google Effects on Memory: Cognitive Consequences of Having Information at Our Fingertips
2 Zeigarnik 1927, S. 81

3 Zeigarnik 1927, S. 81; Hervorhebung im Original
4 Zeigarnik 1927, S. 29
5 Zeigarnik 1927, S. 36
6 Zeigarnik 1927, S. 42
7 Vgl. Bjork 1972
8 Sparrow et al. 2011, S. 777
9 Nach Sparrow et al., Experiment 4
10 Sparrow et al. 2011, S. 778; Übersetzung durch den Autor
11 Vgl. Ekeocha & Brennan 2008

5. Soziale Netzwerke: Facebook statt face to face
1 Vgl. BITCOM 2008
2 Vgl. Zimbler & Feldman 2011
3 Morgan & Vaughn 2010
4 Neville 2012
5 Vgl. Reid et al. 2004; Scheidhauer et al. 2007; Ybarra & Mitchell 2004
6 Van Aalst 2011
7 Techniker Krankenkasse 2011
8 Vgl. Porsch & Pieschl 2012
9 Vgl. Spitzer 2004
10 Vgl. hierzu Adolphs 2009; Behrens et al. 2009; Dunbar & Shultz 2007.
11 Vgl. Pea et al. 2012
12 Rideout et al. 2010; vgl. hierzu Spitzer 2010
13 Vgl. Pea et al. 2012
14 Vgl. Pea et al. 2012
15 Vgl. Cacioppo et al. 2009; Fowler & Christakis 2008
16 Vgl. Turkle 2011
17 Vgl. Spitzer 2012, Kapitel 4
18 Vgl. Adolphs 2009; Behrens et al. 2009
19 Nach Spitzer 2002, S. 8
20 Vgl. Buys & Larsen 1979; Dunbar & Spors 1995
21 Vgl. Fowler et al. 2009
22 Vgl. Roberts et al. 2008
23 Vgl. Stiller & Dunbar 2007
24 Vgl. Bickart et al. 2011
25 Vgl. Lewis et al. 2011
26 Vgl. Spitzer et al. 2007
27 Vgl. Powell et al. 2010

28 Vgl. Powell et al. 2012
29 Powell et al. 2012, S. 4
30 Vgl. Sallet et al. 2011
31 Vgl. Kanai et al. 2012
32 Vgl. Kanai et al. 2012, S. 1332
33 Vgl. Fuchs & Wössmann 2004
34 Vgl. Wirth & Klieme 2003
35 Vgl. Thomée 2012
36 Aldhous 2012, S. 44

6. Baby-TV und Baby-Einstein-DVDs

1 Anonymus. Fettleibigkeit in Europa. *Spiegel Online* 19.4.2007 (www.spiegel.de/wissenschaft/mensch/0,1518,478167,00.html; accessed 13. 6. 2010)
2 Vgl. www.kiggs.de
3 Vgl. Batada et al. 2008; Cotugna 1988; Gamble & Cotugna 1999; Harrison & Marske 2005; Powell et al. 2007 a, b; Ross et al. 1981; Schwartz et al. 2008; Spitzer 2004; Taras & Gage 1995; Thompson et al. 2008
4 Vgl. Zimmerman & Bell 2010
5 Vgl. Borzekowski, Robinson 2001; Dixon et al. 2007; Robinson et al. 2007
6 Vgl. Goldberg et al. 1978
7 Vgl. Zimmerman et al. 2007
8 Vgl. Gunter et al. 2005; McNeal 1992; Schor 2004
9 Vgl. Gantz et al. 2007; Institute of Medicine 2006
10 Vgl. Spitzer 2011 *Dopamin und Käsekuchen;* Fladung et al. 2009
11 Vgl. Anonymus 2010; Übersetzung durch den Autor
12 Vgl. Harrington et al. 2010
13 Vgl. Spitzer 2005
14 Vgl. Rideout & Hamel 2006, S. 4, Übersetzung durch den Autor
15 Vgl. Buß 2011
16 Vgl. Zimmerman et al. 2007 a
17 Vgl. nach Daten aus Zimmerman et al. 2007 a, S. 475
18 Vgl. Rideout & Hamel 2006
19 Roberts et al. 2005, S. 20; Übersetzung durch den Autor
20 Roberts et al. 2005, S. 32; Übersetzung durch den Autor
21 Vgl. Götz (2007)
22 Vgl. Spitzer 2005
23 Rideout und Hamel, S. 32; Hervorhebungen im Original

24 Rideout und Hamel, S. 32; Übersetzung durch den Autor
25 Vgl. Christakis & Zimmerman 2006
26 Vgl. Kuhl et al. 2003
27 Vgl. Spitzer 2005
28 Nach Daten aus Kuhl et al. 2003
29 Vgl. Zimmerman et al. 2007 b
30 Beide Effekte waren statistisch bedeutsam; nach Daten aus Zimmerman et al. 2007 b, S. 367.
31 Vgl. Zimmerman & Christakis 2005
32 Vgl. Bhattacharjee 2007
33 Vgl. Lewin 2009
34 Vgl. Baum 2010; Bialik 2011; Brand & Xie 2010; Longley 2010
35 Vgl. Silva & Stanton 1996
36 Vgl. Hancox et al. 2005
37 Daten aus Hancox et al. 2005, S. 616
38 www.nec.co.jp/products/robot/en/video/index.html; Übersetzung durch den Autor
39 Vgl. Lineberger et al. 2005

7. Laptops im Kindergarten?

1 Vgl. Flechsig 1920
2 Vgl. Fuster 1995
3 Nach Flechsig 1920
4 Vgl. Spitzer 1996
5 Vgl. Spitzer 2002 b Musik im Kopf
6 Vgl. eine ausführliche Darstellung in Spitzer 1996; 2002 a Lernen
7 Nach Spitzer 1996
8 Nach Spitzer 2010 Medizin für die Bildung
9 Nach Spitzer 2010 Medizin für die Bildung
10 Vgl. Spitzer 2002; Chang & Merzenich 2003
11 Vgl. Chang & Merzenich 2003
12 Vgl. Dehaene et al. 1993
13 Vgl. Fias & Fischer 2005; Kadosh 2008
14 Vgl. Göbel et al. 2001; 2004
15 Vgl. Domahs et al. 2010
16 Vgl. Gerstmann 1924; 1930
17 Vgl. Noël 2005; Garcia-Bafalluy & Noël 2008
18 Nach Kiefer et al. 2007

19 Vgl. Soden-Fraunhofen et al. 2008
20 Nach Spitzer 2010
21 Nach Spitzer 2010
22 Vgl. z. B. Wagner 2004
23 Vgl. Mangen & Velay 2010
24 Vgl. Bitz et al. 2007
25 Vgl. Schmoll 2011
26 Vgl. Mangen & Velay 2010
27 Vgl. Longcamp et al. 2005
28 Vgl. Longcamp et al. 2008
29 Vgl. Longcamp et al. 2008; 2011
30 Vgl. Hoenig et al. 2008; 2011; Kiefer 2005, Kiefer et al. 2008
31 Vgl. Longcamp et al. 2005; 2008; 2011

8. Digitale Spiele: schlechte Noten

1 Vgl. Kutner et al. 2008; Spitzer 2005
2 Vgl. Spitzer 2010, Kap. 20: Aus Wissen wird Handlung. Medizin als Modell translationaler Forschung
3 Vgl. Schmidt & Vandewater 2008
4 Vgl. Sharif & Sargent 2006; Valentine et al. 2005
5 Vgl. Cummings & Vandewater 2007
6 Vgl. Bavelier et al. 2010
7 Vgl. Constance Steinkuehler 2011
8 Vgl. Roberts et al. 2005
9 Vgl. Gentile et al. 2007
10 Pfeiffer et al. 2007
11 Steinkuehler 2011, S. 13; Übersetzung durch den Autor
12 Vgl. *Süddeutsche Zeitung,* 28./29.4.2012
13 Nach Daten aus Weis & Cerankosky 2010, Tab. 2
14 Nach Daten aus Weis & Cerankosky 2010, Tab. 2
15 Nach Daten aus Weis & Cerankosky 2010, Tab. 2
16 Vgl. Rayner et al. 2001
17 Vgl. Richards et al. 2010
18 Vgl. Dick, Hancox Lancet 2004; Dumm Hancox 2005
19 Bushman & Anderson 2009, S. 274; Übersetzung durch den Autor
20 Bushman & Anderson 2009, S. 275; Übersetzung durch den Autor
21 Nach Daten aus Bushman & Anderson 2009, S. 276
22 Vgl. Cline et al. 1973; Drabman & Thomas 1974; 1976; Thomas et al.

1977; Linz et al. 1989; Molitor & Hirsch 1994; Mullin & Linz 1995; Barnett et al. 1997; Carnagey et al. 2007
23 Vgl. Cline et al. 1973
24 Vgl. Cline et al. 1973; Drabman & Thomas 1974; Sakamoto 1994
25 Vgl. Gentile et al. 2004; Anderson et al. 2008
26 Vgl. Sakamoto 1994
27 Vgl. Barnett et al. 1997
28 Vgl. Carnagey et al. 2007

9. Digital Natives: Mythos und Realität
1 Vgl. Thomas 2011
2 Vgl. Prensky 2001 a, b
3 Millennials; vgl. Jones 2011
4 Vgl. Tapscott (2009)
5 Tapscott und Williams 2010, S. 18; Übersetzung durch den Autor
6 Jones 2011, S. 31; Übersetzung durch den Autor
7 Vgl. Windisch & Medman 2008, S. 36
8 Anderson & Rainie 2012, S. 2; Übersetzung durch den Autor
9 Anderson & Rainie 2012, S. 2; Übersetzung durch den Autor
10 Vgl. Anderson & Rainie 2012
11 Anderson & Rainie 2012, S. 4; Übersetzung durch den Autor
12 Anderson & Rainie 2012, S. 9; Übersetzung durch den Autor
13 Anderson & Rainie 2012, S. 10; Übersetzung durch den Autor
14 Anderson & Rainie 2012, S. 10; Übersetzung durch den Autor
15 Anderson & Rainie 2012, S. 10; Übersetzung durch den Autor
16 Vgl. Williams & Rowlands 2007; Rowlands et al. 2008
17 Rowlands et al. 2008, S. 302; Übersetzung durch den Autor
18 Grimmes & Boening, zit. nach Williams & Rowlands 2007, S. 11; Übersetzung und Hervorhebung durch den Autor
19 Williams & Rowlands 2007, S. 10; Übersetzung durch den Autor
20 Vgl. Rowlands et al. 2008
21 Rowlands et al. 2008, S. 300; Übersetzung durch den Autor
22 Vgl. Anonymus 2011
23 Vgl. Anonymus 2012; Mayer 2012
24 Füssel, Schlesewsky, Hosemann, Kretzschmar, Pleimling 2011, S. 5
25 Vgl. Frimmer 2011
26 Vgl. Schlesewsky et al. 2011

27 Fittkau 2011, S. 2
28 Fittkau 2011, S. 2
29 Moody 2010
30 Zucker et al. 2009
31 Vgl. Shepperd et al. 2008
32 Taylor 2011
33 Vgl. Dillon 1992
34 Woody et al. 2010, S. 945; Übersetzung durch den Autor
35 Vgl. Plass et al. 2003
36 Vgl. Huk 2006
37 Vgl. Woody et al. 2011
38 Vgl. OnCampus Research Student Panel 2011
39 Vgl. Toppo 2012
40 Daniel & Willingham 2012, S. 1571; Übersetzung durch den Autor
41 Vgl. Spitzer 2010

10. Multitasking: gestörte Aufmerksamkeit
1 Vgl. Kirn 2007, S. e6
2 Rideout et al. 2006; Übersetzungen durch den Autor
3 Vgl. O'Brian 2008
4 Vgl. Roberts et al. 2005
5 Vgl. Foehr 2006; Roberts et al. 2005
6 Nach Daten aus Foehr 2006
7 Vgl. Spitzer 2009, Selbstkontrolle
8 Vgl. Vogel et al. 2005
9 Nach Ophir et al. 2009, Fig. 1A
10 Nach Ophir et al. 2009, Fig. 1B
11 Nach Daten aus Ophir et al. 2009, Fig. 2
12 Nach Daten aus Ophir et al. 2009, Fig. 3
13 Vgl. Ophir et al. 2009, S. 15585

11. Selbstkontrolle versus Stress
1 Vgl. House et al. 1988
2 Vgl. Diamond et al. 2007; 2011
3 Vgl. Mischel et al. 1989
4 Deary et al. 2008
5 Vgl. Casey et al. 2011

6 Vgl. Abel & Kruger 2010
7 Vgl. Headey et al. 2010
8 Vgl. Christakis et al. 2004
9 Vgl. Lillard & Petersen 2011
10 Nach Lillard & Petersen 2001, S. e4
11 Vgl. Danziger et al. 2010
12 Vgl. Green & Bavelier 2003
13 Thorpe et al. 1996
14 Green & Bavelier 2003, S. 537
15 Green & Bavelier 2003, S. 536
16 Vgl. Owen et al. 2010
17 Owen et al. 2010, S. 777; Übersetzung durch den Autor
18 Filter Bubble, vgl. Pariser 2012; Green 2011

12. Schlaflosigkeit, Depression, Sucht & körperliche Folgen

1 Vgl. Tamminen et al. 2010
2 Vgl. Derégnaucourt et al. 2005; Diekelmann & Born 2010; Diekelmann et al. 2011; Marshall & Born 2007; Plihal & Born 1997; Racsmány et al. 2009; Rasch et al. 2007; Wagner et al. 2004; Wilson & McNaughton 1994
3 Vgl. Spitzer 2010
4 Vgl. Thomée 2012
5 Vgl. Buxton et al. 2012
6 Vgl. die zusammenfassende Übersicht bei Grandner et al. 2010
7 Vgl. Paulus et al. 2012, S. 10
8 Vgl. Paulus et al. 2012, S. 10
9 Vgl. Holden 2003
10 Vgl. Zusammenfassung bei Fröhlich & Lehmkuhl 2012
11 Vgl. Campbell et al. 2006; Young & Rogers 1998; Lam & Peng 2010
12 Vgl. Morrison & Gore 2010
13 Kotikalapudi et al. 2012
14 Vgl. Rumpf et al. 2011
15 Vgl. Morgan & Cotten 2003
16 Vgl. Kim et al. 2009, Weaver et al. 2009
17 Vgl. Michael & Michael 2011
18 Vgl. Bonetti et al. 2010; Morahan-Martin & Schumacher 2003
19 Vgl. Griffith & Wood 2000; LaBrie et al. 2003
20 Vgl. Gangwisch et al. 2009

21 Vgl. Bonetti et al. 2010; Kim et al. 2009; Morahan-Martin & Schumacher 2003; Weaver et al. 2009
22 Compulsive Internet Use Scale; nach Meerkerk et al. 2009
23 Vgl. Compulsive Internet Use Scale; nach Meerkerk et al. 2009
24 Vgl. Rehbein et al. 2009, S. 22
25 Vgl. Koepp et al. 1998
26 Rehbein et al. 2009, S. 46
27 Vgl. Hancox et al. 2005
28 Vgl. Hancox et al. 2004
29 Vgl Spitzer 2011, *Dopamin & Käsekuchen*

13. Kopf in den Sand? – Warum geschieht nichts?

1 Vgl. Kim 2011
2 Vgl. Brown et al. 2006
3 Vgl. Beullens et al. 2011
4 Vgl. Hanewinkel et al. 2012
5 Vgl. Zusammenfassung bei Spitzer 2004; vgl. auch Sisask & Värnik 2012
6 Bericht der Enquete-Komission »Internet und digitale Gesellschaft« des Deutschen Bundestags vom 21.10.2011
7 Bericht der Enquete-Komission »Internet und digitale Gesellschaft« des Deutschen Bundestags vom 21.10.2011, S. 5; Hervorhebungen vom Autor
8 Bericht der Enquete-Kommission »Internet und digitale Gesellschaft« des Deutschen Bundestags vom 21.10.2011, S. 34
9 Bericht der Enquete-Kommission »Internet und digitale Gesellschaft« des Deutschen Bundestags vom 21.10.2011, S. 35 f.
10 Vgl. www.deutscher-computerspielpreis.de
11 Vgl. Lindemann 2012
12 Vgl. Frank 2005
13 Vgl. Wagner 2004
14 Nachzulesen im Netz unter www.znl-ulm.de
15 Vgl. Frank 2005
16 Gut hinsehen und zuhören! Ein Ratgeber für pädagogische Fachkräfte zum Thema »Mediennutzung in der Familie«, S. 15
17 Gut hinsehen und zuhören! Ein Ratgeber für pädagogische Fachkräfte zum Thema »Mediennutzung in der Familie«, S. 18

18 Gut hinsehen und zuhören! Ein Ratgeber für pädagogische Fachkräfte zum Thema »Mediennutzung in der Familie«, S. 35
19 Vgl. Gut hinsehen und zuhören! Ein Ratgeber für pädagogische Fachkräfte zum Thema »Mediennutzung in der Familie«, S. 39
20 Vgl. Gut hinsehen und zuhören! Ein Ratgeber für pädagogische Fachkräfte zum Thema »Mediennutzung in der Familie«, S. 65
21 Gut hinsehen und zuhören! Ein Ratgeber für pädagogische Fachkräfte zum Thema »Mediennutzung in der Familie«, S. 65
22 Gut hinsehen und zuhören! Ein Ratgeber für pädagogische Fachkräfte zum Thema »Mediennutzung in der Familie«, S. 66
23 Suchtprävention in der Grundschule: Fernsehen, S. 6
24 Vgl. Suchtprävention in der Grundschule: Fernsehen, S. 25 f.
25 Suchtprävention in der Grundschule: Fernsehen, S. 36
26 Jantke 2009, S. 75
27 Laschet 2009, S. 1–2

14. Was tun?

1 Vgl. Snowdon 2001
2 Vgl. Belanger et al. 1988
3 Vgl. Danner et al. 2001
4 Vgl. Snowden 1997
5 Vgl. Bialystok et al. 2007
6 Vgl. Brookmeyer et al. 1998
7 Vgl. Craik et al. 2010
8 Vgl. Van Heuven et al. 2008
9 Vgl. Dijkstra 2005; Marian & Spivey 2003
10 Vgl. Calson & Meltzoff 2008; Martin-Rhee & Bialystok 2008
11 Vgl. Prior & MacWinney 2010
12 Vgl. www.wegweiser-demenz.de
13 Lustig et al. 2012, S. 28; Übersetzung durch den Autor
14 Broschüre der Bundeszentrale für gesundheitliche Aufklärung 2009 b, S. 23
15 Vgl. Aamodt & Wang 2007; Boyd 2011
16 Vgl. Glasper et al. 2010; Leuner & Shors 2010; Rosenzweig & Bennett 1996
17 Vgl. Spitzer 2009, Neugier und Lernen. In: Nervenheilkunde 28: 652–654

18 Vgl. Spitzer 2009, Natur und Gemeinschaft. In: Nervenheilkunde 28: 773–777
19 Vgl. Bramble & Lieberman 2004; Hecht 2004
20 Vgl. Paulus et al. 2012
21 Vgl. Bercovitch 1988; Van Noordwijk & Van Schaik 2001
22 Vgl. Alberts et al. 2003; Goodall 1986; Silk et al. 2003; Widdig et al. 2004
23 Vgl. Anderson 1996; Sackett 1966
24 Vgl. Andrews et al. 1995
25 Vgl. Deaner et al. 2005
26 Vgl. Deaner et al. 2005, S. 544; Übersetzung durch den Autor
27 Vgl. Spitzer 2012, Kap. 1
28 Vgl. Marmot 2010
29 Vgl. hierzu auch Spitzer 2010, Medizin für die Bildung
30 Killingsworth & Gilbert 2010
31 Vgl. Brassen et al. 2012
32 Vgl. Brown et al. 2003
33 Vgl. Dunn et al. 2008
34 Vgl. Vohs et al. 2006
35 Vgl. Weinstein et al. 2009
36 Vgl. Ulrich 1984

Literatur

Aamodt S, Wang A (2007) Exercise on the brain. New York Times (http://www.nytimes.com/2007/11/08/opinion/08aamodt.html?_r=2; accessed 20.6.2010)

Abel EL, Kruger ML (2010) Smile intensity in photographs predicts longevity. Psychological science 21: 542–544

Adolphs R (2009) The social brain: neural basis of social knowledge. Annual Review of Psychology 60: 693–716

Afemann U (2011) Ein Laptop macht noch keine Bildung. The European (12.4.2011) (www.theeuropean.de/uwe-afemann/6335-ikt-in-der-entwicklungszusammenarbeit; accessed am 25.3.2012)

Alberts SC, Watts HE, Altmannn J (2003) Queuing and queue-jumping: long-term patterns of reproductive skew in male savannah baboons, Papio cynocephalus. Animal Behaviour 65: 821–840

Aldhous P (2012) 21st Century School. New Scientist 213 (Nr. 2848; 21.1.2012): 42–45

Allman JM (1999) Evolving brains. WH Freeman & Co, New York, NY

Anderson JQ, Rainie L (2012) Millennials will benefit and suffer due to their hyperconnected lives. Pew Research Center's Internet & American Life Project (February 29, 2012; pewinternet.org)

Anderson JR (1998) Social stimuli and social rewards in primate learning and cognition. Behavioural Processes 42: 159–175

Andrews MW, Bhat MC, Rosenblum LA (1995) Acquisition and long-term patterning of joystick selection of food-pellet vs social-video reward by bonnet macaques. Learning and Motivation 26: 370–379

Angrist J, Lavy V (2002) New evidence on classroom computers and pupil learning. Economic Journal 112: 735–765

Anonymus (1999) Shoe-Fitting Fluoroscope (ca. 1930–1940) Oak Ridge Associated Universities (www.orau.org/ptp/collection/shoefittingfluor/shoe.htm)

Anonymus (2006) Indisches Bildungsministerium lehnt 100-Dollar-Laptops ab. Heise Online News (www.heise.de/newsticker/meldung/Indisches-Bildungsministerium-lehnt-100-Dollar-Laptops-ab-144953.html; accessed am 24.3.2012)

Anonymus (2008) Information behaviour of the researcher of the future. (www.jisc.ac.uk/media/documents/programmes/reppres/gg_final_keynote_11012008.pdf)

Anonymus (2010a) Childhood obesity: affecting choices (Editorial). The Lancet 375 (20.2.2010): 611

Anonymus (2011) Notes on a scandal (Editorial). Nature 471: 135–136

Anonymus (2012) Honest work. The plagiarism police deserve thanks for defending the honour oft he PhD (Editorial). Nature 484: 141

Aristoteles: Politik. Band 9 der Werke in deutscher Übersetzung, begründet von Ernst Grumach, herausgegeben von Hellmut Flashar, übersetzt und erläutert von Eckart

Schütrumpf, Akademie Verlag, Berlin ab 1991. Buch II–III (Bd 9.2, 1991), Kapitel 6 (S. 59–60)

Baker S (2009) Die Numerati. Hanser, München

Banaji S, David Buckingham D (2010) Young People, the Internet, and Civic Participation: An Overview of Key Findings from the CivicWeb Project. International Journal of Learning and Media 2(1): 15–24

Bao S, Chan VT, Merzenich MM (2001) Cortical remodelling induced by activity of ventral tegmental dopamine neurons. Nature 412: 79–83

Barnett MA, Vitaglione GD, Harper KK, Quackenbush SW, Steadman LA, Valdez BS (1997) Late adolescents experiences with and attitudes toward video games. Journal of Applied Social Psychology 27: 1316–1334

Bavelier D, Green CS, Dye MWG (2010) Children, Wired: For Better and for Worse. In: Neuron 67: 692–701

Behrens TE, Hunt LT, Rushworth MF (2009) The Computation of Social Behavior. Science 324: 1160–1164

Belanger C, Buring JE, Eberlein K, Goldhaber SZ, Gordon D, Hennekens CH (Chairman), Mayrent SL, Peto R, Rosner B, Stampfer M, Stubblefield F, Willett W. The Steering Committee of the Physicians' Health Study Research Group (1988) Preliminary Report: Findings from the aspirin component of the ongoing Physicians' Health Study. New England Journal of Medicine 318: 262–264

Belo R, Ferreira P, Telang R (2010) The Effects of Broadband in Schools: Evidence from Portugal. NBR Working paper. www.nber.org/public_html/confer/2010/SI2010/PRIT/Belo_Ferreira_Telang.pdf

Bennett und Mitarbeiter: The ›digital natives‹ debate. British Journal of Educational Technology 39: 775–786, 5. Feb. 2008

Bercovitch FB (1988) Coalitions, cooperation, and reproductive tactics among adult male baboons. Animal Behavior 36: 1198–1209

Bessiere K (2010) Effects of Internet Use on Health and Depression: A Longitudinal Study. Journal of Med Internet Research 12:e6

Beullens K, Roe K, Van den Bulck J (2011) The Impact of Adolescents' News and Action Movie Viewing on Risky Driving Behavior: A Longitudinal Study. Human Communication Research 37: 488–508

Bhardwaj RD, Curtis MA, Spalding KL, Buchholz BA, Fink D, Björk-Eriksson T, Nordborg C, Gage FH, Druid H, Eriksson PS, Frisén J (2006) Neocortical neurogenesis in humans is restricted to development. PNAS 103: 12564–12568.

Bialystok E (2009) Bilingualism: The good, the bad, and the indifferent. Bilingualism: Language and Cognition 12: 3–11

Bialystok E, Craik FIM (2009) Cognitive and linguistic processing in the bilingual mind. Current Directions in Psychological Science 19: 19–23

Bialystok E, Craik FIM, Freedman M (2007) Bilingualism as a protection against the onset of symptoms of dementia. Neuropsychologia 45: 459–464

Bialystok E, Craik FIM, Green DW, Gollan TH (2009) Bilingual minds. Psychological Science in the Public Interest 10: 89–129

Bialystok E, Viswanathan M (2009) Components of executive control with advantages for bilingual children in two cultures. Cognition 112: 494–500

Bickart KC, Wright CI, Dautoff RJ, Dickerson BC, Barrett LF (2011) Amygdala volume and social network size in humans. Nature Neuroscience 14: 163–164

Bickart KC, Wright CI, Dautoff RJ, Dickerson BC, Barrett LF (2011) Amygdala volume and social network size in humans. Nature Neuroscience 14: 163–164

BITCOM (2008) Presseinformation: Fast 4 Millionen Opfer von Computer- und Internet-Kriminalität. Repräsentative Umfrage des Meinungsforschungsinstituts Forsa im Auftrag des BITKOM (www.bitkom.org/files/documents/bitkom_presseinfo_computer-kriminalitaet_ 06_07_2008.pdf)

Bjork RA (1972) Theoretical implications of directed forgetting. In: Melton AW, Martin E (Hrsg.). Coding processes in human memory, S. 217–235. Winston, Washington, DC

Bonetti L, Campbell MA, Gilmore L (2010) The relationship of loneliness and social anxiety with children's and adolescents' online communication. CyberPsychology, Behavior, and Social Networking 13:279–285

Borghans L, Weel B (2004) Are computer skills the new basic skills? The returns to computer, writing and math. Britain. Labour Economics 11: 85–98

Borman GD, LT Rachuba (2001) Evaluation of the Scientific Learning Corporation's Fast-ForWord Computer-Based Training Program in the Baltimore City Public Schools. Report Prepared for the Abell Foundation

Borzekowski DL, Robinson TN (2001) The 30-second effect: an experiment revealing the impact of television commercials on food preferences of preschoolers. Journal of the American Dietetic Association 101: 42–46

Boyd EB (2011) Why »Brain Gyms« may be the next big business. (www.fastcompany.com/1760312/are-brain-gyms-the-next-big-business, accessed 22.3.12)

Braak H, Thal DR, Ghebremedhin E, Tredici KD (2011) Stages of the Pathologic Process in Alzheimer Disease: Age Categories From 1 to 100 Years. Journal of Neuropathology & Experimental Neurology 70: 960–969

Bramble DM, Lieberman DE (2004) Endurance running and the evolution of Homo. Nature 432: 345–352

Brand JE, Xie Y (2010) Who Benefits Most from College? Evidence for Negative Selection in Heterogeneous Economic Returns to Higher Education. American Sociological Review 75: 273–302

Brassen S, Gamer M, Peters J, Gluth S Büchel C (2012) Don't Look Back in Anger! Responsiveness to Missed Chances in Successful and Nonsuccessful Aging. Science 336: 612–614

Brookmeyer R, Gray S, Kawas C (1998) Projections of Alzheimer's disease in the United States and the public health impact of delaying disease onset. American Journal of Public Health 88: 1337–1342

Brown JD, L'Engle KL, Pardun CJ, Guo G, Kenneavy K, Jackson C (2006) Sexy Media Matter: Exposure to Sexual Content in Music, Movies, Television, and Magazines Predicts Black and White Adolescents' Sexual Behavior. Pediatrics 117: 1018–1027

Brown S, Nesse RM, Vinokur AD, Smith DM (2003) Providing social support may be more beneficial than receiving it: Results from a prospective study of mortality. Psychological Science 14: 320–327

Bunge SA, Dudukovic, Thomason ME, Vaidya CJ, Gabrieli JDE (2002) Immature frontal lobe contributions to cognitive control in children: evidence from fMRI. Neuron 33: 301–311

Bushman BJ, Anderson CA(2009) Comfortably numb: Desensitizing effects of violent media on helping others. Psychological Science 20: 273–277

Buß C (2011) Glotzen, bis die Synapsen qualmen. Spiegel Online, 4.2.1011 (www.spiegel.de/kultur/tv/0,1518,742984,00.html, accessed am 16.4.2012)

Buxton OM, Cain SW, O'Conner SW, Porter JH, Duffy JF, Wang W, Czeisler CA, Shea SA (2012) Adverse Metabolic Consequences in Humans of Prolonged Sleep Restriction Combined with Circadian Disruption. Science Translational Medicine (4) 129ra43 (DOI: 10.1126/scitranslmed.3 003 200)

Buys CJ, Larsen KL (1979) Human sympathy groups. Psychological Report 45: 547–553

Cacioppo JT, Fowler JH, Christakis NA (2009) Alone in the crowd: The structure and spread of loneliness in a large social network. Journal of Personality and Social Psychology 97: 977–991

Campbell AJ, Cumming SR, Hughes I (2006) Internet use by the socially fearful: Addiction or therapy? CyberPsychology & Behavior 9: 69–81

Carlson SM, Meltzoff AN (2008) Bilingual experience and executive functioning in young children. Developmental Science 11: 282–298

Carnagey NL, Anderson CA, Bushman BJ (2007) The effect of video game violence on physiological desensitization to real-life violence. Journal of Experimental Social Psychology 43: 489–496

Carr N (2008) Is Google making us stupid? The Atlantic monthley, Juli 2008

Carr N (2010) The Shallows. Norton, New York

Casey BJ, Somerville LH, Gotlib IH, Ayduk O, Franklin NT, Askren MK, Jonides J, Berman MG, Wilson NL, Teslovich T, Glover G, Zayas V, Mischel W, Shoda Y (2011) Behavioral and neural correlates of delay of gratification 40 years later. PNAS 108: 14998–15003

Chomsky N (2012) The universal man. New Scientist 213 (2856; 17. 3. 2012): 28–29

Christakis DA (2010) Internet addiction: a 21(st) century epidemic? Bmc Medicine 8: 3

Christakis D, Zimmerman F, DiGuiseppe DL, McCarthy C (2004) Early television exposure and subsequent attentional problems in children. Pediatrics 113: 708–713

CIBER (2007), Information Behaviour of the Researcher of the Future (»Google Generation« Project), CIBER, University College London, available at: www.ucl.ac.uk/slais/research/ciber/downloads/ (accessed 17 March 2008)

Cline VB, Croft RG, Courrier S (1973) Desensitization of children to television violence. Journal of Personality and Social Psychology 27: 360–365

Corbetta M (1993) Positron emission tomography as a tool to study human vision and attention. Proceedings of the National Academy of Sciences USA 90: 10901–10903

Corbetta M et al. (1991) Selective and divided attention during visual discriminations of shape, color and speed: Functional anatomy by positron emission tomography. The Journal of Neuroscience 11: 2383–2402

Craik FIM, Bialstok E, Freedman (2010) Delaying the onset of Alzheimer disease. Bilingualism as a from of cognitive reserve. Neurology 75: 1726–1729

Craik FIM, Lockhart RS (1972) Levels of processing: a framework for memory research. Journal of Verbal Learning and Verbal Behavior 11: 671–684

Craik FIM, Tulving E (1975) Depth of processing and the retention of words in episodic memory. Journal of Experimental Psychology, General 104: 268–294

Cuban L (1993) Computers Meet Classroom: Classroom Wins. Teachers College Record 95: 185–210

Cuban L, Kirkpatrick H (1998) Computers Make Kids Smarter – Right? Technos 7: 26–31

Cummings HM, Vandewater EA. Relation of adolescent video game play to time spent in other activities. Archives of Pediatrics Adolescent Medicine 161: 684–689

Dahlkamp J (2002) Das Gehirn des Terrors. Spiegel Online 8.11.2002

Daniel DB, Willingham DT (2012) Electronic Textbooks: Why the rush? Science 335: 1570–1571

Danner DD, Snowdon DA, Friesen WV (2001) Positive emotions in early life and longevity: Findings from the Nun study. Journal of Personality and Social Psychology, 80: 804–813

Danziger S, Levav J, Avnaim-Pesso L (2011) Extraneous factors in judicial decisions. PNAS 108: 6889–6892

Dasen PR, Mishra RC, Niraula S, Wassmann J (2006) Développement du langage et de la cognition spatiale géocentrique. Enfance 58: 146–158

Deaner RO, Khera AV, Platt ML (2005) Monkeys pay per view: Adaptive valuation of social images by rhesus Macaques. Current Biology 15: 543–548

Deary IJ, Batty D, Pattie A, Gale CR (2008) More intelligent, more dependable children live longer. A 55-year longitudinal study of a representative sample of the Scottish nation. Psychological Science 19: 874–880

Deeley Q et al. (2008) Changes in male brain responses to emotional faces from adolescence to middle age. Neuro-Image 40: 389–397

Dehaene-Lambertz G, Dehaene S, Hertz-Pannier (2002) Functional neuroimaging of speech perception in infants. Science 298: 2013–2015

Derégnaucourt S, Mitra PP, Fehér O, Pytte C, Tchernichovski O (2005) How sleep affects the developmental learning of bird song. Nature 433: 710–716

Diamond A, Barnett WS, Thomas J, Munro S (2007) Preschool program improves cognitive control. Science 318: 1387–1388

Diamond A, Lee K (2011) Interventions shown to aid executive function development in children 4 to 12 years old. Science 333: 959–964

Diekelmann S, Born J (2010) The memory function of sleep. Nature Reviews Neuroscience 11: 114–126

Diekelmann S, Büchel C, Born J, Rasch B (2011) Labile or stable: opposing consequences for memory when reactivated during waking and sleep. Nature Neuroscience 14: 381–386

Dijkstra T (2005). Bilingual visual word recognition and lexical access. In: Kroll JF, De Groot AMB (Hg.) Handbook of bilingualism: Psycholinguistic approaches, S. 179-201. Oxford University Press, New York, NY

Dillon A (1992) Reading from paper versus screens: a critical review of the empirical literature. Ergonomics 35: 1297–1326

Dockrell S, Earle D, Galvin R (2010) Computer-related posture and discomfort in primary school children: The effects of a school-based ergonomic intervention Computers & Education 55: 276–284

Dommann, Monika (2003) Durchsicht, Einsicht, Vorsicht. Eine Geschichte der Röntgenstrahlen 1896 bis 1963. Zürich: Chronos Verlag

Dooley JJ, Pyzalski J, Cross D (2009) Cyberbullying versus face-to-face bullying. A theoretical and conceptual review. Journal of Psychology, 217: 182–188

Drabman RS, Thomas MH (1974) Does media violence increase children's tolerance for real-life aggression? Developmental Psychology 10: 418–421

Drabman RS, Thomas MH (1976). Does watching violence on television cause apathy? Pediatrics 57: 329–331

Draganski B, Gaser C, Busch V, Schuierer G, Bogdahn U, May A (2004) Neuroplasticity: changes in grey matter induced by training. Nature 427: 311–312

Draganski B, Gaser C, Busch V, Schuierer G, Bogdahn U, May A (2004) Neuroplasticity: changes in grey matter induced by training. Nature 427: 311–312

Draganski B, Gaser C, Kempermann G, Kuhn HG, Winkler J, Büchel C, May A (2006) Temporal and spatial dynamics of brain structure changes during extensive learning. J Neurosci 26: 6314–6317

Duffin J, Hayter CR (2000) Baring the sole. The rise and fall of the shoe-fitting fluoroscope. Isis 91(2): 260–282

Dunbar RIM (1992) Neocortex size as a constraint on group size in primates. Journal of Human Evolution 20: 469–493

Dunbar RIM, Shultz S (2007) Understanding primate brain evolution. Phil Trans R Soc B 362: 649–658

Dunbar RIM, Spoors M (1995) Social networks, support cliques, and kinship. Human Nature 6: 273–290

Dunn EW, Aknin LB, Norton MI (2008) Spending money on others promotes happiness. Science 319: 1687–1688

Ekeocha JO, Brennan SE (2008) Collaborative recall in face-to-face and electronic groups. Memory 16: 245–261

Elbert T, Pantev C, Wienbruch C, Rockstroh B, Taub E (1995) Increased use of the left hand in string players associated with increased cortical representation of the fingers. Science 220: 21–23

Ennemoser M, Schneider W (2007) Relations of television viewing and reading: Findings from a 4-year longitudinal study. Journal of Educational Psychology 99: 349–368

Enquete-Kommission »Internet und digitale Gesellschaft« (2011) Zweiter Zwischenbericht: Medienkompetenz. Drucksache 17/7286, 21.10.2011

Felleman DJ, Van Essen DC (1991) Distributed hierarchical processing in the primate cerebral cortex. Cerebral Cortex 1: 1–47

Fittkau L (2011) Umstrittene Mainzer Lesestudie. Gefälligkeitsgutachten für E-Book-Anbieter? Deutschlandfunk Campus und Karriere, 28.10 2011

Foehr UG (2006) Media multitasking among American youth: Prevalence, predictors and pairings. Kaiser Family Foundation, Menlo Park, CA (www.kff.org)

Fowler JH, Christakis NA (2008) Dynamic spread of happiness in a large social network: longitudinal analysis over 20 years in the Framingham Heart Study. BMJ 337: a2338

Fowler JH, Dawes CT, Christakis NA (2009) Model of genetic variation in human social networks. Proceedings of the National Academy of Sciences USA 106: 1720–1724

Frank D (2005) Vorsicht Bildschirm? Wie man sich gegen populistische Thesen zur Wirkung von Fernsehen und Computer wappnet. Realschule in Deutschland 6: 18–19 (www.vdrbund.de/VDR-Zeitschrift/PDF/Heft_6–2005/Vorsicht.pdf)

Frank LM, Brown EN, Stanley GB (2006) Hippocampal and Cortical Place Cell Plasticity: Implications for Episodic Memory. Hippocampus 16: 775–784

Frimmer V (2011) Die E-Book-Lobby und ihre Forschung. FAZ 22.10.2011 (www.faz.net/-gr0–6ui3 a)

Fröhlich J, Lehmkuhl G (2012) Computer und Internet erobern die Kindheit. Vom normalen Spielverhalten bis zur Sucht und deren Behandlung. Schattauer, Stuttgart

Fuchs T, Woessmann L (2004) Computers and student learning: bivariate and multivariate evidence on the availability and use of computers at home and at school. CESifo Working Paper 2004; 1321 (www.CESifo.de)

Füssel S, Schlesewsky M, Hosemann J, Kretzschmar F, Pleimling D (2011) Nähere Informationen zur Lesestudie: Unterschiedliche Lesegeräte, unterschiedliches Lesen? Forschungsschwerpunkt Medienkonvergenz, Johannes Gutenberg Universität Mainz (www.uni-mainz.de/downloads/medienkonvergenz_lesestudie.pdf)

Gangwisch JE, Malaspina D, Posner K, Babiss LA, Heymsfield SB, Turner JB, Zammit GK, Pickering TG (2009) Insomnia and Sleep Duration as Mediators of the Relationship between Depression and Hypertension Incidence. American Journal of Hypertension 23: 62–69

Gentile D (2009) Pathological video-game use among youth ages 8-18: A national study. Psychological Science 20: 594–602

Gentile DA, Lynch PJ, Linder JR, Walsh DA (2004) The effects of violent video game habits on adolescent hostility, aggressive behaviors, and school performance. Journal of Adolescence 27: 5–22

Gentile DA, Saleem M, Anderson CA (2007) Public policy and the effects of media violence on children. Social Issues and Policy Review 1: 15–61

George A (2012) Fred Stutzman. New Scientist 213 (2858; 31.3.2012), S. 27

Gibson MA, Mace R (2003) Strong mothers bear more sons in rural Ethiopia. Biology Letters, Royal Society

Glasper ER, Morton JC, Gould E (2010) Environmental influences in adult neurogenesis. In: Koob GF, Moal MLE, Thompson RF (Hg.): Encyclopedia of Behavioral Neuroscience, Vol 1, S. 485–492. Academic Press, Amsterdam, Boston

Goodall J (1986) The Chimpanzees of Gombe. Patterns of Behaviour. Harvard University Press, Cambridge, MA

Gopnik A, Meltzoff AN, Kuhl PK (1999) The scientist in the crib. Minds, brains, and how children learn. William Morrow, New York

Graham-Rowe D (2002) Teen angst rooted in busy brain. New Scientist 176 (2365): 16

Grandner MA, Hale L, Moore M, Patel NP (2010) Mortality associated with short sleep duration: The evidence, the possible mechanisms, and the future. Sleep Med Rev. 14: 191–203

Green CS, Bavelier D (2003) Action video game modifies visual selective attention. Nature 423: 534–537

Green H (2011) Breaking out of your internet filter bubble. Forbes (http://www.forbes.com/sites/work-in-progress/2011/08/29/breaking-out-of-your-internet-filter-bubble/)

Griffiths M, Wood RTA (2000) Risk factors in adolescence: The case of gambling, videogame playing, and the Internet. Journal of Gambling Studies 16: 199–225

Hancox RJ, Milne BJ, Poulton R (2004) Association between child and adolescent television viewing and adult health: a longitudinal birth cohort study. Lancet 364: 257–262

Hancox RJ, Milne BJ, Poulton R (2005) Association of television viewing during childhood with poor educational achievement. Archives of Pediatrics & Adolescent Medicine 159: 614–618

Hanewinkel R, Sargent JD, Poelen EAP, Scholte R, Florek E, Sweeting H, Hunt K, Karlsdottir S, Jonsson SH, Mathis F, Faggiano F, Morgenstern M (2012) Alcohol Consumption in Movies and Adolescent Binge Drinking in 6 European Countries. Pediatrics 129: 709–720

Hattie J (2009) Visible learning. Routledge, Oxon

Headey B, Muffels R, Wagner GG (2011) Long-running German panel survey shows that personal and economic choices, not just genes, matter for happiness. PNAS 107: 17922–17926

Hecht J (2004) Evolution made us marathon runners. New Scientist 2474

Hinduja S, Patchin JW (2010) Bullying, cyberbullying, and suicide. Archives of Suicide Research 14: 206–221

Hofer SB, Mrsic-Flogel TD, Bonhoeffer T, Hübener M (2009) Experience leaves a lasting structural trace in cortical circuits. Nature 457: 313–317

Holden C (2003) Future brightening for depression treatments. Science 302: 810–813

House JS, Landis KR, Umberson D (1988) Social relationships and health. Science 241: 540–545

Hu W (2007) Seeing No Progress, Some Schools Drop Laptops (www.nytimes.com/2007/05/04/education/04laptop.html/partner/rssnyt?_r=1&ei=5070&en=92917046dde14870&ex=1185854400&adxnnl=1...)

Huk T (2006) Who benefits from learning with 3D models? The case of spatial ability. Journal of Computer Assisted Learning 22: 392–404

Janz KF, Burns TL, Torner JC, Levy SM, Paulos R, Willing MC, Warren JJ (2001) Physical activity and bone measures in young children: The Iowa Bone Development Study. Pediatrics 107: 1387–1393

Jantke KP (2009) Faszinationskraft von Computerspielen auf Kinder und Jugendliche und die Einschätzung des Jugendschutzes. In: Europäisches Informationszentrum (Hg.): Europäisches Symposium »Spielewelten der Zukunft«. Druckmedienzentrum, Gotha

Jones C (2011) Students, the net generation, and digital natives. In: Thomas M (Hg.): Deconstructing digital natives, 30–45. Routledge, New York

Kanai R, Bahrami B, Roylance R, Rees G (2012) Online social network size is reflected in human brain structure. Proceedings of the Royal Society B 279: 1327–1334

Karlsson MP, Frank LM (2009) Awake replay of remote experiences in the hippocampus. Nature Neuroscience 12: 913–918

Keen A (2012) Digital vertigo. How today's online social revolution is dividing, diminishing, and disorienting us. St. Martin's Press, New York

Killingsworth MA, Gilbert DT (2010) A wandering mind is an unhappy mind. Science 330: 932

Kim J, LaRose R, Peng W (2009) Loneliness as the cause and the effect of problematic internet use: The relationship between internet use and psychological well-being. Cyber-Psychology & Behavior 12: 451–455

Kim S. South Korea ditching textbooks for tablet PCs. USA Today (20.7.2011). Associated Press www.usatoday.com/tech/news/2011-07-20- south-korea-tablet-pc_n.htm.

Kirkpatrick H, Cuban L (1998) Computers Make Kids Smarter – Right? Technos Quarterly 7 (2) [www.technos.net/tq_07/2cuban.htm)

Kirn W (2007) The autumn of the multitaskers. The Atlantic monthley, November 2007

Kleimann M (2009) Medienerziehung als Herausforderung zwischen Prävention und Dauerintervention. Kinderärztliche Praxis 80: 50–52

Klingberg T, Hedehus M, Temple Esalz T (2000) Microstructure of temporo-parietal white matter as a basis for reading ability: Evidence from diffusion tensor magnetic resonance imaging. Neuron 25: 493–500

Koepp MJ, Gunn RN, Lawrence AD, Cunningham VJ, Dagher A, Jones T, Brooks DJ, Bench CJ, Grasby PM (1998) Evidence for striatal dopamine release during a video game. Nature 393: 266–268

Kotikalapudi R, Chellappan S, Montgomery F, Wunsch D, Lutzen K (2012) Associating depressive symptoms in college students with internet usage using real internet data (http://www.scribd.com/doc/93950152/12-Tech-soc-Kcmwl-1)

Kraut R, Patterson M, Lundmark V, Kiesler S, Mukopadhyay T, Scherlis W (1998) Internet paradox: A social technology that reduces social involvemen and psychological wellbeing? American Psychologist 53: 1017–1031

Kutner LA Olson CK, Warner DE, Hertzog SM (2008) Parent's and son's perspecties on video game play: A qualitative study. Journal of Adolescent Research 23: 76–96

LaBrie RA, Shaffer HJ, LaPlante DA, Wechsler H (2003) Correlates of college student gambling in the United States. Journal of American College Health 52: 53–62

Lam LT, Peng Z-W (2010) Effect of pathological use of the internet on adolescent mental Health. Arch Pediatr Adolesc Med. 164: 901–906

Lanier J (2010) You are not a gadget. Knopf, New York

Larkins K (2003) Here's Looking at You, Kids. For three decades, the fluoroscope was a shoe salesman's best friend. Smithsonian magazine, July 2003 (www.smithsonianmag.com/history-archaeology/Heres_Looking_at_You_Kids.html)

Laschet A (2009) Eltern-LAN. Zusammen Spiele erleben. (www.bpb.de/files/0HTQ56.pdf; accessed am 20.6.2010)

Leuner B, Shors TJ (2010) Synapse formation and memory. In: Koob GF, Moal MLE, Thompson RF (Hg.): Encyclopedia of Behavioral Neuroscience, Vol. 3, S. 349–355. Academic Press, Amsterdam, Boston

Lewis L, Caplan PE (1950) The shoe-fitting fluoroscope as a radiation hazard. California Medicine 72: 26–30

Lewis PA, Rezaie R, Brown R, Roberts N, Dunbar RIM (2011) Ventromedial prefrontal volume predicts understanding of others and social network size. Neuroimage 57: 1624–1629

Lillard AS, Peterson J (2011) The immediate impact of different types of television on young children's executive function. Pediatrics 128: 655–649

Lima MS, Dantas I (2011) Brazil may buy education tablets to lure manufacturers. School Information System

Lindemann T (2012) Die Unionsfront gegen Ballerspiele bröckelt. Welt Online (http://www.welt.de/106234571, accessed 11.5.2012)

Linz D, Donnerstein E, Adams SM (1989) Physiological desensitization and judgments about female victims of violence. Human Communication Research 15: 509–522

Locke JL (2000) Movement patterns in spoken language. Science 288: 449–451

Lohr S (2007) Is Information Overload a $ 650 Billion Drag on the Economy? The New York Times 2.12.2007

Lustig RH, Schmidt LA, Brindis CD (2012) The toxic truth about sugar. Nature 482: 27–29

Machin S, McNally S, & Silva O (2007) New technology in schools: Is there a payoff? The Economic Journal, 117: 1145–1167

MacNeilage PF, Davis BL (2000) On the origin of internal structure of word forms. Science 288: 527–531

Maguire EA, Burgess N, Donnett JG, Frackowiak RSJ, Frith CD, O'Keefe J (1998) Knowing where and getting there: A human navigation network. Science 280: 921–924

Maguire EA, Gadian DG, Johnsrude IS, Good CD, Ashburner J, Frackowiak RSJ, Frith CD (2000) Navigation-related structural change in the hippocampi of taxi drivers. Proceedings of the National Academy of Sciences 97: 4398–4403

Maguire EA, Woollett K, Spiers HJ (2006) London taxi drivers and bus drivers: a structural MRI and neuropsychological analysis. Hippocampus 16: 1091–1101

Mah P (2007) OLPC used by students to access porn (http://www.techrepublic.com/blog/tech-news/olpc-used-by-students-to-access-porn/880)

Malamud O, Pop-Eleches C (2010) Home computer use and the development of human capital. NBER Working Papers 15814, National Bureau of Economic Research, Inc. (http://econpapers.repec.org/RePEc:nbr:nberwo: 15814)

Malamud O, Pop-Eleches C (2011) Home Computer Use and the Development of Human Capital. The Quarterly Journal of Economics 126: 987–1027

Marcus GF, Vijayan S, Bandi Rao S, Vishton PM (1999) Rule learning by seven-month-old infants. Science 283: 77–80

Marcus GF, Vijayn S, Bandi Rao S, Vishton PM (1999) Science 283: 77–80

Marian V, Spivey M (2003) Competing activation in bilingual language processing: Within- and between-language cometition. Bilingualism: Language and Cognition 6: 97–115

Marmot M (2010) Fair societies, healthy lives. The Marmot Review. (www.ucl.ac.uk(gheg/marmotreview)

Marshall L, Born J (2007) The contribution of sleep to hippocampus-dependent memory consolidation. Trends in Cognitive Sciences 11: 442–450

Martin-Rhee MM, Bialystok E (2008). The development of two types of inhibitory control in monolingual and bilingual children. Bilingualism: Language and Cognition 11: 81–93

Mayer G (2012) Präsident Schmitt scheidet unwürdig aus dem Amt. Stern.de (3.4.2012)

Mazoyer et al. (1993) The cortical representation of speech. Journal of Cognitive Neuroscience 5: 467–479

McGivern RF, Andersen J, Byrd D, Mutter KL, Reilly J (2002) Cognitive efficiency on a match to sample task decreases at the onset of puberty in children. Brain and Cognition 50: 73–89

Meerkerk GJ, Van Den Eijnden R, Vermulst AA, Garretsen HFL (2009) The Compulsive Internet Use Scale (CIUS): Some Psychometric Properties. Cyberpsychology & Behavior 12: 1–6

Meltzoff AN, Moore MK (1977) Imitation of facial and manual gestures by human neonates. Science 198: 75–78

Michael MG, Michael K (2011) The Fall-Out from Emerging Technologies: on Matters of Surveillance, Social Networks and Suicide. IEEE Technology and Society Magazine 30: 15–18

Miller G (2011) The Brain's social network. Science 334: 578–579

Mischel W, Shoda Y, Rodriguez ML (1989) Delay of gratification in children. Science 244: 933–938

Mishra RC, Singh S, Dasen P (2009) Geocentric dead-reckoning in Sanskrit- and Hindi-Medium school children. Culture & Psychology 15: 386–408

Molitor F, Hirsch KW (1994) Children's toleration of real-life aggression after exposure to media violence: A replication of the Drabman and Thomas studies. Child Study Journal 24: 191–207

Moody AK (2010) Using Electronic Books in the Classroom to Enhance Emergent Literacy Skills in Young Children. Journal of Literacy and Technology 11: 22–52

Moore RJ, Vadeyar S, Fulford J, Tyler DJ, Gribben C, Baker PN, James D, Gowland PA (2001) Antenatal determination of fetal brain activity in response to an acoustic stimulus using functional magnetic resonance imaging. Human Brain Mapping 12: 94–99

Morahan-Martin J, Schumacher P (2003). Loneliness and social uses of the Internet. Computers in Human Behavior 19: 659–671

Moran M, Seidenberg M, Sabsevitz D, Swanson S, Hermann B (2005) The acquisition of face and person identity information following anterior temporal lobectomy. Journal of the International Neuropsychological Society 11: 237–248

Moreno S, Bialystok E, Barac R, Schellenberg G, Cepeda N, Chau T (2011) Short-Term Music Training Enhances Verbal Intelligence and Executive Function. Psychological Science 22: 1425–1433

Morgan C, Cotten SR (2003) The relationship between internet activities and depressive symptoms in a sample of college freshmen. Cyberpsychology & Behavior: The impact of the Internet, multimedia and virtual reality on behavior and society 6: 133

Morgan P, Vaughn J (2010) The case of the pilfered paper: Implications of online writing assistance and web-based plagiarism detection services. Political Science & Politics 43: 755–758

Morrison CM, Gore H (2010) The relationship between excessive Internet use and depression: a questionnaire-based study of 1 319 young people and adults. Psychopathology 43:121–126

Mößle T, Kleimann M, Rehbein F, Pfeiffer C (2010) Media Use and School Achievement – Boys at Risk? British Journal of Developmental Psychology 28: 699–725

Nelson CA, Luciana M (2001) Handbook of Developmental Cognitive Neuroscience. MIT Press, Cambridge MA

Neugebauer O (1969) The exact sciences in antiquity, 2. Aufl. Dover Publications, New York

Neville L (2012) Do economic equality and eeneralized trust inhibit academic dishonesty? Evidence from state-level search-engine queries. Psychological Science (DOI: 10.1177/0956797611435980)

O'Brian C (2008) How the Google generation thinks differently. The Times, 9.7.2008

Ofcom (2007) Communications Market Report: Converging Communications Markets,

Ofcom, August 2007 (http://stakeholders.ofcom.org.uk/binaries/research/cmr/ccm.pdf)

OnCampus Research Student Panel (2011) Update: Electronic book and eReader device report (März 2011) (www.nacs.org/LinkClick.aspx?file ticket=uIf2NoXApKQ%3D& tabid=2471&mid=3210)

Ophir E, Nass C, Wagner AD (2009) Cognitive control in media multitaskers. PNAS doi /10.1073/pnas.0903620106

Oppenheimer T (1997) The Computer Delusion. Atlantic Monthly 280 (1), Juli.

Osusky L (2007) Pornofilter für 100-Dollar-Laptop. Nigerianische Schüler surften auf Sex-Seiten. Pressetext 24.7.2007 (pressetext.com/print/20070724016, accessed am 25.3.2012)

Oswald WD (2011) Alzheimer – Schicksal oder Herausforderung?! Durchblick 28: 3

Oswald WD, Gunzelmann T, Ackermann A (2007) Effects of a multimodal activation program (SimA-P) in residents of nursing homes. European Review of Aging and Physical Activity 4: 91–102

Oswald WD, Gunzelmann T, Rupprecht R, Hagen B (2006) Differential effects of single versus combined cognitive and physical training with older adults: the SimA study in a 5-year perspective. European Journal of Aging 3: 179–192

Owen AM, Hampshire A, Grahn JA, Stenton R, Dajahni S, Burns AS, Howard RJ, Ballard CG (2010) Putting brain training to the test. Nature 465: 775–758

Pariser E (2012) The filter bubble: What the internet is hiding from you. Penguin Press

Pfeiffer C, Mößle T, Kleimann M, Rehbein F (2007) Die PISA-Verlierer – Opfer ihres Medienkonsums. Kriminologisches Forschungsinstitut Niedersachsen (KFN)

Patalong F (2003) Durchsichtige Füße. Na, Sohnemann, da strahlst du! Spiegel Online (www.spiegel.de/netzwelt/tech/0,1518,268071,00.html)

Paulus P, Schumacher L, Sieland B (2012) Medienkonsum von Schülerinnen und Schülern. Zusammenhänge mit Schulleistungen und Freizeitverhalten. Studie der Leuphana-Universität Lüneburg, im Auftrag der DAK-Gesundheit, Hamburg

Pea R, Nass C, Meheula L, Rance M, Kumar A, Bamford H, Nass M, Simha A, Stillerman B, Yang S, Zhou M (2012) Media use, face-to-face communication, media multitasking, and social well-being among 8- to 12-year-old girls. Developmental Psychology 48: 327–336

Plass JL, Chun DM, Mayer RE, Leutner D (2003) Cognitive load in reading a foreign language text with multimedia aids and the influence of verbal and spatial abilities. Computers in Human Behavior 19: 221–243

Plihal W, Born J (1997) Effects of early and late nocturnal sleep on declarative and procedural memory. Journal of Cognitive Neuroscience 9: 534–547

Porsch T, Pieschl S (2012) Cybermobbing und seine Folgen für Kinder und Jugendliche. Soziale Psychiatrie 01/2012: 34–37

Powell J, Lewis PA, Dunbar RIM, García-Fiñana M, Roberts N (2010) Orbital prefrontal cortex volume correlates with social cognitive competence. Neuropsychologia 48: 3554–3562

Powell J, Lewis PA, Roberts N, García-Fiñana M, Dunbar RIM (2012) Orbital prefrontal cortex volume predicts social network size: An imaging study of individual differences in humans. Proceedings of the Royal Society, published online 1 February 2012 (doi: 10.1098/rspb.2011.2574)

Prensky M (2001 a) Digital Natives, Digital Immigrants. On the Horizon 9 (5): 1–6

Prensky M (2001 b) Do they really think differently?. On the Horizon 9 (6): 1–6

Prior A, MacWhinney B (2010) A bilingual advantage in task switching. Bilingualism: Language and Cognition 13: 253–262

Racsmány M, Conway M, Demeter G (2009) Consolidation of Episodic Memories During Sleep: Long-Term Effects of Retrieval Practice. Psychological Science 21: 80–85

Ramus F, Hauser MD, Miller C, Morris D, Mehler J (2000) Language discrimination by human newborns and by cotton-top Tamarin monkeys. Science 288: 349–351

Rasch B, Büchel C, Gais S, Born J (2007) Odor cues during slow-wave sleep prompt declarative memory consolidation. Science 315: 1426–1429

Rayner K, Foorman BR, Perfetti CA, Pesetsky D, Seidenberg MS (2001) How psychological science informs the teaching of reading. Psychological Science in the Public Interest 2: 31–74

Rehbein F, Kleimann M, Mößle T (2009) Computerspielabhängigkeit im Kindes- und Jugendalter. Empirische Befunde zu Ursachen, Diagnostik und Komorbiditäten unter besonderer Berücksichtigung spielimmanenter Abhängigkeitsmerkmale. Kriminologisches Forschungsinstitut Niedersachsen (KFN) Schriftenreihe Bd. 108

Reid P, Monsen J, Rives I (2004) Psychology's Contribution to Understanding and Managing Bullying within Schools. Educational Psychology in Practice 20: 241–258

Richards R et al. (2010) Adolescent screen time and attachment to peers and parents. Archives of Pediatrics & Adolescent Medicine 164: 258–262

Richtel M (2010) Digital devices deprive Brain of needed downtime. New York Times 24.8.2010

Rideout V, Hamel E. The media family (2006): Electronic media in the lives of infants, toddlers, preschoolers and their parents. Kaiser Family Foundation, Menlo Park, CA

Rideout VJ, Foehr UG, Roberts DF (2010) Generation M2. Media in the lives of 8–18 year olds. Kaiser Family Foundation, Menlo Park, CA (www.kff.org)

Roberts DF, Foehr UG, Rideout V. Generation M (2005) Media in the lives of 8–18 year-olds. Kaiser Family Foundation, Washington, DC (www.kff.org)

Roberts SBG, Wilson R, Fedurek P, Dunbar RIM (2008) Individual differences and personal social network size and structure. Personality and Individual Differences 44: 954–964

Rosenzweig MR, Bennett EL (1996) Psychobiology of plasticity: Effects of training and experience on brain and behavior. Behavioural Brain Research 78: 57–65

Rouse CE, Krueger AB, Markman L (2004) Putting Computerized Instruction to the Test: A Randomized Evaluation of a »Scientifically-based« Reading Program. NBER Working Paper 10315. Cambridge, MA: National Bureau of Economic Research

Rowlands I, Nicholas D, Williams P, Huntington P, Fieldhouse M, Gunter B, Withey R,

Jamali HR, Dobrowolski T, Tenopir C (2008) The Google generation: the information behaviour of the researcher of the future. Aslib Proceedings 60: 290–310

Rumpf H-J, Meyer C, Kreuzer A, John U (2011) Prävalenz der Internetabhängigkeit. Bericht an das Bundesministerium für Gesundheit. Universität Lübeck. Greifswald & Lübeck 31.5.2011

Rushkoff D (2010) Program or be programmed. Soft Skull Press, Berkeley, CA

Sackett GP (1966) Monkeys reared in isolation with pictures as visual input: Evidence for an innate releasing mechanism. Science 154: 1468–1473

Saettler P (1990) The evolution of American educational technology. Information Age Publishing, Greenwich, CT

Saffran JR, Aslin RN, Newport EL (1996) Statistical learning by 8-month-old infants. Science 274: 1926–1928

Sakamoto A (1994) Video game use and the development of sociocognitive abilities in children: Three surveys of elementary school children. Journal of Applied Social Psychology 24: 21–42

Sallet J, Mars RB, Noonan MP, Andersson JL, O'Reilly JX, Jbabdi S, Croxon PL, Jenkinson M, Miller KL, Rushworth MFS (2011) Social network size affects neural circuits in macaques. Science 334: 697–700

Sanders CE, Field TM, Diego M, Kaplan M (2000) The relationship of internet use to depression and social isolation among adolescents. Adolescence 35: 237–242

Sapolsky R (1992) Stress, the aging brain, & the mechanisms of neuron death. MIT Press, Cambridge, MA

Scheithauer H, Hayer T, Bull HD (2007) Gewalt an Schulen am Beispiel von Bullying. Aktuelle Aspekte eines populären Themas. Zeitschrift für Sozialpsychologie 38: 141–152

Schirrmacher F (2009) Payback. Warum wir im Informationszeitalter gezwungen sind zu tun, was wir nicht tun wollen, und wie wir die Kontrolle über unser Denken zurückgewinnen. Pantheon, München

Schlesewsky M, Kretzschmar F, Füssel S, Pleimling D (2011) Richtigstellung. Pressemitteilung der Universität Mainz (accessed 11.5.2012)

Schmidt ME, Vandewater EA (2008) Media and attention, cognition, and school achievement. The Future of Children 18: 63–85

Schmoll H (2011) Viele Grundschüler können nicht schreiben. FAZ 2.9.2011, S. 9

Shapley K, Sheehan D, Maloney C, Caranikas-Walker F (2009) Evaluation of the Texas Technology Immersion Pilot. Final Outcomes for a Four-Year Study (2004–05 to 2007–08). Prepared for Texas Education Agency. Prepared by Texas Center for Educational Research, Austin, TX

Sharif I, Sargent JD (2006) Association between television, movie, and video game exposure and school performance. Pediatrics 118: 1061–1070

Shepperd JA, Grace JL, Koch EJ (2008) Evaluating the electronic Textbook: is it time to dispense with paper text? Teaching of Psychology 35: 2–5

Shors TJ (2009) Saving new brain cells. Scientific American 300: 46–52

Silk JB, Alberts SC, Altmann J (2003) Social bonds of female baboons enhance infant survival. Science 302: 1231–1234

Singer AC, Frank LM (2009) Rewarded Outcomes Enhance Reactivation of Experience in the Hippocampus. Neuron 64: 910–921

Sisask M, Värnik A (2012) Media Roles in Suicide Prevention: A Systematic Review. International Journal of Environmental Research and Public Health 9: 123–138

Snowdon D (2001) Aging with grace. The nun study and the science of old age. Fourth Estate, London

Snowdon DA (1997) Aging and Alzheimer's disease: Lessons from the Nun Study. The Gerontologist 37: 150–156

Solman GJF, Cheyne JA, Smilek D (2012) Found and missed: Failing to recognize a search target despite moving it. Cognition 123: 100–118

Sparrow B, Liu J, Wegner DM (2011) Google effects on memory: Cognitive consequences of having information at our Ffngertips. Science 333: 776–778

Spitzer M (1996) Geist im Netz. Spektrum, Heidelberg

Spitzer M (2000) Die Regeln lernen. In: Spitzer M: Geist, Gehirn & Nervenheilkunde, S. 14–17. Schattauer, Stuttgart

Spitzer M (2001) Lernen im Mutterleib: Hören, Tasten und Riechen. Nervenheilkunde 20: 123–124

Spitzer M (2002) Lernen. Gehirnforschung und die Schule des Lebens. Spektrum Akademischer Verlag, Heidelberg

Spitzer M (2002 a) Busen und Gehirn. Nervenheilkunde 21: 164–165

Spitzer M (2002 b) Pokémon, Naturschutz und Neuronen für Kategorien. Nervenheilkunde 21: 269–271

Spitzer M (2002 c) Der Muster- und Regelgenerator. Nervenheilkunde 21: 326–328

Spitzer M (2005) Computer in der Schule? Nervenheilkunde 24: 355–358

Spitzer M (2005) Vorsicht Bildschirm! Elektronische Medien, Gehirnentwicklung, Gesundheit und Gesellschaft. Klett, Stuttgart

Spitzer M (2009a) Gemütlich dumpf. Nervenheilkunde 28: 343–346

Spitzer M (2009 a) Werkzeuge des Geistes. Nervenheilkunde; 28: 577–581

Spitzer M (2009 b) Multitasking – Nein danke! Nervenheilkunde; 28: 861–864

Spitzer M (2009b) Neugier und Lernen. Nervenheilkunde 28: 652–654

Spitzer M (2009c) Natur und Gemeinschaft. Nervenheilkunde 28: 773–777

Spitzer M (2010) Aus Wissen wird Handlung. Medizin als Modell translationaler Forschung. In: Spitzer M: Aufklärung 2.0, Kap. 20. Schattauer, Stuttgart

Spitzer M (2010) Computer in der Schule. The Good, the Bad, and the Ugly. Nervenheilkunde 29: 5–8 (wiederabgedruckt in: Spitzer M (2011) Dopamin und Käsekuchen, Kap. 6)

Spitzer M (2010) Generation Google. Nervenheilkunde 29: 711–716. (wieder abgedruckt in: Spitzer M (2011) Dopamin & Käsekuchen, Kap. 17)

Spitzer M (2010 aa) Medizin für die Bildung. Ein Weg aus der Krise. Spektrum Akademischer Verlag, Heidelberg

Spitzer M (2010 a) Schenken Sie doch – schlechte Noten. Nervenheilkunde 29: 263–266

Spitzer M (2010 a) Schnell leben und jung sterben. Nervenheilkunde. (wiederabgedruckt in: Spitzer M (2011) Dopamin & Käsekuchen, Kap. 12)

Spitzer M (2010b) Aufklärung 2.0. Gehirnforschung als Selbsterkenntnis. Schattauer, Stuttgart

Spitzer M (2010 b) Dopamin und Käsekuchen. Nervenheilkunde 29: 419–422 (wiederabgedruckt in: Spitzer M (2011) Dopamin & Käsekuchen, Kap. 1)

Spitzer M (2010 c) Auswirkungen von an Kinder gerichteter Werbung für ungesunde Nahrungsmittel. Nervenheilkunde 29: 711–716

Spitzer M (2011) Dopamin & Käsekuchen. Schattauer, Stuttgart

Spitzer M (2011) Musik will gelernt sein. Nervenheilkunde 30: 523–528 (wiederabgedruckt in: Spitzer M (2012) Nichtstun, Flirten, Küssen und andere Tätigkeiten des Gehirns, Kap. 14)

Spitzer M (2012) Nichtstun, Flirten, Küssen und andere Tätigkeiten des Gehirns. Schattauer, Stuttgart

Spitzer M (2012 b) Vom Geigen zum Physikum. Kortikale Plastizität beim Menschen. Nervenheilkunde 31: 378–381

Spitzer M, Fischbacher U, Herrnberger B, Grön G, Fehr E (2007): The Neural Signature of Social Norm Compliance. Neuron 56: 185–196

Steinkuehler C (2011) The mismeasure of boys: Reading and online Videogames. WCER Working Paper No. 2011-3. Wisconsin Center for Education Research (WCER), School of Education, University of Wisconsin–Madison (http://www.wcer.wisc.edu/)

Stiller J, Dunbar RIM (2007) Perspective-taking and memory capacity predict social network size. Social Networks 29: 93–104

Subrahmanyam K, Kraut R, Greenfield PM, Gross EF (2000) The impact of home computer use on children's activities and development. Children and Computer Technology 10: 123–144

Tamimi RM, Lagiou P, Mucci LA, Hsieh C-C, Adami HO, Trichopoulos D (2003) Average energy intake amog pregnant women carrying boy compared with girl. British Medical Journal 326: 1245–1246

Tamminen J, Payne JD, Stickgold R, Wamsley EJ, Gaskell MG (2010) Sleep spindle activity is associated with the integration of new memories and existing knowledge. The Journal of Neuroscience 30: 14356–14360

Tapscott D (2009) Grown up digital: The rise of the net generation. McGraw-Hill, New York, NY

Tapscott D, Williams A (2010) Innovating the 21st century university: It's time. EDUCAUSE Review 45 (1): 17–29

Taylor AK (2011) Students Learn Equally Well From Digital as From Paperbound Texts. Teaching of Psychology 38: 278–281

Thalemann R, Thalemann C, Albrecht U, Grüsser SM (2004) Exzessives Computerspielen im Kindesalter. Der Nervenarzt (2004; Suppl. 2): S186

Thomas M (2011) Deconstructing digital natives. Routledge, New York

Thomas MH, Horton RW, Lippincott EC, Drabman RS (1977) Desensitization to portrayals of real life aggression as a function of television violence. Journal of Personality and Social Psychology 35: 450–458

Thomée S (2012) ICT use and mental health in young adults. Effects of computer and mobile phone use on stress, sleep disturbances, and symptoms of depression. Dissertation. Occupational and Environmental Medicine Department of Public Health and Community Medicine Institute of Medicine at Sahlgrenska Academy, University of Gothenburg

Thornhill R, Palmer CT (1999) A natural history of rape. MIT Press, Cambridge MA

Thorpe S, Fize D, Marlot C (1996) Speed of processing in the human visual system. Nature 381: 520–522

Toni N, Teng EM, Bushong EA, Aimone JB, Zhao C, Consiglio A, van Praag H, Martone ME, Ellisman MH, Gage FH (2007). Synapse formation on neurons born in the adult hippocampus. Nat Neurosci 10: 727–734

Toppo G (2012) Obama wants schools to speed digital transition. USA-Today 31.1.2012

Turckle S (2011) Alone together. Why we expect more from technology and less from each other. Basic Books, New York, NY

UCL (University College of London; 2008) Information behaviour of the researcher of the future. www.ucl.ac.uk

Ulrich RS (1984) View through a window may influence recovery from surgery. Science 224: 420–421

Vajpayee A, Dasen PR, Mishra RC (2008) Spatial encoding: A comparison of Sanskrit- and Hindi-medium schools. In: Srinivasan N, Gupta AK, Pandey J (eds.). Advances in Cognitive Science, S. 255–265. Sage, New Delhi

Valentine G, Marsh J, Pattie C. Children and young people's home use of ICT for educational purposes. Department for Education and Skills. Research Report RR672, London 2005 (www.dcsf.gov.uk/research/data/uploadfiles/RR672.pdf)

Van Aalst G (2011) Cybermobbing – Gewalt unter Jugendlichen. Ergebnisse einer repräsentativen Forsa-Umfrage in NRW. Techniker Krankenkasse

Van Heuven WJB, Dijkstra T, Grainger J (1998). Orthographic neighborhood effects in bilingual word recognition. Journal of Memory and Language 39: 458–483

Van Noordwijk MS, Van Schaik CP (2001) Career moves: transfer and rank challenge decisions by male long-tailed macaques. Behaviour 138: 359–395

Van Rooij AJ, Schoenmakers TM, Vermulst AA, Van Den Eijnden RJ, Van De Mheen D (2011) Online video game addiction: identification of addicted adolescent gamers. Addiction 106: 205–212

Veenstra R, Lindenberg S, Oldehinkel AJ, De Winter AF, Verhulst FC, Ormel J (2005): Bullying and victimization in elementary schools: A comparison of bullies, victims, bully/victims, and uninvolved preadolescents. Developmental Psychology 41: 672–682

Vigdor JL, Ladd HF (2010) Scaling the digital divide. Home computer use and student achievement. NBER Working Paper 16 078 (www.nber.org/papers/w16078)

Vogel EK, McCollough AW, Machizawa MG (2005) Neural measures reveal individual differences in controlling access to working memory. Nature 438: 500–503

Vohs KD, Mead NL, Goode MR (2006) The psychological consequences of money. Science 314: 1154–1156

Waelti P, Dickinson A, Schultz W (2001) Dopamine responses comply with basic assumptions of formal learning theory. Nature 412: 43–48

Wagner U, Gais S, Haider H, Verleger R, Born J (2004) Sleep inspires insight. Nature 427: 352–355

Wagner WR (2004) Medienkompetenz revisited. Medien als Werkzeuge der Weltaneignung: ein pädagogisches Programm. Kopaed Verlag, München

Warschauer M (2006) Laptops and Literacy: Learning in the Wireless Classroom. Teachers College Press

Warschauer M, Cotton SR, Ames MG (2012) One Laptop per Child Birmingham: Case study of a radical experiment. International Journal of Learning and Media 3: 61–76

Weaver III, JB, Mays D, Sargent Weaver S, Kannenberg W, Hopkins GL, Eroglu D, Bernhardt JM (2009) Health-risk correlates of video-game playing among adults. American Journal of Preventive Medicine 37:299–305

Weinstein N, Przybylski AK, Ryan RM (2009) Can Nature Make Us More Caring? Effects of Immersion in Nature on Intrinsic Aspirations and Generosity. Personality and Social Psychology Bulletin 35: 1315–1329

Weis R, Cerankosky BC (2010) Effects of video-game ownership on young boys' academic and behavioral functioning: A randomized, controlled study. Psychological Science 21: 463–470

Wenglinsky H (1998) Does It Compute? The Relationship Between Educational Technology and Achievement in Mathematics. Princeton, NJ: Policy Information Center, Research Division, Educational Testing Service

Widdig A, Bercovitch FB, Streich WJ, Sauermann U, Nurnberg P, Krawczak M (2004). A longitudinal analysis of reproductive skew in male rhesus macaques. Proceedings of the Royal Society B 271: 819–826

Williams P, Rowlands I (2007) Information behaviour of the researcher of the future. A British Library / JISC Study

Wilson MA, McNaughton BL (1994) Reactivation of hippocampal ensemble memories during sleep. Science 265: 676–679

Windisch E, Medman N (2008) Understanding the digital natives. Ericsson Business Review 1–2008: 36–39

Wirth J, Klieme E (2003) Computernutzung. In: Deutsches PISA-Konsortium (Hg.): PISA 2000: Ein differenzierter Blick auf die Länder der Bundesrepublik Deutschland, S. 195–209. Leske + Budrich, Opladen

Wolf M (2007) Proust and the Squid. The Story and Science of the Reading Brain. Harper Collins, New York, NY

Woody WD, Daniel DB, Baker CA (2010) E-Books or textbooks: Students prefer textbooks. Computers & Education 55: 945–948

Woollett K, Spiers HJ, Maguire EA (2009) Talent in the taxi: a model system for exploring expertise. Philosophical Transactions of the Royal Society B 364: 1407–1416

Ybarra M, Mitchell K (2004) Online aggressor/targets, aggressors, and target: A comparison of associated youth characteristics. The Journal of Child Psychology and Psychiatry 45: 1308–1316

Young KS, Rogers RC (1998) The relationship between depression and Internet addiction. CyberPsychology & Behavior 1: 25–28

Zeigarnik BW (1927) Untersuchungen zur Handlungs- und Affektpsychologie. Psychologische Forschung 9: 1–85

Zimbler M, Feldman RS (2011) Liar, liar, hard drive on fire: How media context affects lying behavior. Journal of Applied Social Psychology 41: 2492–2507

Zucker TA, Moody AK, McKenna MC (2009) The effects of electronic books on Pre-Kindergarten-to-Grade 5 student's Literacy and language outcomes: A research synthesis. Journal of Educational Computing Research 40: 47–87

Register

A

Abstumpfung 199, 201 ff., 280, 293
Afemann, Uwe 72 f., 83
Alkohol 269, 275, 303 f., 308 f.
Alter 58, 129 ff., 158 f., 297, 313 ff.
Altersdiabetes 129 ff., 133
Alzheimer, Alois 39
Alzheimer-Demenz 36, 39, 53 f., 298, 300, 313 ff.
Amnesty International 285, 293
Anderson, Craig 197
Anfixen 75, 131 ff., 274, 309
Angrist, Joshua 84
Anonymität 110 ff., 127, 283
Apple 26
Arbeitsgedächtnis 230, 236 f., 246, 249, 254 f.
Aristoteles 109
Aufgabenwechsel 232 ff., 301
Aufmerksamkeit 66, 251–256
–, selektive 68
Aufmerksamkeitsblinzeln 252 f.
Aufmerksamkeitsstörungen 24, 208 f., 234 f., 248 f., 253, 256, 301
Aufmerksamkeitstraining 251–256
Augentier 116, 167
Autofahrer 19, 27 f.

B

Baby-Einstein-DVD 129, 145 ff.
Baby-Roboter 152 f.
Baby-TV 129, 136–141, 146 f., 153 f., 194
Baird, Abigail 126
Bavelier, Daphne 253
Begabung 150 f., 300

Begreifen 166 ff., 176–180
Belohnungsaufschub 243, 249
Bewegung 15, 66, 68, 167, 183 f.
Bewegungstier 167
Bildung 61, 148 ff., 321 f.
Bildungsprozesse 167
Bleistift 180–184
Bluthochdruck 36, 248, 321
Boyd, Danah 208 f.
Braak, Heiko 36
Bullying 111
Bushman, Brad 197

C

Carr, Nicholas 11, 14, 70
Casey, B. J. 246
Chinesisch 141 ff.
Chomsky, Noam 70
Christakis, Dimitri 249 f.
Cliffhanger-Effekt 101
Computer 19, 23 ff., 62 f., 251 ff., 256, 306 ff.
Computerspiele 186–190, 195, 200 ff., 266, 268 ff., 279 ff., 286, 290 ff.
Conelly, Jennifer 222
Copy and Paste 62, 70
Cortex 108, 122, 163
–, orbitofrontaler 119 f.
–, präfrontaler 116, 119, 122
–, temporaler 122
Crowdsourcing 215
Crysis 2 189 f., 195, 280
Cuban, Larry 90, 94
Cyber-Mobbing 111 f.

D

Demenz 39, 41 f., 52 ff., 60, 128 f., 272 f., 293, 298, 300, 302 f., 322
Depression 128, 258, 263 ff., 272
Desensibilisierung 201
Deter, Auguste 39
Diabetes 129 ff., 133, 244, 261 f., 272 f., 321
Diät 165 f., 236
Didacta 70, 75, 94
Digital Natives 75, 204–221
Digitale Eingeborene 204
Dillon, Andrew 219
Directed Forgetting 103
Disziplin 239
Dopamin 108, 269
Drogen, illegale 304, 309
Duffin, Jacalyn 21

E

E-Book 216–221
Edison, Thomas 13
Ego-Shooter 189, 253, 261
E-Learning 14
Elternbindung 195 f.
Eltern-LAN 291 f.
Empathie 119, 197, 202
Enquete-Kommission 26, 91, 189, 203, 277 ff., 294
Entwicklungsfenster 167
Erinnerungsvermögen 39 ff., 64
Ernährung 15, 129, 131–135, 156, 304
Evolution 15, 319 ff.
Experten 16 ff., 109, 183, 206 ff., 212, 221, 276, 279, 294, 311

F

Facebook 96, 109, 113, 123–128, 196, 256, 325
Fairlie, Robert 88
Fehlinformation 286, 290
Fernsehen 13, 131 ff., 195 f., 200, 290
Fernsehkonsum 148 ff., 249 ff.
Finanzkrise 92
Fingerspiele 167–176, 184
Flexibilität 225, 236 f., 241
Frank, Dirk 283 f.
Freunde, Bindung zu 195 f.
Frontalhirn 120, 123, 237, 241, 246, 249 ff., 269, 321
Fuchs, Thomas 23
Füssel, Stephan 216 f.

G

Game Boy 286
Games Master Class 291
Gates, Bill 72
Gedächtnisspuren 15, 48–52, 182
Gehirn 14 ff., 48–52, 117, 160 f., 183
–, soziales 113, 120 ff., 128
Gehirnabbau 299–303
Gehirnbildgebung 15, 37
Gehirn-Bildung 129, 167, 238, 297 ff., 301, 322
Gehirnentwicklung 129, 159–166
Gehirngröße 116–123
Gehirnjogging 58, 313 ff.
Gehirnrinde 35, 56, 64, 67, 116 f., 119, 122, 142, 167, 169, 260
Gehirnwachstum 30 ff., 37, 48, 56, 115, 121 ff.
Geisler, Martin 189, 281
Geld 92 f., 323
Gelmini, Mariastella 213

Gemütlich dumpf 197, 200
Generation Google 209–213
Genetik 93, 236, 300
Georgien 17, 211
Gesundheit 61, 114, 242 ff., 250, 272 f., 321
Gesundheitsministerium 26, 266, 275, 285 f., 288 ff.
Gewalt 74, 135, 185, 188, 197–203, 280, 282 f., 293, 320 f.
Glück 242 ff.
Google 11, 96 ff., 109 f., 209, 212, 256, 311 f.
Götz, Maya 139
Gould, Elizabeth 59
GPS-Satelliten 28
Green, Shawn 253
Greenpeace 293
Gruppengröße 116–126

H
Hancox, Robert 250
Handlung, erledigte 101–108
Hausaufgaben 74, 186, 188, 191, 223 ff.
Hayter, Charles 21
Heidegger, Martin 103
Hermeneutik 213 f.
Himmelsrichtung 43 ff.
Hippocampus 28 ff., 32–36, 54 ff., 59 ff., 64, 260, 264, 314
Huk, Thomas 219
Hypertonie 36, 248, 321

I
Identität, personale 15
Informationsflut 18
Informationssuche 97 ff., 110, 207, 209–214, 240, 256, 274, 311 f.

Inhibition 236 f.
Intelligenz 150 f., 180, 225, 244 f.
Intelligenzquotient (IQ) 180
Internet 14, 74 f., 83–89, 96 f., 206 ff., 210, 265 ff., 271
Internetführerschein 305 ff.
Internet-Paradoxon 83
Isolation, soziale 25, 272

J
Jagen und Sammeln 15, 240
Jantke, Klaus Peter 290
Jones, Chris 205, 214
Jonglieren 30 f.

K
Kammer, Thomas 216
Kanai, Ryota 123, 126
Kiefer, Markus 176
Kindergarten 20, 24, 75, 89, 153, 155, 168, 175 f., 183 f., 194, 241 f., 256, 274, 307 ff.
Kirche 26, 285 f., 290, 294 f.
Klieme, Eckard 84
Kluft, digitale 88 f.
Kontrolle 226–234, 248
Kosten der digitalen Demenz 302 f.
Kultur 203, 279 ff.

L
Lachen 324
Ladd, Helen 87
Laptop 70–89, 92 ff.
Laschet, Armin 291
Laufen 155, 239
Lavy, Victor 84
Lebensmittelhersteller 25
Leibniz, Gottfried Wilhelm 51

Lernen 13 ff., 17 f., 52, 57–61, 64 ff., 155–159, 166 ff., 183, 214 f.
– im Gehirn 30–37
– durch Handeln 176–180, 183 f.
– im Schlaf 260
Lernphasen 167
Lernschritte 156 ff.
Lernverhinderungsmaschinen 89 ff., 145
Lesen 180 ff., 191, 193
Lesestörungen 25, 181, 187 f.
Lewin, Kurt 101
Lobby 26, 276, 279 f., 282, 288, 290, 294, 318
Lokalisten 109
London 27, 29 f., 32 ff., 43
London, Rebecca 88
Lotosblüten 44
Lückentext 80

M
Mandala 44
Mandelkern 108, 119
Marc Aurel 45, 309
Marshmallow-Test 243, 246, 249
Mathematik 169–176, 184, 192 f.
Mayer, Gisela 202
Medienkompetenz 115, 277 f., 294, 305–312
Medienmultitasking 224
Mediennutzung 11 f., 113 f., 137 ff., 146, 195 f., 223 ff., 234, 263 f., 287, 316 f.
Medienpädagogik / Medienpädagogen 14, 26, 115, 180, 189, 279 ff., 285 ff., 294, 308
Meditation 323
Medizin 61, 321 f.
Medizinstudenten 31 f., 115

Mehrspieler-Online-Rollenspiel 187
Mehrsprachigkeit 300 ff., 322
Mercadante, Aloizio 92
Migrationshintergrund 131
Mischel, Walter 244, 246
Mobbing 111 f., 128
Moody, Amelia 218
Mord ohne Motiv 281 ff.
MP3-Player 11
Multitasking 114, 207, 209, 222–235, 301 f.
Musik 30 f., 82, 146, 324
Muttersprache 142 f., 205, 238 f., 301

N
Nahrung, geistige 134 ff.
NASA 18
Navigationssystem 28, 38 f., 46, 302
Negroponte, Nicholas 71
Netzanschluss 23
Neumann, Bernd 280
Neuron 46 ff., 51, 53, 55–61, 64 f., 165, 264
Neuronenwachstum 55–61, 126, 321
Neuroplastizität 52, 206
Nobject 176 ff., 184
Nonnenstudie 297 f.

O
Oberflächlichkeit 69 f., 79, 95, 211, 213 ff., 221, 235, 278
OLPX XO-1 71 f., 87
One Laptop per Child (OLPC) 71, 73 f., 87
Orchestermusiker 30 f.
Orientierung 27 ff., 34, 38, 41–46, 63

P

Papero 152
Parkinson-Erkrankung 53
Pea, Roy 113, 123, 125 f.
Pedoskop 20 ff., 275
Perioden, sensible 167
Personal Digital Assistant (PDA) 16
Pestalozzi, Johann Heinrich 167
Pfeiffer, Christian 188, 269
Physikum 32, 115
Plagiat 111, 213
Playstation 190 ff., 194, 286, 310
Politiker 26, 275–280, 282–295, 310
Pondiscio, Robert 220
PowerPoint 17, 311
Prensky, Marc 204
Price, Susan 208

R

Rehbein, Florian 270
Reproduktionswille 102
Reservekapazität, kognitive 54
Röntgenstrahlen 20, 22 ff.
Rushkoff, Douglas 236
Rushworth, Matthew 121

S

Sallet, Jérôme 121
Sanskrit 43 ff.
Satellitennavigation 28
Schlaf 114, 258–262, 264
Schlafforschung 259
Schlaflosigkeit 258, 261, 272
Schlesewsky, Matthias 216 f.
Schmitt, Pál 213
Schrader, William 208
Schreiben 180–184
Schriftsprache 180–184, 192, 194
Schuhgeschäfte 20–24
Schule 13 f.
Schülerlaptops 70–89, 92 ff.
Schulleistungen 24, 84 ff., 88 f., 125, 186 f., 190–194, 317
Schulnoten 125, 234
Schwarmintelligenz 215
Selbstkontrolle 236–246, 248 ff., 253, 256 f., 271 f., 301
Selektionseffekt 88, 121, 125, 190, 234
Sex and Crime 318 ff.
Shepperd, James 218
Shors, Tracey 59
Singen 324
Smartboard 70, 75–79, 81 ff., 92, 94 f.
Smartphone 11, 109, 153, 215
Snowdon, David 297
Soziales Netzwerk 25, 109–128, 266
Sozialkontakte 25, 116, 126 ff., 185, 195–200, 236, 299, 315
Sozialverhalten 113, 119, 122, 127, 190, 274, 318 ff., 322
Sparrow, Betsy 96, 99
Spiel 241
Spielkonsole 185–196, 201 ff., 221
Sprache 140–145, 226, 238 f., 300 ff.
Sprachentwicklung 146 ff., 162 ff., 299
Sprachlabor 14, 90
Steinkuehler, Constance 187 f.
Stoll, Clifford 90
Strahlenschäden 22, 275
Stress 35 f., 56, 61, 127 f., 236, 246 ff., 256 f., 264, 273, 296, 302
StudiVZ 109
Sucht 20, 258, 264–273, 289, 304, 308 f.
Synapse 15, 37, 48–52, 61, 64 f., 69, 158, 313

T

Tanzen 321
Tapscott, Don 204
Tastatur 180–184
Täuschungsversuche 110
Taxifahrer 27, 29 f., 32 ff., 43
Taylor, Annette 218
TeamUlm 109
Teletubbies 139, 154, 285
Tetris 253
Trainingseffekt 121, 234
Turkle, Sherry 115
Typ-2-Diabetes 130 f.

U

Übergewicht 129–134, 154, 261 f., 264, 272 f., 287 f., 303

V

Verarbeitungstiefe 63–70, 79
Vergessen 101–108
Vermarktung 23 f.
Verschwörungstheorien 25
Videospiele 185–203, 251 ff., 256, 261, 269
Vigdor, Jacob 87
Visuelles System 67, 253

W

Wagner, Wolf-Rüdiger 283
Werbung 131 ff., 153 f., 303
Werte 13, 113, 159, 202, 290
Wille 238 f., 241 f.
Williams, Anthony 204
Wirth, Joachim 84
Wissenschaft 91 ff., 215, 285
Wolke 96–108
Woods, Anne 154
Woody, William 219
World of Warcraft (WoW) 187 ff., 269, 273
Wößmann, Ludger 23

X

Xbox 286

Y

Yahoo 98 f., 256

Z

Zählen 167, 169–176, 184
Zeigarnik, Bluma 101 ff.
Zeigarnik-Effekt 101 ff.
Zivilisationskrankheiten 15, 321
Zucker, Tricia 218
Zweisprachigkeit 300 ff., 322

Bildnachweis

Grafiken: Manfred Spitzer

Fotos: National Museum of Healh and Medicine, AFIP S. 21; Cronos Verlag, Zürich S. 22; Google Earth S. 29; Privatarchiv Spitzer S. 36, 44, 46-47, 68, 76-77, 78-79, 80-81, 161, 243, dpa Picture Alliance/Konrad Maurer S. 39/Jerry Tavin/Everett S. 51 li.; PANDA S. 71; NEC S. 152; Bundeszentrale für gesundheitliche Aufklärung S. 286 li.; Eichborn Verlag S. 286 re.; Tobias Wüstefeld S. 291.